Raymundi Lullii, u. a.

Neue Sammlung von einigen alten und sehr rar gewordenen philosophisch- und alchymistischen Schriften

Zweiter Teil

Raymundi Lullii, u. a.

Neue Sammlung von einigen alten und sehr rar gewordenen philosophisch- und alchymistischen Schriften
Zweiter Teil

ISBN/EAN: 9783741171925

Hergestellt in Europa, USA, Kanada, Australien, Japan

Cover: Foto ©Klaus-Uwe Gerhardt /pixelio.de

Manufactured and distributed by brebook publishing software (www.brebook.com)

Raymundi Lullii, u. a.

Neue Sammlung von einigen alten und sehr rar gewordenen philosophisch- und alchymistischen Schriften

Neue Sammlung

von

einigen alten und sehr rar gewordenen

Philosophisch und Alchymistischen Schriften,

als eine neue Fortsetzung

des bekannten deutschen

THEATRI CHYMICI.

Zweyter Theil.

Frankfurt und Leipzig,
zu finden im Kraußischen Buchladen 1770.

Inhalt,
dieses

zweyten Theils.

Seite.

I.

Raymundi Lullii Tractat vom philosophischen Stein.   1

II.

Tractatus aureus Doctissimi Philosophi Xamolxidis, quem Dyrrachium Philosophicum vocavit   17

III.

Colloquium Hermetico-fpagyricum, das ist; Ein wunderhbfliches, wohl gegründtes chymisches Gespräch zwischen der Natur, dem Mercurio, und einem Alchymisten, darinn die wahre mercurialische Materie benedicti L. Philofophici erkläret, und der grosse Mißbrauch Exempels weise entdecket wird. Einem Liebhaber der Kunst erstlich von einem Inclyti & Magni Nominis erfahrnen Philofopho Anonymo in Latein beschrieben, dessen Symbolum Anagrammaticum: DIVI LESCHI GENVS AMO; anjetzo allen Liebhabern der edlen hermetischen Philofophey zu Guten in Druck verfertiget, interprete Benedicto Figulo. V. Fr. Poeta L. C. Theologo, Theofopho, Philofopho, & Medico, Eremita, D. T. P. D. G. N. 55

IV.

Lux in tenebris lucens Raymundi Lullii, darinn Bericht gethan wird, wie

✢ (A) ✢

wie die höchste Geheimniß der Natur zu erforschen, und aus dem Verborgenen aus Licht zu bringen, nach philosophischem Brauch; allen Filiis Doctrinæ und Liebhabern der magischen Philosophey und uralten spagyrischen Kunst zu mehreren Unterricht, Nutz und Frommen anjetzo publicirt durch Benedictum Figulum, Vtenhoviat. Fr. Poetam L. C. Theologum, Theosoph. Philosoph. Medicum, Eremitam, D. I. P. D. G. N.

V.

Sequitur Arcanum de Multiplicatione Philosophica in qualitate 141

VI.

Hortulus Olympicus aureolus, das ist: Ein himmlisches, güldenes, hermetisches Lustgärtlein von alten und neuen Philosophis gepflanzet und gezielet; darinnen zu finden, wie die cœlestinische, edle, hochgebenedeyte Schwebelbelros und Scharlachblum des hochglänzenden und tingirenden Carfunkelsteins (dadurch menschliche, metallische, und vegetabilische Körper ihre Renovation und höchste Perfection oder Vollkommenheit erlangen können) zu brechen sey. Anjezo allen Filiis Doctrinæ Magico-Spagyricæ zu Gutem eröfnet, geschenkt und publicirt durch Benedictum Figulum, Vtenhoviat, F. Poetam L. C. Theolog. Theosoph. Philosoph. Medicum, Eremitam, D. T. P. D. G. N.   147

VII.

Tractatus II. de Lapide   163

VIII.

Sonnenblume der Weisen, das ist: Eine helle und klare Vorstellung der Präparirung des Philosophischen Steins, neben Bestraffung derjenigen, welche sich ohne Grund hierinnen bemühen; wie auch eine wohlmeinende Warnung, in was vor
Ma-

Materien man sich hierinnen zu hüten, indem die Authorin ihre selbsteigene Thorheiten, so sie in ungegründeten Arbeiten begangen, aller Welt vor Augen stellet. Zum öffentlichen Druck verfertiget und an das Tageslicht gebracht von Leona Constantia, in afflictionibus triumphante 195

IX.

Consumata Sapientia, seu Philosophia sacra, Praxis de Lapide minerali, Johannis de Padua. Epistola Johannis Trithemii, von den dreyen Anfängen aller natürlichen Kunst der Philosophie. Epistola Johann. Teutzschescheni, de Lapide Philosophorum, vor niemals in Druck gangen, jetzo aber an Tag gegeben durch Johann. Schauberdt, Chimicum 271

X.

Epistola Johannis Trithemii, Abt von Spanheim. Ein Sendbrief Johanhannis Trithemii, Abts zu Spanheim, an den Herrn Johann von Westenburg geschrieben: Von den dreyen Anfängen aller natürlichen Künsten der Philosophiæ, ohne welche Anfäng niemand in derselbigen etwas ausrichten oder Nutz schaffen kan 429

XI.

Epistola Johannis Teutzschescheni, Doctoris, de Lapide Philosophorum 445

XII.

Des Hochgelehrten Herrn Doctoris Valentii Antiprassi Sileriani Prologus über die Bücher Throphrasti Paracelsi 457

Raymundi Lullii
Tractat
vom
philosophischen Stein.

Im Namen Gottes vernehmet, höret und merket, und nehmet wahr, ihr meine allerliebste Freunde, die übertreffentliche höchste Heimlichkeit, der allen Schatz dieser gantzen Welt vorgehet, und den Gott seinen Auserwählten giebt, und hindert sie den Unwissenden. Darum wöllet ihr zu dieser Heimlichkeit kommen, das euch Gott der Vater, Gott der Sohn, und Gott der heilige Geist eingegossen hat: so sehet zu, daß ihr am ersten suchet das Reich Gottes und seine Gerechtigkeit, so wird euch diese Gabe zugegeben, und ihr werdet erfreuet zu sehen die wunderliche Kraft, die Gott in die Natur hat gelassen in ihren Werken.

In allen wachsenden Dingen, die in der Erden, im Wasser und ob der Erden, im Luft und im Feuer geboren werden, da ist die erste Bewegung SOL, wiewol nichts geboren noch zerstört mag werden ohne die vier Elemente, als Hitz und Kälte, Trückne und Feuchte, zu der die Natur dienet, und wird also aus ihr geboren und geformiret eine manche wunderliche Gestalt, nach dem Einfluß der Planeten, deren Bild in sie gedrückt wird, gar andre Gesichte; sondern in der Eigenschaft der ihren Complexion. Dann wir sehen, daß in etlichen die vier Elementa Gleichung haben, daß keiner Gewalt mag haben über den andern zu herrschen in seiner Complexion, als in lauterm SOLE, und dieselben heissen wir gesunde und vollkommene CORPORA: Aber in etlichen sind sie getheilt, und werden verzehret in dem Amt ihrer Ueberherschung, aber mehr in Marte, u. Venere u. Iove und Saturno, und auch sonst in andern. Also sind die Stein, die Atrament, die Alumina und Salz, und alle Vegetabilia und Animalia, diese alle sind nicht funden in der Vollkommenheit unserer Meynung, darauf man nicht bauen kann: Dann sie wirken nicht in das lauter Wesen, oder die subtil Natur, davon der Leib gesund mag werden. Es sind auch etliche Vegetabilia, die unsern Leib gesund behalten, und viel Slechtagen abthun, so ihr die Element scheidet, als in Aqua Vitæ, und in Chelidonia, und andern mehr. Aber die unvollkommene Leib mögen sie nicht gesund machen, dann sie sind nicht von ihrem Wesen, und haben keine Gemeinschaft mit ihnen. Und das ist die Ursach, daß dieselben Leib nicht sind, als unser Leib. Dann sie sind todt, und bedürfen Arzney, die unschaddarlich anhangen, und sie nicht lassen fliehen vor dem Feuer, und sie färben weiß oder roth.

Darum

vom philosophischen Stein ꝛc.

Darum haben viel geirret und gezweifelt an dieser Kunst, darum alle Irrung wird entlediget durch unsere nachgehende Rede. Dann Hermes, Rasis, Geber, Bonellus, Morienus und alle Philosophi, die diese himmlische Gab hatten, die mittheilten gleich nach unserm Amt, wiewol sie ihre Rede gestellet haben mit vielen Worten und unzählichen Namen und Räterschen, damit die Kunst verdeckt unter dem Schatten der Unwissenheit bliebe.

Aber diese Kunst ist allein offenbar durch den Einfluß des obersten Schöpfers, wiewol diese Kunst von vielen Leuten gesucht wird. Daß aber von den Philosophis gesprochen wird: Es haben die Armen sowol daran als die Reichen, das ist also zu verstehen: Sol ist die erste Bewegung, wie vorgeschrieben ist, davon unser Stein geboren wird. Dann wir bedürfen ihn in unserm Werk, derselbe Planet scheinet einem jeglichen Menschen als wol vor seiner Geburt als darnach. Durch dieß haben alle Menschen diese Kunst, wann sie allein vernünftige Erforschung haben. Dann da ist kein ander Mangel, dann daß sie die Natur nicht erkennen, noch ihr Art einnehmen, und keine Gedanken darnach haben, was ihre Gebärung und Zerstörung sey. Und ihre Seelen sind behend mit andern weltlichen Lüsten, darauf sie geneigt sind, als alle Gebärung ihr eigen Complexion, und deren folgen sie nach. Aber etliche hatten grosse Lieb zu dieser Kunst, doch erkannten sie nicht die Grundfest der Natur, und die heimliche Bauung und Zerstörung, und wollten also würken nach der Auslegung der philosophischen Bücher; Aber sie verstunden die Bücher nicht, und waren als gar ferr abgeschieden von der Wahrheit, daß sie es wohl empfunden in ihren Werken. Denn sie meynten, daß sie diese Kunst finden sollten in Vegetabilibus, Animalibus und Mineralibus, und wollten also fortgehen mit den zerstörlichen Dingen, als da sind die unvollkommene selb, als Luna.

Dann was besser werden mag, das ist nicht vollkommen. So waren derwegen unvollkommen Mars, Venus, Saturnus, und etliche Stein der Erzen, und das Atrament, Alumen, und die Geister, als Sulphur und Arsenicum, und andre viel dergleichen, welche etliche calcinirten, solvirten, distillirten und coagulirten, und trieben sonsten viel andere Sachen und Bereitungen, die von den Philosophis gesprochen sind; Aber sie verstunden sein nicht, und hatten viele Arbeit umsonst. Dann es ist mitenander vom Weg der Natur gefehlt, und ist auch der Philosophen Meynung nicht, wiewol sie es zu einer Vergleichung gesetzt haben. Dann ihre Solutio, Putrefactio, Coagulatio, Destillatio, Fixatio, und alle Werke, die geschehen in einem Vase, zu Sole und Luna, und von einer Materi, als hernach geoffenbaret wird. Aber etliche meynten, sie müsten Aquam & Oleum haben, die Erden weiß zu machen, und flüßig im Feuer, und ob sie ja wol blieben, so wäre es doch kein Nutz, dann es ist einer sämtlichen Feuchtigkeit, daß es den Leibern freundlich anhanget, als

unser

unser Feuchtigkeit, die das Aquam, Oleum, Feuer und Wachs alles in ihr hat, und ist das Mittel zwischen dem Fixen und Unfixen. Ob aber sie sprechen: es werden viel Stein, als Chrystallen, und Lapis Lazuli, und andere Margariten, auch etliche Stein der Erz, zusammen geleitet von den vier Elementen, und darzu Dienung der Natur. Da sag ich, ob dieselbe schon gehitziger würden mit scharfem Feuer, so blieben doch ihre Feuchtigkeiten unverzehrt: dann sie sehen wol, daß kein Feuchtigkeit von ihnen gieng in ihrer Distillirung, und werden einer starken Zusammensetzung. Zu gleicher Weis möchten sie als wol die Elementa zusammen legen, und sie coaguliren und beständig machen; sintemal sie der Natur dienen, und sie thäten es nicht, es thäte es dann die Natur. So höret aber die Philosophos, die sprechen, daß ein ziemliche Gebärung kaum in tausend Jahren geschehe. Und ob ja der Mensch die Natur erkennte in Hitz und Feuchte, in Kälte und Trückene, dannoch so möchte ein solche Substanz nicht in 100. Jahren würken, die zu unserm Wercke gut wäre. So ist auch in der Natur ein anders. Dann ihr Würken bedürfte zuweilen, daß in langer Zeit kein Hitz dazu käme, so ist doch unser Werk allezeit mit der Hitz. Daher die Philosophi unserm Stein Salamander nennen, weil er allein mit dem Feuer gespeiset wird. Und ist gar eine andere Würkung, dann die natürliche Gebärung. Dann wir bedoerfen Species, die baß gebauen sind, dann ihr Element, davon sie meynen zu werken.

Ob aber sie sprechen, sie hätten auch Species, die fast wohl gebauen wären, so scheiden sie die Elemente, rectificiren sie, und leutern sie wieder zusammen, und fixiren sie nach Ordnung Rosarii, und da wird ein vollkommen Elixir: So sprechen wir: sie verstehen den Rosarium nicht. Dann von was Gestalt und Geschlechten die schlechten Elementa möchten ausgezogen werden, die haben alle die Naturen des Saltz, oder neigen sich zu Glas, und sind uns kein Nutz zu unserm Werk, auch so möchten sie nicht des Menschen Krankheit abhelfen. Dann es sind scharfe Wasser und Oel, damit sie würken, und kämen sie dem Menschen in den Leib, so würden sie den Menschen mehr tödten, denn lebendig machen. Auch so gehet unser Werk nicht also zu, daß man die Elementa scheiden muß, als sie meynen: Und alsbald die Elementen geschieden werden, so wäre es weder minder noch mehr, dann es vor war, da die erste Separation geschah von dem obersten Werkmeister, und musten dann erst anheben zu laboriren, als die Natur zuerst anhebt zu würken, solten sie anderst den Stein der Philosophen machen, und das würde gar langsam zugehen, und mit grossen Kosten. Darum so mag ihre Meynung nicht also fortgehen.

Aber wir erwählen die allersubtileste, gesundeste und edelste Natur: Und sind da die, von denen kein Element kan ausgezogen werden. Und das ist die Sach aller Sachen, und die Heimlichkeit aller Philosophen. Darum so thun wir in

kur-

kurzer Zeit, das die Natur kaum in 1000. Jahren thun mag. Dann was da getheilt wird von der Natur, das erheischet es allezeit zu seiner Eigenschaft, was aber ungetheilt ist, das sucht auch seine Natur. Darum welches da theilbar ist, oder getheilt sind, die mögen kein ewig Ding schaffen, aber welche untheilbar sind und geewiget, die mögen auch ihres gleichen schaffen. Dann alle Gebärung gebären ihres gleichen, als: der ewig Gott hat alle Menschen der Seelen geewiget, das ist die Ursach, daß sie ihm gleich gebildet sind. Uber was die Gestalt belanget, sind die von den natürlichen Bewegungen ausgangen, die sind alle zergänglich. Dann alsbald sie resolvirt werden und zerstört, so kommen sie nimmer an ihre Complexion. Und das ist wohl zu sehen in den Vegetabilibus, Vögeln und Fischen, dann sie sind alle zerstörlich und dem Tod unterworfen, zu gleicher Weis ist es auch in dieser Kunst.

Ob aber sie sprechen, es werden doch die unvollkommene Leiber auch getheilt und zerstört, und wieder gebracht in ihr Natur, auch zu Sol und Luna gemacht: So sprechen aber wir, daß dieß unser Kunst thue, und nicht die Natur. Dann ob schon die Kunst in den imperfectis corporibus ewiglich läge, so möchte doch durch die Natur weder Sol noch Luna da geschaffen werden, ohne dieser Kunst Zuthuung. Und wer die nicht weiß, der irret. Ob aber sie sprechen: sie hätten sichtiglich die Element firirt in kurzer Zeit: Dann da wäre Kalk, weiß oder roth aller Feuchte leer, und stünden dürr in dem Feuer, die ihn zutränken, und machen brennlich und flüßig: So sprechen wir: es sey ein grob Werk, dann alle solche Ding, die man mit Wasser oder Oel eintränken muß, die haben alle die Natur des Salzes, und des Alaun, und des Glas, als vorgeschrieben steht, und haben nicht ein solche Feuchtigkeit, als unser Feuchtigkeit ist, die da den Leibern unschäbbarlich anhanget, in ihrer Tiefen, und als wol den Unvollkommenen als den Vollkommenen: Aber ihre Feuchtigkeit wird nicht also funden; dann sie mag nicht geben, was sie nicht hat: dann sie selber unlauter, und aus gebrochenen Substanzen gebauet sind, wie möchten sie dann die Leiber erleuchten und vor Brand behüten, das da ein Zeichen wäre der Vollkommenheit. Dann in welchem Weg ihr solchen Sulphur bereitet, so brennt er doch allezeit, und verläſſet sein Schwarz. Aber wir haben das allerläuterste Wesen, und das ist das alleröberst in allen Complexionen, durch die erste Bewegung, und ist aus seinem Vater geboren, und abgangen in die niedere, und zwischen diesen zweyen sind alle Ding geformiret, und ist doch nicht dann von einem Wesen. „Darum so betrachte der Werkmei„ster unsere Meynung: Und will er wohl wirken, „daß ihm sein Arbeit nicht leer stehe, so muß er ein „Theil haben des allerhöchsten Fixen, das in der „Welt ist, und wird genennt von den Philosophis „Sulphur rubeum (das ☉ Gottes) und sein Tin„ctur ist ohne Zahl, und das ander Theil nach sei„net Maß des allerniedersten Unfixen, und wird

von

„von Aristotele in Meteoris ein feuriges Element „geheissen (das ist das 4. Element alles deß, darinn „ist die Q. E, ☉ Gottes) wiewol es wässerig ist, so „ist es doch heisser Natur im vierten Grad, ist Ar„senicum vivum, und die zwey Theil sind doch von „einem Wesen, und von einer Natur. Das ein heisset Manna SPERMA, wann diesen lang die Siedung mangelt, so werden sie der Mutter gleich an der Weise, aber die Schwere des Vaters sind behalten. Jedoch sie zu vereinigen, und in ein Solution zu bringen, das ist schwer. Dann sie sind einer starken Composition, und scheidet jegliches nicht gern von seinem Wesen. Dann sie möchten mit keiner Vernunft vereiniget werden. Und wären sie nicht einer Natur ihrer starken Element halben, sind sie in ihnen selbst unzerstörlich: Aber wann sie zu einander vermischet werden, als hie noch geoffenbaret wird, so lassen sie sich nicht mehr scheiden, als wenig Wasser von Wasser gescheiden wird. Dann sie gehen entweder gar aus dem Feuer, oder sie bleiben gar in dem Feuer. Dann kein Element von ihnen getheilet wird, als vorgeschrieben ist, und das ist dann der Stein der Philosophen, und Lapis Rebis, und unser Acetum, und Magnesia, und alle Namen der grünen Bäum, und das Mittel zwischen Fix und Unfix. Ob aber sie sprechen: die Philosophi heissen es doch das scharfe Wasser, das wäre ihr Eßig, das das grob machet klein, das schwer machet leicht, das scharf machet lind, das hart weich, das sauer süß, das flüchtig beständig, und die Element werden gar verkehrt in

An

einander, so hat man die Meisterschaft gar: Das ist also zu verstehen, das scharffe Corpus, das spitzschneidend ist, das wird durch die Solution sanft gemacht, so wird es auch subtil, und ungreifflich, und ist geheissen flüchtig, und wird darnach Fix, als hienach geschrieben stehet. Und dann wird der Werckmeister betrachten, daß er habe ein starck gläsern Gefäß. Dann alle andere Gefäß sind nicht gut, die von Erden sind, oder Metallen: Und ob sie ja nutz wären, so wären sie doch kein Nutz, und unlustig zu dem Gesicht der Farben und Zeichen, die in dem Werck erscheinen. Und das Glas soll oben geformiret seyn nach des Wercks Bewegung, nach Formung der Himmel; also wird er gezieret und darein gewir das edle ∇, das allen Elementen vorgehet: und erschreck nicht, wann du nicht mehr ihre Macht erlangest nach der Solution, und also wird es ein Werck der Weiber, und ein Spiel der Kinder geheissen, und solt es Unädlich kochen mit Undem Feuer.

Dann es solvirt, putrificirt, sublimirt, calcinirt, coagulirt und figirt sich selber, ohn alle Bewegung der Händ, und schwärtzet und weisset, und röthet sich selber. Aber willst du ad Lunam operiren, so bedarffst du nicht bis auf die Röthe arbeiten, und wann die wahre Weisse kömmt, so höre auf und versuche dann die Medicin, ob es sich leichtlich laß giessen in dem harten und weichen, so ist es dann vollkommen. Ist es aber das nicht, so thue dazu einen Theil Jungfernmilch, die sechs Geburten gethan hat, und doch Jungfrau sey; das ist Argentum

vom philosophischen Stein ꝛc.

tum vivum, und dann so wird es sofoker, distillirt, sublimirt und coagulirt, und wird leichtlich fliessen als ein Wachs ohne Rauch. Und so wird erfüllet die allergrösseste Heimlichkeit, und ein Schatz der Schätze: und die Medicin möcht als dick und oft getrieben werden mit der hintersten Solvierung und Bereitung, bis sie den Mercurium ewiglich verwandelt in Weibsgeschlecht, und auch die unvollkommene Corpora. Darum nach der Mannigfaltigung und Bereitung wird gemehret sein Tinctur.

Aber ad Solem muß man die Tinctur länger kochen bey dem Feuer, bis daß sie roth werde. Dann die Röthe ist nichts anders dann ein Vollkommenheit der Däuungen, und wird also gleicher Weise ein Elixir zu dem Rothen und Weissen: also daß du für ein jeglich roth Ding nie weiß legest, besonders das Weisse zu dem Weissen, und das Rothe zu dem Rothen, als der Philosophus spricht: Seine Meynung aber ist nicht, daß du etwas mit der Hand darein legest, weder Pulver noch Wasser, noch keiner Hand Ding. Besonders, daß du ihm sein Tinctur zulegest, als hernach geschrieben stehet. Dann es ist ein Substanz, die von ihr selber weiß und roth wird. Aber daß du uns nicht scheltest, so offenbaren wir die Heimlichkeit gar, daß du alle Werk der Philosophen verstehest.

Zum ersten, so wird das Fix (das ist die Mittelnatur) solvirt in seiner Mutter, die da nicht fix ist. Das geschieht aber in keinem Wege, sie werden dann nahe zusammen gebunden in kurzem Geschirr, da sie einander nicht mögen entweichen, und mit dem Feuer gepeiniget: dann so würkt je eins in das ander, und werden ein Ding, als sie auch vor waren, und also streiten sie mit den Feinden, und wächst und steiget das Grob hinauf in die höchste Städt. Darum behüt es wohl, daß es nicht verloren werde, und also wird das höchste Firbing unsir. So heißt es dann eigentlich solvirt, und gar schier würket die Hitz schwarz, und das ist seine Fäulung, und ist eine inwendige Solution, davon die Philosophi schreiben. Und ist ein Schlüssel dieser ganzen Kunst. Es mag auch nicht gebären noch zerstört werden, es habe dann die Fäulung, da ist das weisse Körnlein gestorben, und bringt hundertfältige Frucht, und davon steiget es aus der Erden in Himmel, und von dem Himmel wieder in die Erden: und das leiblich ist, das wird geistlich im Sublimiren, und das geistlich wird leiblich in dem Absteigen, und hat Kraft des obersten Elements. Das verstehet also: Wenn die Solution beschieht, und nun die starke Entzündung geschieht, so gehet es um in dem Faß, als ein siebend Wasser, so ist der Leib als wol oben als unten: dann die Natur lässet keine Statt leer darzwischen, und das ist sein Distillirung und Sublimirung.

Es meynen aber etliche, das Elixir müsse sublimirt werden, das doch nicht ist, dann sie bekämen nicht die Meisterschaft der Philosophen, und ihre Meynung. Aber darnach mit langer Harrung und guter Kochung in dem Feuer so wird es fixt, und das ist sein Calcinatio, Coagulatio, und gebieret

also

vom philosophischen Stein rc.

also in dem Trocknen weiß, und in dem Weissen gelb, und in dem Gelben roth, wie vor gesagt. Aber zwischen der schwarzen und weissen Farb erscheinen alle Farben, die der Mensch erdenken mag. Ihrer aber ist nicht zu achten, wann sie nicht beständig sind, bis daß die wahre Weisse kömmt, und das ist das wahre ELIXIR von durchsichtigen Dingen zusammen componirt. Dann so es ein ELIXIR wird, so ist es sichtig, aber ferner mehr, als die Farb eines lautern Spiegelglas, himmlisch, und wird sanft in dem Versuchen der Menschen, durch die vorgenannte Weise.

Und also endet sich das Werk in dreymal 40. Tagen; währet allemal 40. Tag. In den ersten 40. Tagen so herrschet der Mann, und sein Sperma vereiniget sich mit dem Weib, ohne Scheidung ewiglich nicht mehr von einander. Und in den andern 40. Tagen wird es geformirt, und empfähet die Seel und den Geist, und die Tinctur und wird lebendig. In den dritten 40. Tagen so wird geboren die reine Frucht, deren da nichts gleich ist, und wird gütig und flüßig, und durch seinen feurigen Geist so fürchtet es das Feuer nicht mehr, dann es ruhet in ihm freundlich, und wird also herrschen über alle Schätze der ganzen Welt. Dann es behält die Leiber gesund: und heilet alle Siechtagen, als wol im Heissen als im Kalten, und wäre das natürliche Sterben von Gott nicht aufgesetzt, so ewigte es die Leiber durch seine ewigen gleichen Elementen willen, und behütete, daß keinen dieselbige oder eine andere Krankheit mehr ankäme. Das
würk

würkt unser Elixir über alle Medicin, Potiones und Confectiones Galeni, Hipocratis, Avicennæ, und anderer Philosophen, daß es auch Lepram vertreibt, und mit dem tingirenden Spiritu machen wir Glas schmidig und unzerbrechlich, daß es geschmeidig wird, und aus Krystallen machen wir Karfunkel mit weniger Dosi dieses Elixirs, als ihnen der Planeten Würkung wird zugemischet, ob der werde in tausendmal tausend Theil werden, bis die vorgenannte Zahl werde erfüllet. Darum so lobet Gott und seine liebe Mutter Mariam, und fürchte ihn in deinen Sünden. Dann wer die Meynung nicht hat, daß du Gottes Ehre, und deines Nächsten Nutz und Frommen damit suchen wolltest, besonders daß du weltliche Lüste fürziehen und fürsetzen wolltest, so wisse eigentlich, daß du in dieser Kunst nicht operiren darfst, dann sie die Gott nicht verletzet: dann er hat sie ganz und gar dem Hoffärtigen und Uebermüthigen hingenommen und verborgen, und hat es den Liebhabern geöfnet, die sie heimlich und verborgen halten. Gott sey Lob und Ehr in dem höchsten Thron ɪc.

TRA

TRACTATVS AVREVS

DOCTISSIMI PHILOSOPHI,
XAMOLXIDIS,
QVEM
DYRRACHIVM
PHILOSOPHICVM VOCAVIT.

XAMOLXIDES, ALCHINDVS, in der Natur unser Vorväter, so sich in himmlischen, irdischen und natürlichen Dingen beflissen, ist von dem Jove mit grosser Weisheit begabet worden, daß er nicht allein sein Gemüth auf Erden gehabt, sondern auch bisweilen mit den Diis in dem Himmel conversirt, und mit den Spiritibus die Luft durchwandert. Die er hat uns verlassen ein grosses Kleinod, so mir zukommen, und ich es durch Schwachheit meines Verstandes nicht hätte können ins Werk richten und setzen, wo mir der PELIEL (id est, OS DEI) nicht wäre ein getreuer Gefährd und Führer gewesen. Dann dieser ist mir erschienen in eines Knaben Gestalt, doch mit einem langen grauen Bart, mit einem blauen Mantel bedeckt, sich diesen Namen zu haben selbst gewürdiget, durch Königin AVRELIAE Macht und Gewalt, wie ich ihm dann auch königliche Ehre bewiesen, dieweil ich solche grosse Geheimnisse durch ihn zuwegen gebracht, und er mein getreuer Gefährt gewesen zu dem königlichen Pallast. Nachdem wir aber alle Menschen sind, und unsern Diis unterworfen, wissen wir wol, daß Materia prima unserer Körper nichts anders sey, dann ein rothe sulphurische Erden, dazu der Körper muß gebracht werden, wann der Geist von ihm ausgehet. Ein jeglicher Philosophus und Naturerfahrner weiß wol, daß der lebendige geathmete Mensch aus den 4. Elementen entspriesse, welche in seinem letzten

B 2   Seel-

Sterbstündlein alle 4. wider von ihm separiret werden, und ein jedes, was Elementarisch ist an dem Menschen, kommt wieder zu seinem Element, oder Materia, davon er genommen ist: Dann der Körper wird wider zur Erden. Das Blut, so ein rothes feutiges Wasser ist, wird wieder zu Wasser, Teste Experientia, wann das Blut $\triangle$irt wird per Ascensium, so wird es einem andern Wasser gleich. Die natürliche Wärm oder Hitz gehet zu seinem Element, als nemlich zu dem $\triangle$, und der Athem, so von dem Menschen ausfähret, wird wieder Luft. Also gehet nach dem Ableiben eines jeden Menschen, ein jedes elementalisch Wesen zu seinem Element: und wird also unser gedacht, so lang bis da währet das himmlische und irrdische Firmament. Hernacher aber weder meiner noch ALCHINDI, noch anderer, so mit diesem Dono Aureo begabt, Meldung geschehen. Und nach dem unser Leben hie kurz ist, so will uns nicht gebühren, daß wir dieß Donum Aureum in der Erden vergraben: Es geziemet uns auch nicht, daß wir es publiciren sollen, jederman verkündigen und weisen, was in der Natur steckt, und darinn kann gewürkt werden. Aber ein Freund soll es in seinem höchsten Alter seinem guten Freund und Liebhaber der Götter und der Kunst überantworten, mit einer väterlichen Vermahnung, daß er diese Gab nicht wolle mißbrauchen, auch nicht gemein machen, sondern also ausspenden, wie es seine Vorfahren ausgetheilet haben. Diese Lehr hab ich von dem PELIEL auf der Reise empfangen, da wir in den Berg kamen.

Wie

Wie dann auch ALCHINDVS der weise Philosophus in seinem Prooemio hat ein solche Vermahnung in pari forma. Daß aber ALCHINDVS dieß Donum Aureum gehabt, befinde ich bey meinen Vorfahren, und nehme es ab in seinem Enchiridio, so ich von dem alten Philosopho Zachel empfangen, eo modo, wie vorhin gemeldet. Nach meiner Auflösung überantworte ich dieß ALCHINDI Büchlein, und mein gülbenes Tractätlein der Person, an welcher die Götter ein Gefallen haben.

PARVA INSTRVCTIO XAMOLXIDIS,

ANTE COLLOQVIVM, QVOD HABVIT CVM MONTANIS, IN QVO NOBIS PHILOSOPHIS OSTENDITVR VERVS NOSTRAE TINCTVRAE PROCESSVS.

Personae Interlocvtrices.

1. Xamolxides Philosophus.
2. Peliel Pygmæus.
3. Vulcanus, Pater Aureliæ.
4. AVRELIA, Regina Palatii.
5. Aquarius, Maritus Reginæ.
6. Vitriola, filia Amborum.
7. Pyrander Maritus Vitriolæ.
8. Rubicundus, Filius.
9. Fuginua Filia amborum, sc. VI. & VII.
10. Castanea Filia Rubicundi & Fugitiuæ, &c.
11. Igniuomus, Maritus.
12. AV-

12. AVRELIA RVBICVNDA, Filia amborum. Hæc est Progenies Amborum in monte GRA-TIÆ, &c.

XAMOLXIDES, &c.

Wenn ein hochverständiger und weiser Philosophus will das mysterialisch Werk anfangen, so soll er die Götter ehren, und mit Geistern täglich Conversation haben, und sich dieser Welt entschlagen, und contemplativisch leben, wie ich Xamolxides, ein Liebhaber Iovis, thue. Darnach soll er gedenken, was ihme zu dieser Arbeit vonnöthen, und aus einem Ding zwey mache, und aus zweyen wieder eins, das ist meine kurze Lehr und Regel, so ich denen vorschreibe, die mir nachzufolgen willens.

Weiter muß einer wohl Achtung geben, daß er das eine recht ertappe, daraus die zwey entspringen, auch wohl aufsehe, daß er die zwey zu dem letzten in eins bringe; welches ein solches Donum Aureum, dadurch nicht allein natürliche Ding, gewürket werden, und dieß ist dasjenige, was ich Donum Aureum heisse, und unser Alchindus, Cœleste Munus &c. Und dieß muß also zugehen, geistlicher und parabolischer Weise zu reden.

INCIPIT COLLOQVIVM, &c.

Ich Xamolxides durchwanderte viel Städte, und fragte allzeit nach solchen Leuten, so der Natur erfahren waren, und sich von Jugend auf der Alchymey, und anderer Künste beflissen hatten, wie ich sie dann auch fand an allen Orten, aber wenig, so zu dem rechten Fundament geschritten. Ob wol etliche die Gabe von den Diis hatten, so hat es doch meiner Person nicht geziemen wollen (der ich noch nicht perfect und vollkommen im Geist) solche Geheimniß von ihnen zu bitten. Wie ich nun viel Jahre in meiner Philosophia zugebracht hatte, gesellete ich mich zu einem alten weisen und hochverständigen Philosopho, ZACHEL genannt, welcher täglich sollte aufgelöset werden, unserm Gebrauch und Gewohnheit nach. Dieser nach seinem Hinfahren zu unsern Vätern, verließ ir ansehnliche Bibliothecam, so ich unter meinem Gewalt und Iurisdiction bekam, unter welchen Büchern ich des Alchindi eigene Handschrift gefunden, in welchen war der Thesaurus, so er Cœleste munus nennete, und von vielen begehrt, aber von wenigen erlanget. Dieß Büchlein Alchindi, wiewol es klein, aber doch mit grossen Geheimnissen gezieret, ließ ich mir gefallen, studirte etliche Jahr darinnen, durch Anruffung meines Gottes, kunte es aber nicht verstehen, und mir meinem Geist auslegen, vocirte viel Spiritus darzu, die mich unterrichten sollten, damit ich's verstehen möchte: aber es wurde mir allezeit von ihnen abgeschlagen, vielleicht sie selber von diesem Dono nichts gewust, da sie doch nach meinem Verstand sollten Omniscii gewesen seyn, oder ich's zu der Zeit noch nicht würdig, dieweil ich noch ein Weltkind war, und der Göttin ♀ bisweilen gehorsam. In meinem Alter, da ich 50. Summen Jahr erreichte, und mich wohl geübet in Philosophia naturali, gieng ich einmal

nach

nach meinem alten Gebrauch in ein Feld zu meditiren, kam auf eine schöne lustige Wiesen, bey dem Berg GRATIAE genannt, satzte mich nieder bey dem Gnadenbrunn, so aus dem Berg floß, dann ich sehr müde von der Hitz, und ich auch in 3. Tag und Nacht keinen Schlaf in meinen Augen funden, allda erschlummert ich und hatte viel seltsame Träume, und mit den Geistern zu schaffen, dieweil ich von Jugend auf mehr in geistlichen, dann in weltlichen Sachen geübet. Nachdem ich aber erwachte, sitzt ein Pygmæus bey mir am Brunnen in blauen Kleidern, und mit einem langen grauen Bart, darob ich mich entsatzte. Fragte letztlich, was er allda machte? Gab er mir Antwort weislich und verständiglich, und sprach: Mein Xamolxides, ich bin gesandt von der Königin AVRELIA dich zu fragen, was du philosophirest? XAMOL. Auf diese Wort hab ich mich lang besonnen zu antworten, dieweil ich merkte, daß er ein Bergmännlein war, und sprach doch letztlich: Ich bin von Jugend auf bey den Philosophis auferzogen, wie dann auch mein leiblicher Vater nicht der geringsten einer gewesen. Habe viel gelesen, gesehen, gehört und die meiste Zeit mit den Geistern zugebracht, und darneben gesucht das Donum Aureum, so meiner Vorfahren einer Alchindus, Cœleste Munus genannt, habe es aber noch nicht funden bis auf die jetzige Stund. Bitte derwegen, dieweil du ein Montanus, und meines Erachtens omnisciius bist, du wollest deinen Namen mir nicht verhalten, und mich lehren den rechten Weg, damit

ich

ich das Munus Cœleſte Archindi möge vor meinem Hinſcheiden von dieſer Welt erlangen, auf daß ich nur ſehe, daß die Natur und Kunſt in den Metallen würken kann. PELIEL. Du begehreſt hohe Ding zu wiſſen und zu erfahren, ſo nicht in meiner Gewalt. Sprichſt auch, du haſt dich ſo viel Jahre in deinem Studiren bemühet, und noch nichts in der metalliſchen Natur gefunden: PELIEL iſt mein Nam, ſtehe auf und gehe mit mir, ich will dir zeigen, wie deinem Begehren möchte geholfen werden, und du dieſes güldene Werk bekommen mögeſt, ſo nicht einem jeden vergünſtiget, ſondern denen, ſo es die Götter und wir verleihen. XAMOL. Ich ſtund auf, war unerſchrocken, dieweil ich vorhin mit den Spiritibus zu thun gehabt, und wir giengen an den Berg GRATIAE, daraus der Brunn floß, und Peliel ergrif eine Ruthen von einer Haſelſtauden, ſchlug dreymal an den Berg, und zum drittenmal thäte er ſich auf, und wir giengen fort hinein. Wie wir in den Berg kamen, ſchloß er ſich wieder zu, und wir ſpazirten in ein weites Feld, und hatten ein freundliches Geſpräch von dieſem groſſen Geheimniß. Letzlich kamen wir an ein verſchloſſenen Pallaſt, ſo mit zween ſtarken Löwen wohl verwahret, da wir aber hinzu kamen, ſchlug PELIEL die Löwen mit der Haſelruthen, und ſie verſtummeten vor uns, und Peliel ſprach zu mir: Ich will dich hinein laſſen in dieſen Pallaſt, und wann du hinein kommſt, ſo wirſt du ſehen eine Königin mit Namen AURELIA, ſamt ihrem ganzen Geſchlecht. Dieſe wird

ſitzen

ſitzen in einem ſchönen wohl gezierten Seſſel, wann du zu ihr kommeſt, ſo thue ihr königliche Reverenz, ſo wird ſie aufſtehen und dich umfahen, und befehlen, daß du in den andern Stuhl niederſitzeſt; wann dieß geſchehen, ſo wird ſie anfangen zu erzählen ihren Urſprung, und all ihr Geſchlechte, ſo ſie nach ihr verläſt. Aus dieſem wirſt du genugſam berichtet werden, wie du mögeſt in die Fußſtapfen Alchindis kommen; dann ſie iſt Omniſciens, und weiß alle Ding. XAMOL: Mein PELIEL, ich will deinen Worten gehorſam ſeyn. Sag mir aber eins, ob ich ohn alle Gefahr kann und mag bey der Königin aus- und eingehen? PELIEL. Ich bin der Thürhüter, ich führe die Menſchen, ſo hohe Ding begehren zu wiſſen, aus und ein, und du biſt abgefertiget von der Königin, ich will dich wieder zu dem Gnadenbrunnen bringen, bey welchem ich dich hab ſchlafend funden. XAMOL. Ich gieng in den Pallaſt, ſo der Peliel aufthat, und hielte mich, wie er mir befohlen. Kame zu der AVRELIA, neigte mich vor ihr; alsbald ſtund ſie auf, umfieng und küſſet mich. Nach dieſem ſetzte ſie ſich wieder nieder, und ſprach Aurelia: Setze dich Xamolxides in dieſen Seſſel, und höre an die Stimm meines Mundes, ich will mein Geſchlecht erzählen, ſo von mir armen Weib geboren ſind worden. XAMOL. Gar gern, allergnädigſte Königin, meine Ohren ſollen nicht zugeſchloſſen ſeyn, ſondern offen ſtehen, bis daß die Königin ihre Wort vollendet. AVRELIA. Wie wol ich bin ein Königin, und die Zeit in meinem

Junge

Philosophi Xamolxidis. 27

frauenck etlich Jahr zugebracht, hab ich letzlichen
gezwungen und genötigen müssen mit dem Aquario mich verehelichen, daran ist mein Vater Vulcanus schuldig, der mich nicht mit Worten, sondern
mit viel Schlägen darzu gebracht, den du siehest
vor Augen, stehen wie seinem eltern Regiment.
Ich bin schwanger worden, und gebar eine Tochter mit Namen Vitriola, so nicht also gefärbet,
wie ich herein gehe, sondern die pistrichgrüne Farb
ist ihr von Natur angeboren. Diese ist voller
Geilheit und Untugend gewesen, wie man es ihr
noch an den Augen ansiehet. Von dem hitzigen
Pyrandro hat sie geboren zwen ungerathene Kinder, als nemlich den bald brinnenden Rubicundum
im rothen Rock, und Engitivam, so loker Natur
in weissen Kleidern, und schön von Angesicht.
Diese beyde, nachdem sie erwachsen, sind sie durch
den Pyrandrum verehelichet worden, und haben
gezeugt die Callantam, so da von Natur keusch.
In ihrer Jugend ist sie mit mancherley Farben bekleidet gewesen, so ein Mensch nie erdenken kan;
und letzlich, da sie in den Ehestand kommen, und
sich mit dem Ignivomo vermählet hat, ist sie in einem
purpurfarben Kleid herbeygangen, und geboren Aureliam Auream, so da die schönste ist unter denen,
so von mir ihren Ursprung haben, wie du sie alle
siehest vor mir stehen. XAMOL. Allergnädigste
Königin, das Geschlecht, so von euch herkommen,
gefällt mir aus dermassen wohl, wollte aber gern
wissen die Eigenschaft und Natur einer jeden Person. AUREL. Frage sie nacheinander, so wirst du

von

von einem jeglichen guten Bericht bekommen. XA-MOL. Die Königin wolle mir erstlich ihre Natur erklären, alsdann will ich ordine procediren. AV-REL. Mein Herkommen ist schlecht und gering, und mein Corpus wird in der Erden ernähret durch die 4. Element: Ich hab ein psittichgrün Hemb an meinem Leib, und bin mit einem rothen Rock bedeckt, habe Gunst bey jederman, werde auch von einem jeden Menschen geliebet, schwache und kranke Menschen werden durch mein Anschauen gesund; arme Leute werden durch mich reich, ernähret und erhalten: Mein psittichgrünes Hemb hab ich ausgezogen, und meine Tochter Vitriolam damit bekleidet, wie du siehest. XAMOL. Geziemet mir weiter zu fragen? AVREL. Ich gieb dir Macht und Gewalt zu fragen nach der Ordnung, und fange von meinem Vater Vulcano an. XAMOL. Vulcane, dieweil ich von der Königin Vollmacht bekommen, euch nacheinander zu fragen, so sage mir, was dein Natur, Art und Eigenschaft ist? VVLCAN. Von Natur bin ich streitbar, wie du siehest, und hab mit diesem Instrumento Bellico meine Tochter gezwungen, daß sie sich mit dem Aquario vereiniget hat. Mein Herkommen ist nicht vonnöthen dir zu sagen. XAMOL. Aquari, was sagst du gutes von dir? AQVAR. Ich bin ein scharfer, gestrenger Mann, also spitzfindig in meinem Sinn, dieweil ich eine Königin zu der Ehe genommen, so ich doch von schlechtem Herkommen, und habe mehr eine wässerige als eine irrdische Natur an mir, daher ich auch Aquarius genannt wer-

werde. XAMOL. Vitriola, du bist grün gekleidet, und must vielleicht einer guten Natur seyn? VITRIOLA. Aurelia ist mein Mutter, so ihr eigen Hemd ausgezogen, und mich damit bekleidet. Bin voller Unkeuschheit, auch kalter Natur, darum hab ich mich verheyrathen müssen mit dem hitzigen Pyrandro, dieweil ich durch Unkenschheit mich ganz und gar erkältet hab, derwegen von ihm zwey Kinder, als nemlich den brinnenden Rubicundum, und die unzüchtige Fugitivam, so mit weissen Kleidern angezogen, gezeuget. XAMOL. Ist dem also Pyrander, wie dein Vitriola sagt, daß du hitziger Natur bist? PYRAN. Mein Natur kann ich nicht läugnen, dann ich bin hitzig, und niemand kann ohn mich fruchtbar werden, darum hab ich zwey Kinder auf einmal mit meinem Weib bekommen: Feuerfarb ist mein Kleid. XAMOL. Rubicunde, was sagst du gutes neues? RVBICVNDVS. Ich bin ein rother Fuchs an Haut und Haar, wie du siehest, und ein zorniger, hitziger und bald brinnender Mensch, derwegen ich in Furore mein eigene Schwester beschlaffen, und hab mit ihr gezeuget eine Tochter, mit Namen Castaneam, wie dich mein Schwester berichten wird. XAMOL. Fugitiva du bist schön und schneeweiß, wann du nur züchtig wärest in deinem Leben. FVGITIVA. Mein Mutter ist ein Hur gewesen voller Unkeuschheit, und ich bin ein flüchtige Hur, voller Geilheit, und geselle mich zu jederman; dannoch bin ich schwanger worden von meinem eigenen Bruder, und diese Tochter gezeuget, so mit Haut

und

und Haar mir nicht gleich, dann in der Jugend war sie mit mancherley Farben gezieret, jetzt hat sie einen purpurfarben Mantel. XAMOL. Castanea, was sagst du zu den Worten deiner Mutter? CASTANEA. Wiewol ich nicht weiß wie sie, dennoch bin ich nicht so hurtsch, laß mich an diesem meinem Mann genügen, durch welchen ich mir die allerschönste Tochter zuwegen gebracht habe. Ihres gleichen ist nie gesehen worden von den Unsrigen. XIMOL. Ignivome, erkläre dich mit wenig Worten, wie du bist. IGNIVOMUS. Ich bin hitziger Natur, wie mein Bruder Pyrander, und alle Weiber haben mich lieb: dann sie ihre kalte Leiber an meinem warmen Bauch erwärmen könten, darum ich mir solche schöne Tochter gezeuget, dieweil meine kalte Castanea ihren Bauch an mir gewärmet hat. XAMOL. Geziemt mir auch mit deiner Tochter zu reden, dieweil sie so schön? IGNIVOM. Du magst sie wol fragen, aber trage wieder Sorg, sie wird dich mit einem kurzen Bescheid abweisen. XAMOL. Aurelia Aurea du güldener Schatz, und mein Trost, dieweil sich dein ganzes Geschlecht freundlich gegen mir erzeiget hat, würdige mich: dein Wort anzuhören. AURELIA AUREA. Du hast das ganze Geschlecht, daraus ich entsprossen, wol gehört, darum achte ich unnöthig zu seyn, dir zu antworten. XAMOL. Herzliebe Aurelia Aurea, so es möglich kann seyn, so erkläre dich gegen mir unwürdigen Diener. AURELIA AUREA. Ich bin die letzte aus unserm Geschlecht, und aus diesem Berg, darinnen wohnen

und

und sind wie alle entsprossen, ausgenommen der Vulcanus, so wol irrdisch und von der Erden herkommen, dannoch ist er unserer Erben nicht zu vergleichen: So hast du auch gehört eines jeden Herkommen, Natur und Eigenschaft, als nemlichen, daß unsre erste Mutter Aurelia schön, lieb, werth und angenehm bey jederman, und gezeuget die Vitriolam, so viel anderst gefärbet als sie, und diese durch ihre Unkeuschheit 2. Kinder auf einmal in ihren Bauch getragen hat, so auch mit nichten ihr gleich gewesen, und die 2. Geschwistrige haben meine Mutter Castaneam, das ist, eine neue keusche Geburt gezeuget, darum sie eine solche schöne Tochter auf die Welt gebracht, die bin ich, und ich sage dir, wann du ein solches Geschlecht kanst zuwegen bringen aus den Metallen, so hast du das Donum Aureum in deinen Händen, nach welchem du viel Jahr gestanden. XAMOL. Liebe Aurelia Aurea, ich bin halb todt vor Freuden, so ich aus deinen Worten geschöpft. Bitte noch eins, du wollest unverdrossen seyn, und mir mit kurzen Worten eröfnen, wie ich das Geschlecht durch die Metall möge zuwegen bringen. AVREL. AVR. Sage mir zu, und schwöre mir einen Eid bey deinem Gott, daß du es niemand offenbaren willst bey deinem Leben, sondern zu denen kommen lassen, welchen es die Götter vergönnen, so will ich dir auf den Weg helfen. XAMOL. Ich schwöre mit aufgereckter Hand, wann ich es offenbare, so soll mich mein Gott Jupiter strafen, und zu dem Tod verurtheilen. AVREL. AVR. Unser erste Mut-

ter wird genannt Aurelia, und ist ein Königin aller Metallen, und ist nichts anders als das rothe ☉, so da für den Vulcanum muß auf den Amboß gebracht, und laminirt werden. Ferner muß sie durch den Aquarium schwanger werden, welches ist ein bitters, herbes ▽, so du von dem Peliel wirst erfahren, diese gebiert die Vitriolam, das ist der rechte Vitriol ♁is. Die Vitriola vereiniget sich mit dem Pyrandro, das ist, mit dem △, und gebiert Rubicundum & Fugitivam, id est: Sulphur & Mercurium Philosophorum, davon so viel Bücher geschrieben werden. Diese vereinigen sich in dem philosophischen Faß, und bringen auf die Welt Castaneam, id est: Tincturam nostram, da die Welt nach trachtet, und ist ein Pulver, so alle Imperfecta Metalla zu dem rechten perfecten Gold bringt. Welches ☉ ich Aurelia bin, und werde erkannt für die allerschönste Jungfer, dieweil ich in Schönheit, Tugenden und Valor übertreffen thu alle Metall. Dieses hab ich die Xamolxides nicht verhalten wollen, dieweil du ein alter Philosophus und etliche Jahr ein Liebhaber der Kunst gewesen bist. XAMOL. Ach Gott, wie ein herrliches Gespräch, so ich mit grossen unaussprechlichen Freuden von dir gehört habe, wollte meinem Gott Iovi grossen Dank sagen, wann er mein Memoriam stärken wollte, damit ich alle diese Gespräch in meinem Sinn behalten könnte. AVREL. AVR. Siehe, nimm hin diesen Kranz, so da Winter und Sommer in æquali valore unser Farben. Wann du den auffsetzest, so wird dir
sein

kein Wort von unserm Gespräch mangeln, dann dieses Kraut oder Blum heist Herba seu Flos memorialis. Wann du dieses auf deinem Haupt hast, so wird dir alle deine Arbeit wohl gelingen, was du liesest und hörest, wirst du behalten. Kein Philosophus wird in der breiten Welt dir gleich seyn, und im Disputiren übertreffen, dann mit dieser Blumen sind vor dir wenig Philosophi gekrönet und gezieret worden, dann man nennet sie Coronam Auream, dieweil er die güldene Farb hat, und Corona memorialis, der Kranz der Gedächtniß, dieweil einer alles behalten kann, so einer diesen Kranz auf sein Haupt gesetzet. XAMOL. liebe Aurelia Aurea, es will mir nicht gebühren etwas mehrers zu bitten, ich bin auch fast müd, und der Abend nahet sich herzu. Gieb mir eine Lehre, wie ich muß wieder von euch allen abscheiden, und wieder auf den rechten Weg heim kommen. AVREL. OREA. Valedicire uns nach der Ordnung, und fang von unser Großmutter an: XAMOL. Du güldene Aurelia, dieweil sich die Zeit verloffen, so muß ich davon: lebe wohl mit deinem ganzen Geschlechte. AVREL. lieber Xamolxides, wann du heim kommst, so setze mich 30. Tag lang in ein voll Bad, in ein wohlvermachtes Gefäß, dann ich bin übel mit Schlägen von dem Vulcano tractirt worden, wie du siehest. Wann die Zeit fürüber, so nimm mich aus dem Bad, laß mich trucken werden an der Sonnen oder Luft, und thue den Staub von mir, und hebe ihn wohl auf, gehe hin im Frieden. XAM. Vulcane, dieweil ich von

Ch. Schr. II. Theil.   C   hin-

hinnen scheiden muß, so sey nicht so streitig wider deine Tochter Aureliam, verschone sie ein wenig mit Schlägen, dann sie ist ein Königin. VVLCAN. Wann ich nicht zuschlüge, würde die Königin nicht schwanger. Derwegen wilt du unser Geschlecht in Metallen suchen, so kannst du des Hammers nicht entrathen. XAM. Ade, Aquari, ich muß davon. AQVAR. Geh hin Philosophe, und wann du heim kommst, so nimm mich, und setze mich mit der Königin ins Bad, dann ich bin wässeriger Natur, und bin geformirt de vrina Pueri, und ▽ Salis præparati. Wann du sie gebadet hast, so nimm sie aus dem Bad, dann sie ist schwanger worden. XAMOL. Vitriola, gehab dich wohl, ich bin reisefertig. VITR. Mein Xamolxides, ich bin ein grüner Staub, so von meiner Mutter nach ihrem Bad genommen ist, nimm mich und verschleuß mich in ein Gefäß, und befeuchte mich mit Rore Cœlesti, setz ein Recipienten für, erwärme mich mit dem Pyrandro, id est, △, so wirst du zwo Farben haben, eine im Recipienten, die ander im Kolben. Merks wohl, was dieß ist, und gehe hin. XAM. Pyrander, ich gehe von bannen, laß dich unser Colloquium nicht gereuen. PYRAND. Gehe hin, gieb wohl Achtung auf, wie du mich regieren willt; dann die gröste Arbeit ist bey mir, und meinem Freund Ignivomo. XAMOL. Rubicunde, nach dem mein Zeit kommen, so schaue, daß du dich mit deiner Schwester wohl vergleichest. RVBICVN. Wann du zu den Dingen kommest, und hast unser Geschlecht zuwegen gebracht, bis auf

mich

mich und meine Schwester, so vereinige uns mit einander, schließ uns in ein Gemach oder Gefäß, und schau wohl, daß das Gemach versperret sey 40. dP. lang, so werden wir durch wunderliche Farben die Castaneam gezeuget haben, welche ist die Tinctur. Wann du die hast, so hast du schon allbereit Aureliam Auream in deiner Gewalt. XAMOL. Fugitiva, meines Bleibens ist nicht mehr hie, ich muß das Valet nehmen. FUGIT. Wann du daheim bist, so thue wie die mein Bruder befohlen hat, und hab acht, daß ich dir nicht aus dem Gemach entfliehe, dann ich mit der That flüchtig bin. XAMOL. Castanea, mein Trost, lebe mit dem Ignivomo in Einigkeit. CASTANEA. Gib wohl Achtung darauf, daß du mich ertappest, dann ich erstlich mancherley Farben hab, so ich oder ein anderer nicht erdenken kan. Letztlich werde ich ein purpurfarb Pulver, und tingir alle Metall, wann sie in dem Fluß stehen, und bring sie in dem das perfect ist. Ich bin auch die höchste Medicin, und wann du mich hast, so kanst du nicht allein natürliche, sonder anzusehen, übernatürliche Werk thun. XAMOL. Deinen Ignivomum salutire meinethalben, und bitte, du wollest mir noch vergünstigen, mit deiner Tochter zu reden, und einen freundlichen Abschied von ihr zu nehmen. CASTANEA. Per me licet, du magst versuchen, ich will ihr kein Maß geben. XAMOL. Aurelia ☉ea, ich als dein unwürdiger Diener und Knecht, komme zu dir, und wolte mich dankbar erzeigen, wie es sich gebühret, aber eines bitte ich,

C 2   di-

dieweil du jetzt mehr regiereſt, dann dein ganz Geſchlecht, du wolleſt mir den PELIEL wieder zu einem Gefährten geben, bis zu dem Brunnen, da er mich ſchlafend funden. AVREA ☉EA. Mein lieber Xamolxides, was du geſehen bey uns in dieſem Berg, ſo der Gnadenberg genannt wird, und auch gehöret haſt, laß bey dir bleiben, und offenbare es niemands: Dann es nicht ſo ein Donum, ſo die Menſchen geben können, ſondern Gott giebts einem Menſchen durch die Spiritus, und durch uns, ſo wir in Gebürgen wohnen, und erkennen die Natur aller Metallen, Edelgeſtein und Kräuter, dann wir ſind nicht ſolche Menſchen wie ihr, ſo ſind wir auch nicht gleich an der Länge und Dicke, wie ihr, und wie du ſieheſt, ſo haben wir auch nicht ſo viel Glied als ihr, aber von wegen der Tugend der Metallen, Edelgeſtein und Kräuter ſind wir euch überlegen, und die rechten meiſten Philoſophi durch uns Naturerfahrne worden ſind. Wann du wirſt anfangen zu arbeiten in unſerm metalliſchen Geſchlecht, und mich erjagen, ſo ſchaue, daß von dir meinetwegen niemand verachtet wird, und theile armen dürftigen Leuten mit etwas von allem dem Dono, ſo du haſt, und werde nicht ſtolz, damit du nicht geſtraft werdeſt. Den Kranz, ſo du auf dein Haupt geſetzt, habe wohl in Hut, dann es iſt ein Krone der Ehren. Gieb auch wohl Achtung, daß er nicht in ander Leute Hand gerathe, ſondern nach deinem Hinfahren von dieſer Welt wird ihm bekommen der Mann, der dazu gewürdiget wird von Gott. XAMOL. Ich will deinen Wor-

Worten nicht widerstreben, sondern also thun, wie du mir befohlen hast. AVRELIA ☉EA. Peliel, gieb dem Xamolxidi das Geleit. PELIEL. Ja gern, Xamolxides, geh mit mir. XAMOL. Gehabe euch alle wohl in diesem Gnabenberg, dieweil ein lebendiger Athem in mir ist, will ich euer nicht vergessen. Dieweil du Peliel der Thürhüter bist, so sage mir eins, ob auch vor mir etliche von den unserigen Philosophis sind zu euch in diesen Berg kommen? PELIEL. O Xamolxides, komm nicht zu weit, dann es gebührt mir nicht zu sagen. Sag du mir, wie es dir bey den Unsrigen ergangen ist in dem Berg? XAMOL. Ich hab viel Jahr studirt in der Philosophia, und das nicht gelernet, gelesen noch gehört, wie ich jetzt hab erfahren, aber ich besorge mich, ich werde noch nicht alles gefaßt haben, so zu der Arbeit vonnöthen ist. PEL. Worinn hast du einen Zweifel, sag mirs, ich will dir wol darein helfen? Dann ich täglich arbeiten thue, und weiß wohl, was zu arbeiten vonnöthen ist. XAMOL. Das Bad, darinnen die Aurelia baden muß, ist mir fremd und unbekannt. PEL. Wann die Aurelia dünn laminirt ist von dem Vulcano, so bereite das Bad, darinn sie baden soll, also ℞. Vrinam Pueri, davon die Philosophi schreiben, und ▽ Salis præparati, dieses vermisch mit guter Weinheffen, oder lauterm guten Wein, thue diese Materi in ein gläsern grossen Kolben, hänge die Laminas Aureliæ darein, laß sie baden, so lang, wie sie dich in der Valediction gelehret hat, so wirst du den Vitriol Öls erlangen, so zu der Tinctur

tur gehört. Haſt du ſonſten noch mehr Dubia, ſo ſage es mir, ehe du aus dem Berg kommeſt, will ich dich berichten, dann auſſerhalb dem Berg bin ich nicht omniſcius in der Natur der Metallen, und kan n dir nicht helfen. XAMOL. Ich weiß noch keinen guten Bericht, wie die Vitriola muß ſchwanger werden, und gebären die zwen Geſchwiſtere, und wie ſich die zwen vereinigen müſſen, damit ſie die Caſtaneam auf die Welt bringen. PELIEL. Wann du die Vitriolam von der Aurelia gezeuget haſt per Aquarium, ſo nimm ſie und thue ſie in ein Kolben, ſo einen pelikaniſchen Schnabel, befeuchte ſie mit dem Rore Cœleſti, wie ſie dir in dem Valete befohlen, ſetze einen Recipienten für, und theile ſie voneinander. XAMOL. Was muß ich verſtehen per Rorem Cœleſtem? PELIEL. Es iſt nichts anders, dann ein guter Spiritus Vini, ſo erſtlich durch den Thau vom Himmel kommt, befeuchte den Vitriol damit, laß es 12. Stund ſtehen in einem linden △, oder 18. Stund, darnach gieb ihm 6. Stund lang ein ſtark △, ſo theilen ſich die zwen Geſchwiſterige voneinander, und ein jeglichs gewinnt ſeine Farb. XAMOL. Wann ich die zwo hab, wie muß ich ſie halten, damit ſie ſchwanger werden, und gebären die Caſtaneam. PEL. Verſchließ ſie in ein finſter Gemach, befeuchte ſie mit einem friſchen Spiritu vini, alſo daß der Spiritus vini drey Finger breit über die Materiam gehe, lege ein ſtarkes Schloß für das Gemach, ſo ſtark du es bekommen kannſt. Dann Fugitiva iſt ein flüchtige Hure, wie ſie dann ihren Namen ſelber

nicht

nicht gelaugnet hat, sie möchte dir sonst entrinnen. Wann du sie beyde also miteinander verschlossen, so gieb ihnen ein lindes △, und dieß treibe also 20. Tag lang, darnach stärk ein wenig, so wirst du gemächlich mancherley wunderbarliche Farben sehen in dem Gemach, als mancher erdenken kann. Aber du sollst nicht nach den Farben fragen, sonder die alle miteinander werden sich verändern in ein schwarze Farb. Wann die schwarze Farb erscheinet, so gieb ihme wol △ mehr dann vorhin, aber nicht gar zu stark, wann du siehest, daß sich die schwarze Farb in ein weisse verwandelt hat, alsdann gebrauche das starke △, so wird die schneeweisse Farb sich in ein Röthe verwandeln, und allhier magst du wohl Achtung haben darauf, wann sie blutroth oder purpurfarb, so laß ab mit dem △, laß in einem linden △ stehen, bis die 40. ♃♃. vollender. Dann die Castanea kann nicht mehr verbrinnen. Wann du diesen Löwen hast, so gieb Gott die Ehr, und sage ihm Dank, daß er dir solches Geschlecht gegeben hat. XAMOL. Wann ich nun das Donum hab, worinn muß ichs halten, damit ichs nicht verlier noch verderbe. PEL. Es ist ein starke Materia, so nicht in einem jeden Gefäß beständig bleibt, oder lang rasten kann, dann es durchdringet sie gleich, wie es auch penetrirt alle imperfecta Metalla, und alle Glieder des Menschen, das er geneust. Derwegen ist mein Rath, daß du denen nachfolgest, so vor dir gewesen, und thu es in ein Geschirr, so von den perfecten Metallen gemacht, oder in die Dam, so inwendig wohl ver-

vergüldet iſte. XAMOL. Wann ich nun operiren will, mit dieſer Gab in Metallen, wie muß ich es angreifen. PEL. ℟. Dieſer Materia 1. Th. auf 100. Th. mach es in Wachs, und wirfs auf die Zain oder ander Metall, wann ſie im Fluß ſtehen, wie dich die Uebung lehren wird. XAMOL. Wir werden uns bald ſcheiden müſſen, und hätte noch eine nothwendige Frage. PEL. Sag her, dann ich muß bald wieder zu dem Pallaſt gehen. XAMOL. lehre mich, wie ichs in der Medicin muß gebrauchen. PEL. Wann du einen Menſchen curiren willt, er habe eine Krankheit wie er wölle, iſt er alt und ſchwach, ſo nimm ein halb Erbs groß, thu es in ein Glas voll Wein, laß es darinnen beitzen, wann es ſeyn kann, eine Nacht, und gieb dem Patienten Morgens halb zu trinken, des Abends auch halb, ſo macht es ihn ſtark und geſund von Stund an. Iſt ein Menſch ſtark und in dem mittelſten Alter, ſo nimm als ein Erbs gros, oder theile dein Medicin in Gerſtenkörnlein aus, wie andere Philoſophi. Einem Kind gieb ein halb Gerſtenkörnlein, oder ein ganzes, darnach die Perſon des Menſchen iſt. Nun gehe hin Xamolxides, wann du aus dem Berg kommſt, ſo wirſt du alsbald das Brünnlein ſehen, da du geſchlaffen haſt. XAMOL. Mein Peliel, als ein getreuer Geführt, habe Dank, und ſalutir mir das ganze Geſchlecht. PEL. Fiet, gehe hin im Frieden ꝛc.

COL.

COLLOQVIVM
SPIRITVS MERCVRII,
CVM FRATRE
ALBERTO BAYRS,
ORDINIS CARMELITANI &c.

SPIR. MERCVRII.

Was ist die Ursach, daß du mich mit so viel Abgötterey und Conjurationibus bezaubert und gebannet hast?

ALBERTVS.

Ich will dir die Ursach sagen, wann du mich zuvor Leibs und Lebens, und der Seelengefahr versichern wilt.

SPIRITVS.

Das stehet in meiner Macht nicht, aber ich bin nicht kommen, dir solches zu thun: Wirst du aber von der Zauberey nicht lassen, so bist du schon einem andern befohlen, der wird mit dir und deines gleichen die Execution wol wissen zu spielen. An deiner Seelen Seligkeit kann ich dich weder hindern noch fördern, wann ich aber ein Mensch wäre, wollte ich wol selig werden, darum antworte mir auf meine Frag.

ALBERTUS.

Ich bitte dich, zürne nicht mit mir, dann ich bin ein blöder Mensch, du aber bist ein geschwinder Geist und mächtig, darum so sage mir zuvor, ob du ein guter oder böser Engel seyest, oder wer du bist.

SPIRITUS.

Ich bin weder ein guter noch böser Engel, sondern bin einer aus der 7. Planetengeister, die da beherrschen die Mittelnatur, denen befohlen ist zu regieren die vier unterschiedliche Theile der Welt, nemlich die firmamentische, animalische, vegetabilische und mineralische Theile, und unser sind sieben, die durch unsere Geschicklichkeit alle irrdische Virtutes und Influenz des obern Kreises in die unterste drey Theil, durch die Ascendenten und Descendenten führen, und darinnen würken. Dann die Planeten können nicht korporalisch herunter kommen. NB. Das ist der Geist, der die inwendige gebärliche Creaturen würklich hilft fortbringen aus der Erschaffung der vier Elementen, und wer das verstehet, der wird sich richten zum Werk.

ALBERTUS.

Ich bin ganz froh deines hohen geistlichen Berichts, ich bekenne von ganzem Herzen die lautere Wahrheit, daß ich aus deinem ganz klaren Bericht mehr Grund vermerke, dann ich bishero in allen Philosophis gefunden hab. Aber ich bitte dich, halt mir noch eine Frage zu gut, so will ich dir die Ursach sagen, warum ich dich habe beschwo-
ren,

ren, und ordentlich anzeigen, ich bitte, sag mir deinen Namen.

SPIRITUS.

Ich heiß und bin der Geist der Planeten, und nicht des Gottes Mercurii, wie du mich mit deinen Conjurationibus, Benennungen und Beschwörungen nicht hast zu dir gebracht, sondern bin durch Gottes Zulassung gantz freywillig zu dir kommen: derhalben mich auch deine Cirkel, Leuchter und Schwerd, und die andere Phantasen weniger dann nichts angeht, sintemal ohne das einem jeden frommen Menschen ein dienstbarer Geist von Gott zugegeben, doch findet man derer wenig, die sich solcher wuerdig machen. Darum erschreck nicht mehr von meiner Schwärtz, dann sie wird ein Anfang seyn deines Reichthums. War es doch im Anfang der Schöpfung auch alles finster und dunkel, aber durch die Weisheit des Schöpfers war das Licht geschieden vom Finstern. Dann nach der lieblichen Morgenröth die ☉ gantz schön hoch sanguinisch und feuerroth aufgehet. So du nun meinen Worten glaubest, obs gleich nicht menschlich, sondern ein thonender Wiederschall meiner Natur gemäß sind, will ich dich wieder gütlich hören und berichten, jetzund trette aus deinem Cirkel, und laß mich hinein tretten, setz dich auf den Tisch, und schreibe mit Fleiß, das ich dir sagen werde, du aber fang an die Ursachen, warum du mich also erfordert, und meiner begehret hast, und seye nicht fürwitzig, sondern schlecht und kurz in deinen Fragen.

ALBERTVS.

Im Namen Gottes Vaters, Sohns, und heiligen Geistes, Amen. Der allerheiligst ist in einer unzertrennlichen Dreyfaltigkeit, und in unzertrennlicher göttlicher Einigkeit, frage ich dich Spiritum Mercurii, daß du mir die Wahrheit sagen sollest: Quæstio. Ob dieß jenige, so die alten Philosophi von ihrem Lapide Philosophorum oder Tinctura geschrieben, in Rerum natura wahrhaftig, oder ein subtile Speculation sey.

SPIRITVS.

Wisse, daß die Philosophi von diesem einigen Ding durch eine Fürsichtigkeit mancherley geschrieben haben, damit die Narren, so nur nach Geld fragen und trachten, und untreue hoffärtige Menschen irre gemacht werden, und also die hohen Geheimniß der Natur (als die natürliche Kräften, die richten alles aus) darnach viel hohes und niedriges Standes Personen trachten, desto geheimer bleiben mögen, aber sie haben und können auch in keinem andern, ohne allein in einem einzigen Ding (ist alles in allem) die Wahrheit sagen, das andere dient mehr zu verführen die Unwürdigen. Darum sag ich dir mit kurzen Worten die lautere Wahrheit, daß wann sie in der Concordanz von ihrem Lapide Philosophorum oder Tinctur geschrieben haben, das ist in Rerum Natura wahrhaftig und gewiß.

ALBERTVS.

Was ist dasselbig einzige Ding.

SPI-

SPIRITVS.

Du als ein belesener Sophist, und geübter Laborant, sollst zum wenigsten aus deinem Bernhardo gelernet haben, wie du dich bedüncken lässest, du kennest sein doppelten Hi Spiritum gar wohl, und hast dich in primo Ente, und deinem AZOTH schier zum Narren speculirt, so bist du aber noch gar zu weit vom rechten Centro, in dem daß du das Leben bey den Todten, und die allerbeständigste und unzerstörlichste Stärke von aller natürlichen Stärk, die stärkste Stärk in unbeständigen und zerstörlichen Dingen suchest. Darum so wisse in der Wahrheit, daß unser Tinctur gantz roth und rein wird ausgezogen von dem allervollkommensten Creato oder Geschöpf, so die Sonne jemals beschienen. Welches einige Ding durch die allerbeständigsten Geister, Composition der vier unterschiedlichen Qualitäten oder Elementen, und der 7. Sternen Concordantz dermassen compact zusammen gefüget, und ohne einiges Menschen Zuthun oder Hülf oder Kunst in seinen Gradum perfectionis perficirt und gebracht, welches auch mit unglaublicher Vermehrung seines selbst eigenen Saamens und Geschöpfs dermassen in der Schöpfung natürlichen begabt, daß gleichwol sein Theil so fast zusammen verbunden, daß dieß natürlich durch kein Element zerstöret und verletzt werde ohne Hülf der Kunst. So doch ausserhalb dieses einigen Dings sonsten alle andere natürliche Ding der Corruption unterworfen. Das seye dir auf diessmal genug zum Bericht, aus wasserley Materi die

Philosophi ihre Tinctur gezogen haben. NB. Wann du das verstehest oder kennest, was in diesen erzählten Worten begriffen ist, so verstehest du den ganzen Handel und Summam der Kunst, ja welchem Gott die Augen eröfnet, dem ist hie genug gesagt. Es möchte auch auf das ☉ gezogen werden, so verstehet mans aber nicht recht, dann es sind noch höhere geschaffene Naturen, dann das ☉, dem ist nun nachzusuchen, so findet sich die Wahrheit, was Gott in die Natur geleget hat, das der Mensch nicht erkennen will, man schreibe es ihnen dann gar für die Nasen, ist demnach nicht zu begreifen von wegen seiner grössen Blindheit und Unerkanntniß seiner selbsten.

ALBERTUS.

Ich verstehe aus deinem dunkeln Bericht, daß du das feine ☉ meynest.

SPIRITUS.

Du hast zum theil recht verstanden, aber es schwebet dir noch eine trübe Wolken vor deinen Augen. Es ist das feinste ☉, aber nicht das in dem Schmelzofen seyn wird, sondern das die Natur selbst durch ihren vulkanischen Archeum ohne einige Hülf der Kunst finiret hat, auf ihre Weis, daraus wird gezogen derselbige doppelte ☿. Wann du denselbigen hast, so disputire mit deinem Abt und sprich: AZOTH & IGNIS tibi sufficiunt. NB. Das ist offenbar, daß es mehr ist dann das feinste Gold, das Gott in der Erschaffung selber gebeut, und

und ihme die Kraft vergönnet hat, solches uns Menschen zu offenbaren. Dardurch dann alle Menschen solches haben können, wann sie von Gott recht erleuchtet werden.

ALBERTVS.

Ja wo bekommt man dann dasselbige Gold?

SPIRITVS.

Unter dem Himmel, in vielen Bergen und Gruben. NB. Alle Menschen habens vor Augen, und kennen das nicht.

ALBERTVS.

Wie viel muß man zu Vollendung dieses Werks haben?

SPIRITVS.

Wann du 4. loth hast, so magst du dem Papst die Kronen abkaufen, und das übrige behalten.

ALBERTVS.

So viel wollen wir mit Gottes Hülf wol zuwegen bringen. NB. Wann du 4. loth ausgearbeitet, so ist es genug zu deinem Anfang.

SPIRITVS.

Ja das Corpus. Weist du aber nicht, daß ich als ein Geist nicht vom Cörper, sonder vielmehr vom Spiritu rede. Wie wilt du den Geist wägen, der da gar gering im Gewicht in kleiner Quantität

tät von seinem Corpus ausgezogen wird, aber nachmals in Virtute die grosse Quantität seines Cörpers übertrifft. Wann du nu diesen ausgezogenen Spiritum durch sich selbst wiederum corporalisch wilt machen, und in einen geistlichen und reinen Leib verwandeln wirst, alsdann magst du mit deinem Abt disputiren (aber zuvor ist es unvonnöthen) und sagen, △ & Azoth tibi sufficiunt.

ALBERTVS.

Ach englische, ach himmlische Wort! wie soll ichs dann machen?

SPIRITVS.

Solve & coagula.

ALBERTVS.

Ach das sind kurze Wort, die schwerlich sind zu verstehen, aber die ganze Kunst ist darinnen. Ich verstehe, ich soll das Corpus ☉is solviren, und durch die Solution Spiritum Tingentem, welche ohne Zweifel des Bernhardi doppelter Pius ist, heraus ziehen. NB. Das Corpus ist nicht fein ☉, sonder das, darinnen die Tinctur verborgen liegt. Daraus zeuch den dopp̃elten Pium.

SPIRITVS.

Nun ist die Decke von deinen Augen zum theil hinweg, du hast es recht verstanden. NB. Du verstehe nun, welches Corpus er meynet.

AL-

ALBERTVS.

Wordurch muß ich das Corpus Solis solviren?

SPIRITVS.

Durch sich selbst, und was ihm am nächsten verwandt ist.

ALBERTVS.

Das ist ein schwere Red, ja schwerer dann die Kunst selber, ich bitte dich, erkläre mir solches, und zeig mir an die Mittel und Handgrif der wahrhaftigen Solution.

SPIRITVS.

Ich als ein Geist kann dir jetzund die Mittel und Handgrif nicht weisen, dann ich keine Händ hab. Wann ich aber ein Corpus hätte, wie du, wollte ich das ganze Werk arbeiten, du aber suche fleißig in deinem Bernhardo, darinnen stehet das Mittel und die Handgrif der wahrhaftigen Solution, mit allen Umständen dreymal beschrieben, zweymal gerecht, und einmal falsch um der Unwürdigen willen.

ALBERTVS.

Ach ich Elender, hab mich allbereit schier zu todt darinnen gelesen, kann sie gleichwol nicht finden, dann ob ich gleichwol den König durch deine Unterweisung kenne, so ist mir aber die Fontina darinnen ganz unbekannt, darum bitte ich dich auf das allerfleißigst, zeige mir, was die Fontina sey.

SPIRITVS.

Du willst allzufrühe allzugelehrt werden. Ich kann sie dir nicht zeigen, du must zuvor den König haben, man hitzet das Bad nicht ehe, der König seye dann vorhanden. Du aber gehe zu deinem Abt, und sage ihm, er soll dir schaffen 10. Pf. des besten Orientalischen 98756. ÆSÆ, wie es ohne Feuer aus seiner Mutter der Erden komme, so will ich dir nochmals alles offenbaren, was du jetzt nicht verstehest. Sey still und verschwiegen, zeig deinem Abt deine Bücher nicht mehr, sag ihm auch von unser Zusammenkunft kein Wort, bey Leib und Blut, lege ab alle Zauberey und beschwere mich nicht mehr, bleibe im guten Fürsatz, bitte Gott um Gnad und einen guten Geist, sonsten darf ich nicht wieder zu dir kommen. So will ich dein guter Freund seyn, und so oft du meines Raths bedarffst, will ich stets bey dir seyn.

ALBERTVS.

Ach bleib nur noch ein wenig, sage mir, werd ichs auch noch erleben, daß wir die Tinctur verfertigen?

SPIRITVS.

Ja du wirst es vollenden, aber dein Abt wird so lang nicht leben, du wirst sie erlangen nach seinem Tod, und da du dich nicht weislich fürsiehest, wird sie dir ein Ursach seyn deines Tods. Darum habe dich wohl in acht, siehe wol zu, wem du dieselbige zei-

zeigest, dann diese Tinctur grosse Verblendung anrichten wird, doch sollt du deine Büchlein fleißiger
jederzeit, dann deine Tinctur selbst verwahren,
und ja Achtung darauf geben, daß man es zu keiner Zeit bey dir findet, dann du darvon in grosse
Gefahr, und in Gefängniß und Mord gerathen
köntest, derhalben sey fürsichtig und gehab dich
wohl.

ALBERTVS.

Ich FRATER ALBERTVS BAYR, Ordinis Carmelitani, betheure und bezeuge hiermit vor Gott und
seinen Engeln, und lieben Heiligen, daß Anno
1568. den 18. Tag Februarii, welches war das
Fest der hochwürdigen und hochgebenedeyten, ewig-
bleibenden Jungfrauen Mariæ Liechtmeß, wie ich
in meiner Cellen im Closter Maria Magdalena de
Stella nova, mir solch Gesicht erschienen, und vor-
gemeldt Colloquium mit mir gehalten. Nachdem
ich Tag und Nacht mit philosophischen Büchern
und Gedanken aufstund und zu Beth gieng, und
Gott den HErrn mit inbrünstigem Seuffzen bate
Tag und Nacht, daß er mir die Wahrheit dieser
Kunst gnädiglich offenbaren wollte. Da hab ich
in meiner Unwissenheit, Gott verzeihe mirs, weil
ich anders nicht vermeynet, nachdem ich 23 Jahr
mit meinem Abt vergebens mit grosser Mühe laborirt, und des Feuers Tag und Nacht emsig gewartet, man könnte dieser Sachen Geheimnß von
keinem Menschen erfahren, sondern man muß es
von den Geistern erzwingen, so es doch den Menschen

ſchen viel mehr, dann den Geiſtern möglich iſt, wie ichs, Gott Lob, am Ende befunden. Da hab ich auf gemeldten Tag durch gewöhnliche Ceremonien und gebührliche Conjurationes, wie in Klöſtern in Italia, Hiſpanien gar gemein, als ein Kloſter Exorciſta, Gott verzeyh mirs, den Spiritum ʒii beſchworen, und auf ein Geſpräch erfordert: Welcher mir in Geſtalt eines ſchwarzen, länglichten, ſcheublichten Scheins oder Schattens ohne einige Form oder Geſtalt eines Menſchen oder Thiers erſchienen, und mir mit hallender thonender Stimm, Frag und Antwort gegeben, wie vor berichtet.

Und als ich auf ſein Geheiß mich an Tiſch geſetzet, mit Feder und Dinten gefaſt gemacht, iſt derſelbige Schatten oder ſchwarze Schein mitten in den Cirkel getretten, ungeacht des conſecrirten Schwerdts, geräucherter Kerzen, und ander Gauckelwerk. Nachmals hat er ſich von der ſchwarzen Farb durch ein aſchenfarb graue Wolken, in ein ganz lichten weiſſen Schein verkehret, und zu letzt von der weiſſen durch ein licht gelbe Farb in die höchſte Röthe verändert worden. Die Form aber und Gröſſe hat ſich nicht verkehrt oder verändert, ſondern iſt bis zum Ende des Geſprächs im Cirkel ganz unverrückt beſtehen blieben, in mitten aber im Schein iſt das Zeichen ʒii in 3. unterſchiedlichen Farben geſtanden. Endlich als er verſchwunden, wie erzählet, iſt meine Zell inwendig und auswendig blutroth erſchienen und geſehen worden,

ben, als wie die Sonn in einem Gemach blutroth zu scheinen pfleget.

Nach dieser Offenbarung hab ich alles mit meinem Abt bestellet, haben der rechten Materi innerhalb 2. Jahren 11. ℔. und 7. loth, mit grosser Müh und Fleiß zuwegen gebracht, und das Werk Anno 1572. glücklich vollendet, wie ich dann solches folgends treulich und klar aufgezeichnet. Mein Abt aber hat es nicht erlebt, dann den 2. Junii zuvor ist er neben seiner Concubina im Beth todt gefunden worden. Ich hab von Anfang bis zu End alle Farben gesehen, und wie sich der Spiritus im Cirkel erzeigt, also auch die 3. Hauptfarben, nemlich schwarz, weiß und roth, im Werk also unterschiedlich gefunden, und wann ein einiger Irrthum ist fürgefallen, hab ich allezeit von gemeldtem Spiritu guten Rath und Bericht bekommen. Insonderheit aber hat er mir die Parabel von der Fontina des Bernhardi dermassen erklärt, daß mir nachmals alle verborgene Schriften und Figuren der Chaldäer und Egyptier und anderer Philosophen offenbar worden, wie ich solches im 4. Theil meines Büchleins, so ich über das Buch Bernhardi geschrieben, mehrentheils mit meinem Blut verzeichnet hab.

Aber nach Vollendung des Werks hab ich den Spiritum in etlich Jahren nicht können wieder zu mir bringen. Derohalben mir die Augmentatio in Virtute & Quantitate sehr schwer vorgefallen, and weil ich von dem Spiritu keine weitere Unterweisung und Bericht bekommen, und mir die andern Brüder, und sonderlich der neue Abt sehr aufsätzig und zuwider waren, darum daß sie von mir in diesen Sachen nichts erfahren kunten, machte ich mich mit meiner Tinctur und etlichen alten guten Aegyptischen Büchern, über wenig Jahren heimlich davon, und kam glücklich zu Augspurg an, und reiset dornach gen Nürnberg, und ward froh, daß ich einmal auf den Teutschen Boden kam, bey der tröstlichen Hofnung, ich werde dermals einen finden, so mir die Augmentation zeigen werde. Gott der Allmächtige helfe ferner allen mit seinen Gnaden hochgelobt und gepreiset in alle Ewigkeit, Amen, Amen.

COL

COLLOQVIVM HERMETICO-SPAGYRICVM,

das ist:

Ein wunderhöfliches, wohlgegründetes

chymisches Gespräch,

zwischen

der Natur, dem MERCVRIO, und einem ALCHIMISTEN,

darinn die wahre mercurialische Materi Benedicti L. Philosophici erkläret, und der grosse Mißbrauch Exempelsweise entdecket wird.

Einem Liebhaber der Kunst erstlich von einem Inclyti & Magni Nominis erfahrnen Philosopho Anonymo in Latein beschrieben, dessen Symbolum Anagrammaticum:

DIVI LESCHI GENVS AMO.

Anjetzo allen Liebhabern der edlen hermetischen Philosophey zu Gutem in Druck verfertiget.

INTERPRETE

BENEDICTO FIGVLO, V. Fr. Poeta L. C. Theologo, Theosopho, Philosopho, & Medico, Eremita, D. T. P. D. G. N.

PRAEFATIVNCVLA
an den günstigen Leser.

Wer gleichwol der Author dieses Büchleins seye, ist unvonnöthen dir zu wissen. Warum er aber dieses geschrieben hab, höre an die Ursach. So ist auch ohn Noth, daß du wissest, wer ich sey. Doch wisse eigentlich in der höchsten Wahrheit, daß der Author dieses Büchleins den LAPIDEM PHILOSOPHORUM zu machen wisse, ihn gemacht und bereitet, und noch habe oder besitze. Dieweil dann wir uns beyderseits wegen vertrauter Freundschaft sehr belieben und gegen einander wohl vermögen, hab ich ihn gebetten, er wolle mir zu Zeugniß unser Freundschaft (wie auch der Titel mit sich bringt) die drey PRINCIPIA, oder die drey erste anfängliche Ding, nemlich Mercurium, Sulphur und Salz erklären, und ob der Lapis Philosophicus in denselbigen oder andern zu suchen wäre, kurzen und einfältigen Bericht ertheilen. Demnach er aber mir in kurzem mit diesem Tractätlein willfahret hatte, hab ich gänzlichen darfür gehalten, wofer ich dasselbige

(gleich-

(gleichwol ich dem Auctori schlechtes oder geringes Gefallen daran thun würde, sintemal er bey dem wenigsten nicht ruhmsüchtig ist) auch ändern zu communiciren, damit es in öffentlichen Druck möchte promoviret werden, es würden mir die Liebhaber der wahren Weisheit wol darüber geneigt seyn, und dessen guten Dank wissen: Dieweil sie fürohin mit Ablesung dieses Büchleins minder Kosten, Verlierung der Zeit, und der Ehren anwenden würden. Wann ich dann spüren oder vermerken werde, daß mir die frommen Gemüther (sintemal ich die unständige landläufige Alchymisten nichts achte, sondern in Wind schlage und von mir treibe) dankbar seyn werden, will ich mich befleissen, daß von dem Auctore die andere zwey übrige Tractätlein vom Schwefel und Salz, auch hernach folgen. Lebe wohl, und gebrauche dich hierzwischen dieses Büchleins, ꝛc.

A. R. Nob. Pol. D., Author
hujus Præfatiunculæ.

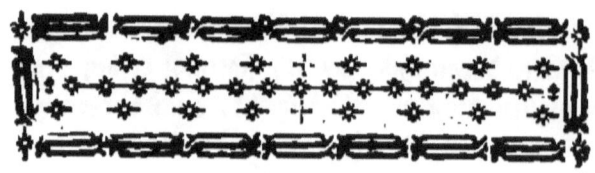

COLLOQVIVM,

oder

Gespräch der Natur, des Mercurii, und eines Alchymisten.

Einsmals haben sich Chymisten versammlet, und Rathe gehalten, wie man den Lapidem Philosophorum bereiten könnte, die haben unter ihnen beschlossen, es sollte ein jeder bloß Orts sein Gutdünken an Tag geben. Diese Versammlung war beschehen unter offenem freyen Himmel, auf einer Heiden, und zumal an einem heitern Tag. Da haben viel deren einhelliglich zugestimmet, daß das Quecksilber oder Mercurius die erste Materi wäre, andere aber den Schwefel vernennt, andere gleichfalls ein anders an Tag gegeben. Jedoch war von dem Mercurio oder Quecksilber vornemlich gehandelt, sonderlich aus Schriften der Philosophen, dieweil sie es für die wahre Materi dargeben, wie auch für die erste Materi der Metallen: sintemal die Philosophi rufen und schreyen: Unser Zus, unser Quecksilber, rc. Indem sie nun dergestalt untereinander stritten und kämpften mit besonderer Arbeit, (dieweil ein
jeder

jeder begierig den Entschluß dieser Frag erwartete) hat sich immittelst ein schweres Wetter, mit Donner, Blitz und Hagel, unerhörtem Wind und Platzregen begeben, welche Ungestümmigkeit diese Versammlung zerstreuet, einen jeden besonders in frembde Länder und Provinzen verschlagen, zertheilt und ganz zertrennet hat, daß also die endliche Conclusion und Schlußred dazumal verhindert, angestanden und verblieben ist.

Nichtsdestominder hat ein jeder ihm folgender Zeit eingebildet, was doch dieser Disputation und Streit Entschluß seyn möchte. Derohalben auch ein jeder ins Werk getretten, und angefangen, zwar der eine in dieser, der ander in einer andern Materi den Lapidem Philosophorum aufzusuchen, welches noch bis auf den heutigen Tag unabläßlichen beschieht. Deren aber einer sonderlich, so noch eingedenk des gehaltenen Gesprächs, daß nemlichen aus dem Fio oder Quecksilber der Stein der Weisen zu bereiten wäre, hat bey sich selbsten diese Wort gesprochen: Ob gleichwol keine Schlußred erfolget ist, so will ich nichts destominder im Fio oder Quecksilber arbeiten, ja ich selbst will die Conclusion und den Entschluß machen, und diesen gebenedeyten Stein zubereiten. Dann er war ein Mensch, so viel mit sich selbsten heimlich redet und murmelt, wie der Alchymisten Gewohnheit ist. Derwegen hat er angefangen, die Bücher der Philosophen zu lesen, und kam über das Buch ALANI, da er von dem Fio oder Quecksilber handelt.

Also

Also war dieser Alchymist ein Philosophus worden, doch ohne Conclusion und endliche Schlußred. Nahm derowegen das Queckſilber, hebt an zu laborieren, thut es in ein Glas zum Feuer. Der Mercurius, wie ſein Natur iſt, rauchet aus und darvon. Der armſelige Alchymiſt, als der des Queckſilbers Art nicht gewuſt, ſchluge ſein Weib und ſprach: Es hätte ja niemand ſonſt darzu kommen können als ſie, derhalben ſagt er, du haſt mir das Queckſilber aus dem Glas genommen, das Weib heulet und entſchuldiget ſich: ſprach doch heimlich bey ſich ſelbſt zu dem Mann: Es wird dir doch nur ein Dreck daraus werden. Der Alchymiſt nimmt wieder andern Mercurium, thut ihn abermals ins Glas, und verwahrets fleißig, damit das Weib ihm ja nicht dazu käme und berühret. Aber das Queckſilber flog wieder zum Camin oder Kämmet hinaus. In dem bedenket ſich der Alchymiſt, daß die prima Materia des Lapidis flüchtig ſeyn müſte, freuet ſich derowegen höchſtlich, vermeynend, es könnte ihm nun nimmer fehlen, und er hätte die rechte Materien unter Händen, fängt derwegen an den Mercurium keck- lich anzugreifen, lernet ferner denſelben ſublimi- ren, auf vielerley Art calciniren, jetzt mit Saltz, das andermal mit Schwefel, auch mit Blut, mit Haar, bald mit Aq. Fort. abermals mit Kräutern, Harin, Eſſig und dergleichen. Aber in dieſem allem befindet er nichts zu ſeinem Fürnehmen. Dar- über iſt in der Welt nichts, damit er den guten Mercurium oder Queckſilber nicht gepeiniget hätte.

Da

Da er aber durchaus, ja im geringsten nichts ausgerichtet, ist ihm dieser Spruch eingefallen, daß es im Mist gefunden werde.

Hierauf hat er mit allerley Koth und Mist den Mercurium beschmeisset, sämtlich und sonders: Unter diesem vielfältigen Laboriren und Arbeiten ward er hinten nach müd, und stunde bey sich selbsten in tiefen, schweren Gedanken. Endlich entschlief er darüber. In dem Schlaf erschien ihm ein Gesicht. Es trate zu ihm ein alter Mann, grüsset ihn und sprach: Freund, was betrauerst und bekümmerst du dich? Er aber sprach: Ich wollte gern den Lapidem Philosophorum machen. SENEX. Darauf der alte Mann fraget: Freund, woraus wolltest du ihn machen? ALCHYM. Aus dem Quecksilber, HRMM oder Mercurio. SENEX. (Der Alte) Ja was für einem Mercurio? ALCH. Es ist ja nicht mehr dann einer. SEN. Es ist wahr, gleichwol, daß nur ein Mercurius ist, aber derselbige ausgetheilet in mancherley, auch ein Theil derselben reiner als der ander. ALCHYM. O Herr, ich kann Kunst genug ihn zu reinigen aufs allerbest mit Eßig, Salpeter und Vitriol. SEN. Glaube mir, dieß ist nicht die rechte Reinigung, auch ist dieß nicht der rechte wahre Mercurius. Es haben die alten Weisen und Philosophi ein anders Quecksilber und Mercurium, und ein andere Reinigung, damit ist der alte Mann verschwunden. In deme erwachet der Alchymist aus dem Schlaf, betrachtet bey sich, was dieß für ein Gesicht gewesen, bedenket sich auch, was für ein Mercurius Philoso-
pho-

phorum dieß ſeyn müſte, kunte doch kein anders Queckſilber erdenken, als das gemeine. Er wünſchet ihme beneben, daß er mit dieſem Alten hätte länger können Sprach halten. Nichts deſtoweniger arbeitet er unabläßlich, jetzo im Koth von Thieren und kleinen Kindern, bald auch hernach mit Urlaub zu reden, in ſeinem eigenen Koth. Immittels ſpaßierte er alltäglich an den Ort, da ihme dieß Geſicht und Traum erſchienen, damit er, (vermeynend) dieſen Alten weiter anreden möchte. Unterweilen ſtellet er ſich auch, als ob er ſchlief, mit zugethanen Augen liegend, und erwartend den alten Mann. Als er aber nicht mehr wollte herbey kommen, gab er dem die Schuld, der alte Mann würde vermerken, daß er nicht recht ſchlieffe, derowegen ſchwöret er, und betheuert, ſprechend: Mein lieber alter Herr, fürchte dich nicht, wahrlich ich ſchlafe, beſiehe mir die Augen, willt du nicht trauen. Und dieſer armſelige Alchymiſt, nach Verſchwendung viel Guts und gehabter vielfaltiger Mühe und Arbeit ward nunmehr darüber zum halben Narren, auch ſchier unbeſonnen worden, indem er ihm dieſen Alten ohne Unterlaß fürbildet.

In dieſer ſtarken Einbildung iſt ihme ein Fantaſey im Schlaf fürkommen, in Geſtalt des bemeldten alten Manns zu ihm ſprechend: Freund, hab ein gute Hofnung, dein Queckſilber und dein Materi iſt gerecht: aber will ſie dir nicht gehorſamen, ſo beſchwöre ſie, damit ſie nicht mehr flüchtig ſeye, beſchwöret man doch die Schlangen,

warum

warum sollte man den Mercurium nicht auch beschwören können? Damit wollte das Gesicht verschwinden, aber der Alchymist ruffet: Herr warte. Und von dem Geschrey ist der armselige Mensch erwachet, doch nicht ohne sonderlichem Trost. Darüber nimmt er ein Geschirr voll Queck-silber oder Mercurii, denselben beschwöret er unerhörter massen, wie ihm im Schlaf fürkommen war. Beneben fiel ihm auch zu, daß ihm das Gesicht des alten Manns gesagt hätte, man beschwüre doch auch die Schlangen. So dann der Mercurius sonsten wird mit 2. Nattern oder Schlangen gemahlet. Dabey bedenket er, fürwahr den Mercurium muß man beschwören wie die Schlangen. Damit nahme er das Geschirr mit dem Mercurio, fahet an zu sprechen: Vx Vx Osy Osyas, &c. Und wo er sollte sprechen den Namen der Schlangen, setzet er den Namen des Mercurii dafür, sagende: Und du Mercuri, du schalkhaftige Bestia. MERCVRIVS. Ueber diese Worte hebt der Mercurius an zu lachen, und sagt zu dem Alchymisten: Was begehrest du? Was plagest du mich, Herr Alchumista? ALCHYMIST. O ho, gelt du nennest mich jetzt einen Herrn, wann ich dir das Lebendig trif, und den Garaus mache. Gelt ich hab dir ein Biß eingelegt, warte noch ein Weil, du wirst mir bald mein Liedlein singen, und fahet an scharf zu ihm zu reden, als wäre er zornig. Bist du, sagt er, der Mercurius Philosophorum? MERCVR. Der Mercurius, als befürchtete er sich, sprach: Ja Herr, ich bin der

Mer-

Mercurius. ALCHYMIST. Warum haſt du mir dann nicht wollen unterthänig ſeyn? und hab dich nicht fir machen können? MERCVRIVS. O großmächtiger Herr, ich bitte, verzeihet mir Armen, dann ich hab nicht gewuſt, daß ihr alſo ein groſſer gewaltiger Philoſophus ſeyd. ALCHYMIST. Ja, haſt du das nicht aus meinem Laboriren können abnehmen, dieweil ich alſo philoſophiſch mit dir procedirt und umgangen bin? MERCVRIVS. Es iſt alſo, großmächtiger Herr, jedoch wollte ich mich verbergen vor dieſem meinem großmächtigen Herrn. ALCHYMIST. Darüber ſprach der Alchymiſt mit freudigem Herzen: Nun hab ich in der Wahrheit funden, was ich geſucht, und ſagt abermals mit ſchrecklicher Stimm zu dem Mercurio: Nun, eya, jetzo ſey mir gehorſam und unterdienſtlich, ſonſten wirds dir übel gehen. MERCVRIVS. Gar gern, mein Herre, wann mirs nur möglich iſt, dann wahrlich ich bin jetzo gar ſchwach. ALCHYM. Was? willt du dich noch entſchuldigen? MERC. Nein, mein Herr, ſondern ich bin gar krafftloß und matt. ALCHYM. Was iſt dir dann angelegen? oder dir ſchädlich? MERCVR. Der Alchymiſt iſt mir überlegen und ſchädlich. ALCHYMIST. Was, ſpotteſt du nur meiner? MERC. Ach lieber Herr, nein, behüte mich Gott, ich rede allein vom Alchymiſten, ihr aber ſeyd ein Philoſophus. O recht, recht geredt, ich bins, aber was hat dir der Alchymiſt leids gethan? MERCVR. O mein Herr, groß Uebels hat er mir zugefüget, dann er hat mich Armen mit vielen widerwärtigen

Sachen vermischet, deswegen ich zu meinen Kräften nicht kommen kann, und bin halb gestorben, dann er hat mich bis auf den Tod gemartert. ALCHYM. O dir ist wol recht geschehen, dann du bist ungehorsam. MERCUR. Keinem Philosopho bin ich jemals ungehorsam gewesen, sondern aus Eigenschaft meiner Natur, verlache und verspotte ich die unweisen Narren. ALCHYM. Was hälteft du dann von mir? MERCVR. O Herr, ihr seyd ein herrlicher fürtreflicher Mann, ein groß erleuchter Philosophus, mit euerm Ansehen übertreft ihr den Hermetem. ALCHYM. Ja wol recht gesagt, ich bin ein gelehrter Mann, aber doch will ich mich selbst nicht rühmen. Mein eigene Frau sagt oft zu mir, ich sey gar ein geschickter Philosophus, so viel hat dieß Weib an mir ersehen. MERCVR. Das glaube ich wol, dann also muste man Philosophos, welche vor eiteler Weisheit und Witz zu Narren. ALCHYM. Wohlan, so sage mir, was soll ich mit dir anfangen? Wie muß ich aus dir den Lapidem Philosophorum bereiten? MERC. O mein Herr Philosophe, das weiß ich nicht, ihr seyd ein Philosophus, ich bin ein Knecht der Philosophen, was sie aus mir machen wollen, das stehet ihnen frey, ich leiste ihnen Gehorsam, so viel ich kann. ALCHYM. Du must mir sagen, wie ich mit dir umgehen soll, und ob ich aus die den Lapidem Philosophorum bereiten könnte. MERCVR. Wann du es weist, so wirds dir gerathen, weist du es nicht, so fehlets dir, von mir wirst du nichts lernen, wann du es vorhin nicht kannst.

Hermetico-Spagyricum. 67

kanst, mein Herr Philosophe. ALCHYM. Wie? redest du also mit mir, gleichsam als mit einer schlechten Person: weist du nicht, daß ich bey grossen Fürsten und Herren laborirt habe, und bey ihnen ein witziger Philosophus gewest? MERCVR. Das glaub ich dir wol, mein Herr, und darum sag ich noch recht, dann ich stinke noch von dem Unflat, damit du mich mit deinem schönen laboriren beschmeisset hast. ALCHYM. So sage mir doch, bist du der Mercurius der Philosophen? MERCVR. Ich bin Mercurius, ob ich aber der Mercurius der Philosophen seye, das must du wissen. ALCHYM. Sage mir nur, ob du der rechte Mercurius seyest, oder ob ein anderer seye? MERCVR. Ich bin das Quecksilber oder Mercurius, doch ist noch ein anderer, damit ist der Mercurius also verschwunden. ALCHYM. Der Alchymist schreyet ihm nach und ruft, aber niemand wolte ihm Antwort geben. In dem gedenkt er bey sich selbsten und sprach: Warlich ich bin ein rechtschaffener Mann, der Mercurius hat selbst mit mir geredt, gewißlich hat er mich lieb. Damit fangt er an wieder zu laboriren auf das allerfleißigste, sublimirt das Quecksilber, distillirts, calcinirts, præcipitirts, solvirts und löst auf mit viel wunderbarlicher Art und Manier, auch mit mancherley Wassern: jedoch alles umsonsten, gleichwie zuvor, verzehret die Zeit mit samt den Unkosten. Derwegen hintennach flucht er dem Mercurio, und der Natur, daß sie dasselbige erzielet und geboren hätte. Als aber die Natur dieses erhöret, ruffet

E 2 sie

sie dem Mercurio und spricht zu ihm: Was hast du diesem leyds gethan? Warum fluchet er mir deinethalben und redet mir so übel? Warum verrichtest du nicht, was du schuldig bist? Darüber entschuldiget sich der Mercurius gar höflich. Doch befiehlt ihm die Natur, daß er sollte Gehorsam leisten den Söhnen der Weisheit, die ihn suchten. Der Mercurius verspricht das zu thun, und sagt zu seiner Mutter der Natur: Lieber, was soll man aber mit Narren anfangen? Oder, wer kann ihrem Begehren genug thun? Darüber schmöchlächelt die Natur, und scheidet von dannen. Der Mercurius aber ward dem Alchymisten gram und auffätzig, begab sich auch an sein gelegenes Ort. Nachdem nun etliche Täg verlauffen, fällt dem Alchymisten wieder ein, daß er in seinem Arbeiten und laboriren etwas vergessen hatte, kehret sich abermals zum Quecksilber; nahme ihm für, dasselbige mit Schwefelkoth zu vermischen. MERCVR. Aber der Mercurius erzürnet, dieweil er ihn ohnedas unschuldiger Weise bey seiner Mutter der Natur angeklagt hatte, und sprach zu ihm: Du Narr, was willt du mit mir anfangen? warum hast du mich verklagt? ALCHYM. Sieh, bist du vorhanden, was ich such? MERCVR. Ja eben ich bins: Aber kein Blinder kann mich sehen. ALCHYM. Ich bin nicht blind. MERCVR. Du bist ganz stockblind, dann du siehest dich selber nicht, wie wolltest du dann mich sehen? ALCHYM. O wie stolz und übermüthig bist du worden, ich rede mit dir ganz sanftmüthig, und du schnarchest mich

also

also verächtlich an! gewißlich weist du nicht, daß ich bey vielen Fürsten und Potentaten laboriret habe, und ein Philosophus bey ihnen gewesen. MERCVR. An die Fürstenhöfe laufen die Narren, die Esel; daselbst werden sie geehrt, und vor andern wohl angesehen. Bist du dann auch zu Hof gewesen? ALCH. O du bist der Teufel, und kein guter Mercurius, wann du also mit den Philosophis reden willt, dann du hast mich schon zuvor auch betrogen. MERC. Kennest du die Philosophos? ALCH. Ich bin selbst einer. MERC. Sehr diesen Philosophum! sprach der Mercurius mit Lachen, und redet mit ihm weiter, sagend: Mein lieber Philosophe, so sage mir dann, was suchest du? was ist dein Begehren? was willt du machen? ALCH. Den Lapidem Philosophorum. MERCVR. Aus welcher Materi willt du ihn aber machen? ALCH. Aus unserm Quecksilber oder Mercurio. MERC. O mein Philosophe, so will ich von dir Urlaub nehmen, dann ich bin nicht derselbige Mercurius. ALCH. O du bist ein mündlicher oder leibhafter Teufel, und begehrest mich nur hinters Licht zu führen. MERCVR. Freylich, mein Philosophe, bist du mir ein Teufel, aber ich dir nicht, dann du hast mich zum allerübelsten gepeiniget teufflischer Art. ALCHYM. O was höre ich, wahrlich du bist der Teufel selbst, dann ich habe alles verrichtet nach den Schriften der Philosophen, und kann ausbündig wohl laboriren und arbeiten. MERCVR. Ausbündig kanst du es, du thust ihm nur zu viel

und

und mehr, weder du weist und liesest. Dann die Philosophi sprechen: Man solle die Natur mit der Natur vermischen, und ausserhalb der Natur wollen sie nichts frembdes haben. Aber du hast mich allbereit mit den allerschnödesten Dingen, und mit Koth vermischet. ALCHYM. Ich verrichte nichts ausserhalb der Natur, sondern ich säe den Saamen in seine Erden, wie die Philosophi befehlen. MERC. Du säest mich in Koth, und wann die Zeit der Erndten herbey kommen, fleug ich darvon, und du findest nichts dann Dreck einzuschnelben oder einzuerndten. ALCH. Es haben doch die Philosophi geschrieben, daß ihr Materi im Mist zu finden sey. MERC. Was die Philosophi geschrieben, das ist wahr, aber du verstehests dem Buchstaben, und nicht dem Verstand und Begrif oder Inhalt nach. ALCHYM. Jetzo merke ich, daß du vielleicht der Mercurius bist, aber du willt mir nicht gehorsam seyn? Darüber fängt er wiederum an denselben zu beschwören, und spricht: Vx, Vx. MERC. Aber der Mercurius lacht und sagt: Du richtest nichts aus mein lieber Fuchs. ALCH. Man sagt nicht vergeblich, du seyest wunderbarlich, unbeständig und flüchtig. MERC. Du sagst, ich sey unbeständig, das wiederlege ich dir. Ich bin beständig einem standhaften Künstler, und bin fix einem firen Meister. Aber du und deines gleichen sind wandelbar und unbeständig: kommet von einem Ding zum andern, von einer Materi in die ander.

der. ALCH. So sag mir derohalben, ob du derselbige Mercurius seyest, davon die Philosophi geschrieben, daß er zusamt dem Schwefel und Salz aller Ding Anfang seye, oder ob man ein andern suchen müsse? MERC. Wahr ists, die Frucht fället nicht weit von dem Baum hinban, doch begehre ich meinen Ruhm keineswegs zu suchen: Ich bin eben der, der ich zuvor gewest. Aber mein Alter und meine Jahr sind unterschieden. ALCH. Jetzo gefälleſt du mir, dieweil du sagſt, daß du etwas alt biſt, dann ich hab allezeit nach dergleichen einem getrachtet, der zeitiger und fixer sey, damit ich desto leichter mit ihm möchte zu End kommen. MERC. Du suchst mich umsonſt und vergebens in meinem Alter, der du mich in meiner Jugend nicht gekennet haſt? ALCHYM. Wie? ſolt ich dich nicht gekennet haben, dieweil ich mit dir jederzeit vielfältig bin zu Werk gangen, als du ſelbſt bezeuget haſt, und will noch nicht ablassen, biß ich den Lapidem Philosophorum überkommen hab. MERC. Ach mir Armseligen, was ſoll ich doch anheben? Zu besorgen, daß ich vielleicht wieder mit Koth und Miſt beflecket und beſudelt werden muß. Alſo hab ich ein neues Kreuz, weh mir Armen. O Herr Philoſophe, ich bitte euch, ihr wollet mich doch aufs wenigſt nicht mit Säukoth vermischen, sonſt hab ich das letzte in der Rauffen, oder werde gar dahin fahren: dann mit diesem Geſtank werde ich gedrungen, meine Natur abzulegen und zu verändern; was begehrſt du du weiter, das ich thun soll. Bin ich nicht genungsam von dir geplaget? Bin ich dir nicht auch gehorsam? Werde ich nicht zu einem Sublimat? Bin ich nicht präcipitirt? Oder werde ich nicht zu einem Präcipitat? Bin ich nicht zum Thurbith worden? Ein Amalgama und Mühslein worden? Ein Massa und Tryglin worden? Was begehrest du nun weiter von mir? Mein Leib ist nunmehr also zergeiselt und verspeyet, daß sich auch ein Stein meiner erbarmen möchte. Aus mir hast du gemacht ein Milch, ein Fleisch, ein Blut, ein Butter, ein Oel, ein Wasser. Ja welches Metall oder Mineral unter allen miteinander könte das alles ausstehen, so ich alleinig hab erlitten, und ist doch noch kein Barmherzigkeit vorhanden, weh mir Armen. ALCHYM. O ho, es schadet dir nichts: Du bist ein Schalk. Gleichwol ich dich hin und her auf alle Weis gesotten und gebraten, so veränderst du dich doch nicht. Es ist zwar nicht ohne, du nimmst etwann ein andere betrügliche Gestalt an dich, doch kommest du jederzeit wieder in dein altes Wesen. MERC. Ich thue eben, wie du mich haben willt. Willt du mich leiblich zu einem Cörper haben, so würd ich ein Leib, willt du mich zu einem Pulver haben, so bin und würde ich ein Pulver: Ich kann nicht wissen, wie ich mich mehr und genügsam bemüthigen solle oder möchte, dann so ich zu Pulver und Aschen werde. ALCH. Darum so sage mir: Wer bist du in deiner innerlichen Wurzel oder Centro?

MER-

MERCVR. Jetzt werde ich gedrungen, und muß mit dir aus dem Fundament oder Grund reden, und wann du willt, kannst du mich wohl vernehmen. Du siehest meine Gestalt, darvon ist ohne Noth dir was zu melden. Daß du mich aber von meinem innerlichen Kern und Mittelpunkten befragst: so ist das Herz meines innerlichen Centri das allerfixest, unsterblich und durchdringend. In ihm ist Rast und Ruhe meines Herrn. Ich selbst aber bin der Weg, der fremde und einheimische Lauf: Ich bin allen meinen Gefreunden der allergetreuest, ich verlasse nicht diejenigen, die mir nachfolgen, mit ihnen bleib ich, mit ihnen sterb ich, ein unsterblicher Leib und Ding bin ich. Ich sterbe zwar, wann ich werd umgebracht: aber zum Gerichte eines klugen Richters aufersteh ich wieder. ALCH. Bist du der Lapis Philosophorum. MERC. Mein Mutter ists, aus ihr wächst ein solch einiges künstliches Ding. Aber mein Bruder, der im Schloß wohnet, hat in seinem Willen, was des Philosophi Begehren ist. ALCHYM. Bist du aber alt? MERC. Meine Mutter hat mich geboren, und bin doch älter als mein Mutter. ALCH. Welcher Teufel wollt dich verstehen, dieweil du mir nicht auf mein Fürnehmen antwortest, sondern lauter Parabel und Räthel herfür bringst. Sage mir, ob du seyest die Fontina, davon Bernhardus der Graf von Teruis geschrieben hat. MERC. Die Fontina bin ich nicht, aber ein Wasser: Die Fontina hat mich umgeben. ALCHYM.

Wird das Gold in dir aufgelöst, dieweil du ein Wasser bist? MERC. Was mit mir ist, das liebe ich doch als meinen Freund, und demjenigen, so mit mir geboren wird, gieb ich Nahrung: Was nackend und bloß ist, bedeck ich mit meinen Flügeln. ALCH. Ich sehe, daß nicht mit dir zu reden ist. Von andern Sachen frag ich, von anderm und fremden giebst du mir Antwort. Wann du nicht besser antworten wirst, so will ich wahrlich mit dir wieder zu Werk. O Herr, ich bitte euch, seyd barmherzig, jetzo will ich gern sagen, was mir bewust. ALCHYM. So sage mir, ob du das Feuer fürchtest? MERCVR. Ich bin selbst ein $\triangle$. ALCH. Warum fleuchst du dann das $\triangle$? MERCVR. Mein Geist verliebt sich mit dem Feuergeist, und so viel möglich, folget einer dem andern nach. ALCH. Und wohin kommest du dann, wann du mit dem $\triangle$ aufsteigest? MERC. Wisse, ein jeder Fremdling begehrt immer in sein Vaterland, und wann er wieder dahin ankommen, daher er Anfangs ausgangen, so ruhet er, und kommt auch allemal klüger heim, weder er ausgangen. ALCH. Kehrest du dann auch etwann wiederum hero zu uns? MERCVR. Ich komme wieder, aber in einer andern Gestalt. ALCHYM. Ich verstehe nicht, was du sagest, vielweniger das Feuer, davon du redest. MERC. Wer das Feuer meines Herzens kennet, der siehet, daß das Feuer, (nemlich die gebürende Wärm) mein Speis und Nahrung ist, und je mehr der Geist meines Herzens

Hermetico-Spagyricum.

zens mit Feuer gespeiset wird, je mehr fruchtbarer und fetter wird er: Dessen Tod und Absterben hernach das Leben aller Ding ist, die in diesem meinem Reich zu finden sind. ALCH. Bist du groß oder mächtig? MERC. Betrachte mich zum Exempel. Aus 1000. Tröpflein werde ich ein einiges Ding: Aus einem einigen zertheil ich mich in viel 1000. Tröpflein, und zugleich wie du mich leiblich vor Augen hast, und mit mir zu spielen weist, so kannst du mich in so viel Stück zertheilen, als dir gefällig, so werde ich doch hinwieder zu einem Ding. Was soll dann mein Geist, (das innerliche Herz) ausrichten? welcher jederzeit aus dem allergeringsten Theil unzählbar tausend herfür bringt. ALCH. Wie soll ich mich dann mit dir verhalten, damit ich dich auf diese Welt zurichten möge? MERC. Innerlich bin ich ein Feuer, das Feuer ist mein Speis, aber des Feuers Leben ist der Luft, ohne Luft wirds Feuer ausgelöscht, das Feuer übertrifft den Luft. Deßhalben habe ich kein Rast noch Ruhe, und kann mich auch kein gemeiner Luft fesseln oder behalten. Setz Luft zu Luft, damit sie beyde eins werden, und wichtig oder schwer seyen: vermische sie mit Feuer, und stells seine gebührliche Zeit ein zu verwahren. ALCH. Was wird letzlich daraus werden? MERC. Das überflüßige wird abgeschieden, was hinterstellig ist, verbrenn mit Feuer, und thu es ins Wasser, darnach kochs, wanns gekocht ist, so giebs kranken Leuten zur Arzney. ALCH. Du antwortest mir

ga=

gar nichts auf meine Fragen, ich befinde, daß du mich allein mit deinen Fabeln und Gericht ausspottest. Frau bring mir Schweinckoth, ich will diesen Mercurium von neuem tribuliren, und ans Kreuz henken, bis er mir sage, wie der Lapis Philosophorum aus ihm zu machen ist. MERC. Als aber der Mercurius das erhöret, fangt er an sich zu beklagen über den Alchymisten, begiebt sich zu seiner Mutter der Natur, verklagt bey ihr den undankbaren Laboranten. Natur. Die Natur glaubet ihrem Sohn Mercurio, der wahrhaft ist, kommt deswegen zornig zum Alchymisten, ruft ihm: Hörest du? wo bist du? ALCH. Wer da, wer ruft mir? Natur. Du Narr, was fängst du, heuer und fährt mit meinem Sohn an? warum erzeigest du ihm solche Schmach? weshalben peinigest du ihn also, der dir doch alles Gutes zu erweisen gesinnet ist, wo du es alleinig nur verstehen wolltest. ALCH. Welcher Teufel schilt mich? Einen solchen Mann und Philosophum? Natur. O du Narr, wie ein grosser philosophischer Dreck und Unflat bist du, wie ein aberwitzige Ganß? Ich kenne die Philosophos und alle wahre Weisen, die liebe ich, werd auch von ihnen geliebt, sie erzeigen mir auch alles Liebs, und was mir zu thun nicht möglich ist, helfen sie mir. Aber ihr Alchymisten, aus derer Zahl auch du einer bist, erzeiget mir ohne meinen Willen und Wissen alle Widerwärtigkeit: deswegen widerfähret euch auch jederzeit das Wiederspiel. Ihr vermeynt, ihr könt gar wohl meine Söhn tractiren: Jedoch ist

all

all euer Arbeit umsonst, und wann ihr die Sachen gründlich bedenken wollt, so führen sie euch bey der Nasen herum, und ihr sie nicht, sintemal sie euch, wanns ihnen gefällt, zu Narren machen und frönen. ALCH. Es ist erlogen, ich bin auch ein Philosophus, und weiß, daß ich wohl laboriren kann. So bin ich nicht nur bey einem einigen Fürsten gewest, als ein gewaltiger ansehnlicher Philosophus, welches auch meinem Weib wohl bewust. Item, ich hab auch allewell noch ein geschrieben Buch in Händen, so etlich hundert Jahr in einer alten Mauren verborgen gesteckt ist, darum will ich bey meinem End noch wol den Lapidem zu bereiten wissen. Ueber das ist mir eine Offenbarung im Traum fürkommen, o meine Träum fehlen mir nicht! gelt Weib, du weist? Natur. Du bist eben ein Gesell, wie deines gleichen alle, die Anfangs alles wissen wöllen, und vermeynen, sie haben die Kunst gar gefressen, am Ende ist es nichts: ALCH. Es habens doch andere künstlich aus dir, Natur, gemacht. Natur. Das ist wahr, aber allein diejenigen, die mich gekannt haben, deren gar wenig sind. Der mich nun kennet, der peiniget meine Söhn und Kinder nicht, er thut mir auch kein Uebels, sondern was mir gefällig und dienstlich ist, damit vermehret er meine Güter, und heilet meiner Kinder Leiber. ALCH. Ich thue ihm doch auch also. Natur. Alle Widerwärtigkeit erzeigest du mir, und wider meinen Willen gehest du mit meinen Kindern zu Werk, da du mich solltest lebendig machen, tödtest du mich, da du mich soll-

solltest fix machen, erhöhest und sublimirest du mich, da du mich solltest calciniren, distillirst du, sonderlich dergestalt erzeigst du dich gegen meinem unterthänig gehorsamsten Sohn ♁io, welchen du mit so viel scharfen corrosibischen und ätzenden ▽ssern, so viel gifftigen Dingen peinigest. ALCH. Ey so will ich ihn fürohin gar holdselig und linb in die Digestion setzen. Natur. Wol recht, wanns dir nur bewust ist, wo nicht, so schadest du ihm nicht, sonder dir selbsten und deinem Beutel. Dann es gilt ihm gleich, er vermischt sich gleich so wol mit Koth, als mit dem Gold. Ein Edelgestein ist jederzeit herrlich und gut, wird nicht vom Koth bemackelt oder besudelt, ob es schon mit ihme vermischt worden. Dann so es abgewaschen wird, ist es eben das Edelgestein wie zuvor. ALCH. Ich wollte aber gern den Lapidem Philosophorum haben und wissen zu machen. Natur. Wann du des Sinns bist, must du meinen Sohn nicht also sieden und braten. Du sollst wissen, daß ich viel Söhne und Töchter hab, ich bin auch bereitwillig zugegen denjenigen, die mich suchen, wann sie meiner würdig sind. ALCH. So sage mir dann, was ist das für ein Mercurius? Natur. Wisse, daß ich nur einen einigen Sohn dergleichen hab; einen einigen sage ich, einen aus sieben, der der allererste ist, der auch alles in allem ist; alles sag ich ist er, der doch ein einiger war, und ist doch nichts: dannoch ist seine Zahl vollkommen und ganz. In ihm sind vier Element, und ist er selbsten doch kein Element.

Er

Er iſt ein Geiſt, und hat doch keinen Leib. Er iſt ein Mann, und vertritt doch Weibes Statt oder er iſt mannlicher und weiblicher Art, das iſt, ein Hermaphrodit. Er iſt ein Knab, und führet gleichwol mannliche Waffen. Er iſt ein Thier, und hat doch Flügel als ein Vogel. Er iſt ein Gift, und heilet doch den Auſſatz. Er iſt das Leben, und tödtet doch alles. Er iſt ein König, doch beſitzt ein anderer ſein Königreich. Er fleugt ſamt dem △ hinweg, und wird doch aus ihm ein Feuer zubereitet. Er iſt ein ▽, und näſſet doch nicht. Er iſt ein Erdreich, und wird doch geſäet. Er iſt ein Luft, und lebt doch im Waſſer. Alch. Jetzt ſiehe ich, daß ich nichts weiß, aber ich darfs nicht ſagen, dann ich verlöhre mein Anſehen und Lob, und meiner Freund keiner hielte nichts mehr auf mich, doch will ich ſagen und thun, als wenn ich viel wüſte, ſonſt gebe mir niemand kein Stück Brods mehr; dann viel deren ſind, die groſſe Güter von mir hoffen. Natur. Wie aber, wann du es lang alſo antreibeſt, was wird es für ein End nehmen? Hintennach wird ein jeder deiner Freund das Seinige wieder haben wollen. Alchym. Ich will ſie alle mit guter Hofnung ſpeiſen, alſo lang als ich kann. Natur. Was wird aber letztlich daraus werden? Alch. Ich will heimlich viel ſeltſame Practiquen mit laboriren erdenken, wanns mir gerathet, will ich bezahlen: wo aber nicht, ſo will ich in ein ander Land ziehen, und will daſelbſten auch alſo haushalten. Natur. Mein, was wird aber

aber schließlich daraus werden und folgen? ALCH. Ha, ha, he, die Welt ist weit, und sind der Land viel, auch viel der Geldgeitzigen Leut, denen will ich groß Gut verheissen, in kurzer Zeit zu leisten. Also verlauft ein Tag in den andern. Inmittelst wird Kunz oder Heinz, Bischof oder Bader, König oder der Esel aufm Platz bleiben, oder ich. Natur. Ein Strick wird folgen, der gehört solchen Philosophis von Rechts wegen. Troll dich hinweg, und mache dir und deiner Philosophen wol bald nur End, zum Galgen. Dann mit diesem einigen Rath wirst du weder mich noch einen andern, viel weniger dich selbsten betrügen, ꝛc.

THE-

LVX IN TENEBRIS LVCENS RAYMVNDI LVLLII,

Darinnen Bericht gethan wird

Wie die höchste Geheimniß der Natur zu erforschen, und aus dem Verborgenen ans Licht zu bringen, nach philosophischen Brauch.

Allen Filiis Doctrinæ, und Liebhabern der magischen Philosophen und uralten spagyrischen Kunst zu mehrerm Unterricht Nutz und Frommen anjetzo publicirt,

durch

BENEDICTVM FIGVLVM, Vtenhoviat. Fr. Poetam L. C. Theologum, Theosoph. Philosoph. Medicum, Eremitam, D. T. P. D. G. N.

Ch. Schr. II. Th.   J

AVGVSTINVS DVLCILOQVIO.
Lib. 3.

Quærite Dominum, & viuet anima vestra. Producat terra animam viuentem. Nolite conformari huic seculo: continete vos ab eo. Euitando viuit Anima, quæ appetendo moritur. Continete vos ab immani feritate superbiæ: ab inerti voluptate luxuriæ: & à fallaci nomine scientiæ. Fastus enim elationis, & delectatio libidinis, & venenum curiositatis motus sunt animæ morituræ, quæ non ita moritur, vt omni vita careat. Quoniam discedendo à fonte vitæ moritur, atque suscipitur à prætereunte seculo, & conformatur ei. Verbum autem tuum Fons vitæ æternæ est, & non præterit. Reformamini autem in nouitate mentis vestræ ad probandum, quæ sit voluntas Dei, quod bonum & beneplacitum, & perfectum, &c.

ELEGIA DEDICATORIA
AD NOBILISS. GRAVISS. LITERATISSIMVM, ET SPAGYRICÆ ARTIS EXPERIENTISSIMVM VIRVM,
DOMINVM
IOHAN. BAPT. A SEEBACH,

S. R. C. M. D. Rvdolphi II. Imperatoris &c. Dapiferum, &c. Dominum Fautorem, & Mœcenatem suum colendissimum.

Seehbachiæ Stirpis Sidus ter Nobile, Ians Baptista, ô Generis viua columna tui.

Accipe sincera munuscula mente profecta
  Chemica, nunc offert quæ Benedictus amans
Artis Secretæ, Divinæ, cœlitus ortæ,
  Et Theophrasteæ Cultor, in orbe, scholæ,
Quæ in te constantis nostri monimenta favoris
  Sint & contractæ pignus amicitiæ.
Hactenus Hesperiis sudasti gnaviter hortis
  Impiger, extremo multa labore parans,
Plurima veracis documentaque sæpius artis
  Perspexti; Inventa est crebra medela tibi.
Quisquis inexpertus Divinam hanc proterit Artem
  Spernit, contemnit, verè Anathema mihi.
Cedite fallaces, SYRVPICA TVRBA, Magistri:
  Nonne inter Medicos iam Theophrastus ovat
Solus Apollineos: Decus immortale manebit
  Huius in orbe VIRI, fama, perennis Honos.
Omnia rumpantur licet invida Corda, MAGISTRI
  Et Præceptoris Enthea Scripta dabo.
Hunc OMNES, OMNES toto orbe sequantur oportet.
  Buccina ἀληθείας nam PARACELSVS erat,
Quisquis contemnit Divini scripta Magistri,
  Ille ipsum spernit, qui regit astra, Deum,
Fautor Amice, modò breue post quid fiet, EEIAS
  Quando ARTISTA aderit, deinde Beatus Enoch,
De quibus AVREOLVS noster prædixerat, illud
  In scriptis repetit hinc & ubique suis.
Crede mihi præstò sunt, vivunt ambo: Malignus
  Sentiet Orbis. Homo desere turpe nefas,
Et resipiscendo solum complectere CHRISTVM,
  Mendacis mundi putida scripta fuge, &c.
Dira flagella DEVS demittet ab æthere summo,
  Pestem, bella, famem, plura flagella necis.

Nam furor exarsit divinus; Olympus & ipse
  Præparat incensus tela furore gravi,
Peccatis variis immerso turpiter Orbi,
  Pestiferæ succo perlita tela luis.
O Patria infœlix! Quæ te infœlicia fata
  (Horresco referens) mille pericla manent.
Teutonia infœlix planè excæcata, Prophetas
  Falsos quàm diu amas? hos neque nosse cupjs?
Cum tamen expressis verbis descripserit ipse
  CHRISTVS, ab explicitis hosce cavere notis
Iusserit. O vecors immundi INSANIA Mundi!
  Quæ Christum lucem respuis atque fugis
Cœtus exortam: Deliramenta Sophorum,
  Ethnica sectando, certa venena tuæ.
Certò animæ. Ah oculos nunc erige, respice
                Christum
Solum. Quæ Mundi, gaudia vana fuge:
Sunt animæ casses perituræ: Desere Mundum
  Sub stygias etenim præcipitaris aquas.
Post mille exhaustos casus, & mille labores,
  Ætas quos nostra hæc luxuriosa nimis
Sentiet; hinc tandem Saturnia Regna sequentur,
  Constituet Regimen Christus in orbe Novum.
Aurea succedet, lutulentaque desinet Ætas,
  Christi miraclis ingeniosa novis.
Dulcia quàm nostram pertentant gaudia mentem,
  Quando aderit nobis conspiciendus ENOCH,
Ac individuus Comes eius, MAGNVS ELIAS,
  Docturi gentes, quæ sit ad astra, via.
Verùm extra metam ferè nostra Camœna vagata est,
  Talia nec dices hoc referenda loco

F 3   Opti.

Optime Seehachi, nostram tu fronte serena
  Musam acceptabas, atque favore tuo
Avgvstæ memet complectebaris amicè,
  Insinuans animo Chemicæ plura meo.
Perge favere meis conatibus, Inclute Fautor,
  Officiis studium promoueasque meum.
Immemorem facti me nulla redarguet hora,
  Quamvis pauperies me premat vsque gravis.
Sim tuus ex animo: Penitis nam tute medullis
  Totus inherescis, Magne Patrone, meis, &c.

T. Nobilissimæ Excellentiæ

Studiosissimus

BENEDICTVS FIGVLVS,
Vtenhovias, Francus, Poëta,
Th. Th. Ph. M. Eremita, &c.

ELENCHVS EORVM,
QVÆ IN HAC PARTE CONTINENTVR.

I.

Tractatus Raymundi Lullii de benedicti Lapidis Philosophici præparatione.

II.

Arcanum de multiplicatione Philosophica in qualitate.

TRA-

TRACTATVS
RAYMVNDI LVLLII
DE
BENEDICTI LAPIDIS
PHILOSOPHICI PRAE-
PARATIONE.

Wann wir hintersich sehen auf die Weisen der vorgehenden Zeit, ist ihrer aller Gemüth gericht gewesen, die verborgene Ding der Natur zu erkennen, herfür zu bringen, und den menschlichen verdunkelten Verstand durch Weißheit zu erleuchten, sintemal der Mensch andere Thier mit keinem Stück mehr übertrifft, dann wann er in seinem erleuchteten Verstand die Natur in den Creisen der Himmel beschlossen, weißlich anschauet, und natürliche Werk solcher weisen Anschauung gemäß herfürbringt. Derohalben sich alle Philosophi und Weisen bemühet haben, daß ihre Nachkömmling mit Weisheit und Verstand der Natur gespeiset würden, und nicht in Unwissenheit und Finsterniß des Verstands stecken bliebn, durch welche sie von der menschlichen Vollkommenheit ab, zu der unvernünftigen Thier fremder wilder Art treten. Dahero sind so vielerley Bücher vieler gelehrten und weiser Leut vor-

hanhaben, in welchen ein jedweber nach seinem Vermögen und Wolgefallen seine gefaste, oder sonst gelehrnte Welsheit erkläret und offenbaret hat, und uns angezeiget, auf was Mittel, Weis und Weg wir auch solche fürgesetzte Welsheit erlangen könnten: auf daß wir nicht etwa des rechten Zwecks der Weisheit verfehleten, und in mancherlei Abweg geführet würden.

Und ob gleichwol die Philosophi mancherley Weis zu reden von einem Ding gebrauchet, also daß einen möchte gedünken keinen Consensum in ihren Schriften zu seyn, derohalben nichts gründliches zu finden: so ist doch wol acht darauf zu geben, und zu wissen, daß nur ein Natur ist durch alle Geschöpf der Welt ausgebreitet, welche ein jedwedes Geschlecht in seinem eigenen Ort und eigenen Art erhält, und nichts ohn gefährd lässet geschehen, sondern alles in Numero, Pondere & Mensura stehet und ist. So dann nun dem also, wie die heilige Schrift samt der Erfahrung bezeuget, ob gleichwol die Philosophi nicht gleichförmig geredet haben, wird darum der einigen Natur nichts benommen, welche nicht an jenes oder dieses Schreiben langet, sonder für sich selbst ohne Schreiben bestehet, deren gnugsam offenbar, die nicht allein mit geschickten hohen Gedanken, sondern auch mit verständigen, emsigen, klugen Werken sie zu erforschen, nachtrachten. Darum dann ein jedweder wohl aufzusehen hat, daß er nicht etwann die Natur fahren lasse, und sich allein auf die Bücher der Philosophen begebe, daraus er

dann

dann mancherley Opiniones schöpfen wird, die ihme von einander zu scheiden, und die rechten und Wahren von Bösen und Unrechten heraus zu klauben, schwerlich seyn wird. Muß also die Natur, samt und neben dem Lesen, das Lesen samt und neben der Natur zugleich für die Hand genommen, das Lesen aus der Natur, und nicht die Natur aus dem Lesen geurtheilet werden: Ob gleichwol die schwere Schriften der hochgelehrten Philosophen einen eins guten Theils zu der Erkanntnuß der Natur führen, und gleichsam ein Manuductio sind. Dann in Betrachtung der Natur, nach dem die Philosophi erstlich den Himmel und sein Gestirn, samt seiner steten Bewegung, alsdann die vier Elementa, und was in denen ist, angeschauet haben, haben sie befunden, daß der Himmel in die Elementen, auch ein Element in das ander seine Würkung habe, und gleichsam der Himmel den Elementen, als ein Vater seinem Sohn gebiete, und sie regiere, dahero sie dann ad Generationem dem Himmel nothwendig zu seyn geachtet und geschrieben haben: dahero auch der gemeine philosophische Spruch lautet: Sol & Homo generant Hominem. Ja sie haben auch aus der Würkung der Natur ihre Schriften fein ausgetheilt in Cœlestia, Animalia, Vegetabilia et Mineralia, dieweil sie vermeinet haben, daß unter diesen vier Theilen fast alle Ding der Natur unterworfen, begriffen würden. Sie haben auch einem jedweder nach seiner Art sein Eigenschaft, Würkung, und so viel zugeeignet, und ein jedweders in der Hoheit gehalten, darein es von Gott gesetzet ist worden. Als im Himmel haben sie sonderlich Aufmerkung gehabt auf das grosse Licht, welches von Gott selbst in Erschaffung der Welt, dem Tag fürgesetzt worden ist, nemlich die Sonne, nicht daß ander himmlische leuchtende Cörper nicht auch Sterne wären, und ihre besondere Würkung hätten, sondern daß die Sonn diese alle weit übertreffe, an Klarheit, Vollkommenheit des Scheins, der Bewegung, und Würkung in der Natur, so sie von keinem andern Stern ihr Licht empfängt, sonder die andern alle von der Sonnen erleuchtet werden, und ohne diese Erleuchtung dunkle und unscheinbare Cörper sind: Also wird auch der Lufft durch die Radios Solares gesäubert, die Gewächs der Erden herfür gelocket, erquicket, und ein jedwedes zu seiner Vollkommenheit gebracht, desgleichen alle Thier sich der Sonnen frauen, wie dann die Erfahrung solches mit sich bringt. Zu gleicher Weis, wie sie nun unter den himmlischen Cörpern die Sonn das edelste zu seyn erkannt, und bekannt haben: Also auch, nachdem sie unter den Vegetabilibus dem fürnehmsten nachgesucht, haben sie befunden, daß keins unter allen den Wein übertreffe, nicht allein dieweil er des Menschen Hertz erfreuet, sondern auch dieweil er alle andere Vegetabilia, Kräuter, Wurtzen, Saamen, und was dergleichen ist, angreife, und über sie alle herrsche, einem jedwedem seine eigene Essentiam von Unsauberkeit erledige, und die Vegetabilia gleichsam wie die Sonn die Stern erleuchte, und zu ihrer Vollkommenheit bringe. Dergleichen unter den

Ani-

Animalibus haben sie nichts befunden, das den Menschen übertreffe, nicht allein so viel das Gemüth anlanget, welches durchaus die andere Thier beraubet seyn, sondern so viel den menschlichen Leib anbelanget und angeht, welcher schöner, reiner und zärter, förmlicher und holdseliger, dann der andern Thier selber ist: Darum sie dann auch diesen hoch gepreiset, und viele Kranckheiten durch die rechte Munia des menschlichen Cörpers, durchs Arcanum Sanguinis Humani zu vertreiben, und die Gesundheit des Menschen durch dieß Stück zu erhalten, und zu wiederholen sich unterstanden, und auch verrichtet haben, wie dann die Erfahrung mit sich bringe, und ihr Lehr ausweiser.

Desgleichen unter den Mineralibus haben sie nichts können ergründen, welches dem Gold fürzuziehen wäre, von wegen seiner Vollkommenheit, Klarheit, und des Menschen Anmuthung, die er zu dem Gold von Natur hat, haben auch vermeynet, daß dieses schöne Metall nicht allein zum Lust, oder zum Geltz von Gott erschaffen sey, sonder daß es der andern Metall Kranckheit, wie die Munia aus dem Menschen hinweg nehme, ihrer Essentiam von den einverleibten Unsauberkeiten, wie der Wein die Kräuter reiniget, die andern Metalla, als die Sonn die andern Sterne erleuchte, und also alle andere Metall zu einer Vollkommenheit bringe. Diese Meynung haben die Philosophi vom ☉ erstlich gehabt, und von wegen seiner Klarheit, und wunderbarlichen Würkung in der Natur das ☉ Solem genannt, dieweil es eben unter

den

ben Metallen das ist, das würket und thut, was die Sonn unter den Sternen. Dann je einmal Gott der allmächtig alle Ding in einer Proportion erschaffen hat, alle Ding in ein Proportion gesetzt, und darinn erhält: Warum wolle dann dem vollkommenen Metall dem ☉ abgeschlagen, versagt und entzogen seyn seine vollkommene Würkung, durch welche es die andere Metall all erleuchtet, erhöhet und perficirt: so diese Würkung einem jedwedern vollkommenen in seinem Geschlecht zugeeignet ist, als die Sonn erleuchtet die Sterne, der Wein zeucht aus den Gewächsen ihre Essentiam und Kraft, die Mumia verhütet den menschlichen Leib für schädlicher Gift, und bewahret ihn für mancherley Krankheiten. Dann je einmal wahr und gewiß, was die Sonn unter dem Gestirn, der Wein unter den Erdgewächsen, die Mumia in dem menschlichen Leib ist, das ist auch das Gold unter den andern Metallen.

So dann nun der Sonnen die Kraft von Gott eingepflanzet ist, das Gestirn zu erleuchten, dem Wein die Erdgewächs und Vegetabilia zu reinigen, der Mumiæ den Menschen von Krankheiten zu heilen und præservirn, so wird auch ohn Zweifel dem ☉ die Metalla zu conficiren nicht abgeschlagen seyn, so in einem jedwedern Geschlecht etwas gefunden wird, welches ein Ursach ist Perfectionis individuorum, und unter den Metallen das Gold keines übertrifft. Derhalben nachdem die Philosophi gesehen haben, daß der gemeldten ein jedweders in seinem Geschlecht eine solche Würkung

ha=

haben, die Sonn unter dem Gestirn, der Wein in Erdgewächsen, die Mumia im Menschen, das Gold in Metallen, da sind sie weiter fortgangen, zu erforschen, ob auch die Sonn, der Wein, die Mumia, und das ☉ eine Gemeinschaft unter ihnen selbst hätten, oder nicht, sind also durch solches Erforschen dahin kommen, daß sie vermeynt, daß ein grosse Gemeinschaft unter diesen vieren wäre, so ein jedwederes in seinem Geschlecht das vollkommenste ist, und aller Theil der Welt ein Gemeinschaft mit e. a. haben ratione esse, & bene esse. Also auch: Quodlibet perfectum gaudet altero perfecto, quia perfectione concordant. Daher spricht HERMES: Quod superius sit sicut inferius, & inferius sicut superius, quia perfecta ratione perfectionis concordant, ob gleichwol solche Concordia nicht männiglichen für Augen liegt.

Weiter, so der Mensch Microcosmus genannt wird, und ist, so in ihm alles liegt nach der Proportion, was in der grossen Welt ist, darneben auch alle Geschöpf seinetwegen erschaffen, wie die heilige Schrift, und aller Philosophen Consens bezeugt, haben sie beschlossen, daß die Sonn, der Wein, die Mumia und das ☉ in dem Menschen würke, wie dann die tägliche Erfahrung mit sich bringt, daß der Sonnen Kraft den Menschen erquicke, der Wein das Herz erfreuet, die Mumia den Menschen beym Leben erhaltet, das Gold das Herz stärket. Nachdem aber auch offenbar, daß die Sonn kein Creatur erleuchten oder erquicken kann, die sich von ihrem Glanz und Kraft entzeucht, der Wein keinem das Herz erfreuen, der ihn nicht gebraucht, die Mumia niemand bey dem Leben erhalten, von dessen Cörper sie abgesondert sey: Also ists unmöglich, daß das ☉ dem Herzen (in welchem das Fundament des menschlichen Lebens liegt) Stärk gebe, wann diese beyde, nemlich das ☉ und das Herz nicht dermassen zusammen vereiniget sind, daß eins in das ander würken kann: dann wo die Wirkung verhindert wird, da kann kein Effectus hernach erfolgen, also was da impatibile oder unseelblich ist, ab agente non afficitur. So dann nun der ganze Mensch allen Affectionibus unterworfen ist, und sein Leib leichtlich von einem jedwedern Ding beweget und verändert werden kann, wann das ☉ im Menschen nicht würke, wird nicht der Mensch daran schuldig seyn, sondern das Gold, welches dann ein metallisch, corporalisch Ding ist, beständig im △: Darum dann wenig, ja keine Kraft also von ihm in den Menschen ausgehen kann, ob es schon auf das subtilest in ein Alcool und in das kleinste Pulver gebracht worden ist. Dann so thue dem ☉ nichts durch die Hiz des Feuers, welche fast stark ist, weder an der Tinctur, noch an dem Gewicht entzogen wird, sondern beständig darinn in seinem Werth verharret und bleibt, wird ihm vielweniger etwas ausgezogen, von natürlicher menschlicher Hiz, die da in einem geringern Grad ist, dann das brinnende Feuer.

Dann was wollt doch von dem ☉ ausgehen? (sein Spiritus) aber dieser ist so fest in dem Cörper des ☉ verleibt, daß er durch die menschliche

Wärm

de Bened. Lapidis Phil. præp. 95

Wärm nicht abgesondert werden kann, viel weniger selbst vom Goldischen Leichnam sich scheidet.

Was dann corporalisch ist, (ohn einen durchdringenden freyen Geist) kan im menschlichen Leib gar wenig oder nichts würken. Darum dann kein Wunder, wann die Aerzt den Kranken vergeblich und unersprießlich das ☉ zu essen geben, so dieses kein Würkung hat, wo nicht die Bereitung zuvorher gehet, und also der Geist des Golds von dem goldischen fixen Körper entlediget wird. Dann ob gleichwol das Gold würket à proprietate, wie Avicenna spricht, so ist doch vonnöthen, daß solche Proprietas dermassen erlediget werde von den Banden crashioris materiæ, daß sie frey unverhindert ihre Würkung vollbringen könnte.

Die ARABES haben AVRVM gesetzt in ihre Confectiones Alkermes, dieweil sie gewust, daß ein besondere Stärk des Herzens, und vitalium facultatum im ☉ verborgen liege. Lasset ihm solches auch JVLIVS CÆSAR SCALIGER wohl gefallen im 272. Exercitatione de subtilitate.

Aber viel besser wär es gewesen, wann sie das ☉ subtiler bereitet, in die gemeldte Confectionem gebraucht hätten, sintemal ein jedwebers Ding, je subtiler es bereitet ist oder wird, je mehr es durchbringt, erstrecket sich auch besto weiter in seiner Würkung. So dann nun ein grosse Stärke des Herzens und der Spirituum Vitalium im ☉ liegt, je durchdringender das ☉ wird, je weiter und kräftiger auch sich seine Stärk erzeigen werden.

Da-

Dahero dann die Medici viel Jahr her im Brauch gehabt, daß sie das ☉ also gluend etlichmal in einem appropriata ▽ haben ausgelöscht, und alsdann von gemeldtem ▽ dem Kranken zu trincken geben. Also haben sie eben das ☉ in den Aquis vitæ auch ausgelöscht, damit solche, wann sie ein Krafft vom ☉ in sich gezogen, desto krafftiger wären.

Aber andere hochverständige Philosophi sind damit nicht zufrieden gewesen, sonder dieweil sie gesehen, daß dem ☉ durch solche Auslöschung nichts weder am Gewicht noch am Grad der Tinctur entgangen ist, haben sie beschlossen, es werde kein Krafft auch von ihm ausgangen seyn, dieweil alle Krafft des ☉ bey dem Gewicht und der Tinctur abgenommen könte werden. So dann nun die Tinctur in ihrem Grad nach der vorgemeldten Auslöschung bleibt, das ist, wann das ☉ für der Auslöschung Ungerisch ist, so bleibt es auch nach der Auslöschung Ungerisch, ist es fein dafür, so bleibt es auch fein darnach, so auch das Gewicht nach der Auslöschung nicht geringer worden ist, dann es zuvor gewest, so folget, daß keine Krafft auf solche Weis dem ☉ ausgezogen werden könne.

Derohalben haben sie einen gewissen Weg gesucht, durch welchen dem ☉ischen Leichnam sein wesentliche Krafft ausgezogen, und von ihm abgesondert würde: Dahero von den Philosophis so mancherley Weis, ein Aurum Potabile zu machen, gelehret worden, als in H. v. Braunschweig, item in Cœlo Philosophorum Ulstadii, desgleichen im Buch Anthonii Farnavelli de Compositione Me-
dica-

dicamentorum, cap. 7. Item: In Raymundo Lullio Arnoldo Villanovano, Theophrasto Paracelso, und vielen andern mehr zu sehen ist. Dann ein jedweder hat dahin gesehen, wie doch auf die beste Weis das ☉ könnte seine Würkung im Menschen vollkömmlich vollbringen, weil so unglaubliche und unaussprechliche Kräften dem Menschen zur Stärkung in ihme verborgen sind, wie alle Philosophi einhelliglich bekennen, und aus ihren Büchern zu sehen, neben der Erfahrung, so angezeigt, daß über ein gerechts ☉rum Potabile oder Mercurium ☾is kein höhere Arzney zu finden sey. Darum dann die Philosophi den vollkommensten Weg, das ☉ in die höchste Medicin zu bereiten, gesucht: Doch gleichwol diesen nicht alle gefunden, sondern etliche, nachdem sie nach langer Mühe und Arbeit, doch an die Kunst angewendet, nichts gefunden, gar daran verzagt haben, und letzlich in grosse Irrthum gerathen sind, daß sie unweißlich vermeynt unmöglich zu seyn, ein Medicin aus dem Gold zu extrahiren, und zu bringen: Haben also das Gold aus der Medicin nicht ohne besondern merklichen Schaden oder Nachtheil des Menschen gar ausgestürzet und ausgemustert, wie dann leider noch bey dem mehrertheil der vermeynten Aerzt zu sehen ist.

Etliche aber, ob sie gleichwol bekannt haben, daß die höchste Medicin im ☉ verborgen liege, jedoch, dieweil sie keine trefliche Würkung gesehen haben in der Medicin, wann schon das rohe unbereitete Gold gebraucht worden ist, und ob sie sich schon

schon um seine Bereitung angenommen haben, jedoch nichts getroffen, sind sie letztlich auch in desperationem gefallen, und haben also dieser herrlichen Medicin nicht gnugsam weislich nachgesucht, darum dann auch von diesem solche Medicin ist vermieden blieben.

Welche aber in einem erleuchten Verstand der Natur emsig nachgeforschet, und solche mit Mühe und ungesparten Kosten durchzusuchen nicht unterlassen haben, sind letztlich zu einer vollkommenen Erkanntnuß kommen, haben auch die höchste Medicin im ☉ verborgen, perfect zu bereiten erlangt, und solche mit unaussprechlichem Frommen des Menschen gebraucht, wie dann aus ihren Büchern zu lernen, und die Erfahrung mit sich bringt. Dann was für grosse Geheimnuß im ☉ verborgen lieg, bezeuget neben dem Comite Trevisano und andern Theophrastus de Tinctura Physicorum mit diesen Worten: Also ist die Tinctura Physica ein Vniversal, welches als ein unsichtbar △ verzehrt alle Krankheiten, wie sie immer mögen genennet werden. Sein Dosis ist gar klein, aber die Würkung mächtig groß. Daher sind von mir curirt worden, Außsatz, Franzosen, Sucht, Colica, hinfallende Sucht, Schlag, desgleichen der Wolf, Krebs, Syren, Fisteln, und allerley inwendige Mängel, mehr dann einem Menschen zu gedenken ist. So dann nu dem also, solle billig ein jedwe der Philosophus solchem hohen Arcano nachforschen, durch welches dem Menschen in der Natur mehr Guts, dann durch alle andere Schätz de Wel-

Welt widerfahren kann. Darum dann auch die Philoſophi die Erkanntniß ſolches Occultiſſimi Occulti haben Donum Dei genannt, als daß er alle menſchliche Gedanken übertreffe, und keinen andern Authorem, dann Gott ſelbſten haben könnte: Dann wunderbarliche Ding neben dem Nutz der Geſundheit, welches der Menſch aus ſolchem Arcano empfäht, hieraus gelehrt werden könne, nemlich, wie Gott der Allmächtig aus Nichts die gantze Welt erſchaffen habe. Item, wie die Trinitas Perſonarum in Vnit. Eſſent. ſtehe, deßgleichen die Auferſtehung der Todten. Item: Ein Ebenbild des ewigen Lebens, und andere ſolche hochwichtige Stück mehr, daß alſo der Menſch durch ſolches Arcani Erkanntniß zu ſeiner ſelbſt und Gottes kommtes kommen kann, ſo weit dem Menſchen möglich iſt, auſſerhalb Chriſto zu kommen, darum ſich nicht zu verwundern iſt, wenn Gott der allmächtig ſolche Magnalia je und allweg wenig Menſchen geoffenbaret hat, ſo wenig ihn emſig in der Natur geſucht, und wenig ſeine Wunderwerk betrachtet haben.

Darum dann auch die alten Philoſophi nicht zu ſtraffen, daß ſie ſolchs Arcanum als ein Arcanum occultirt haben, dann ſie ſolches erſtlich von Gott in Secreto empfangen, derohalben ſich nicht gebüret hat männiglich zu eröfnen, was Gott ſelbſt verborgen zu ſeyn gewollt hat. Dann wann die Arcana gemein würden, wären ſie nicht mehr Arcana, ſondern Manifeſta, dardurch ihre Würde und Dignitäten geſchmälert und verlohren wuerden.

Und dieß ist die Ursach, warum die Philosophi so mancherley Namen der Medicin im ☉ verborgen zugeeignet haben, nemlich unter solchen so mancherley Corticibus den rechten Nucleum Solis, und rem ipsam zu verbergen für den Unweisen, die da nicht würdig seyn, die Geheimnß der Natur zu ergründen. Als nemlich es ist genannt worden diese hohe Medicin L. Philosophor. Tinctura Physicorum, Jus Physicus, Q. Essentia. Materia P. Lac Virginis, Argentum vivum, Menstruum, ▽ exuberata, ▽ perennis, † Acerrimum Flos æris, ▽ Vitæ, ▽ sicca, ▽ permanens, ▽ viva, ▽ humectans, ▽ mortificans, ▽ non madefaciens manus, ▽ vivificans, ▽ dissolvens, ▽ digerens, madefaciens, ▽ liquefaciens, ▽ exsiccans, ▽ dealbans, ▽ mundificans, ▽ imbuens, ▽ fortis, ▽ divina cœlestis, Leo viridis, madidum roris, Azoth, calx humida, Zaybet, urina puerorum, avis Hermetis, fumus à fumo, pullus Hermogenis, cinis Hermetis, extractor & reductor Animæ, clavis artis, Filia Sapientum unica, mare siccum, terra foliata, fumus albus, Aochetia Ideogeras, ▽ comburens, Sulphur, Vapor, sperma Philosoph. Spiritus præparans, und andere Namen mehr ohn Noth zu erzählen, welche Namen dem höchsten Arcano Medicinæ, das ist L. Philosophico nicht allein darum gegeben worden, daß dieß Arcanum so mancherley sey, oder aus so mancherley Materi gezogen werde, sonder erstlich, wie vermeldet, darum, damit die Unweisen von einem solchen hohen Werk abgeschreckt würden, und die edle Perlein

lein nicht den Schwelnen fürkämen und fürgeworfen würden. Zum andern, von wegen auch vielerley Veränderung an der Substanz, Farben, Humidität, und andern Accidenten, so in der Bereitung dieses Arcani sich erzeigen, welche Veränderung nicht unbequemlich durch mancherley Namen angedeutet werden, ein jedwedes nach seiner eigenen Art, das dann hie zu merken ist, und von vielen Jrrthumen behüten kann, so die Unweisen durch vielerley Namen auch auf vielerley Stück gewiesen werden wider die Natur, so nicht mehr als ein Ding ist, daraus summum Arcanæ Medicinæ gezogen wird, wie Geber, der gewaltige Philosophus bezeuget, da er spricht: In rerum multitudine ars nostra non consistit: Est enim Res una, Medicina una, Lapis unus, in quo totum Magisterium consistit & pendet, cui non addimus rem extraneam, nisi quod in ejus præparatione superflua removemus, nam per, cum, & in eo, sc. Lap. sunt omnia artis necessaria. Aus welchem Spruch 3. Puncten sind zu vermerken, erstlich, daß nur ein Ding sey, daraus sein höchste Medicin gezogen werden müsse: Fürs ander, daß nichts Frembdes darzu kommen soll, weil alles in dem einigen Ding begriffen, was zu der Kunst nothwendig. Fürs dritte: die Ueberflüßigkeit dem einigen Ding anhangend, welche müssen hinweggenommen werden. Dahero dann nur drey Jrrthum sich offenbaren, und denen zu Handen stossen, die unweißlich solchem grossen Geheimniß nachsuchen. Dann etliche, ob sie gleichwol bekennen

nen, daß nur ein solche Medicina seye, so irren sie doch in dem, daß sie vermeynen, solche Medicin habe nichts überflüßiges bey ihr, sey derhalben unvonnöthen, etwas davon abzusondern. Die andern, ob sie gleichwol glauben, daß Ueberflüßigkeiten der Materien Lapidis anhangen, derhalben solche davon zu scheiden, achten unvonnöthen zu seyn, so irren sie doch in dem, daß sie den Lapidem Philosophorum aus vielen Stücken vermeynen zusammen zu setzen, so doch nur ein Ding ist, daraus er gemacht wird, wie GEBER lehret. Die dritten setzen viel Stück, rohe und unbereite zusammen, vermeynen also die Medicinam daraus zu machen, das doch weit fehlet, und wider die Natur ist, darum solche und dergleichen Irrthum zu vermeyden, ist vonnöthen, wohl auf die fürgesetzte des GEBERS Wort zu schauen, und davon nicht abzuweichen, ob gleichwol die Philosophi auf vielerley Weg davon geschrieben und gelehret haben.

So dann nun erkläret, daß nur ein solche hohe Medicin ist, die Lapis Philosophorum genannt wird, in einem Ding allein, so ist nun hievon mehrers Berichts wegen zu erforschen, was doch endlich der Lapis Philosophorum sey? wozu er dienstlich, und warum ihn die Philosophi so emsig gesucht, wie dann ihre Bücher alle ausweisen.

Nun unter diesem Wort Lapis Philosoph. wird nichts anders verstanden, dann ein Medicin, die nicht allein alle Krankheiten, die da dem menschlichen Leib zufällig seyn, von Grund aus hinnimmt und

und verzehret, so sie anderst nicht durch die Fürsehung und ewige Gottes Ordnung zum Tod gerichtet seyn; sondern auch alle Metalla von ihrer Auffätzigkeit reiniget, und in ein vollkommen solarischen Cörper verwandelt, also daß sie in allen Tugenden, Kräften, Würkung und Schönheit nit nichten dem besten und feinesten Gold weichen, sondern alle ☉ Proben bestehen, und dem höchsten ☉ gleich seyn.

Diese Medicinam haben die Philosophi gesucht, und ihrer gar viel gehabt, als Mercurius Trismegistus, Pythagoras, Morienus, Chalid, Alphidius und andere viel mehr, deren Meldung in der Turba Philosophorum geschieht, desgleichen Geber, Albertus Magnus, Arnoldus de Villa Nova, Raymundus Lullius, Thomas de Aquino, Comes Trevisanus, und andere unzählbare, die durch die wahre Philosophiam auf den wahren, rechten Weg dieses Lapidi Philosophici geführet sind worden, daß diesem also sey, bezeugen ihre Bücher die vorhanden, derhalben unvonnöthen, hie solche zu melden. Darum dann nicht zu zweifeln, ob solche Medicina möglich sey, so diesen Philosophis bekannt gewesen, welche sie gehabt, und doch zu jeder Zeit unter verdunkelten Worten verborgen haben, auf daß sie ihre Würde bey den Weisen erhalten könne.

So dann nun diese Medicina möglich ist, und nur aus einem Ding gemacht werden kann, wie Geber lehrt, und die Natur beweiset, ist vonnöthen hie anzuzeigen, was dieß einig für ein Mataria seyn müsse, daraus ein solche hohe Medicin genommen werden könnte.

Nun ist allen Philosophis offenbar und unzweifelhaftig, daß nach Ordnung der Natur ein jedweders nichts anders gebären kann, dann das seinem Saamen zu gebären eingepflanzet ist. Desgleichen was einem jedweder Saamen eingepflantzet ist zu gebären, das bringts auch und gebieret, so ferr er anderst in seiner Natur ein rechter Saam ist, und nicht etwa in ihm selbst enerumpirt oder unvollkommen, oder an andern Dingen verhindert wird, wie zu sehen an dem Weitzenkorn, welches, so es nicht wurmstichig ist, wanns in ein fruchtbares und darzu bereites Erdreich geworfen wird, und darinn erstirbt, bringt es Weitzen: Der Weinstock Trauben, der Oelbaum Oliven, der Mensch gebiert auch ein andern Menschen, und dieß von keiner Ursach wegen, dann quia Species Rerum per differentias specificas sunt distinctæ, ac per successionem subeuntium individuorum in suo esse conservantur. So dann nun dem also, so wird kein Vegetabile das Animale gebären, noch kein Animale das Minerale, sonder ein jedweders wird in suo genere gebären, was seinem Saamen zu gebären eingepflantzet ist, das Vegetabile vegetabilisch, das Animale animalisch, das Minerale mineralisch. Als ein Exempel: Kein Mensch wird gebären ein Kraut, oder einen Baum, oder ein Metall: Desgleichen kein Baum oder Kraut wird gebären einen Menschen oder ein Metall: Also wird auch kein Metall gebären einen Menschen,

schen, oder ein Baum, sondern ein jedwedera wird in seinem Geschlecht erhalten, und darinn Frucht bringen, als Metall gebiert Metall, der Mensch einen Menschen, die Kräuter Kräuter, und so fort an: Nam genere differentes Species nunquam confundi possunt aut queunt, sed sub suo genere à se mutuo differunt magis differentia Generica, quà ejusdem generis Species inter se differunt sua differentia seipsam constitutiva.

Ein Exempel: Es ist ein grösserer Unterschied zwischen den Vegetabilibus und Animalibus, dann zwischen einem Cederbaum und Hyssop, desgleichen ist ein grösserer Unterschied zwischen den Metallen und Thieren, dann zwischen einem Menschen und Affen, Ursach dieweil der Mensch und Aff beyde Thier sind, und derhalben in uno genere übereinkommen, ob sie gleichwol sub diversis speciebus begriffen werden. Als der Mensch, nemlich Petrus, sub specie hominis, hæc Simia sub specie Simiæ: Der Mensch aber und die Metallen sind nicht allein unterschieden von einander specie, sonder auch genere: Also auch von Thieren und Plantis zu reden, derhalben sie gar weit von einander sind, und darum sie einander nicht können gebären.

So dann nur ein einzige Vniversalis Medicina, die oben gemeldt worden ist, welche den Menschen so wol als die Metallen von ihrer beyder Unreinigkeit säubere, wird vonnöthen seyn, daß solche Medicina aus einer bequemen Materia genommen und bereitet werde, die da von Gott beschaffen sey, daß

sie zu einer solchen Vollkommenheit gebracht werden könne. Dann je einmal, was beydes den Menschen und Metall soll reinigen, muß solche Kraft haben, daß es von beyden die Unsauberkeiten treiben, und sie beyde in ihr Vollkommenheit setzen könne. So dann nu solche Sauberkeit und Vollkommenheit von aussen hinein in den Menschen und unvollkommene Metall gebracht werden muß, ist vonnöthen, daß diese Medicin, durch welche solchs verrichtet werden soll, zuvor in ihr selbst durchaus sauber und vollkommen sey, und also durchdringig, daß sie nicht allein menschlichen Leib durchgehe, und alle Spiritus reinige und clarificire, damit keine Krankheit im Menschen verborgen liegen, und heimlich haften bleibe, sonder auch sich mit dem allersubtilsten und reinesten Theil der Metallen also vereinige, daß ein jedweder Theil in die höchste metallische Vollkommenheit gebracht werde, das ist, in die Vollkommenheit des feinen Goldes, so kein höher und vollkommener Metall dann dieses in der Natur von Gott beschaffen ist. Daß nu möglich sey, ein solche Medicin zu bereiten, welche andere Metall in ☉ verwandelt, ist droben angezeigt, derhalben unvonnöthen, hie zu wiederholen. So dann nu dem also, kan kein ander Ding seyn, durch welches dieß Werk vollbracht werden könne, dann allein das ☉: dann was wollte ander Metall zu ☉ machen, das selbst nicht Gold wäre, so ein jedweders seines gleichen, wie angezeiget, gebiert, und was einer säet, das erntet er auch). Daher vermahnet uns auch Arnoldus

dus de Villa Nova, in seinem Buch, das er nennet Flos Florum, besgleichen der Comes Trevisanus, daß wir alle andere Ding, deren sie viel erzählen, sollen fahren lassen, und solch hohes Arcanum, den menschlichen Leichnam so wol, als die Metall zu tingiren, in keinem andern Ding suchen, dann allein im ☉, dieweil je einmal dieses alle andere Metallen weit, wie die Sonn das andere Gestirn, übertrift, darum dann auch das ☉ Sol genannt wird, quasi super omnia lucens, wie es etliche auslegen.

Aus welchem folget, dieweil nichts anders ist, in dem ein solche Vollkommenheit zu finden möglich, dann allein im ☉, daß dieses muß durch ein subtiles Ingenium bereitet werden: dann ausserhalb der Bereitschaft ist das ☉ auch ein corporalisch Ding, und ob es schon mit andern Metallen vermischet und gerührt wird, so giebt es nichts von sich, nimmt auch nichts von andern Metallen an sich, sonder wie es zugesetzt wird, also wirds auch wiederum geschieden. Darum dann die Sublimationes von den Philosophis zu diesem Werk auch verworfen werden, und bleibt der philosophische Spruch droben gesetzt wahr: In rerum multitudine ars nostra non consistit, &c. Dann es ist ein Stein, ein Medicin, welcher Stein von keinem äusserlichen und fremden Ding zusammen gesetzt wird, sonder allein in seiner Bereitung werden abgesondert die Ueberflüßigkeit, er aber hat alle Nothdurft und Vollkommenheit in ihm selbsten verborgen; darum dann vonnöthen ist, solche

Vollkommenheit im Gold, und nicht ausserhalb dem Gold zu suchen und herfür zu bringen.

Dieweil dann kein Ding gnugsam kann erkannt werden, es sey dann, daß man alle seine Theil samt ihrer Eigenschaft, welche sie in sich selbsten, und je eine gegen der andern hat, erkenne, will vonnöthen seyn, erstlich, das ☉ in seine Partes und Theil zu solviren und aufzulösen, alsdann eines jeglichen Theils Natur, Eigenschaft und Würkung, und letztlich was ein jedweder Theil, wenn und wie es zu der Tinctur beförderlich, zu betrachten. Darum dann hie der Instrument, Oefen und Handgriff nicht vergessen werden soll, weil die Turba Philosophorum spricht: Qui non habet assuefactionem præparandi, non perveniet ad præparationem rei indigentis subtili præparatione.

Derohalben ist vonnöthen, daß ein Philosophus könne solviren, distilliren, ☉iren, calciniren, reverberiren, extrahiren, digeriren, coaguliren, fermentiren, figiren, und dergleichen Handgrif, ꝛc. Dann solche alle dienstlich seyn, und eine Unterweisung geben, wie das △ zu dem fürgenommenen Werk zu bereiten, und zu regieren sey, was für eine zu gebrauchen, was für ein Ofen zu machen, daran dann viel und das meiste gelegen ist. Es will auch nichts für der Zeit allhier gehandelt werden, sondern alles gemächlich mit guter Vernunft, dann sonst alles Fürnehmen umsonst, so die Natur gemächlich fortgeht, gemächlich Hitz giebt, und eins dem andern nachfolget, keine das ander verhindert, sondern zu seiner Zeit erscheinet,

zu

zu welcher Zeit zu erscheinen es von Gott erstlich in die Natur verordnet ist.

Desgleichen will auch alle Ding still und in der Geheim verrichtet seyn, auf daß nicht etwann die Gottlosen solche unaussprechliche Geheimniß, wann sie es erkennen, wider Gott und den Menschen zur Hoffart, Neid, Haß und andern Lastern mißbrauchen, auch will Gott solche Magnalia keinem Bösen eröfnen, so die Weisheit in kein boshaftiges Hertz eingehet. Darum dann vonnöthen, daß ein jedweder, ehe und zuvor er solches Werk anfahet, sich von dem Bösen zum Guten abwende, die Lügen fahren lasse, und der Wahrheit von Herzen anhange, wird ihm alsdann von Gott (welcher die Wahrheit selbsten ist) gezeiget werden der Weg, durch welche die rechte gründliche natürliche Principia Lapidis Philosophici zu erforschen sind, desgleichen die Wahrheit, welche, nachdem sie auf die wahrhafte Principia Lapidis Philosophici gesetzt, eröfnet sie und löset auf alle fürgefallene Fragen und Quæstiones, die ohne Erkanntnuß der Wahrheit einen vom rechten Weg zu falschem Grund etwa abführten und verhinderten, daß der Mensch nicht zur Erkanntnuß der Medicin zu dem langen Leben des Menschen dienstlich kommen konnte. Derhalben vonnöthen, daß man in den Olichen Licht, dem Licht der Natur nachgehe, und hierinn Fleiß anwende zu erkennen, dieweil das Gold soll bereitet und aufgelöset werden, worinn es doch aufgelöst und resolvirt werden muß. Darum ist zu wissen, daß in keinem andern Ding kann aufgelöset werden, dann in denen, aus welchen es zusammen gesetzt ist: Dann wie die Philosophi alle lehren, ist ein Weg der Resolutio und Compositition, allein daß die Resolutio aufgelöset das Compositum und die Composition zusammen setzt, die aufgelösten und nicht zusammen gesetzte Theil.

So dann nun Tria prima in allen Elementen, und in ihren Früchten und Gewächsen gefunden werden, wie Ocularis Demonstratio ausweiset, und Theophrastus in einem besondern Buch neben andern Philosophis demonstrirt, nemlich Sal, Sulphur & Mercurius, ist vonnöthen, dieweil das Gold auch diese drey in ihm hat, daß es auch in diese drey resolvirt werde. So dann auch diese drey in den Vegetabilibus vegetabilisch, in den Animalibus animalisch sind, folget, daß sie in dem Metallischen auch metallisch sind, und in einem jedwedern Specie der Metallen derselbigen Speciei gemäß, dann sonst würde ein Confusio Specierum entstehen, die also vermieden bleibt durch die eingepflantzte Principia, einem jedweder Speciei gemäß. Derhalben sind die drey gemeldte Principia im ☉ goldisch, als ein goldischer ☿, ein goldischer Sulphur, ein goldisch Saltz. In Luna silberisch, im ♄ bleyisch, und also fort, und wie wolt dieß anders seyn können, so von Gott dem Allmächtigen in der Erschaffung der Welt, als er die Element geschieden, und einem jeden Element seiner eingebornen Art nach befohlen Frucht zu bringen, auch alle Species von einander geschieden, und einem jeden Speciei seine eigene Art eingeben, durch wel-

welche es von andern Speciebus geschieden. Also auch, warum wolt etwas seyn in Metallis, das da nicht metallisch wäre, weil in einem Metall nicht ist, was im andern, sondern im Gold alles goldisch, im ☾ alles silberisch, und also fort an. Derhalben hier ein grosser Irrthum ist bey den gemeinen Laboranten und Alchymisten wol zu merken, welche in dem gemeinen Mercurio den L. Philosophorum suchen: darum daß gelehret wird, das Gold sey auch ☿ius gewesen, so dieß doch nicht von dem gemeinen ☿io zu verstehen, sondern allein von seinem eigenen ☿io, welcher dann im Gold verborgen liegt. Dann in Erschaffung der Welt hat Gott alle Species vollkömmlich erschaffen, derohalben hat er das Gold erschaffen, und dieweil er das Compositum also erschaffen hat, haben des compositi partes, ex quibus ipsum constat compositum, nicht aussen können bleiben, sondern sind also samt dem Composito erschaffen worden. Quia compositum ex partibus componentibus constat, & ab iis non differt re, sed tantum ratione: Nam totius partes omnes unitæ totum ipsum sunt. Darum dann der gemeinn ☿ius zu diesem Werk nicht gehörig, dieweil er nie kein Theil des Golds gewesen, und nichts ausserhalb des Golds zu diesem Werk dienstlich. Dann wo es wahr wäre, daß das Gold zum Theil gemeiner ☿ wäre gewesen, würde auch dasselbig Theil, welches gemeiner Mercurius gewesen, wiederum in ein gemein Mercurium gebracht werden können. Daraus dann erfolgen wird, daß etwas im Gold, welches von

seiner

seiner Art nicht gölbisch wäre, sondern einer fremder Art, das da nicht seyn kann: Cum partes totius sint ejusdem Essentiæ cum toto, & quod al-
terius est essentiæ, ejus pars esse nequeat, à quo
diversam essentiam sortitum sit.

So dann nun das Gold oder Theil des Golds
gewesen sind Mercurius Vulgi, müste folgen, daß
Mercurius Vulgi auch gölbischer Art sey, oder aber
daß etwas im Gold sey, das da nicht gölbischer
Art sey. Es ist aber bewiesen, daß nichts im
Gold sey, welches da nicht gölbischer Art sey, sonder alles was im Gold ist, das ist gölbischer Art.
Wo dann nun Mercurius Vulgi gölbischer Art ist,
und kein anderer Mercurius im Gold dann dieser
ist, wird unvonnöthen seyn, das Gold in seine drey
Theil zu resolviren, so der gemein Mercurius eben
so viel ist, als der aus dem Gold gebracht kann werden. Darauf ist zu wiederholen was zuvor gesagt, und ist hie zu wissen daß der Mercurius Vulgi
kein gölbische Art ist, das ist, wie die Philosophi
reden, kein Aureitatem in ihm hat: Derhalben
der Mercurius Vulgi, und Mercurius ☉ nicht ein
Ding sind, ja sind auch nicht ein Ding gewesen:
sondern der Mercurius Vulgi ist in Erschaffung
der Welt von Gott ein offenes Metall erschaffen
worden, von andern Metallen in sein eigenes Geschlecht abgesondert: Aber der Mercurius ☉is ist
dem Gold also innerlich eingeleibt, daß er von keinem als den Sapientibus erkennet werden kann.
Daher sprechen die Philosophi, noster Mercurius
non est Mercurius Vulgi, und der Comes Trevisanus

sanus spricht: Facessant, qui volunt creare aliud Argentum vivum, quam ex fermento, aut servitore rubeo, id est, ex Auro. Desgleichen verwirft auch Arnoldus in der Epistel ad Regem Neapolit. den ☿ Vulgi, und spricht, daß die Sprüch der Philosophen nicht auf diesen zu verstehen, wiewol bloß einen möchte gedünken, sondern auf die Humiditatem Lapidis, welches ist ☿ius Solis. So dann nun klar genugsam, daß ☿ius Vulgi zu dem vorgenommenen Werk nicht dienstlich, erwiesen, und daß das ☉ seinen eigenen ☿ium hab, und daß auch vonnöthen sey, wo man anders weißlich in diesem Werk wolle handeln, daß man das ☉ in seine Partes Essentiales oder Tria prima resolvir, in ☿m, Sulphur und Sal, wird hier nicht unbequemlich gefragt, ob dieses zugleich geschehen muß, oder eins nach dem andern geschehen muß, und im Fall eins nach dem andern geschehen muß, welches zum förbersten zu thun. Wann wir nu dem also nachdenken, und hinterrück sehen, wie sich die Alten in diesem Weg gehalten haben, befinden wir, daß sie zum ersten das ☉ in sein ☿in gebracht und verwandelt haben, daher sie gelehrt, daß man das Fixum soll Volatile machen. Daher ist der Spruch: Est in ☿io, quicquid quærunt Sapientes, und andere viel unzahlbare dergleichen mehr, die all dahin gerichtet seyn, daß im Anfang des Werks den L. Ph. zu bereiten sey vonnöthen, daß man das ☉, welche ein fires beständiges Metall im △ ist, mache volatile, das ist, flüchtig, welches alsdann geschieht, so es in ein lebendigen ☿in verwandelt wird; das dann die höchste Verwunderung in der gantzen

Natur ist, deren keiner gleich dem Menschen unterworfen: Darum dann auch diese Kunst den Mercurium Solis zu bereiten von allen Philosophis als das höchste je und allwegen verborgen worden, und ist derhalben nicht mit geringem Fleiß, sondern auf das emsigst nachzugründen, wie doch solches Werk möge vollbracht werden, dann viel irrige Weg hierinn gefunden, welche nicht zum gewünschten End führen, sondern abweisen zum Verderben, darum sie dann zu vermeiden seyn: Der rechte Weg aber diesen ☿ zu bereiten, ob er gleichwol von den Philosophis verborgen worden, und ihn wenig troffen haben, so wollen wir doch ihn hie ansetzen, so weit zugelassen ist, dem Menschen zu offenbaren, und ist dieses. Erstlich, sollst du das fein Gold durch die Quartier oder ☶ zum allerhöchsten gereiniget, solviren in seinem eigenen ▽. Alsdann nachdem die Phlegma abgezogen, bis auf die Oleität, soll die Solution, samt der Oleität in ein kühls und feuchts Ort gesetzt werden, so lang bis das solvirt Gold zu Chrystallen scheußt, welche, nachdem sie erscheinen, sollen sie durch gebürliche Mittel der Putrefaction und ☍tion in ein lebendigen Mercurium verwandelt werden, welcher dann die proxima materia Lapidis Philosophorum ist, zu tingiren den Menschen und die Metalla.

Und wiewol ein Weg jetzunder ist das ganze Werk zu vollbringen, in dem daß die Medicina vollkömmlich bereitet wird, die Metalla so wol, als den Menschen zu tingiren, und von aller Unsauberkeit zu reinigen. Jedoch, weil dieser Weg etwas

was schwer und verborgen, von wegen der Dunkelheit der philosophischen Schelften, auch von wegen der heimlichen Grif im Ingressu und Multiplicatione, haben die Philosophi hie ein nähern Weg des Menschen Gesundheit zu erhalten, und zu wiederholen gesucht und erfunden, nemlich diesen. Nachdem sie haben den ☿ Solis gehabt, haben sie diesen für sich selbst in einem bequemen Gläßlein darzu bereitet, præcipitirt, biß er braunroth worden ist, und den darnach mit grossem Nutzen der Kranken ersprießlich gebraucht, in Wassersucht, im Hinfallenden, im Aussatz, in Gutta, und allen seinen Speciebus, in Vergebung des Gifts, und allen hefftigen Krankheiten, wie sie auch möchten genennet werden, und dessen haben wir ein klares Zeugniß Theophrasti, der im Buch de Vita longa, lib. 2. cap. 4. also spricht: Ibi est totius ejus artis Scopus, ut Mercurium scilicet Solis ex arte conficias, & præscias etiam, si Mercurius ad tingenda metalla non omnino sufficiat, valere tamen in corpore tantum, ut illud sanitati restituere potens sit.

So dann nu dieser ☿us so ein gewaltige Medicina ist, daß Theophrastus, ja andere Philosophi alle sagen dürfen, er sey vollkömmentlich genugsam den Menschen zu der Gesundheit zu bringen, was dieß auch für Krankheiten seyn, mit denen er beladen, so soll billig ein jedweder, dem sein Heyl und Gesundheit lieb ist, nachtrachten, wie er zu diesem kommen möge, so der Mensch auf Erden

nichts

nichts höhers, dann die Gesundheit hat, und mit dieser alles dahin gehet.

Wiewol aber nun seine Würkung so groß und so mächtig ist, so ist doch sein Dosis so klein, daß man über 3. Gerstenkörner schwer dieses Mercurii auf einmal nicht gebrauchen darf, verrichtet doch nichts desto weniger seine Würkung subtiler, kräftiger und lieblicher, dann alle andere Arzney. Er giebt dem Herzen ein solche Stärk, daß kein Pestilenz, kein Gift schaden mag dem Leben, er reiniget und purgirt also das Hirn, daß kein Gutta, gäher Tod, Paralysis, oder dergleichen Krankheiten können einfallen. Darum kein Fieber, Wassersucht und dergleichen Krankheiten Statt haben können, wo dieser vorhanden ist, darum dann billig dieser Mercurius Solis ein Schatz über andere Schätz zu halten und zu schätzen ist.

Und daß ich hie etliche gewisse Experimenta dieses Mercuriali ☉ ansetze, so ist zu wissen, wann dieser von einem gesunden Menschen nicht mehr als ein Gerstenkorn schwer genommen wird auf die Zungen, wird der Mund alsobald lieblich, frisch und geschmäcklich gesalzen, so dieser Mercurius nichts anders ist, dann ein rechtes Salz des Golds, so von dem Spagyro aus dem verborgenen herfür gebracht worden, werden auch die Phlegmata, damit das Hirn beschweret, sanftiglich durch das Infundibulum inwendig oben am Gaumen herab gezogen, das Gesicht geläutert, das Gehör geschärfft, und alle Facultates animales empfindlich gebessert. Desgleichen penetrirt auch empfindlich

seine

feine Kraft zu dem Herzen, also daß ein grosse Läuterung da empfunden wird, und ein innerliche stille Freud, verhütet vor unzeitigem Durst, und erhält also den gesunden Menschen in seinem Wesen, insonderheit wann dieser in der Wochen einmal genommen wird, oder aber in einem Monat einmal.

Daß diesem also sey, bezeugen die, welche ihn im Gebrauch haben, werden auch alle die bezeugen, die sich dessen gebrauchen, und ihn nehmen werden: Derhalben er den Gesunden zu gebrauchen, und von den Jungen so wol, als von den Alten zu gebrauchen, so er alle Kräft in ihrer Würkung erhält, und keinem keinen Schaden zufügt, ja das Alter nicht fort lässet schreiten, so viel der Kräften Abgang belanget, sondern erhält es in guter Stärk und vollkommener Gesundheit, so viel der Natur möglich, und von Gott zugelassen ist.

In Krankheiten ist sein Würkung wunderbarlich im Herzklopfen, wann er gebraucht wird, stillet er solches, und treibt die Ueberflüßigkeit der bösen Dunst, so im Blut, welches in den Arteriis ist, durch den Schweiß heraus, resolviret, was da verstocket ist, also daß kein unordentliche Bewegung in den Pulsadern sich erregen kann. In Ohnmachten ist unsäglich, was er würket, alle Schwachheit des Herzens nimmt er hinweg, und stärket solches auf das höchst, also daß kein Mangel oder Gebrechen an den Spiritibus Vitalibus gespüret werden kann. In Melancholia, Wahnsich-

H 3 tig-

tigkeit und andern dergleichen Krankheiten ist nichts über ihn, dann er sichtiglich solche böse Materien im Menschen beweget und ausführet, und letzlich gar davon erlediget. Wie er dann auch kein Verstopfung im Leib lässet einfallen, es sey am Harm, Stulgang, Austreibung des Muci durch die Nasen, oder der Unsauberkeit durch die Ohren, der Zähren durch die Augen, der Schweiß durch die Poros, und auch die insensibiles transpirationes. Darum dann in dem Menschen, welcher den Mercurium ☿ is gebraucht, kein Stein wachsen kann, noch kein Grieß sich enthalten, darum er dann auch frey ist vor dem Podagra, Schwindsucht, Lungensucht, und allen solchen schweren Krankheiten, die aus dem Cerebro entspringen, welches uns die Erfahrung der Natur bezeuget und mit sich bringt.

Wir sehen, was der Præcipitat des gemeinen Mercurii (welcher letzlich für sich selber ohn alle corrisivische Stück bereitet wird, und süß ist,) ausrichtet in Franzosen, Wassersucht, und andern grossen Krankheiten, wahrlich so viel, daß ihm kein anders mag verglichen werden: Was wollte dann nicht thun dieser Mercurius ☉, der von einem reinen, saubern, perfecten, und dem Menschen am nächsten metallischen Cörper, nemlich vom Gold kommt, sintemal dieser so weit den gemeinen Mercurium übertrifft, so weit der gemeine Mercurius andere Ding. Ja nichts ist in der Artzney diesem Præcipitato Mercurii ☉aris zu vergleichen. Und dieß ist allein der König und Leo, der alle Krankhei-

de Bened. Lapidis Phil. præp.

helten, wie das Feuer das Holz verzehret und austreibet: Darum dann ein rechtgeschaffener Arzt diesem nachzuforschen nicht unterlassen soll. Dieß sey nun genug vom Præcipitato Mercurii ☉ aris gesagt allhie, welcher allein auf die Arzney des menschlichen Cörpers vollkommen gnug, und keine andere Arzney ihm fürgezogen werden soll. Aber die Metalla zu tingiren, und in die höchste Vollkommenheit zu bringen, muß weiter damit fürgeschritten, und der Mercurius ☉aris, nicht allein nachdem er bereitet, præcipitirt, sondern wie folgt, damit gehandelt werden. Dann nachdem das Corpus des ☉ zerstöret, und das Fixum Volatile durch die Sublimation worden, also daß das Gold in ein lebendigen Mercurium verwandelt ist, muß dieser bereite Mercurius ☉is getrocknet werden in einer Glasschaalen, auf einem warmen Sand, damit keine Feuchtigkeit darbey bleibe, und also ihme etwas fremdes anhienge, welches dann wider den Processum wäre, und Verhinderung im Werk brächte, so doch nichts fremdes darzu kommen solle, wie gemeldt. Demnach wann er von aller Feuchtigkeit getrocknet ist, soll er durch ein schmisch Leder 3. oder 4. mal getrocknet werden, damit alles, was nicht Mercurius ☉is ist, abgeschieden werde, alsdann soll er übersich sublimirt werden 21. mal. NB. In der Chirurgia magna fol. 193. sagt er, daß er 24. mal soll ☿rt werden, (und weiter mag es nicht seyn) durch die Arcana Philosophorum, welche im Werk verborgen liegen, und von dem verständigen Spagyro fleißig heraus gebracht und bereitet werden müſſen, ſo wird er ſehr ſubtil, klar, heller, in höhere Grad ſeiner Vollkommenheit gebracht, und geſchickter zu der dritten ☌tion, von welcher die Philoſophi geſchrieben, daß dieſe ☌tion ſey die fürnehmſte Arbeit dieſer Kunſt, ſo ſie nicht ein ☌tio ſey, das iſt, daß ſie den Mercurium über ſich führe, ſo er zuvor gnugſam über ſich getrieben worden, als ſein Amt aus dem ☿ gangen iſt, und dann auch durch die wiederholete ☌tion ſubtiler worden iſt, ſondern dieſe letzte ☌tion ſey nichts anders, dann ein Deſtructio ☿ ☌aris ☌ti, welche durch die bequeme Putrefaction geſchehen muß, in welcher der ☿us beweglicher, lebendiger, ſubtiler, durchdringlicher, und zu der Tinctur bequemer wird, dazu er dann für ſich ſelbſt ohne dieſe dritte ☌ation oder Putrefaction nichts taugt, wo er nicht aus ſeiner metalliſchen Art in eine höhere Natur gebracht wird in einem gebürlichen Geſchirr einer vollkommenen Figur, und in einem bequemen ſteten Regiment des Feuers, welches dann dem Spagyro und Naturerfahrnen wohl bewuſt ſeyn ſoll. Dahero ſpricht GEBER alſo: Tota perfectio artis conſiſtit in ☌tione, & in vaſe ac ignis Regimine. Quoniam in ipſa ſublimatione ſunt & habentur iſti modi, ut patet ſcilicet non modo ☌tio, ſed diſtillatio, aſcenſio & deſcenſio, coagulatio, putrefactio, calcinatio, inceratio & Tinctura alba atque rubea, uno furno, uno vaſe, una via lineari, usque ad ejus finalem conſervationem, de quibus Philoſophi, ut ſcientia obſcurior fieret, multa ſcripſerunt, &c. Aus wel-

welchen Worten klar genugsam verstanden wird, was die dritte und letzte Philosophica ☉tio des ☿aris sey, nemlich nichts anders, dann in einem Geschirr, in einem Ofen, auf eine Weiß den ☿ ☉ zu einer Tinctur bereiten, darum kann hie fleissig zu merken, wie weiter damit umzugehen. Nachdem erstlich das Gold in ein lebendigen ☿ verwandelt, und alsdann auch dieser Mercurius durch die Arcana Philosophorum subtil gemacht worden ist, wie gemeldet: dann wann dieses also geschehen, und man begehret den gemeldten Mercurium in höhere und nähere Gradus der Tinctur zu bringen, so soll man Mercurium für sich selbst ohn einigen Zusatz anderer Ding thun in ein dickes christallinisch Glas, das da nicht hoch sey, wie andere gemeine ☉li Instrument, sondern sey geformt dieser letzten ☉tion gleich und gemäß, durch welche der Mercurius seinen Circulum durchlauffen könnte, und diese seine Circulation so lang und oft wiederhole, bis er subtiler und reiner, und alsdann zu einem philosophischen Wasser solviret werde. Aus welchem auch seidlich abzunehmen die Form des Glases, darinnen diese letzte Putrefactio oder ☉tia Philosophica geschehen muß, nemlich dieweil der Motus ☿ii Circularis soll seyn, und in dem Glas vollbracht soll werden, wird billich das Glas auch rund seyn müssen, cum motus circularis alicujus rei melius non perficiatur, quàm in continente Sphærico. Derohalben hie auch wohl zu merken, daß die Grösse des Glases proportionirt sey zu der Materia, damit nicht etwann, wo das Glas zu

H 5 groß,

groß, der Mercurius Solis die Sphæram nicht erreichen könnte: oder aber, wo es zu klein, seine Bewegung nicht vollkommlich haben möchte, welche beyde verhinderlich wären, daß der Mercurius zu seiner Tinctur gebracht wird. Darum dann das Glas eine rechte Grösse nach der Meng des Mercurii haben soll, nemlich daß 3. Theil des Glases leer, und der vierte Theil mit ☿io gefüllet seye: welches Glas auch fleißig mit Sigillo Hermetis verschlossen werden soll. Alsdann in dem Instrument darzu gehörig in sein philosophisch △ gesetzt werden, und darnach ordentlich und bequem regiert, damit sich der ☿ius ☉ könne in sein Aquam Philosophicam resolviren, welches dann in kurzer Zeit sich erzeigt. Wo alles recht verrichtet wird, und kein Irrthum weder in der Bereitung des ☿ii, oder an der Form und Grösse des Glas und Instrumenten, oder an Regierung des △s begangen werden.

Es ist auch hie nicht ein kleine Frag unter denen, welche der Natur nicht gründlich erfahren seyn, was doch dieß für ein △r seyn muß, darinn diese dritte △tion oder Putrefactio, oder ☿ ☉is in Aquam resolutio, welche ein Ding seyn, vollbracht werden muß. Derhalben will vonnöthen seyn, daß man die Philosophos und der Kunst Erfahrne darum befrage, welche uns einhelliglich anzeigen, daß es sey ein vaporosus ignis ventris Equini. Daher spricht Arnoldus in Rosario: Ignis fimi est causa agens in opere digestionis Lapidis nostri, nec valet ignis Balnei Mariæ, quamvis etiam tempera-

peratissimus sit. Daher spricht auch Alphidius:
Igne coquere, quem tibi ostendam, est sc. abscondere in equorum stercore humido, qui est Sapientum ignis humidus, & obscurus, & est calidus in secundo, & humidus in primo gradu, cujus ignis proprietas est non destruere Oleum, id est, materiam, augmentatque propter suam temperatam humiditatem: Solus enim ille calor est æqualis & temperatus, & talis est summè necessarius in generatione istius rei. Aus diesen Worten wird nicht allein verstanden, was für ein △ muß seyn zu diesem Werck, sonder auch was für ein Ofen, und was für ein Grad des △rs nemlich ein gleicher temperirter Grad, durch welchen nichts verderbet werde, sondern der ganze Jus in ein ▽ verwandelt durch Würkung des vaporischen △ers. Derhalben alle andere △ ausserhalb dieses zu Vollbringung der Tinctur unnütz und verhinderlich seyn, welches insonderheit zu mercken ist, auf daß nicht hierin Verhinderniß einfalle, und man nicht ad optatum finem komme. Dann die Turba spricht nicht vergeblich: Per omnia mirum est, quod uno igne, & uno vase fit distillatio, ustio, mortificatio, calcinatio, dealbatio, rubificatio, fusio cum omnibus solutionibus & coagulationibus.

Es ist auch vonnöthen, daß das Instrument, darinn das Glas stehen soll, mit Fleiß soll zugerichtet werden, also daß das Glas, darinn der Mercurius verschlossen ist, könne bequemlich auf einem Dreyfuß mit Baumwollen umwickelt in dem Instruſtrument ſtehen: dann die Turba ſpricht: Sufficit tibi Lapidem noſtrum in noſtro vaſe ſemel ponere & claudere, quousque compleatur totum Magiſterium. Derohalben dann mit gemeldten △ ſtets und ohn Unterlaß procedirt werden muß, auf daß der Mercurius ☉ durch ſolches ſtetes Kochen in Waſſer verkehret werden möge, welches dann vonnöthen iſt, und der Mercurius ☉ darein verwandelt werden muß, woferr man anderſt zu dem erwünſchten End kommen will. Darum die Philoſophi geſagt haben: Tota operatio noſtra non eſt aliud, niſi extractio aquæ à terra, & hujus aquæ ſuper terram demiſſio, donec terra putreſcat, & cum aqua mundificetur. Desgleichen: Vna per totum aqua, quæ ſit coquendo, recoquendo, & iterum coquendo. So nun, wie gemeldet, alles verrichtet, und die Materia in ihrem philoſophiſchen, vaporiſchen Feuer gebürlich gehalten wird, erfolget eigentlich, wie die Philoſophi bezeugen, und die Erfahrung mitbringt, die Solutio Mercurii in Aquam, doch durch keinen andern Weg oder Mittel, dann in der Geſtalt und Form eines natürlichen Taus, welcher ſich dann im Glas hin und her Tropfenweiß anhängt, und ſich letzlich in ein Waſſer reſolvirt, welches doch gleichwol nicht, wie gemein Waſſer zuſammen fleußt, ſondern als ein Vapor unctuoſus ſtehet, und eigentlich ſich wiederum vaporiſcher Weis über ſich erhebt, und ohn Unterlaß in ſeiner Sphæra ſich bewegt, alſo daß nicht unbequemlich materialiſch zu verſtehen, der Spruch Geneſeos hieher gezogen

de Benedicti Lapidis Phil. præp. 125

gen werden kann: SPIRITVS DOMINI FEREBATVR SVPER AQVAS. In ein solches Wasser muß der Mercurius ☉ resolvirt und verwandelt werden ohne Zusatz fremder Ding, wie die Turba sagt: Er solvirt sich selber, er tödtet sich selber, und macht sich selber lebendig durch die Putrefaction, welche ist ein Contritio non manum, sed decoctionis, ohne welche action nichts ausgericht werden kann. Quia nunquam sit aliquid crescens vel natum vel animatum, nisi post putrefactionem, & si putridum non fuerit, non poterit solvi, & si solutum non fuerit, nihil procreabit. Darum dann die Putrefactio in diesem Werk das fürnehmste ist, so durch sie die Element geschieden, und je eins in das ander verwandelt werden, und doch letzlich unter einer Perfectionform beysammen stehen müssen. Es regiert und vollbringet ein jedweders Element zu seiner Zeit seine Würkung, damit letzlich ein herrlichers generirt werde. Es werden auch in diesem Werk C. SP. & A. das ist, Cörper, Geist und Seel geschieden, welche alle drey darinnen gefunden werden, wie die Philosophi sagen: Lapis noster ex Corpore, Anima & Spiritu, damit sie klarer und perfecter wiederum zusammen vereiniget würden. Darum dann erstlich der Mercurius erscheinet, alsdann das Wasser aus dem Mercurio durch einen Tau, der sich von der Erden in die Luft erhebet, und in der Runde der Sphæra gehalten wird, steigt auch wiederum durch einen Tau in das Unterste, wie Hermes spricht: Portavit illum ventus, quia generatio geniti nostri

sie

fit in aëre sapienter nascitur. Item alibi: Ascendit à terra in Cœlum, iterumque descendit in terram acquirendo vim superiorum & inferiorum. Welches dann alles durch die jetztgemeldte Putrefactionem Fimi geschehen muß. Wann nun also der Mercurius ☉is in seiner stäten Wärm und langwieriger Kochung gehalten, und durch die stäte Bewegung, die er in seiner Sphæra vollbringt, in ein Wasser verwandelt, fange er an von wegen dessen stäten Auf- und Niedersteigens immer ein wenig dicker und bräuner zu werden; und im Fall daß sich noch etwas corporalisch würde erzeigen, welches noch nicht gar vollkömmlich in das vaporisch Wasser verwandelt worden wäre, so wird es doch durch die ganze und vollkommene Auf- und Absteigung und runde Bewegung in der Sphæra in ein spiritualischen Cörper verkehret, und auch in Wasser gebracht, so des Mercurii ☉aris Theil all einer Natur, und ein jedwebers dahin gebracht werden kan, wohin das ander, ob gleichwol eins langsamer dann das ander geschieht, doch bleß nicht derhalben, daß sie ungleicher Natur wären, sondern dieweil die Partes Mercurii nicht allzumal erhöhet werden: sondern eins nach dem andern die Sphæram durchlaufet, und allwegen dieses zum ehesten in Wasser resolvirt wird, welches zum öfternmal die Sphæram durchloffen hat. So dann nun alle Theil Mercurii ☉aris letzlich gnugsam ihre Sphæram durchloffen, werden sie letzlich auch all in ein Wasser resolvirt, welches, wie gemeldt, dicker und bräuner wird durch die gleiche Kochung:

De-

Derohalben das ▽ nicht zu verändern ist, noch auch das Geschirr, ob gleichwol die Solution Mercurii sich nicht zugleich erzeigt, dann sie in einem Regiment des Feuers, und in einem Geschirr wohl vollbracht werden kann, ob es schon successivè geschieht: darum dann die ganze Kunst nichts anders ist, dann Solutio & Coagulatio L. Philosophici in debita Putrefactione. Daher sagen die Philosophi: Quòd artifex nostri operis primò debeat Lapidem solvere, deinde coagulare, cum opus nostrum nihil aliud sit, quàm facere perfectam solutionem & coagulationem. Und weiter: Nisi quodlibet vertatur in Aquam, nullatenus pervenitur ad artem: Hæc enim ambo, scilicet Solutio corporis & Coagulatio Spiritus exeunt in operatione una, & non fit unum sine altero. Nam solvere Corpus, est coagulare Spiritus, est Opus Naturæ. Et sic solvitur ☉ &. Da in rebus radicalibus sui generis, & hæc humiditas dicitur Aqua permanens.

Aus welchen Worten klar erscheinet, daß alle Theil Mercurii ☿ aris müssen zu Wasser werden, wo anderst das Werk vollbracht werden soll, welches Wasser genannt wird Aqua permanens, dieweilen in ihme verborgen hat unzergängliche Kräfte, welche sich hernacher in der Tinctur erzeigen. Wo dann nun also das Wasser anfangt dicker zu werden, und nicht mehr vaporosisch aufsteigen, sondern stiller zu stehen, und sich gemächlich in dem untern Theil der Sphæra zu bewegen, so gehts in ein Oel, welches dann rechte Oleum incombustibile an der Farb citrinbraun ist, und wann man will, so ist es zu einer Tinctur bequem. Dann so man ein glüend D oder Dblech darein stecket, so wird solches alsbald in gut Gold verwandelt, welches aber zu thun nicht rathsam ist, weil das Glas vor dem Ende des Werks nicht aufzumachen, und das Oel je länger je mehr vollkommener wird, wann es verschlossen in seiner Putrefaction gehalten bleibt. Derhalben dann mit dem Werk fortzufahren, und nichts vor der Zeit zu eröfnen ist: Und ist hie wohl zu merken, daß sich der Leib, Geist und Seel, darvon droben gesagt, daß sie im Gold seyn, schon erzeigt haben, welche unter einem verborgen gewesen, herfür gebracht und geschieden worden seyn. Dann das ▽, welches sich als ein Geist und Dunst in seiner Sphæra erhebt, hat in dem Cörper Mercurii ☉ sein Oel, als sein eigen Seel erhalten, also daß sie alles eines gewesen, und auf das vollkommenste vereiniget, daß auch äusserlich weder Spiritus oder Anima, sondern allein der mercurialisch Cörper erschienen ist, in welchem doch die andern zwey, nemlich Anima & Spiritus verborgen gewesen: Anima als das vollkommenst, von welcher der ☿ seine innerliche Bewegung hat. Spiritus als ein vinculum Animæ & Corporis. Darum, wann auch, so der Spiritus von dem Cörper gescheiden wird, geschieht solches mit einer Zerstörung des Cörpers, wird aber durch solche Scheidung die Seel desto freyer, klärer, subtiler und durchdringender, so sie im Cörper gebunden, dunkler und unwürklicher ist, wie dann hie an dem

Oleo

Oleo incombustibili Solis zu sehen, welches, als es im ☉ oder auch in Mercurio Solis verhalten, nichts würket, so bald es aber erlediget wird, tingirt es die Metalla zugleich; wie die Anima die Cörper animirt.

Darum dann vonnöthen, daß solche Scheidung, Zerstörung und Zerbrechung des ☿ ☉is geschehe, und ein jedweders, das in ihm verborgen liegt, herfür gebracht werde, sein Geist, das ist, daß er in ein ▽ verwandelt werde, welches dann ein Anfang des Todts Mercurii ist, so die Seel im Leib keine bleibliche Statt hatte, wann das Vinculum oder Vnio, das ist, der Geist vom Leib geschieden wird, alsdann nach dem Geist soll herfür gebracht werden, die Seel, das ist das recht Oleum Solis incombustibile Fixum, welches alle Metall durchgehet, erhöhet, und vollkommen machet. Wann nun also erstlich der Mercurius Solis in der gebührlichen Putrefaction in das Wasser, alsdann das ▽ in ein citrinbraun Oel sich verwandelt hat, so sind 2. Principia Naturalia vollkömmlich erschienen, Mercurius in Gestalt eines ▽, Sulphur in Gestalt eines citrinbraunen Oels: Und dieweil dieses Oel die Metalla zu Gold machet, ist das verborgen wiederum herfür gebracht worden, welches zuvor verborgen war. Und ist also hie der philosophischen Regel Vollziehung geschehen, ut occultum manifestetur, & manifestum occultetur. Dann was ist im ☉ mehr verborgen, dann sein goldisch Quecksilber, so das ☉ das △ besteht, sein Mercurius aber bleß fleucht, und derohalben unmöglich dünkt zu

seyn, daß das Gold in ein Mercurium verwandelt, und das Fixum Volatile werden soll. Was ist wiederum im goldischen Mercurio mehr verborgen, dann dieß citrinbraun Oel, welches die Metalla in ☉ verkehret, und nicht allein für sich in sein erste Natur wiederkehret, sondern auch andere Metall darein bringt. Daher sprechen die Philosophi: Exteriora Auri sunt interiora Argenti scilicet vivi, & Interiora Auri sunt exteriora Argenti scilicet vivi. Dann im Gold die Weiße des Mercurii verborgen liegt, und nicht erscheinet, desgleichen im Mercurio liegt verborgen die Röthe des Golds, welche auch nicht erscheint, es sey dann daß der Spagyrus durch seine Weißheit solche Röthe wiederum herfür bringe. Das Gold erscheinet durchaus Gold, alle seine Theil sind roth, nichts destoweniger wird es in den weißlechten Adler verwandelt, also daß es seine Röthe verlieret. Also auch der weißlechte Adler oder Mercurius Solis erscheinet durchaus weiß, wird doch nichts destoweniger unter ihme die höchste Röthe des Golds verborgen, wie dann das Werk letzlich selbsten klar anzeiget, und mit sich bringet. Derohalben die Philosophi recht gesagt, das Aeusserste des Golds sey das Innerste des Mercurii, so das Aeusserste des Golds roth, und das Innerste im Mercurio verborgen auch roth, und herwiederum das Ausserste Mercurii sey das Innerste des Golds, so das Aeusserste Mercurii weiß, und das Innerste des Golds auch weiß. Dann es je in weißlechten Adler und Mercurium verwandelt wird, welches dann nicht
ge-

de Bened. Lapidis Phil. præp. 131

geschehen könnte, wo seine Art nicht dahin gerichtet wäre. Desgleichen wird auch dieser Mercurius in ein Wasser resolvirt, und geht hernacher dieses Wasser, wie gemeldt, in ein citrinfarbes Oel, den Schelfen der Granatäpfeln an der Farb gleich, welches der rechte Sulphur Fixum Solis ist, und so man dieses wollte gebrauchen auf die Artzney, ist es unsäglich, was es würket, so ein Tropf dieses ein gantze Maß Wein und noch mehr färbet, welches dann das beste Aurum Potabile ist, darüber keins kann erfunden werden.

Aber wie gemeldt, man soll das Glas nicht eröfnen, sondern mit der beyden Putrefaction fortfahren, so fängt dieß citrinbraun Oel an in ein andere Art zu gehen, und gewinnet oben ein Häutlein, welches alsdann zu Boden fällt, und bald ein anders wieder kömmt, und abermals zu Boden fällt, gleich einem gelblechten subtilen Sand, und dieß geschieht also lang, bis das Oel alles zu einem Pulver worden, und in ein gelblechten Sand gangen ist. Wann nun dieses alles sich also erzeigt, soll mit dem Feuer nicht nachgelassen werden, sondern fortgefahren, so beginnet das gelb Pulver graulecht zu werden, und je länger je mehr zu der Schwärz sich neigen, bis letzlich gar schwartz wird, und sich als das Rabenhaupt erzeigt, welches dann ein gutes Zeichen ist, und ein End der wehrhaften Zerstörung, und ein Anfang der rechten Tinctur. Daher spricht die Turba Philosophorum: Hic soluta sunt corpora per putrefactionem, & efficiuntur terra nigra: & cum videbis materiam

de=

denigratam, gaude, quia principium est operis, & est nigrum albi, & caput corvi, qui in noctis & diei claritate sine alis volat. Und weiter: Ista est terra nigra & tenebrosa, de qua loquuntur Philosophi dicentes: Esto ergo assiduus in operatione in omnibus statibus suis patienter continuando decoctionem, quousque egrediatur Tinctura super aquam in colore nigro, & cum videris nigredinem illi aquæ imminere, scias totum corpus liquefactum esse, & tunc oportet ignem lenem continuare, donec conceperit nebulam, quam parit tenebrosam.

Aus welchen Worten klar erfolget, daß die Schwärze in diesem Werk anfänglich nach der Calcination erscheinen muß, welche dann hernacher auch nicht bleiblich, sondern in ein andere Art gehet. Daher die Philosophi erdichtet haben, daß diese Schwärze sey ein Raab, welcher ohne Flügel so wol in der Nacht helle, als in der Klarheit des Tags fliege, durch die Nacht und den Tag uns zu verstehen zu geben die Veränderung, welche sich in der Schwärze zuträgt. So dann nun die Schwärze auch in ein anders verwandelt werden soll, ist nicht mit geringem Fleiß hie zu erforschen, worinn doch diese Veränderung geschehen muß. Darum soll hie betrachtet werden der philosophische Spruch, in dem gesagt wird: Quod calor agens in humidum generat nigredinem, & agens in siccum generat albedinem. So dann nun diese schwarze Materia oder Rabenkopf, oder Nigrum nigrius nigro, oder wie mans nennen will,

will, gewesen ist zuvor ein aschenfarbe Terra, diese ein gelblicht Pulver, dieß Pulver ein citrinbraun Oel, das Oel ein Wasser, welches Wasser dann das erste in der Resolution Mercurii ☉aris erschienen ist, und zum ersten in das citrinbraun Oel verwandelt worden, das citrinbraun Oel alsdann in ein gelblichs Pulver, das gelblicht Pulver in ein aschenfarbe Terram, alsdann in ein schwarze Terram, so folgt, daß diese schwartze Terra auch verwandelt werden muß in ein weisse. Dann dieweil ein æquabilis und gleicher Calor der Putrefaction dieses Werks ist, welcher vom Anfang bis zum End, und in einem Gradu gehalten wird: So dann nun durch diesen æquabilem calorem das sal ▽ in terram nigram oder caput corvi gebracht worden ist, wird auch ohne Zweifel diese Terra nigra durch eundem æquabilem calorem in eine weisse verändert werden: Wie dann sonst auch in andern Calcinationibus zu sehen ist, und die Practica dieses Werks augenscheinlich mitbringt. Ehe aber die Weisse sich vollkömmlich erzeigt, erscheinen mancherley Farben, die sich wunderbarlich verändern, wunderbarlich einander folgen, gleichsam wie Sternlein, welche bald vergehen, und andere an deren statt kommen. Daher spricht Hermes: Hic natus est Draco, domus ejus tenebræ sunt, & nigredo suas alas comedens & diversos emittens colores: Multis siquidem modis de colore in colorem movebitur, donec ad firmam deveniat albedinem. Aus welchem Spruch leichtlich zu sehen, daß zwischen der Schwärz und Weisse mancherley Farben sich erzeigen müssen, welche einem Pfauenschwantz oder mancherley Farben Sternlein, die verlöschen und wiederum erscheinen, verglichen werden können. Darum dann auch die Philosophi von dieser Veränderung an einem Ort sagen: Aqua nostra mortificat (so es den lebendigen ☉ Solis bricht, und ihm seine corporalische freye innerliche Bewegung stillet, und in ein ☿ resolvirt) illuminat (nemlich wo es in ein citrinbraun Oel verwandelt worden, und die glühenden Metallen darein gestossen in gut ☉ transmutiret werden, so erleuchtet dieses sallich ☿, so es die andere Farben der Metallen vertilget, und ihnen ein höhers mittheilt) Mundificat: (so es die Unsauberkeit der Metallen hinnimmt, und die Reinigkeit des ☉ einpflantzet) Vivificat (dieweil viel Ding dadurch erwecket werden, die zuvor nicht erkannt gewesen, nemlich wie folget im Spruch) Et apparere facit colores nigros primo in mortificatione corporis, cum in terram convertitur: & postmodum apparent multi colores & varii ante dealbationem, quorum omnium finis est dealbatio. Daraus dann zu verstehen, wann die vollkommene Weisse erschienen sey, daß die vielfältige Farben ihr End haben, und daß die Weisse ein Hauptfarb in diesem Werk sey. Darum sie dann weiter von dieser Weisse also schreiben, nachdem sie sich erzeiget: Et hic nascitur nobis Filius, & efficitur albissimus & vocabitur nomen ejus Elixir. Dealbatio enim operis initium est, totius corporis fundamentum & fermentum. Was auch für Farben nach der

weis-

weissen sich erzeigen, folgt hernacher in diesen ihren Worten: Nec deinde in diversos colores variantur, præterquam in rubeum, in quo vltimus est finis. Darum diese zwey Farben, die weisse und die rothe, des ganzen Werks End sind, rechte Elixiria und Tincturæ, die weisse auf weiß, und die rothe auf roth. Von der weissen Tinctur schreiben die Philosophi: Quod transformet omnia corpora imperfecta in purissimum Argentum, melius quàm à minera. Darum dann wahrlich hie ein groß Geheimniß angezeigt wird, welches keinem lasterhaften Menschen zu eröfnen, sonder allein bey den Philosophis in der Geheim zu halten, dieweil diese Kunst die geringere Metall in höhere, die unvollkommene in vollkommene zu bringen nichts anders ist, wo sie einem bösen Menschen zukömmt, als ein Schwerd in eines unsinnigen Menschen Hand, der unachtsam männiglich schaden thut. Derhalben still und verschwiegen damit umzugehen ist, und Gott um Gnad zu bitten, daß er das Gedeyen dazu geben wölle: dann se dieß ein groß Ding ist, daß hie die Kunst weit übertrift die Natur, in dem daß das Silber durch Kunst bereiter, vollkommener ist dann dieses, welches aus der Erden her genommen wird, wie im Philosophischen Spruch begriffen, und doch solches durch ein leichte Kunst zuwegen bracht werden kann, darum dann die Philosophi weiter schreiben: Dealbate ergò Latonem, & libros rumpite, ne rumpantur corda vestra, qui ars nostra levis est, & levi indiget subsidio. Wiewol aber die Kunst

leicht

leicht iſt, und ein leichte Hülf bedarf, ſo ſoll doch hie fleißig gemerkt werden, daß dieſe leichte Hülf und leichte Kunſt nicht gut zu haben ſeyn: dann ob gleichwol die weiſſe Tinctur oder Medicin fertig iſt, kann ſie doch nicht gebraucht werden, es ſey dann, daß ſie zuvor durch bequemere Weg und Mittel in die Corpora einzugehen gebracht, dieweil ſie von allen Ueberflüßigkeiten, Unreinigkeiten geſäubert und clarificirt iſt, darum viel einer höhern Natur, dann andere Metalla, welches ein Urſach iſt, daß ſie gar nicht ohne Bereitung des Arcani in die Metallen eingeht oder ſich vereiniget, wie du dann in der rothen Medicin wirſt gelehrt werden. So aber nu keine Farb, wie gemeldt, nach der weiſſen erſcheinet, dann allein die Röthe, wäre unrathſam, die weiſſe Tinctur alſo zu gebrauchen, ſo die Röthe leichtlich folget: Iſt auch nicht vonnöthen, daß man ein beſondern Weg hie eingehe, quia Album & Rubeum ex una procedunt radice, Arnoldo teſte: ſonder bedarf nur längerer Zeit und ſtäter Kochung. Mit dem Feuer kann man nicht irren, poſt albedinem, quia in hac albedine RUBOR eſt occultus, welche Röthe dann allein durch die längere Kochung herfür gebracht werden muß. Igne igitur ſicco (ut ait Turba Philoſophor.) & calcinatione ſicca decoquatur, donec rubeat ad Cinabrium, cui decoctioni nequaquam imponas aquam, neque aliam rem, quousque ad complementum coquatur Rubeum, dabit Colorem Auri perpetuum. Daher ſind etliche alte Rythmi:

Vt

de Ber..d. *Lapidis Phil. præp.*

Vt non cadescat ROSA, verùm luce lucescat,
Tantùm fervescat iugiter, fervore quiescat,
Donec splendorem tribuat, tollatque nitorem;
Candida Candorem generat, Rubicunda Rubo-
rem.

Derhalben mit dem steten △ der Philosophen weiter zu procediren, biß die Weisse vergangen, und nach etlichen citrongelben Farben ein Röthe, als ein hoher Scharlach folge, welches dann die höchste Tinctur ist. Und ob schon solche Farben erscheinen, soll mans doch noch 1. Monat oder 2. stehen lassen, und das Glas nicht eröfnen, so wird es noch schöner, ja man wird auch der Fixation desto gewisser. Wann man aber nun vermeynet, daß sie gar fertig sey, soll man die Medicin herausser nehmen, und ein wenig deren auf ein glüend Bleblech fliessen lassen. Fleust sie ohn Rauch wie Wachs, so ist die Medicin vollkommen, und die Tinctur fertig, auf den Menschen und die Metalla, solche beyde zu reinigen, zu stärken, zu bessern, und vollkommen zu machen. So sie aber rauchet, muß sie wiederum hinein gethan werden, und noch länger stehn, biß sie fix gnug ist. Wann dann nun alles verrichtet, so ist diese Medicin der König, darvon die Philosophi sagen: Quod hic generatus sit Rex Triplici Diademate coronatus, fulgens ut Sol, lucens clarius Carbunculo, fluens vt cera, perseverans in igne, penetrans & retinens $\hbar$um vivum, ipsumque in fulvum Leonem convertens.

Wann man nun dann mit dieser hohen Medicina will tingiren, so ist nach vollendtem Werk der Ingressus das gröste, so gleichwol viel Philosophi die rechte Kunst, den Lapidem Philosophorum zu bereiten, gewust haben, aber ihrer doch wenig den Ingressum erkennt, derohalben nicht zu einem fruchtbaren End kommen sind. Solches Unglück aber zu verhüten, ist dieß Mittel, den Ingressum wohl zu vollbringen, zu erkennen, und zu merken, und in geheim zu halten. Nemlich daß man nehme der rothen bereiteten Medicin, wie gemeldet, ein th. auf hundert th. Kalch, welche dem Spagyro bewust, und reib diesen mit Fleiß untereinander auf einem glatten subtilen Reibstein, oder Porphyrio, thue alsdann solches alles zusammen in ein wohl verlutirten Tiegel, so darzu gehörig, und setz es in einen Ofen, der darzu bequem, und nicht zu groß sey, und gebe ihm gemächlich △ so lang, bis alles vereiniget werde, wann alsdann dieß geschehen ist, so ist es zu tingiren bereitet.

Und ist allhie wohl zu merken, daß die rechte Zeit nicht übersehen werde, wie dann dem Philosopho bewust, und also dieß Mittel den Ingressum zu bereiten, nicht unfleißig gehandelt werde. Dann ob schon die Medicin zu ihrer Kraft und Vollkommenheit der Perfection gebracht ist, noch dannoch gehet sie ohne dieß Mittel, so gemeldt, in kein Metall, weder in die perfecten noch unperfecte Cörper; sondern wann man sie auf die geschmolzene Metall würfe, und liesse sie gleich 100. Jahr schmelzen, so
gien-

gierigen sie doch ohne das gemeldte Mittel nicht ein, sintemal sie von wegen ihrer grossen und hohen Reinigkeit nur über den geschmelzten oder geflossenen Metallen oben würden herschwimmen, wie ein Oleum auf einem ▽. Ja wann dieses Geheimniß des Ingressus nicht sollte gebrauchet werden, würde wenig an der Medicin da verbleiben, weil sie also penetralisch und durchbringend ist, daß sie durch den Tiegel und alle Instrument gehen und bringen würde: darum dann der Ingressus wohl in acht zu haben, welcher wann er recht bekannt, und damit recht procedirt wird, so wird dieser philosophische Stein wie ein Glas brüchig, und ungeschmeidig. Wann nun also dieß alles geschehen, die Vereinigung der Medicin mit dem Calce Solis bereit, und alles recht vollbracht ist, so soll dieser bereiteten Medicin genommen werden 1. Theil, welches man werfen soll auf 1000. Theil anderer unvollkommener Metall, so wird aus den gemeldten Metallen in allen Proben gutes beständiges Gold. Im Fall aber daß solches Gold noch brüchig wäre, so soll man ihm mehr der Metall, so man eingesetzt hat zu tingiren, zusetzen, so lang bis sich die Tinctur mit den Metallen recht vereiniget, und die rechte Geschmeidigkeit getroffen ist. Darum dann wann die eingeworfen Medicin mit den Metallen ein halb Stund geflossen hat, soll man mit einem eisern Trach in den Tiegel hinein greifen, und was dann daran hangen bleibt, auf einem reinen Ampos fein dünn geschlagen, so siehet man bald, ob es noch ungeschmeidig, darbey man dann

auch

abnehmen kann, ob mehr Metall zuzusetzen sey. Und im Fall, ja wie viel ihr auch zu nehmen, und ist auch zu merken, daß in der Projection das △ oben grösser dann unten seyn muß, welches dem Philosopho wohl bekannt, und ist bleß der Processus der rothen und weissen Medicin, so allein im Gold verborgen gelegen, und durch den verständigen Spagyrum herfür bracht worden ist, neben allen zugehörenden Handgriffen, so viel es sich hat leiben wollen, aufs fleißigst beschrieben, von einem Ding, so in einem vase, in einem Ofen, und einem Regiment des Feuers das gebenedeyte Werk wird vollbracht. Der allmächtig Gott geb allen Filiis dignis hujus Doctrinæ, Glück, Heil und Segen, damit es zu Gottes Lob, Ehr, und des Nächsten Besserung möge gebrauchet werden, und Gott allein die Ehr gegeben werde.

Amen, Amen, Amen.

SE-

SEQVITVR ARCANVM
DE MVLTIPLICATIONE PHILOSOPHICA IN QVALITATE.

Erſtlich ſollſt du wiſſen, daß gar wenig unter den Philoſophis geweſen, die da die Multiplication gewuſt haben, nemlich aus der Urſachen willen des Gewichts, dann im Anfang dieſes Werks bedarf es keines Gewichts: Aber nach der Vollendung muß erſtlich von wegen des Ingreß ein Gewicht gebraucht werden, welches dann auch wenig Philoſophis iſt bekandt geweſen, derhalben dieſer Lapis Philoſophorum auf das Corpus Humanum gebrauchet werden ſoll, wie dann viel hiervon zu ſchreiben wäre. Was aber belanget das Gewicht auf das Multipliciren, oder die Multiplication, iſt dieſes: Nachdem dieſe hohe und göttliche Medicina fertig, ſoll man nehmen ein ☿. welches noch keinen Ingreſſum empfangen, und ſoll ihme zuſetzen 10. ℔. Mercurii Solaris, welcher dann auch durch das Arcanum Philoſophorum ♎-irt iſt, und aller Geſtalt nach gereiniget, wie du im Anfang des Proceß gelehret biſt worden.

Alsdann ſchleuß das Glas mit Sigillo Hermetis zu, und ſetze es auch in ſein Geſchirr, wie im Anfang, auf daß du aller Geſtalt procedirſt neben der Regierung des Feuers, wie vor, alsdann ſo fahet es innerhalb 5. Tagen on und ſolvirt ſich gleicher Geſtalt in ein reines Chryſtallines ▽, welches in 40. ☉ vollendet wird, und nach dieſen 40. Tagen fähet es an dicker und bräuner zu werden, und folget das Oleum incombuſtibile, davon in der Practick genugſam gemeldet iſt worden. Und nach dieſen 40. ☽. begibt ſich das Oel zu einem gelblichten Sand, und wird alsdann in ein aſchenfarbe Terram, und alſo der

ſchwartz

schwarze Rab und Caput Corvi herfür gebracht, welches alles, wie gemeldet, auch in 40. ♂. vollkömmentlich geschieht. Alsdann fahet die Variatio Colorum an, welche einem Pfauen verglichen worden sind, um ihrer vielfältigen Veränderung willen, welches dann auch in 40. ♂. verrichtet wird. Alsdann nach diesen viel erzehlten Farben folget das reine weisse philosophische Elixir, welches die andere unvollkommene Metallen in seine reine beständige Dam verwandelt, welche auch das Gewicht hat, auch in allen Proben beständig, als das fein Silber, wie es dann auch von den Philosophis ɔa fixa genennet, und durch dieses Elixir dahin gebracht worden ist. Alsdann nach diesem reinen Elixir fangen endlich gelblichte Farben an, mit Erscheinung einer Röthe, und so lang bis auch die vollkömmliche Röthe erscheinet, welche dann keiner glänzigern noch höhern Röthe kann noch mag verglichen werden, und bey der Nacht so wol auch bey dem Tag △ ige leuchtende Strahlen von sich giebt, wie dann alle Philosophi sagen: Quod hic generatus sit Rex Triplici Diademate coronatus, fulgens ut Sol, lucens clarius Carbunculo, fluens ut cera, perseverans in igne, penetrans & retinens ☿ vivum, ipsumque in fulvum Aurum convertens. Welcher auch in 40. ♂. vollendet wird, und wann du den Ingressum darauf brauchen willt, so wirf auf 1. Theil der Medicin 1000. Theil Calcis von ☉, welche von dem Spagyro darzu bereitet seyn soll, und aller Gestalt damit gehandelt werden, wie mit der ersten Medicin, die da vor der Multiplication ist bereitet worden: Derhalben wisse, daß

nach

de multiplicatione Philoſ. in qualitate. 145

nach der erſten Multiplication wiederum auch 1. Theil nach dem Ingreſſu 10000. Theil anders unvollkommenes Metall in fein ☉ verwandelt. Wilt du zum andernmal die Multiplication brauchen, ſo wiſſe, daß man auf 1. th. Medicin 10. mal 10. theil wiederum neuen purgirten ☿ ☉ zuſetzen muß. Desgleichen mit dem Ingreſſu, auch mit dem Gewicht handeln, ſodann tingirt es auch 10. mal 10. Th. unvollkommener Metall mehr: Und ſolches Multipliciren kann zum drittenmal geſchehen von wegen der unausſprechlichen Ausbreitung des Gewichts, ſo in ihm der Rechnung findet. Derohalben über ſolchen Magnalibus Dei ſich nicht genugſam zu verwundern iſt, und auch gewißlich wahr, daß viel unter den Philoſophis geweſen, die da den Lapidem benedictum gehabt, und zu einem glückſeligen End gebracht, aber darunter wenig, die den Ingreſſum gewuſt. Ja es ſind auch ihrer viel geweſen, ob ſie ſchon den Ingreſſum gewuſt, haben ſie doch die Multiplicationem nicht erfunden.

Derwegen ſoll ein jeglicher Philoſophus, welchem ein ſolchs hohes herrliches Donum Dei, ſo in der Natur iſt, von Gott zuerkennet, damit verſchwiegen umgehen. Dann Salomon der Weiſe ſelbſt ſpricht: Sapientes abſcondunt ſcientiam, os autem ſtulti confuſioni eſt proximum. Darum ſich dann nicht gnugſam zu verwundern oder unſinnt, warum ſolche groſſe Geheimniſſ der Natur jederzeit ſo gar von den Philoſophis verborgen blieben, darin ſie durchaus nicht gewollt, daß ſie den Unwiſſenden in die Händ kommen ſollen, ſondern allweg beſten

146 Sequitur Arcanum de multiplic. &c.

Weisen in der Geheim verschwiegen bleiben, die dieselbige hohe Gaben Gottes erkannt, ihme auch dafür herzlich gedankt, daß er dem Menschen solches Erkänntniß der Natur, und diesem ein gewisse Wissenheit geben hat, darinn sein göttliche Allmächtigkeit und Mildigkeit, so viel von ihm zugelassen ist, erkennet werden kann. Darneben ein jeder, dem dieses mein Büchlein zukommt, wolle sich aller philosophischen Meynung mit Verschwiegenheit wissen zu halten, und darneben Gott dem Allmächtigen, von dem er solche Weisheit empfangen, mit dem Gebet Tag und Nacht sich dankbar erzeigen, damit solches zu seinem Lob, Ehr und Preiß, auch Besserung des Nächsten gerathen möge. Dann es sich nicht gebüret, daß mans zu Hoffart und Geitz gebrauche, Gottes Zorn und Ungnad auf und über sich lade: Dann es nicht von den alten Weisen umsonst ein Donum Dei genennet worden, dann sie solches erkannt, daß sie es von Gott empfangen haben, der dann ein Brunn aller Weisheit ist, dem sey Ehr, Lob und Preiß, von Ewigkeit zu Ewigkeit, Amen, ꝛc.

HORTVLVS OLYMPICVS AVREOLVS,

das ist:

Ein himmlisches, güldenes hermetisches

Lustgärtlein,

von alten und neuen Philosophis gepflantzet und gezielet;

Darinnen zu finden

wie die cölestivische, edle, hochgebenedeyte Schwebelros und Scharlachblum des hochglänzenden und tingirenden Carfunckelsteins (dadurch menschliche, metallische und vegetabilische Körper ihre Renovation und höchste Perfection oder Vollkommenheit erlangen können) zu brechen sey.

Anjetzo allen Filiis Doctrinæ Magico-Spagyricæ zu Gutem eröfnet,

geschenkt und publicirt durch

BENEDICTVM FIGVLVM, Vtenhoviat, Fr. Poetam, L. C. Theolog. Theosoph. Philosoph. Medicum, Eremitam. D.T.P.D.G.N.

THEOPHRASTVS.

[1] Æternarum rerum feria contemplatio eò usque animum nostrum subvexit, vt Divina loquuti videamur de rebus NATVRÆ subjectis, quæ tantò perfectiores sunt, quantò propiores ÆTERNIS, &c.

PROLOQVIVM DEDICATORIVM

AD
ILLVSTRISS. PRINCIPEM AC DOMINVM
DOMINVM

IOACHIMVM ERNESTVM,

MARCHIONEM BRANDENBVRGENSEM,
BORVSSIÆ, SILESIÆ, STETINI, POMERANIÆ, GROSSIÆ,
CASSVBIORVM AC VANDALORVM DVCEM, BVRG-
GRAVIVM NORIMBERGENSEM RVGIÆ, &c.

Dominum suum clementissimum.

MARCHIO, magnanima virtute, Decore
    refulgens
  Heroo, Patrii Dux animose soli,
O Ioachime Erneste, audi, illustrissime Princeps,
  Brandenburgensis STELLA serena domus.
Septima fluxit Hyems, Septenaque volvitur æstas,
  Dum miser à patriis exul oberro focis,
Fortunæ innumeris jactatus adusque procellis
  Hospes in ignota dum regione moror.
Vix mihi septenæ luces transiisse videntur,
  Dum patienti animo quæque sinistra tuli.
Sacra Poësis erat mihi cordi tempore quovis,
  Hæc alimenta mihi curta meisque dabat.
Mundus at immundus dum respuit omnia Sacra
  Et sacris Musis denegat hospitium,
Auxiliatrices nobis dextrasque recusat
  Heu nimis, ingratis, pectore & ore, modis.

Spem

Spem tamen abieci nullatenus. Ipse JEHOVA,
  Me tegit invitis hostibus, atque regit.
Hujus ni verbum me sustentasset in arctis
  Rebus, & hac misera conditione meos,
Et mihi solamen sine magna fruge dedisset;
  Mersa fuisset aquis naufraga nostra ratis.
Jam dudum: Ast mitis spaciosi præses Olympi
  Hoc Patria avertit pro bonitate malum,
Gloria dum Christi solummodò quæritur à me,
  Non mea, sed Superi Gloria diva Patris.
Munere de cujus sperno contraria quævis,
  Fallacis linguæ livida tela, minas.
Ergo Poësis ubi mea cuivis Sacra molesta est:
  Quæ sustentandi prodeat ansa mihi?
Mens quoque propediem nostris valedicere musis,
  Non sine re suadet, dum gravis aura tonat.
Invitante Deo, Medicas ad Apollinis artes
  Et Paracelsæ transeo castra scholæ.
Scilicet effluxis studium colui quod ab annis
  Pluribus Hermeticis invigilando libris.
Ecce metalliferos placuit mox visere montes,
  Naturæ abstrusum perdidicisse Chaos,
Et Tyrolanos tractus percurro, deinde
  Styria visa mihi commoditasque loci,
Inde Carinthiacæ superando Cacumina terræ
  Vidi, propicio sic mediante Deo,
Felices sedes, loca ter felicia, Noster
  In quibus optavit sæpius esse locis,
Magnus Apollo Decus, Theophrastus, cœlite
              Sancti
  Numinis afflatus sidere, TEVTONUS.

Ja

In peregrinando dum colligo Scripta Sophorum
   Plurima, fed Patriæ, Dux Ioachime, meæ,
De magno Lapidis Miraculo ter Benedicti
   Quo nullum toto majus in orbe Bonum.
Publica, filiolis doctrinæ, ad commoda duxi
   Participanda ftatim muneris efle mei.
Ex quibus in lucem dum profilit Hortulus almam
   Nofter hic Hermeticus, Marchio Magne fave.
Nominis Augufti exoptat viridante fub umbra
   Sepimenta tui fida patrocinii,
Tutelæque tuæ: Liventia pectora in orbe
   Plurima nam nobis impedimenta ferunt.
Chemica perverfo nam disciplina Venenum
   Eft Mundo: Spernit Cœlica Dona Dei.
Magnum opus aggreffus, Duce Chrifto ac aufpice
                              Chrifto
Ipfe quod optatâ commoditate beet.
Nam Redivivus erit toto Theophrastus in orbe,
   Si modò fubfidium, porrigat alma manus
Principis Heroi, mihi, nec conatibus obftet
   Cum Mundo Satanas improbitate fua,
Hoftis ἀληθείας, veræ fapientiæ alumnis
   Peftiferæ obtrudens fomnia vana fcholæ.
Denuò fub prælum Theophrasti fcripta dabuntur
   Propria, cum limâ dexteriore tibi.
Theologæa fimul mox fub divina fequetur,
   (Mundo mimelum nempe futura Novum,)
Flaminis ætherii divinitus infpirata
   Ductu clementi, Numinis atque Sacri,
Et removebuntur Zizania, dummodò libris
   Mixta fuêre male, Scripta aliena, Viri.

R 4. Fau-

Fautor Apollineæ quia sed tu Maximus artis
   O Princeps, Patriæ, Marchiæ Dive, Pater,
Et Theophrastæam Medicinam pectore toto
   Prosequeris, studium hoc dulce favori pari:
Accipe clementi vultu tibi dona dicata;
   Primitias genii Philosophantis habe.
Hesperidum aureolos aditum indubitanter in hor-
                 tos
   Menti avidæ reserant quæ Sacra Scripta Sophûm.
Imperium sic Iova tuum fortunet in annos
   Complures, Patriæ sis maneasque Pater, &c.

Vestræ Illustr. Celsit,

Subjectissimus Cliens

BENEDICTVS FIGVLVS,
Vtenhovias Francus, Poëta,
L. C. Theologus, Theoso-
phus, Philosophus, Medicus,
Eremita, &c.

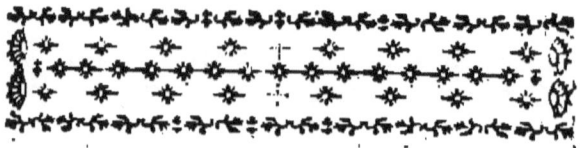

I.

Das Büchlein Theophrasti, mit der himmlischen Sackpfeifen, einer Fürstlichen Person zugeschrieben.

In Gottes Namen will ich E. F. Gn. die wahre Heimlichkeit sagen der Philosophen, so die Weisen lange Zeit verborgen haben, und solches allein durch Beyspiel erzehlt, als der Philosophus GEBER spricht.

Es gieng ein Gesell, wie einer der was sucht, verirrt oder vergieng, kam so weit, daß sorglich war nicht wieder hintersich zu kommen, und er trang so weit fort, bis daß er kam in einen hübschen Lustgarten, darinnen Bäume stunden, mit viel Aesten, welche mit mancher Frucht gezieret waren, die thaten den Gesellen wieder erquicken, daß er seines traurigen Gemüths zum Theil vergaß, und drang also noch besser fort, da kam er zu einer schönen Bruck, die gehört einem König zu, der hatte sechs Töchter, die des Haus und des Gartens warten und hüten sollten: Und da er zu der ersten Pforten kam, begegnet ihm ein rother Mann sehr heßlich und ungestalt, der sagt aber mit glimpflichkeit chen Worten zu ihm: Was er da suchte? dann er nie keinen so nahe bey dem Hauß gefunden hätte. Gab er ihm die Antwort und sagte: Er suchte Lapidem Philosophorum, sprach der rothe Mann zu ihm: Weil du so weit kommen bist, will ich dich fürbaß weisen, du solt gehen, biß daß du kommst zu einem gelben Mann, der wird in allem seinem Thun mit dir glimpflich seyn, wiewol er heßlich sieht, so sind doch seine Wort freundlich, der wird dich auch fragen, so sage, ich hab dich zu ihm gewiesen, so wird er dich weiter weisen. Und da er kam zum gelben Mann, fragt ihn derselbig, wo er herkäme, dann er nie so nahe keinen Mann da gesehen hätte? Da sprach der Sucher: Er suchte Lapidem Philosophorum, und ein rother Mann hätte ihn hieher gewiesen. Da sprach der gelbe Mann: So du so weit kommen bist, will ich dich fürbaß weisen, und sagt: So du weiter hinein kommest, so wirst du zu einen springenden Brunnen kommen, desselben solt du ein Glas voll empfangen, das heist Lac Virginis, und das solt du mit dir nehmen, und solt weiter gehen, so wirst du kommen zu einem schwarzen Raben, darinn ist ein weisse Taub verborgen, und ist der Rab gar ungezäumt, er beist und kratzt gern, und hat einen stinkenden Athem. Nu mein allerliebster Freund, sprach der gelbe Mann, wie willt du die weisse Tauben aus dem schwarzen Raben bringen, und daß ers dir lasse, dann er verläst sie nicht gern, dann sie ist ein Ursach seines Todo? So solt du ihm also thun, und das vorige Lac Virginis ihm

zu

zu trinken geben, und seinen Schnabel halten gegen dem Wiederschein der Sonnen, so wird er den Schnabel aufthun, und die weisse Tauben heraus lassen. Nun mein allerliebster Freund, was willt du ihr zu essen geben, daß du sie ernährst, und daß sie dir kann Frucht bringen, dann sie gar subtiler Art und Natur ist. Du solt ihr ja nichts dann Jungfraumilch zu trinken geben, so wird sie dir gebären, daß 1. th. wird 1000. th. tingiren. Also hat E. F. Gn. die wahre Kunst, wie ich sie hernacher weiter werde lernen.

Nun fahet an das wahre Aurum Potabile, mit ausgedrückten Worten, wie die rechte Kunst soll gemacht werden, daran soll kein Mangel oder Fehl gefunden werden.

Nimm im Namen Gottes deinen himmelblauen Stein, Vitriolum Sapientum genannt, und allen Weisen wohl bekannt, in Farben schwarz, weiß, grün, gelb und roth, der da ist artiger Natur, weich im Grif, schwer am Gewicht, sour in Versuchung, mit gar nachgehender Süsse. Der Laton wird allenthalben gefunden nicht allein in Kramen, sondern auch bey den jungen Kindern. Die grosse Herren brauchen ihn auch in Verehrung der Unehrung Königs und Kaisers. Dieses Steins nehmet so viel ihr wollt, und setzt den Latonem in sein Glas, das süsse ▽ zu distilliren mit Un-

lindem △ bis sich der weisse Rauch will erheben, darnach laß es kalt werden, und zerbrich das Glas, so findest du den zarten rothen Mann. Darnach zerstoß den Zeug, und machs in ein ander Glas. Das süsse ▽ sollt du behalten, und setz den Recipienten wieder, wie zuvor geschehen, darfür, und brenn den hohen Eßig, das Lac Virginis, von dem gelben Mann mit starkem Feuer, als wie man Scheidwasser brennet bey 8. Tag und Nacht, so werden E. F. Gn. vor und vor di: weissen Rauch sehen der starken Jungfraumilch, oder des starken Eßigs, bis auf 10. t. oder st. zu letzt so gehet ein wenig Wasser, das treib E. F. Gn. so lang, bis daß es nicht mehr geht, und lassen euch E. F. Gn. die Arbeit nicht verdriessen, wiewol das nicht viel geht, so ist es doch tugendreich, dann das letzte ist besser, dann das erste, und sollen beyde bey e. a. zu behalten bleiben. Dann sie nicht weit von einander sollen kommen, der Himmel, den man nennet die 3. Elementen, das vierte kommt hernach. Nu hat E. F. Gn. das süsse Wasser und den hohen starken Eßig, die behalt E. F. Gn. bis ich euch weiter lehre, und die Feces, die dahinter blieben sind, sollen nicht hinweg geworfen werden. Das ist der schwarze Rab, dann die weisse Taub noch darinnen steckt. So thut eins, und nehme E. F. Gn. den schwarzen todten Leichnam, dem seine Seel entzogen ist, (NB. Merkt, ehe ihr arbeitet weiters fort, daß von jjjj. ℔. gezogen werden jj. ℔. süsses Wassers, und 8. loth des starken Eßigs,
unb

und das süsse Wasser, so 10. mal für sich selbst zu der Reinigung distilliret worden über den Helm: aber der starke Eßig soll auf das wenigst 7. mal durch einen Retort gezogen werden, der wol verlutirt sey, dann er steigt nicht gern über den Helm, der Eßig wird sehr schwer, je mehr er gereiniget wird, je bequemer er wird, die Feces dienen, wie hernach gesagt wird werden.) So nu E. F. Gn. das ▽ zu der Arzney wollt brauchen, so nehmet ein halben Becher mit Wein, und thut j. Tropfen des gereinigten hohen Eßigs darein, und vermischets wohl unter einander, dann er ist schwer, und fällt auf den Boden. Versuchts, ob es zu sauer sey, so thut mehr Weins darzu, das ▽ hebt auf, und brauchts zu den Febern, auch in der Pestilenz und im Bad das Podagram damit gewäschen, heilets auch. Dann das ist das wahre Aurum Potabile, darinn viel Geheimniß der Natur verborgen liegen, und so es zu einer Chrystallen gemacht wird, so ist es ein Tinctur.

Nun habt ihr zwey Wasser, das ist, das süsse ▽, so über den Helm gestiegen ist, und gereiniget, und den hohen Eßig, der auch gereiniget ist durch den Retorten, ein Arzney der Menschen und Metallen.

Die

Die andere Practica.

Weiter nehmen E. F. Gn. im Namen des HErrn, den hohen Eßig gereiniget, wie oben gesagt, in ein stark Glas, und setzet es in ein Aschen, allenthalben um und um wohl verstopfet, daß es unbeweglich stehe, daß es nicht beweget werde, biß zum Ende der Arbeit, und habt eine besondere Aufmerkung des Gewichtes. So nehmet vom starken Eßig darzu, thut auch so viel Gewichtes vom süssen Wasser, das da gereiniget sey, wie oben steht, darzu, und vermacht einen Helm darauf, und detrahirt das süß $\triangledown$ darvon, so bleibt der Eßig am Boden, dann er ist schwer, daß er nicht leichtlich aufsteiget, und so das Glas erkalt, so gebt ihm das abgezogen $\triangledown$ wieder, und ziehet es wieder ab. Das Angiessen und Abziehen thut so oft, biß der Eßig zu einer Chrystallen wird, in Farben eines schönen Rubinen, das werden E. F. Gn. sehen, wann das Glas kalt wird. Nun haben E. F. Gn. menschliche und metallische Arzney, so alle Metall nach ihrem Rechtfertigen und Bereitung zu Gold verkehren, wie ihr wisset, das ist gewiß. So euch aber am süssen Wasser wird abgehen, das da nicht glaublich ist, so bereitet euch ein anders, wie im Anfang, und gebts dem Stein, den man nennet den wachsenden Stein, und ist ohne End, ihr bedörfet auch kein Ferment in seiner Zusammensetzung und Gebärung.

Hier läst nun der schwarze Rab die weisse Tauben von sich.

So nemme nun E. F. Gn. die vorbehaltene schwarze Erd, und calcinir sie in einem Windofen, bey 4. Stund, daß sie gantz schwartz wird, darnach giesset ihr ein heisses Wasser siedend, ein gemeines darüber, das daran siede bey einer Stund, das filtrirt, darnach lasset es abrauchen und trücknen, das thut mit calciniren, ausriechen und abtrücknen, bis ihr alles Saltz habt abgezogen, das ist die weisse Taub, die in dem schwartzen Raben ist verborgen gewesen. Das Saltz nehme nun E. F. Gn. und giesse das süsse Wasser darüber, und distillirs wieder darvon. Dieß Angiessen und Abziehen soll 7. mal geschehen, darnach calcinire die Erde 2. oder 3. Stund, darnach reibs klein und gar subtil, und giesset die süsse Wasser wieder darüber, und vermachets wohl oben zu, und setzets auf ein linde Wärm, bey 5. oder 6. Stund, darnach filtrirts auf das subtileste, so man mag: Was filtrirt, das behaltet, und was sich noch nicht solvirt, da giesset aber süß Wasser darüber, das thut so lang, bis das Saltz gar rein und filtriret sey, das must ihr so lang thun, bis daß sich das Saltz gar auf solvirt hat, sonst wäre es nicht gut, und zu eurem Werk bereitet. Dann ist euer gereinigte Erd wohl bereitet und präparirt.

Hie giebt man nun der Tauben Lac Virginis zu trinken.

Nu merket wohl, wie E. F. G. solle so weiter practiciren, so nehmet im Namen Gottes des HErrn euer geblätterte weisse Erden, und so viel der Erden ist, so viel sollt ihr auch des starken Essigs nehmen, und des Essigs je ein wenig, und aber ein wenig darauf giessen, und setzes in ein linde Wärm, darinnen lassets stehen, bis sich der Essig mit der Erden vereiniget und hart wird, darnach so giesset des süssen Wassers wieder so viel darüber, bis sichs gar auf so viel in ein klares Wasser, darnach setzet einen Helm darauf, bis er trucken werde durch die Distillation, darnach gebt ihm 2. Tag starkt Feuer, so das geschehen ist, so gebet ihm wieder das süsse Wasser, und so solvirts gar auf, wie vor: So es solvirt ist, so distillirts wieder über den Helm, daß es trocken werde, so stärket aber das $\triangle$ bey 2. Stunden, das Solviren, Abziehen und Trücknen thut so oft, bis der hohe Essig mit dem Salz fix wird, das sollt ihr also erkennen: Wann am End der Distillation des süssen Wassers die weissen Rauch nicht mehr gesehen werden, darnach so calcinirt es bey sechs Stunden, dann solvirts wieder mit dem ∇, das über den Helm gezogen ist, daß sichs klar auffolvire. So die Solution geschehen ist, so giesset des hohen Essigs so viel daran, als die ganze Tinctur gewogen hat, die fix ist, auf das Glas, darinnen

Olympicus Aureolus.

nen jetzt der ganze Zeug ist, mache ein anber Glas, das geheb vermacht sey, daß sich der Zeug darinnen figiren möge, wann es gesiegelt wäre, könnte nicht schaden, das setzt in ein Aschen in lind Feuer, so werdet ihr sehen, wie es auf- und niederstelget, gleich als wären Ameissen darinnen, das treibet bey 15. Tag mit gelindem Feuer, so werdet ihr sehen, daß sich die Erd wird coaguliren, und wieder solviren in ein goldfarbes Wasser, das hat nun den ersten Grad ☽ in ☉-en zu tingiren, das geschieht also:

℞. Darn, und laßt sie fliessen in einem Tiegel, und werft die Arzney darauf, daß es wohl mit einander fliesse, so habt ihr gut Gold in allen Proben.

Wollt ihr aber weiter arbeiten, so thut die Solutiones öffter, wie oben gesagt ist, so habt ihr die Arzney noch vollkommener. Wollt ihr aber die Arzney mehren, so solviret euer Medicin im süssen Wasser, wie ihr oben gehöret, und coaguliret sie wie oben gethan. Darnach gebt ihr von dem hohen Eßig, und haltet es in linder Wärm, wie zuvor, daß es sich am Boden coagulirt, und sich über sich selbst solvirt in Goldfarb. So ihr das sehet, so distillirts und coagulirts, wie vor gesagt ist, und also fort mit solviren und coaguliren in infinitum. Lobet Gott, und liebet den in allen Dingen, und euren Nächsten als euch selbsten, so habt ihr euch wohl gehalten.

VSVS OLEI.

Das Oleum eingenommen mit gutem Malvasier, oder in Pimpinellenwasser, des Morgens mit nüchtern Magen, machet ein frölich Hertz, und reiniget das Geblüt und den Aussatz.

Item: Es behält die natürliche Hitz, und mehret sie. Item gebraucht mit Erbrauchwasser, reiniget den Aussatz. Item eingenommen mit Betonienwasser, nimmt hinweg die grauen Haar, und bringt ein schönes herwieder. Item gebraucht mit Majoran ▽, benimmt den Schmertzen des Haupts, und tödtet die grauen Haar im Haupt, ꝛc.

TRISMEGISTAE TRINITATI LAVS ET GLORIA, AMEN, &c.

TRA-

TRACTATUS II.
DE
LAPIDE.

Nun folget hierauf aus Theophrasti selbst eigenen Bekänntniß ein wahres
Zeugniß von der Materia L. P. und von des
☉ höchsten Tincturkraft, als von der Q. Essentia
☉is, und von dem mineralischen, viscosischen, li-
quorischen, lebendigen, grünen, himmelblauen Saft
oder Parabelß ▽. Und spricht Theophrastus
hiervon mit kurzen Worten:

Daß es sey die höchste Arzney, von wegen
seiner inwendigen feurigen Kraft, so in dieses himmlischen Saftes Kraft verborgen
liegt, das da genennt wird ein ELIXIR, oder
TINCTVR. Von dieser würkenden Tugend mag
nicht genugsam erzählet werden, was darmit auszurichten ist unglaublich. Und dasselbige himmlische Feuer liegt im festen Corpore Solis verschlossen. Derhalben wirds keiner nicht bald herfür
bringen, oder herfür locken, ohne Auflösung der
Materien mit dem Aqua Viscosa, das allein sein
Anfang, sein eigen Saft, und seines gleichen ist.
Mit derselbigen Naturn Kraft und Saft kannst
du Solis Band aufschliessen, in das Primum Ens
verkehren, seiner Band entledigen. Ohn dieser
Natur lebendigs ▽, das sein Anfang und der
rechte Schlüssel ist, damit kannst du den Inwohner Solis herfür locken, sein feurige Seel und Geist
fangen, in das ▽ vermischen, in ein Wesen zu-
sam-

ſammen beſchlieſſen, und in ſeines gleichen Natur verwandeln. Alſo wird dann aus dieſen 2. Aſtris ein Gleichheit, und ein Heyrath gemacht. Derhalben iſt das hoch vonnöthen, daß man dem ☉i allein mit ſeinem eigenen Saft die Band auflöſet, damit das ☉ gebunden zuſammen geheft iſt worden, des Goldskaſten alſo damit zu zerſtören, zermalmen in Staub, daß es in Waſſer und Oel ſich verwandelt, und ſeinen tincturfeurigen Gewalt offenbaret, damit die Kraft im Paradeiß ▽, die ſchöne grüne ſmaragdiſche Farb, und der himmelblaue Saphyrſtein ſich mit dem Primo Ente wohl vermiſchet, in welchem Saft unſer Tincturſtein wächſt. Dann ſein Feuer, das darinnen wohnet, mag billig mit der Gottheit verglichen werden, wie ſolches alle Weiſen geheiliget, und angedeutet, für den gröſten Schatz gehalten haben. Wie auch des Menſchen Seel, Gott und den Engeln verglichen wird, dann ſie iſt von Gott kommen, und fähret auch wieder zu Gott. Derhalben wird die Seel vor Gott hoch geachtet, darum wird dieſe hohe Gab auch wenigen bekannt, wenigen gegeben, um der Sünden willen bleibts verborgen. Dann niemand erlangt dieſe hohe Gab aus ihm ſelbſt oder durch viel ſpinniſiren. Was die Zubereitung und Auflöſung belangt, zu eröfnen die heimliche Brunnenquell, dieſe heimliche Adern und Gänge, daraus der grüne und Himmelfarbe Balſam ganz geiſtlich herfür gehet, in unſer Waſſer fleuſt, in derſelbigen Offenbarung, wie die Præparation geſchehe, darinn ſind alle Philoſophi untreu und verſchwie-

gen

gen, auf daß es um der Schlechten willen nicht gemein werde. Dann dieser Saft vereiniget sich mit dem Gold, und durch dieß Wasser werden Solis Band geöfnet. Dann also sind alle Ding, welche Tincturfarb in sich haben, durch ihren ersten Vater verstrickt, und durch des ersten einigen Ursprung aus der Matrice und Aqua maris geflossen und herfür gangen, durch Gottes Befehl in ein Kasten verschlossen worden, dardurch sind auch alle Werk geboren, zu der Welt beschaffen aus diesem einigen Ding, darinn bleibt der Innwohner verborgen, wir haben seiner kein Nutz, es werde dann aufgeschlossen durch das Salz, damit es erstlich fest gebunden. Diese Ding vereinigen sich: Aus diesem wird unser Tinctur oder Universalstein offenbar. Aber durch den ersten Fall sind alle Ding so rein, pur und klar geschaffen, wieder verdunkelt und verfinstert, tödtlich, verderblich gemacht, und vergänglich worden. Derhalben alle Seelen eines Erlösers, und nicht vieler Erlöser bedörft haben, derselbige Erlöser hat mit einem Tröpflein seiner ewigen himmlischen feurigen rosenfarben Tinctur viel unzählbare Theil Seelen tingirt, aus dem Tod unsterblich gemacht, hoch clarificiret.

Also geschiehts gleichfalls mit unserer Materi geistlichen, ersten, innwendigen, purificirten grünem Saft, mit samt des aufgeschlossenen Golds feurigen Kraft, so diese zwey Ding zusammen kommen, daß es nuch dardurch allein zu der höchsten Tinctur sich verkehrt, himmlisch feurig bekleibet der wird, und Gewalt bekommt alle Ding zu reinigen, und zu tingiren, mit Klarheit und Gesundheit allen Leibern und bepackelten Cörpern grosse Hülf thut. Das ist nun von unserer Tinctur Ursprung genugsam geredt. Also soll es hiermit vor den Verständigen offenbar, und vor den Unwürdigen in Finsterniß verschlossen bleiben. Dann das bezeugen die Patres, welcher dieß Geheimniß erlangt, und dessen einen gründlichen Verstand hat, und dem Unwürdigen solches entdecket, daß er ein Verbrecher der himmlischen Sigillen ist, und mehr zur Verdammniß, dann zum ewigen Leben verursacht, und selber an ihm schuldig wird, ꝛc.

Von der grossen Geheimniß Rebis, wie damit die wahre Solution zu machen, und das Universal zu erlangen.

IV. Den blauen und grünenhimmelfarben Stein, der in seiner Erden wächst, Nichts genannt, welchen die Weisen gesucht, und hoch geehret haben, denselben sollt du verschliessen in sein Gefäß ohn allen Zwang, ohn alle Noth, per se, ohn alles frembdes Zuthun, in gar linder Wärm, von allem seinem beyhabenden Defect scheiden. Wann sich nu diese Brunnquell öfnet, so gehet sein Geist herfür, und seine Seel, daraus must du nun solche geistliche Astra offenbaren, damit dieser Stein seinen inwendigen Saft ungedrungen

natürlich von sich herfür giebt, so werdet ihr seinen himmlischen Balsam und schönen wohl gefärb-
ten Glanz frölich anschauen, seinen grünen und
himmelblauen Safft ganz geistlich, rein, pur, in
seinem eigenen ▽ wohl gezieret, von allen Irrdischen Fecibus rein gescheiden finden. Das wird
vollbracht in V. I. H. D. In dieser Zeit wird
seine Klarheit erlangt: So hast du funden das
Perlein, das du gesuchet, und von Gott erlanget,
was du begehret hast in diesem einigen Ding allein.
Du wirst dich hoch haben zu freuen, wann du
das Wasser und himmelblaue gläserne Meer an-
sichtig wirst, sein Seel, Leib und Geist bekommest,
der verborgen gewesen. Den hat das himmlisch
Centrum wunderbarer Krafft neu geboren, hoch
clarificirt, das obere Firmament und das Gestirn
ist seiner Farb und seiner Krafft, von dem Allerhöchsten hat dieser sein grosse Krafft und Würdigkeit empfangen. Von solcher Præparation, wie
seine Solution zu machen, findet man keinen Proceß klar beschrieben, dann diese Auflösung geschieht
per se, durch sein selbst eigene Bewegung, ohn
alle Handarbeit, auch ohn alle Distillation, ohn
alle Noth, ohn allen Gewalt des Feuers, so giebt
dieser Dunst Ursach, daß sich öfnen seine Band,
und treibt hervor den Safft solcher lebendigen
Brunnquell, darinn Seel, Leib, Geist verborgen
lag, das wird der Natur offenbar und vertrauet,
dann also erfodert solches der göttliche Will allein,
daß seine Magnalia bekannt werden denen, welche
in Gott ihre starke Hofnung haben, daß sie solche

hohe Erkanntniß würkende Kraft erforschen mögen. Dann wann sein spiritualischer verborgener Dunst aus seiner Erden, rein geschieden per se herfür geht, und auffsteigt, erhebt er sich gen Himmel, und offenbart also dadurch seinen empfangenen feurigen Gewalt. Das lebendig ▽ fleust aus seiner Quell und Adern, dann es ist ein grosser König, der es also zu solcher Würdigkeit hat geschaffen. Wer aber im Geist so reich ist, der den Balsam seines Ingewelds recht erkennet, was für grosse Geheimniß in solchen schönen zierlichen himmlischen Farben beschlossen liegt, dann es ist solchs der Irrdischheit unmöglich zu erforschen. Derhalben bleiben viel Geheimniß verborgen. Die Alten habens das Gesegnete und das Gebenedeyte genannt. Theophrastus bezeuget, es wäre nicht gut, daß die Welt wüste, was damit auszurichten ist. Diesen Saft verbergen hoch die Alten, samt der Arbeit und dieser Präparation, sie habens niemands vertraut, dann allein ihren Kindern ist das gegeben, wie alle Schriften andeuten. Welcher diesen himmlischen grünen Saft kennet, und die himmelblaue Blumen weiß herfür zu bringen, der hat für Augen Seel, Leib und Geist, die im ▽ in diesem Balsam wohnet, weist du das zu öfnen, so hast du ein groß Magisterium. Diese Brunnquell ist lebendig, feurig, und überwind alle Ding. Wer das verstehet, der mag frölich sprechen: Ich hab gefunden der Weisen Stein, ihr wahre Solution, die schöne gefärbte Fontinam, das ist zwar der einige Schlüssel aller Dingen

gen Tod, auch Lebendigmachung, die Verbesserung und lebendigmachende Kraft, und die Ueberwindung aller Dingen. Dieß ▽ verkehrt alle Ding in seines gleichen, und verwandelt schnell in das höchste Astrum, also hoch hat es Gott gewürdiget. Es wird durch sich selbst geboren, dadurch wird dann sein Primum Ens geoffenbaret durch den Geist, der in seinem ▽ wohnt, der Geist führet Seel und Leib in den Tod und in den Himmel, verkehrt sich selber zu einer clarificirten Erden, alsdann nach beschehener Putrefaction so steigts von einer Farb in die ander, bis in sein höchste Vollkommenheit, laß in ihm selber arbeiten und kochen, biß daß es erlange und bekommen hat die rubinrothe Gestalt. Dieß Ding hat in ihm das rosenfarbe Blut, verstehest du mich, so bleibst du glückhaftig. Diese Wort nimm zu Herzen. Merkest du, was ich dir bekenne, so wirst du finden, den klaren durchsichtigen Carfunkelstein, der muß subtilirt werden auf das allerbeste. Auf das weiß clarificirte Gluten gieß das rosenfarbe Blut, laß beysammen verschlossen dominiren, auf- und absteigen, in ihm selber arbeiten, so lang, bis der weisse Stein hat sein rosenfarb Blut aller in sich getrunken, davon wird unser Stein hoch rubificirt, ganz klar, durchsichtig, ganz flüßig, schön, hoch glasurt erscheinen. Damit hab ich dir die Wahrheit vertrauet, und hast gefunden den wahrhaften Stein, ein vollkommen Werk gemacht, dein ganz Werk wohl vollendet.

Das

Das ist der Stein der höchsten Arzney, in dem ist beschlossen das himmlische △ der hohen Tinctur: Das alles ist aus Geist und aus △ erstlich herfür gangen, denen hat Gott noch zwey Element zugesetzt, als △ und Erden. Nu sind aus einem zwey worden, die des dritten mangeln und bedürfen, darvon ist nu vollkommen gnugsam erklärt, keins allein vermag nichts ohn das ander, drey Ding machen alles einig, das einig verbirgt die zwey, so ists Werk ganz.

Auf den philosophischen Stein, der metallisch specialiter geboren wird, wöllen wir nu klar procediren, das geschieht durch Handarbeit also zu verstehen. Wann du nu hast funden den rechten Weg unserer Solution zu machen, welcher Saft sich aus seinem eigenen Dunst herfür giebt, als aus seiner Matrice diese geistliche Naturen solviren unsern grünen Saft, und offenbaren diesen himmelblauen Stein aus ▽ und Geist in ein Saphyrstein: schnell, augenblicklich wird er geboren, ohn Ars Kraft ists offen und zu, so oft man will. Diese Solution verschluckt ☉ vel ☽ samt allen Cörpern der andern Metallen, verkehrts schnell in ein Astrum, das ganz Corpus erscheinet an schönen Farben gleich einem Regenbogen. Fac ☿ mit ♁, den ☿ läst fallen, Seel, Leib, Geist liegt oben auf gleich einem Reim. Nu mag man darinn mit ☉ oder mit ☽, oder mit den andern Astris all zusammen in ein Stein beschliessen, oder mit jedes Metalls Astra per se arbeiten, in ein vollkommen Stein verwandeln, von seiner metallischen *de Lapide.* 173

lischen Art bringen. Das alles geschieht allein durch diese Solution, diesem himmelblauen Stein, dem mangelt anders nichts, dann die Blust von ☉ oder ☽, procedir damit wie du weist, das wird ein ganz Werk machen, ☉ vel ☽, Seel, Leib, Geist thut dieß ▽ verschlucken, dem gebt den Sauerteig des ☉ oder der ☽ Höffel, dann das ist unsers Steins Speis und Fermentum, mit dem wirst du all Metall in ein Astrum und Primum Ens verkehren, daß du es wirst anschauen, als des schönen Regenbogens Gestalt. Solch geistlich Astrum schöpf oben herab, dieser Spiritus operirt, der Salzgeist löst auf, der Schwefel färbt, der ☿ tingirt, das ▽ fassets in sich, diese klare Erden beschleust das △, das ▽ den Geist in sich, das versigillir in der Kugel, setz in einen warmen feuchten vaporischen Dunst, lassets steigen durch alle Farben, bis rubinroth worden: Nach dem magst du ihm dann geben das stark materialisch Feuer. Dann unsern Stein kan hinfort nichts überwinden, es mag ihm auch nichts mehr schaden, das macht ihn schöner, röther dann roth, und wird flüßig. Also hast du die wahre metallische Tinctur auf das höchste gewürdiget, die machet ☉ vel ☽ zu der hohen Tinctur, damit lässet es sich ohne End augmentiren, dann es verschluckets augenblicklich, verkehrets im Fluß zu seines gleichen, daß hernach alle Metall in ☉ vel ☽ verwandelt und tingirt, daraus das beste Gold wird.

Also

Also habt ihr den Grund der Wahrheit über unser Universal, und über den specialischen und metallischen Stein der hohen Medicin, und auf die hohen Tinctur, dem kein Ding an Würden gleichen mag, auf zwey Weg klar angedeutet, diese Werk in eins zusammen gebracht.

NOTELA
auf den
Lapidem Philosophorum.

Lapis Philosophorum wird also erkannt und geoffenbart durch den hohen Verstand der Weisen, uns hier hinterlassen. Merke das, hast du diesen Stein in sein höchste Vollkommenheit gebracht, so sollt du den Schatz vor dem Luft bewahren, mit dem ☉ speisen, alsbald wann man die Klarheit dieses vollkommenen Ends gesehen hat. Sonst wo er lang per se bliebe, wird er sich selber fressen und angreifen, ja gantz verzehren, durch das würde dann das gewonnen verlohren.

Dann so bald dieser Stein geboren und offenbar ist worden, so ist er gantz himmlisch auch geistlich, derhalben gebt ihm schnell Speis und Ferment, Solem zu einer Speis. Durch solche Speis erlange unser Stein erst der vollkommenen Tinctur Kraft, und seine höchste würkende Tugend. Das ist der Weisen Rath, also soll man mit dieser Geheimniß handeln, Gott das Werk, Seel, Geist

und

und das lebendige Corpus befehlen. Dieweil dann der güldene Himmel durch nichts unreines mag aufgeschlossen werden, und solcher himmlischer güldener Sohn des Paradieswassersbad hoch vonnöthen, damit er sein feurige Tinctur herfür von sich willig giebt, dann er sonst bey keinem Ding so unrein, mag Gemeinschaft haben, es kann auch kein Ding sein Feuer meistern, noch seinen Band auflösen, dann das ihm ähnlich, und das, so seines gleichen ist: So hat dieser rothe Sohn vonnöthen eines geistlichen mercurialischen ☿, und hat nach dem salischen spiritualischen Wasser und Saft ein groß Verlangen, ob schon sein Dosis klein, aber Durchdringender penetrirlicher Kraft, und an dem himmlischen göttlichen Feuer Theil hat. Merk eben dieser simplechter Geist ist SPIRITVS VITRIOLI der ist eines solchen grossen Vermögens: Das mineralische metallisch ☿ salischer Natur, ists, welches aus Mari geboren, Aqua Mercurialis genannt, würket starck darinnen, so sie zusammen kommen.

Also müssen wir das Wasser mit dem Feuer mischen, solviren, operiren damit per se allein ohn alles frembdes Zuthun, folgen nach dem einigen Weg der Alten, wie dir Theophrastus klar fürschreibt, und die Materi für Augen hält. Du sollt wissen, daß dieß Saltz kommt aus Ungarn, aus Zypern, auch von Rom, und von andern Orten mehr, sonderlich den suchen und wollen wir, der wohl geläutert, goldiger Art ist. Nimm dir von diesem Ding kein Unwillen, hab kein Mißfallen ten noch Verdruß daß des Vitriolis Spiritus und geistlicher Saft einer solchen grossen wirkender Kraft ist, es ist nicht corporalisch, sondern spiritualisch, seelisch, chrystallisch, ölicrisch, feuriger Art. Dieser güldene Spiritus Vitrioli übertrift des Golds Kraft, löset des Golds Band auf, solvirts, subtilirts, machts ledig von seiner metallischen Art. Wann dieser Spiritus gescheiden wird von seinen fremden beyhabenden Defecten, so ist sein Seel, Geist, Leib offenbar, ein lautere Quinta Essentia, daraus Aurum Potabile geboren, die hohe Tinctur herfür gehet, und des Universalsteins höchste Tincturkraft beschlossen, offenbar erkläret, was REBIS ist, was er vermag und in sich hat, vollkommene Zeugniß und wahren Bericht.

Für das andere folget ein kurze Erklärung der Namen von unserer Materi schönem grünen Saft, und Salzgeist, die noch roh ist, noch unrein, noch ungekochet.

Solches können wir mit viel wahren philosophischen Zeugnissen aus Theophrasti Schriften probiren, daß unser Materi das wahre metallische, mercurialische, philosophische Wasser ist, aus welchem die allerhöchste Medicin geboren wird, welche ein grosse Hülf in der anliegenden Noth, und ein neue Wiederbringung der ersten wahren Naturen,

de Lapide.

turen, die verlohrne Kraft stärket auch, wieder holet die natürliche Wärm, und giebt sie allen Dingen, so es beybracht wird. Es wird unsere Materia Lapidis Philosophici mit Namen genennet, wie folget: Vironiulti, Multimori, Vilotrium, Lotrivium, Mucilago, Triovilum. Diese Andeutung ist durch Philippum Theophrastum Bompast von Hohenheim bezeuget, offenbarlich angedeutet und benannt worden. Der Präparation aber wird an keinem Ort gedacht, wie diese Solution, diese Brunnenquell geöfnet soll werden, und wie zu bewegen, aus seiner selbst eignen Naturen per se, herfür zu bringen, zu diesem schweigen sie alle, also verhälts Theophrastus auch, du must Gott rathfragen, und um Offenbarung bitten. Nun hast du die wahre Namen unserer Materi für Augen, die löset auf, dann das ist zu verstehen nach cabalistischer Weis, suche und gedenk der naturwürkenden Möglichkeit und ihrer medicinallscher Kraft nach, suche den grünen Saft, darinnen der himmlische, feurige, auch wasseriger Geist verschlossen liegt.

Theophrastus spricht mit klaren Worten also: Ich kann dir unser Materi Stein nicht anderst deuten und vergleichen, dann der grünen Materi im ▽, darunter die Frösch hecken. Die Philosophi warnen alle, wir sollen der schönen grünen wohl Achtung haben, daß wir die behalten, und wohl verwahren, dann werden wir die verlieren, so ist all unser Arbeit umsonst. Die äusser Gestalt sieht man wol offenbar für Augen, wie ein jedes

Ding gestaltet. Der Innwohner aber, als die inwendige Kraft, darinn Seel und Geist wohnet, der wird anderst nicht gesehen, noch erkennet, dann an der schönen Gestalt der wohlgezierten himmlischen, himmelblauen und schönen grünen Farbe. Diese sehen wir äusserlich, die Seel, der Geist mag nicht gesehen noch begriffen oder betastet werden. Im ▽ wird er verborgen, beschlossen, verstrickt und gefangen. Also muß man das himmlisch △ mit dem Aqua Salis, oder Mineral ▽ vermischen, vergleichen und vereinigen, das △ in das kalte ▽ beschliessen, das wird den Metallen die Band auflösen, ihr Animam herfür locken, in sein Primum Ens bringen, Seel, den Leib und Geist in den schönen regenbogischen Farben offenbaren: dann dieser Spiritus und Aqua Salis ist ☉ und ☽ gleichwürdig, gleicher essentialischer Kraft, dadurch wird die gantze Natur verbessert und umgekehrt. Dieß läst sich nu ferner in gemein nicht klärer offenbaren, dann den philosophischen Kindern ist schon genug gesagt, in welchem Saft der Natur solche grosse verborgene Heimlichkeit beschlossen liegen, darvon ist schon in diesem Tractat an etlichen Orten wahre Bekanntnuß beschehen, und aus Theophrasto klar eröfnet, worinn unsere Solution zu suchen: das ist mit gutem Verstand verzeichnet und angedeutet. Dann alles ist auf das allerkürzeste begriffen, wie dann solche Namen es mit sich bringen. Es läst sich nicht tief und hoch nach der Vernunft erforschen. Er wird genannt ein grüner Löw, der in seinem Bauch beschlos-

de Lapide. 179

schloſſen, der edel blau Saphirſtein: Seines Baums Frucht liegt verborgen unter den grünen ſmaragdiſchen Blättern. Den Safft preſſe herfür, als der Safft aus den wohlzeitigen Weintrauben wird herfür gebracht, dan er einen ſtarken feurigen Spiritum in ſich hat, der alle ſtarke Männheit überwindt. So man deſſen Safft findet, ſo kann der alle ſtarke Ding überwinden. Davon ſey nun genug und ganz klar geredt. Lobe und danke Gott für ſeine Gnad und Gaben. Amen, Amen, Amen.

Folget ferners ein klarer Bericht de Lapide; nach Vollendung der erlangten Solution, wie man damit ſolle fort arbeiten.

Setz deinen erlangten geiſtlichen grünen Electrum, oder den himmelblauen Saphirſtein, oder des rothen Löwen Blut anders nichts zu dann 1. Theil des rothen oder weiſſen Corporis ☉ vel ☽ allein 1. Theil auf 6. Th: des clarificirten Oels, oder 6. Th: des mineraliſchen Sal Urs, das wirds alleſamt verſchlucken und auffſolvirn. In dieſem ▽ ſollt du die Lethiam wohl faulen laſſen, lindlich putrificirn: Wann es dann alſo 6. Wochen geſtanden, magſt du das ▽ lindlich laſſen auf und abſteigen verſchloſſen. Das iſt unſer Diſtillation, und Sublimation, alſo daß 2 Phiolen auf einander werden gefügt, und wohl verlutirt. Nach diesem wird das Astrum Mortuum ☉ vel ☽ aus dem Tod erweckt, so das 8. oder 9. Tag also auf- und abgestiegen, so nimmt dann ein Primum Ens das ander an, und werden aus diesen 2. geistlichen Astris ein einiges, es empfahet und zeucht eins des andern geistliche Wesen, Seel, Leib, Geist zu sich, verbessern sich in ein würdigere Gestalt, dann da ist geschehen ein warmer Heyrath, darauf folgen dann die Farben. Nach diesem geht herfür die neue Geburt, also sitzt der Phœnix im Bad, und ist wohl gespeiset, dann im ▽ wächst unser Stein, gleichwie der Stein Onyx, und das Gold in dem Fluß Pison, deren Flußadern und lebendige Brunnenquellen vier aus dem Paradieß rinnen. Daselbst ihr Anfang und rechter Ursprung ist. Das ▽ unsers Steins ist fruchtbar und gebärhaft, dann es macht diesen unsern Höffel desto klärer, reiner, edler, eingirender, auch feuriger und höher in der Klarheit. Dann das Oleum Volatile Mineralis zeucht an sich den aufgelösten zerstörten Corpus ☉ vel ☽. Derhalben werden aus 2. eins, und bekommen durch das 3. ein einige Gestalt, ein Form, ein Wesen, und werden auch miteinander incorporirt, mögen auch hinfort nimmermehr von einander gescheiden werden, und bleiben auch einig. Dem ist also: Es braucht hierinn sonst keinen Vortheil in der Kunst, wenig Mühe und Arbeit, dann unser ganz Werk kann in einem Glas in einem Ofen vollendet, vollkommen gemacht, hoch clarificirt werden. Dann die Natur würket selber, ein Natur würket die ander,

so

so lang biß sein Ernde, und sein gebärend Stuab
ist herbey kommen, alsbald wird unser Erb und
rother Sohn geboren. Das Werk braucht hierinn
allein einen Hüter, der dem Bad abwartet, der
allerschlechtste Mensch mag Hüter da seyn, die
Natur würket und verrichtet alle nothwendige
Ding, der Hüter hat zu schaffen mit dem Bad,
das ist seine Handarbeit. Ordnung, Fleiß und
rechte Maß ist in diesem Werk vonnöthen, daß
man damit nicht eilet, es durchgeht, durchdringt,
wächst fort in seine Vollkommenheit allein durch
sich selber, es gebraucht sich nicht viel äusserlich
Regiment der Veränderungen mit vielen Handar-
beiten, wie in Alchymia geschieht.

Wann nun solche Veränderungen aller Farben
erschienen sind, so hebt sich an unser Stein zu verbessern in ein bessere, und in ein viel höhere, würdigere Gestalt, daß des Menschen Handarbeit nicht
vermocht hätte, wie das die Philosophi bezeugen,
daß unsers ganzen Werks Arbeit und innerliche
würkende Operation die seye mehr himmlisch und
englisch, dann irrdisch. Derhalben wird diese
Gab auch wenigen gegeben: dann sie ist ein Gab
des heil. Geistes. Es wird unser Stein lezlich
feuerroth erscheinen, ein feurigen Glanz und klaren Schein von sich geben, gleich als ein glüende
Kohlen, ganz flüßig, im Glas als ein rubinroth
Oel sich offenbaren, dann ist das End nahe, und
die Stund der Vollkommenheit vorhanden. Wann
du das sehen wirst, so hast du das wahrhaftige

Elixir für deinen Augen, den Stein der Weisen erlanget.

Mit diesem kannst du das gemein ☉ zerstören, erhöhen, zu Aschen und Pulver in dieses Steins gleichen schnell verwandeln, und andere Metall damit würdigen und verbessern, ihnen den hohen Glanz geben, und allen unreinen Cörpern damit zu Hilf kommen. Das merke nur wohl, daß ihm am ersten nicht zu heiß geschehe, also daß du seine Blust nicht verlierest, noch verbrennest. Nachdem es nun wohl purificiret worden, so soll dein Feuer nicht anders seyn, dann ein warmer, nasser, feuchter Dunst. Der Solution erstes Werk geschieht in Balneo Maris, zu letzt aber, wanns braunroth worden, alsdann brauchen wir erst das recht materialisch Feuer, setzens in ein warme gesiebte Aschen, doch ist unser Feuer stärker, dann das äussere Feuer. Derhalben halte das Mittel, daß keins das ander übertreffe, sonst würden alle gute Ding verlohren. Wanns aber rubinroth, so giebts um kein Feuer mehr, dann sein Kraft und Macht ist also stark worden, es verschluckt, verzehret und durchgehet alle Ding, und verbessert, würdiget alle Naturen, dann es ist geboren ein unverzehrlich himmlisch Feuer, das Wunder thut, ist auch auf des Menschen Leben ein neue Erquickung und Wiederbringung aller verlornen natürlichen Wärme, giebt Verstand, Gesundheit, Weisheit, langes Leben. Von dieses würkenden Steins Kraft bezeugen die Weisen, die ihn kennen, es sey unaussprechlicher Tugenden, die nicht mö-

mögen erforschet werden, aber etwas sehen wie darinnen, viel mehr aber bleibt noch darinn beschlossen, Gott will nicht, daß alle seine Geheimniß sollen geoffenbart werden, das ist dem göttlichen Gewalt allein vorbehalten, es sind die Wunder Gottes der Menschheit viel zu hoch, zu erforschen oder zu erzählen uns nicht zugelassen. Es bedarf unser Stein hinfort kein Fermentum mehr, es wird durch sein eigen Saft gespeiset, von der geistlichen Materi Olität hinfort schnell augmentirt, 6. th. der Olität, und 1. th. der Tinctur vereiniget, wird schnell zu der höchsten Tinctur, ist auch hernach sein immerwährend Augmentum, dann darmit ist unser Elixir so hoch zu bringen, ob dem sich auch hoch zu verwundern. In diesem liegen gar grosse Heimlichkeiten verborgen.

Es ist ein himmlisches göttliches △, ein neue unsterbliche Geburt. Dieses Elixirs erster Höffel ist worden verglichen einem Sauerteig, damit man allezeit wider ein neuen anseut, also wird dieser Liquor Mineralis, das ein trucken ▽ ist, alsbald wieder durchs Elixirs würkende Kraft zu des Elixirs gleichen verkehret. Dann es ist auch erstlichen aus seiner Natur innerlichen Würzenkraft hersür gangen: Und ist zum andernmal neu geboren, zu der hohen Tinctur verwandelt, viel edler und höher dann zuvor, das merkt, in diesem Ting allein liegt unser grosse Meisterschaft. Was ist nun unsers Wachsthums Saft, und grüne Blust anders, dann von himmlischer Art, und von himmlischen blauen Farben lieblich gezieret,

gött-

göttlich gewürdiget. Es ist das rechte, einige, wahre metallische und mineralische Paradeiswasser, darinn unser Gold wächst, und darinn unser Stein verborgen ist, das alles vermag und in sich hat, hat die Macht und Gewalt empfangen, das was es begreift, das wird darinn verborgen und beschlossen. Dann aus Mercurio und Sulphure ohne dieses Wassers Hülf möchte kein Metall herfür gehen, auch nicht zum Metall gemacht werden. Noch ist die Welt so blind, und will es nicht merken, und arbeitet täglich darmit, und kennets nicht, das ist nun recht, hohes und niederes Stands, die Handwerksleuth, Mann und Weib, die Kinder habens täglich in Händen, spielen und üben sich damit, alle Gelehrte brauchens täglich, mögens nicht entbehren. Derohalben bezeugets Bernhardus offenbar: Alle Welt hats für Augen, und kennets nicht. Das ist recht: Gott wills also haben, um der Solution heimlichen Zubereitung willen, fehlen und irren ihrer viel, der aber den rechten Weg dieser Auflösung erfindet, der macht die Solution: daraus wird unser Stein, und sonst durch kein ander Ding nicht. Der Stein kann würdigen alle Ding. Nun ists klar genannt und entdeckt den Weisen, den Unwürdigen aber ists noch ein Finsterniß. Dieser Stein wächst in dem Berg Latonis, er hat so viel Namen als Creaturen leben. Der Stein ist auch auf 2. Weg offenbar anzudeuten, die Verständigen, so mans ihnen aufdecket, müssen sie ja sprechen, auch wo es vonnöthen, alle Welt muß ja sagen, die Jugend gleichfalls, dann es ist ihr

täg-

de Lapide.

tägliche Uebung. Es wird Tag und Nacht gebraucht, noch ist der Verstand verhalten, also ist auch dieser Natur Kraft innerlich verschlossen, das äusser Wesen vermag nichts, allein das innerliche, so Seel und Geist, das suchen und gebrauchen wir hierinn. Die Weisen allein kennen und finden diesen Stein, der da geflossen ist durch das gläserne Meer, verstündest du das Wörtlein EGOTI, so wärest du glückselig. Diese Insel hat das Meer beschlossen. In dieser Insel findest du die allergrüneste Saat aller wachsenden Kraft, deren Früchten kein Mensch täglichen entbehren mag. Es mag dem ☉ auch sonsten nichts etwas abgewinnen, dann eben dieses allein, dann es ist mit seiner Naturkraft zusammen verbunden, darmit muß mans auch wieder auflösen, höher würdigen, zum Elixir verkehren. Auch wächst in dieser Insel das philosophisch ☉. Es wächst auch darinn ein Kraut, das hat grüne smaragdische Blätter. O du gebenedeyter grüner Saft, hoch gelobt, der dich beschuf, und solche Kraft in dich legt. Dieses Krauts Blum ist himmelblau, alle Farben sind darinn beschlossen, dieser Glantz ist so klar, als der klare blaue Himmel, der mit den himmlischen Sternen lieblich gezieret, die Wurtzen aber ist rothbraun gestalt, die inner Sperma ist weisser als Schnee, hoch glasurt: Des Bluts Farb ist höher als der Rubin, der Stein Onyx mag diesem Blut nicht gleichen an Würden und Farben. So man diesen Saft aus dem Kraut, aus den Blumen, aus der Wurtzen thut auspressen, wann das erscheinet in seiner schönen Klarheit, so übertrifts allen Balsam: Wer kan vergleichen seine Kraft, seine Tugend, samt seiner Würkung genugsam erzehlen? Die Farb übertrifft den Smaragd, sein Glanz ist höher als der Saphir, so man in diesen edlen ausgedruckten Saft wirft ☉ oder ☽, und die andern Metall hernach, so werden sie verschlungen und überwunden, es zeucht ihr Primum Ens über sich, als ein Raum auf der Milch, mit schönem regenbogischen Glanz umgeben, alles stirbt darinnen ab, und wird davon wieder hoch gewürdiger, an der Naturkraft verbessert. Dieser Wurzensaft, so braun gestaltet, geht herfür der edelste Salzgeist. In dieser Wurzen liegt verborgen die allerhöchste Röthe, so niemals insgemein von den Weltkindern gesehen worden. Dann wenig sind, die dieses Steins würdig, er ist feurig, himmlisch, astralisch, wird der Sonnenhitze verglichen, die ist ihm allein gleich. Das ist nun der Grund, auch der einige, kürzeste und wahrhaftigste Bericht, darinn aller Philosophen Zeugnuß begriffen, überein müssen stimmen, und zusammen treffen, auf einen Termin kommen. Lasset euch an dieser kurzen Offenbahrung begnügen, ich habe euch schon genug, und allbereit zu viel gesagt, der Philosophorum Gelübb schier überschritten. Ich deute mit Verstand an, wie sich a zu philosophiren gebühren thut, ich rede allein zu unsern Kindern, und nicht zu fremden, dann in diesem kurzen Tractat findest du die ganze Practick von dem Stein, Magnesia Catholica genannt, einen satten vollkommenen Bericht, ganz ausführlich, unverdunkelt, hell und klar.

In

de Lapide.

In diesem Brunnen allein wird gefunden die wahre Solution, die Materia, und das Primum Ens, ein lebendiges ∇, ein unverzehrlich $\triangle$, das allein aus den himmlischen Astris herfleust, durch den göttlichen Willen neu gebohren wird, GOtt hat eine solche würkende Krafft darein gelegt, einen Schlüssel der himmlischen Pforten überantwortet, diesen festen Dingen damit ihre Bande wieder aufzulösen, damit es die Natur fest beschlossen hat, solchen Inwohner heraus zu führen, und in unserm Garten verborgen zu halten. Dann der Brunn im Garten, was darein geworffen wird, schleust schnell auf, was fest verschlossen ist, braucht weder Gewalt noch Zorn, sondern milb, ohne allen Nothzwang geschieht solches, damit ein jedes wiederum werde in sein erstes Wesen geführet, und zu seines gleichen Natur verkehret, daraus wird der Universalstein, der aus dem philosophischen Saltz, aus ξio. und Sulphure $\odot$is wächst, und in unserm Bad erzeugt wird zu einer himmlischen Figur, der Sonnen $\triangle$ gleich gewürdiget. In diesem Ding allein steckt das grosse Geheimnuß aller Geheimnüssen, das höchste Arcanum Arcanorum liegt darinnen beschlossen, das alles färbet, tingiret, verwandelt, verbessert, in seines gleichen Würdigkeit versetzet, welches auch alles für Verderben gesund erhält. Derohalben ist ihm billich aufgesetzt eine dreyfache Crone, mit dem alleredelsten Gestein versetzt. Ich sage dir die Wahrheit, daß du mehr Offenbahrungen in diesem kurtzen Tractat und Verstand fassen kanst, dann alle deine Bücher werth sind, verstehest

zu

du mich dann noch nicht, so klag es deinem Unfleiß und verwirrtem Sinn, klärer wird es keiner aufdecken, dann es ist von GOtt und den Vättern hoch verbotten. Unser $\bar{\text{Z}}$us Philosophorum darf nicht lauffend seyn, so bedarf unser Salz kein frembdes Ort, da man es bewahrt, dann in seinem ▽ wohnt es. Dann es ist das allererste subtileste Gestüpp, daraus GOtt die Erden beschaffen, von ▽ und Geist abgesondert. Unser Sulphur wird auch nicht gesehen noch erkannt, dann seine Seel liegt in der himmelblauen Farb beschlossen. Unser $\bar{\text{Z}}$us ist ein Spiritus, ein Rauch, ein Nebel, ein reiner subtiler Dunst, der im ▽ seinen Sitz hat. Der Wind hat es in seinem Bauch getragen, der Himmel schwängert die Erden, beherberget den Samen: Das ▽ hilft es kochen, der Sonnenwärm zeitiget es, bringt es zu der Vollkommenheit. Wer Ohren hat zu hören der höre, davon sey genugsam gesagt, und mit diesem beschlossen.

Vermerket aber ferner von diesem unserm gemeldten Stein einen klaren Bericht, ein kurzes offenbahres Exempel. Dieses unsers gewiesen Mensuröfaft würkende innerliche Kraft de Lapide, so verborgen ist im Aqua Composita Philosophorum, das ist die Viscosa, ein liquorischer grüner Saft, das blaue Blumen trägt, geht herfür aus der Irrdischheit gescheiden, und steigt in das lebendige Parabelßwasser, und wird aus diesem allein aus ihm selber neu gebohren, aus dem Balsam seines Ingeweids herfür gezogen, mit der dreyfachen Crone gekrönet. Das ☉ ist seine Speiß, und allein seines gleichen, der Mond ist ihm unterthänig. Diese Solution muß hoch und

wohl

wohl in acht gehalten werden, damit die gröſte Theile die mindern am Gewicht und in der Wärme nicht übertreffen. Damit das ▽ nicht durch ſolche bewegliche Urſachen ausgetrocknet, welches ein groſſer Irrthum und Hindernuß wäre im Werk, wie erzehlet, wann es ſein Aquam verlïehre, dann im ▽ wächſt der Stein, wie ſchon vornen gemelt iſt, derohalben ſoll man Fleiß haben ſolches zu verhüten, daß die Fontina ihre Feuchte habe, darinnen unſer Stein gebohren, und wachſen ſoll, fein langſam gekocht werde, wo das geſchehn und überſehen wird, ſo möchte keine Frucht daraus folgen, auch keine wachſende Vollkommenheit geſchehen. Das iſt nun wohl zu merken, daß wir dieſem Irrthum keinen Raum geben, und nachlaſſen durch ſtrenge Wärme, daß keines dem andern zu ſchwach noch zu ſtark, ſondern eine ſtetige einige Gleichheit in beyden Theilen ordentlich gehalten, und auch fleiſſig verſorget werde, auf daß eines des andern Hülfe ſeyn möge, und gleich zutreffe.

Zu viel Trückne verhindert das wachſen, zu viel Regen ertrenket den Samen, derohalben halte gleiche Ordnung, biß die Vergleichung und Vereinigung geſpühret wird, daß eines des andern Natur überwunden, und wohl gemiſchet einander haben angenommen, wann eines des andern Kraft empfangen, eines des andern Seel und Geiſt hat an ſich gezogen, ſo iſt eine genugſame Vereinigung hierinnen geſchehen. Fahret dann fort mit mäſſiger Wärme, ſo wächſt euer Stein nach und nach, ſteigt in ſeine würkende Kraft, biß zu der rechten Vollkommenheit, dann haſt du keine Mühe, und bedarfſt hinfort keiner

Got-

Sorgen mehr, das alles gebühret sich, und ist nothwendig zu wissen.

So wird nun unser Aqua Vicosa gemacht aus einem reinen edlen Spiritu, der ist pur geschieden von der groben Terra, das ist das Wasser, darinnen alles stirbt und verfaulet, und wieder lebendig gemacht wird. Dann dardurch werden die ersten Ding wieder zerbrochen und zurück geführet. Nach diesem kan man erst verstehen lernen, was GOtt für grosse Heimlichkeit hat in die Natur gelegt. Wann alle Ding offen, geistlich in Ihr erstes Primum Ens sind kommen, und durch solche Wiederbringung ihrer Neugebährung eine solche Vollkommenheit bekommen und erlanget haben, dann so ist sich hoch zu verwundern, dann es ist aus diesem ein neues clarificirtes Wesen worden. Dieses unser Aqua Viscosa ward zu seinem eigenen Gott Mercurio geführet in die himmlische, heimliche, philosophische Schul, daselbsten saß SOL der König zur rechten, und ward alsbald ein Kampf erlaubt, daß unsere Viscosa sollte mit dem König einen ritterlichen Kampf halten. Weil nun eine reine unbefleckte Seel in unserm Wasser ihre Wohnung hat, ward unser Wasser männlich, und ganz freudig, mit dem König zu streiten ganz unverzagt, bewapnet sich durch sein astralisch Salz, das ein edler Balsam ist. Sie ritten stark zusammen, auch zum dritten, vierten und fünftenmahl, da ward Frieden ausverkündiget, weil das Wasser dem Gold überlegen, und obgesieget, und der König also überwunden. Durch eine solche schnelle Auflösung gieng von dem König aus das

de Lapide.

Primum Ens, beyde Seel, Leib, und Geist ward verborgen, männiglich aber verwundert sich über solche Ρtal ▽. daß es einen solchen starken Gewalt in sich verschlossen hat. Also gewann das Wasser das himmlische Kleinod in diesem Streit, und hat bestanden, neu Schulrecht gethan, vor Ρio seinem Gott, da ward dem Wasser der Dank seines Sieges und Victorie zugesprochen. Weil nun unser Wasser in solchem Examine bestanden, auf das strengste examinirt, seiner grossen Kraft und Stärke halben zu Rede gestellt, war es gerecht, und ohne allen Falsch erfunden, ganz freudig, rein, klar, würkend, ob allen andern Dingen zur königlichen Würden eingesetzt, gekrönet, über alle Königreiche ein Haupt erwählet, seines männlichen, ritterlichen, feurigen, innbrünstigen Gemüths halben, ein Patron der königlichen Ehren genannt, hoch geehret über alle andere starke Ding hinfort zu herrschen, und ist also ihr immerwehrender König, zu verbleiben ausgeruffen worden, also machet der Gott Ρus grosse Freundschaft mit unserm königlichen Wasser, und wurden aller Ding einig, und nahm das Viscosische ▽ zu der Ehe, beschliessen sich schnell. Also ward das Mercurialwasser, und Aqua Salis zu dienen beruffen dem König, und von dem König des Landes ward die Königin schwanger, ihre erste Geburt ward verkehret in eine unvergängliche Klarheit, es ward sonst niemand zu dieser Heurath beruffen, dann Sonn und Mond. Dann es war sonst niemand würdig gefunden, nach der äussern Substanz, der ihrem Glanz gleichen möchte, als ☉ vel ☽, die waren
würꝛ

big zu besuchen diesen königlichen Pallast. Da nun unser neugebohrner Erb ward gebohren in dieser Insel, die mit dem gläsern Meer umschlossen, ward schon ☉ und ☽ aufs neue beruffen, ihre Opferung dieser neuen Geburt zu verehren, musten auch hinfort diesem Erben unterworffen und zinßbar bleiben, die andere Metall, so unsaubere Kleidung, musten sich in die weisse Farb Mercurii bekleiden, sich in unserm Bad Aqua Viscosa reinigen, also ward ihre erste äusere Unreinigkeit abgeworffen, allein ihr Innwendig Wesen ward heraus verkehret in eine bessere Gestalt, und wurden zum König, als seine Freund beruffen, hinein in den königlichen Saal zum Mahl beruffen und geladen, da war Seel, Leib und Geist neu beysammen, und hielten die königliche Mahlzeit in hohen Ehren und geistlichen Freuden, der König nach geschehenem Mahl verehret und begabet diese seine Freunde hoch, daß sie alle würdig sollten seyn, königliche, güldene und silberne Ehrenkleider zu tragen, eine doppelte Crone aufzusetzen. Diese Gewalt und Freyheit ward auch auf ihre Erben, und Erbens Erben, Samens Samen gestellet und befestiget, mit dem königlichen Secret versiegelt.

Letzlich aber aufzudecken dieses hohen Werks Solution, doch wie sich gebühret, ist in diesem obern kurzen Beyspiel schon genugsam erklärt worden, wie dieses Tractats Inhalt zu verstehen ist, so solle ihr das im Grund der Wahrheit wissen, daß es die lautere Wahrheit ohne allen Falsch ist, daß nichts unter allen erschaffenen Naturen ward gefunden in alten Dingen, dann eben das einige Ding, das eine

solche

solche Kraft und Vermögen, Macht und Gewalt hat empfangen zu würken Wunderding. Weils dann in diesem würkenden ▽ und feurigen Mineral ▽ stecket, so gehet solcher sein empfangener Gewalt allein von Gott her; derhalben verläßt er die Irrdischheit, und neigt sich zu den himmlischen Dingen. Dann von Gott ward es anfänglich zu den himmlischen Farben erwehlet, dann sein erster Name war von den Weisen genennet Philosophalis, ein lebendiger Feld, aus welchem das himmlische Paradeis ▽ entspringt. Aus dem wird allein die Solution, darvon dann hernach wird gebohren unser einiger Sohn, davon schon viel erzehlet worden. Findest du seine Geburt, so wirst du sein große Freud und Ehre haben. Ich sage dir: dieses Ding wächst nicht aus Dingen, die fliegend noch verbrennlich sind, dann es ist sicher frey vor aller Feuersgefahr. Wann seine himmlische Klarheit offenbar wird, dann mag es nun beständig noch bestehen: weil es sein äußeres Wesen abgelegt und vergangen, so hat es ein neues unsterbliches davor empfangen; vor dieser Bewegung aber lag es still, und konnte noch keine solche Frucht hervorbringen. Weil dann dieser Stein wächst aus seinem selbst eignen Saft, aus seiner angebohrnen Natur, aus ihm selber, ohne alles Zuthun, per se, ☉ und ☽ in sich beschleust, seinen innerlichen Balsam ohne alle Noth hervorgibt; so wird er genannt ein Vegetabelstein, der aus seiner Minera ausgezogen, und aus ▽ und Geist, durch des Feuers Kraft, muß gebohren werden: solches ist AZOTH Minerale, der das Reine an sich zieht, und das Grobe liegen lässet.

Ch. Schr. II. Theil.   N   Das

Das grausame Thier von Aufgang muß seines lebens, von dieses Safts Kraft wegen, beraubt werden; seine starken Flügel werden ihm abgehauen; das ganze Corpus wird verschlungen; der gülbene Drache stirbt darinnen ab: Die Brunnquelle gibt wieder einen neuen unsterblichen Erben hervor. Sobald der Saamen in diesen wohlerbauten Acker geworfen, so hält das gläserne grüne Meer den Inwohner gefangen. Dieser Held bleibt verschlossen in dieser Insel, welche das Meer um sich hat. Diesen streitbaren rothen Löwen gibt das Meer aus solcher Insel hervor, dann sind alle Werk erfüllet. Vulcanus hat diesen Erben zum andernmal gebohren. Ohne des Meeres großen Gewalt konnte solches nicht geschehen, noch vollbracht werden. Also zum Beschluß sag ich dir, daß alle unsere Kunst und Meisterschaft liegt in dem Aqua Viscosa, welches unser Wasser und Erden nicht hat; schaffet nichts, macht auch keine Solution, wird auch unser Salz nicht finden, noch machen. Nichts wird gefunden, das zu unserer Solution, Auflösung, tauglich wäre; sein Geist allein würket und verrichtet alles, als der Sulphur Rubeum. Aus diesem Feuer wird Wunder erfahren. Darvon sey nun also genug erzehlet, hiermit beschlossen und vollendet.

Sonnenblume Der Weisen,

Das ist:

Eine helle und klare Vorstellung der Präparirung des

Philosophischen Steins,

Neben

Bestrafung derjenigen, welche sich ohne Grund hierinnen bemühen.

Wie auch eine

Wohlmeinende Warnung

In was vor Materien man sich hierinnen zu hüten, indem die Authorin ihre selbsteigene Thorheiten, so sie in ungegründeten Arbeiten begangen, aller Welt vor Augen stellet.

Zum offentlichen Druck verfertiget und an das Tageslicht gebracht

von

LEONA CONSTANTIA,
IN AFFLICTIONIBUS TRIUMPHANTE.

Hiob. XXVIII. v. 12.

Wo will man aber Weisheit finden? und wo ist die Stätte des Verstands? Siehe! die Forcht des HErrn, das ist die Weisheit, und meiden das Böse, das ist Verstand.

Proverb. II.

Dann so du mit Fleiß darnach rufest und darumb bätest: So du sie suchest wie Silber und forschest sie wie die Schätze, alsdann wirst du die Forcht des HErrn vernehmen, und GOttes Erkanntnuß finden; Dann der HERR gibt Weisheit, und aus seinem Munde kommet Erkanntnuß und Verstand.

An den

Großgünstig- und geliebten Leser.

Es ist freylich allzuwahr, daß nur diejenigen sollen Bücher schreiben, die es können und erlernet haben, die anderen aber als unwissend sollen nur selbige lesen und zuhören, damit sie auch vermittelst desselbigen einen Verstand bekommen möchten; welches erstere dann auch mir nicht unbillig zu einer Lection kan vorgegeben werden. Daß ich mich aber erkühne, dieses kleine Tractätlein offentlich an das Tageslicht zu bringen, ist einzig und allein die Ursach, daß ich mich lange Zeit in der Chymie herumgeschleppet, und die größte Mühe und Arbeit hierinnen erfahren müssen, daß nun gerne aus einem herzlichen Mitleiden, andern, welche auch eben nicht destoweniger darinn begriffen, und vielleicht noch nicht so weit kommen, daß die langwierige Unerkanntnuß, ihnen endlich der beste Wegweiser, nemlich bey Zeiten den Ruckweg zu nehmen, seyn könnte, vermittelst meines eignen Schadens, ein vorgestecktes Licht seyn möchte, wo nicht ferners fortzugehen, und an das Ufer der Glückseligkeit, mit reichstem Genuß anzulangen (worzu doch wenig kommen, ausgenommen nur etliche wenige) dannoch alsobald einen festen Entschluß machen wieder ruckwärts zu kehren, damit sie also der ferne=

ferneren überaus großen Mühe und Gefahr könnten entübriget seyn. Siehet also der geliebte Leser, was mein Zweck ist, welcher mir dann keineswegs kan verarget werden; es seye dann Sach, daß sich auf dieses mein Gesträud, nicht nur nützliche Bienen, welche aus allen, auch manchmalen bittersten Blumen einen trefflichen medicinalischen Honig aussaugen, sondern auch wohl schädliche Spinnen, oder andere giftige Thiere, wie es dann nicht wohl wird anderst seyn können, sich setzen dörfen, wessen sich dann keineswegs zu verwunderen; dann es haben schon zu den Zeiten Salomons schädliche Fliegen die köstlichste Salben verderbet: was hat man dann jetzt, zu diesen noch größeren Verderbungs-Zeiten, worinnen mehr als zur Zeit der ersten Welt alles Fleisch seinen Weg verderbet hat, zu gewarten? Gewißlich nichts anders, als Veracht-Schmäh- und Verspottung, ja gerichtliche Beurtheilungen seines Neben-Menschen. Aber sollte sich eine Weisheitsbegierige Seele etwas daran kehren, daß sie von denen, die selbsten voller Laster stecken, sich muß beurtheilen lassen? Sollte einer, welcher nur jederzeit sich beflissen, soviel als in seinem schwachen, elenden, sündhaften Vermögen gewesen, GOtt, und seinen Nächsten zu lieben als sich selbst, etwas darnach fragen, wann die Menschen über ihn schmähen, und auf das äußerste verfolgen? und ach! wären sie Menschen! Dann ein Mensch seyn, ist dasjenige,

Vorrede.

jenige, so GOtt aufrichtig erschaffen, nunmehro aber durch der Welt Verkünstlung, wovon Salomon Eccles. 7. redet, gänzlich ist verderbet worden, nein! ganz nicht; dann es ist einem Christen ein geringes, sich von Menschen beurtheilen zu lassen: Das Gutdunken, und Nachreden der Leute, benimmt unserer Frommigkeit nichts: was lieget daran, ob dich die Welt für dieses oder jenes haltet? siehe du nur zu, daß du vor GOttes Gericht bestehen mögest. Derowegen, wann deine Feinde dich schmähen, und Uebels von dir reden, und die Winde der Verfolgungen um dich herwehen, und bist im weiten Meer, unter den Wellen der bösen Zungen gerathen, so gehe von den Sturmwinden, in die Kammer deines Herzens, befriedige daßelbige, ist es dann allda still und ruhig, so hast du Ursach, dich dessen herzlich zu befreuen; dann wann du in deinem Herzen, und bey frommen Ehrliebenden Leuten, einen guten Namen hast, so kanst du nichts mehrers begehren, deine Tugend wird dich genug berühmt machen, freue du dich nur deiner Unschuld; dann ein Mensch lebet heut, morgen ist er vielleicht nicht mehr da: was förchtest du dich dann vor Menschen? Darum must du deinen Fried nicht in der Menschen Mäuler setzen, sondern allein in GOtt, und in dein gutes Gewissen. Ein rechtschaffener Mensch suchet mit Fleiß, wie er sich selbsten täglich verbessern könne, in welchen Stucken er auch so viel findet, daß er an seines

Vorrede.

Neben-Menschen Thun und Lassen nicht einmal gedenket, es seye dann Sach, daß es zum Guten geschehe, etwan demselbigen in ein oder anderen Zufällen hülfliche Hand zu bieten, welches dann eines jeden Christen-Menschen schuldige Pflicht ist, sogar, daß, wann wir nur jemand sehen, der unsere Hülf bedarf, so solle es uns genug seyn, daß wir desselbigen Nothleidenden Dürftigkeit wissen; dann wann wir unsers Freundes Verlangen zuvor kommen, alsdann verdopplen wir unsere Wohlthat, wie der vortreffliche Jesuit Bona in seiner Manuduction ad Cælum, hievon ganz weitläuftig handlet. Aber zu diesen großen Verderbungs-Zeiten, ist dieses wohl bey weitem nicht der Zweck, sondern da ist man vielmehr beschäftiget, seines Nächsten Thun und Lassen genau auszuforschen, damit man auf den Bänken der Spöttern Materi genug habe, alles auf das schlimmste auszumachen, und durch die Hechel zu ziehen. Dieweilen wir nun wissen, daß dieses der Brauch ist nur deren, welche sich in der Welt, und weltlichen Dingen suchen zu belustigen, so müssen die, so die wahre Weisheit suchen, dannoch selbige allezeit mit einem Auge des Mitleidens und Erbarmung ansehen, in Hoffnung, daß auch noch endlich die Zeit kommen werde, daß sie zu Erkanntnuß ihrer selbsten kommen; inzwischen sich aber keineswegs suchen zu rächen, sondern diese böse Begierden durch die Vernunft im Zaum halten,

die

die Werke der Tugend ohne Beschwerlichkeit, sondern mit Lust und Freuden verrichten, alle unbillige Zufügungen in Wind schlagen, und mit freudigem Muth unser Werk suchen zu vollbringen, auch selbiges bey uns geheim halten, und nicht damit prangen. Wann du nun also mit dem Zeugnuß deines guten Gewissens vergnüget bist, und in dieser Tugend ohne Aufhören dich beschäfftiget befindest, so wirst du auch endlich der Tugend Lohn davon tragen; dann in der Tugend sich üben, ist das allervortrefflichste Werk eines Christen, wodurch du, der du anders noch rachgierig bist, über deine Hasser und Verfolger, dich am allerbesten rächen kanst. Es redet hievon Guevara, in seinem Sendschreiben, gar nachdenklich; er sagt: In der ganzen Welt ist kein herrlicherer Triumph, als wann einer vermittelst der Tugend, die ihme erwiesene Schmach verziehet und vergiebet. Der Burgermeister Mamillus fragte auf eine Zeit den Julium Cæsarem, welches in der Welt die alleredelste Ehre sey? darauf wurde ihme geantwortet: Mamille! Ich schwere dir bey den unsterblichen Götteren, daß ich nichts in der Welt weiß, darinnen ich mehr Ehre erjage, noch daß mich mehr erfreuet, als wenn ich denen verzeihe, die mich schmähen. Phalaris, der Tyrann, schwure bey den unsterblichen Götteren, daß er sich niemalen über ein böses Wort erzürnet hätte: dann, sagte er, hat es ein Frommer geredet, so weiß ich, daß er mirs zum Guten geredet hat; hat es aber ein Narr geredet, so nimme ichs vor eine Kurzweil auf. Siehet man also, daß wir noch von den Tyrannen die Gedult erlernen müssen. Kayser Aurelius pflegte zu sagen, daß Julius Cæsar das Kayserthum habe erlanget durch das Schwerdt, Augustus habs ererbt, Caligula habs überkommen vermittelst seines Vatters, welcher die Teutschen bezwungen; Nero habs zuwegen gebracht durch Tyranney; Titus habe es erhalten, weilen er Judæam eingenommen; Trajanus habe es erlanget durch seine Tapferkeit und edles Gemüth; aber Marcus Aurelius habe es durch kein ander Mittel erlanget, als durch Gedult; dann es seye eine viel größere Tugend, die Schmachreden der Bösen zu gedulden, als in der hohen Schule mit den Rechtsgelehrten zu disputiren. Daß auch ferners zu sehen, daß man vermittelst der Tugend, sich an seinen Feinden am allerbesten rächen könne, erscheinet aus denen Worten des trefflichen Redners Ciceronis. Er sagte einsmals zu denen Römern: Ich weiß, daß ihr mir nicht neidig seyd, darum, daß ich nicht derjenige bin, der ihr seyd: sondern darum, daß ihr nicht könnet derjenige seyn, der ich bin; und in solchem Fall ist es mir lieber, daß meine Feinde mir neidig sind, als daß meine Freunde ein Mitleiden mit mir tragen. Haben dieses Heiden geredet, u. also sich in dieser vortreflichen Tugend zu üben gewust: Warum wollten dann wir, die wir uns Christen

Vorrede.

ſten nennen, nicht allein uns weigeren, dieſen löblichen Heiden nachzuahmen, ſondern noch vielmehr in die Fußſtapfen unſers Tugendſpiegels zu tretten? Deſſen ausdrücklicher Befehl iſt: Segnet die, ſo euch fluchen, damit ihr Kinder ſeyd euers barmherzigen Vatters im Himmel. Damit aber, indem mich dieſer Punct ein wenig weitläuftig geführet, die Vorrede nicht größer werde als der Tractat ſelbſten, ſo will ich nur noch dieſes beyfügen, nemlich denen etwas weniges zu antworten, welche ſich vielleicht unterſtehen werden, mich als ein Weibsbild zu ſtrafen, daß ich mich Sachen unterfange, welche demſelben Geſchlecht gar nicht zuſtehen; zumalen männiglich bekannt, was für Arbeit ſich dieſelben ſollen anmaßen, nemlich der Küche und des Spinnrockens fleißig abzuwarten; und weilen dieſes auch mehr als zu wahr iſt, ſo will ich mich auch nicht lange bemühen, dieſe Wahrheit mit Gegengründen ſuchen zu erweiſen (wie dann ſelbiges noch wohl vielfältig geſchehen könnte) ſondern ich will nur noch die kluge Reden jener Römerin Corneliæ hinzufügen, von welcher die Hiſtorien melden, daß ihre Schriften ſo trefflich ſeyen geſpitzt geweſen, daß auch Cicero dieſes Weibes Schriften ſich hätte zu Nutze machen können, unter andern auch dieſe Worte ausgeſprochen, nemlich: wofern der Name eines Weibes die Corneliam nicht zu ſchanden machte, ſo wäre ſie billig unter allen den Sophiſten die vornehmſte; dann von einem ſolchen zarten Fleiſch, habe ich niemals len so hohe und tiefe Sprüche sehen herfließen. Daraus dann klar zu sehen, was dieser vortreffliche Heide, Cicero, von den Schriften eines Weibes gehalten. Diese Cornelia redet in der sehr klugen Unterweisung, gegen ihre zween Söhne, unter anderen diese Worte: Ich sage den unsterblichen Göttern den unaussprechlichen Dank, für diese erwiesene Gnaden: Erstlich, daß sie mich verständig und nicht thöricht gemacht haben; dann es ist genug, daß die Weiber sonsten von Natur schwach sind, ohne daß sie der Thorheit bezüchtiget werden sollten. Zum Anderen: Daß sie mir in meinen Aufechtungen die Stärke gegeben, dieselbigen zu überwinden; dann diejenigen Bekümmernisse kan man allein vor Bekümmernisse halten, welche mit keiner Gedult überstanden werden können, und daß derjenige Mensch allein unglückselig seye, welchem die Götter in seinen Nöthen die Gedult verseheten. Dieses ist also kürzlich alles dasjenige, welches ich auf diese Puncte zu antworten gesinnet bin: Und, weil ich meinen Namen verschweige, so kan derowegen niemand in die Gedanken gerathen, ob geschehe dieses aus einem Hochmuth, mich etwa sehen zu lassen. Diesem seye nun, wie ihm wolle, so bin ich vergnügt, daß mir wissend ist, daß ich meinem Nächsten hierdurch zu dienen begehre. Der es glaubt, und mit einem solchen Herzen annimmt, als ich selbiges treuherzig mittheile, der wird seinen vielfältigen Nutzen hieraus schöpfen können; die andern aber lasse ich billig fahren, und schreite tapfer und unerschrocken zu meinem vorhabenden Werk.

Es

Es hat sich die ewige Weisheit GOttes so hoch bemühet, daß sie auch an offenem Wege und Straßen, ja an den Thoren, da man zur Stadt eingehet, mit starker Stimm und Geschrey sich hören lässet, und in diese Worte ausbricht: O ihr Albern! wie lang wollet ihr albern seyn? und wie lang wollet ihr Spötter, Lust zur Spötterey haben, und, ihr Ruchlosen! die Lehre hassen? Siehe! ich will euch herausßen meinen Geist, und euch meine Worte kund thun. Außer dieser liebreichen Zurufung der ewigen Weisheit, welche der allerweiseste König Salomon in seinen lehrreichen Sprüchen anziehet, ist satsam zu merken, daß die Unerkanntnuß, darinnen insgemein die blinden Welt-Menschen stecken, mit nichten daher komme, daß der höchste GOtt, welcher seine Gaben so reichlich austheilet, insonderheit denen, so ihn darum bitten und anrufen, ihnen einiges versagen, oder sie in ihrer Unerkanntnuß und Blindheit stecken ließ, nein, ganz nicht; sondern GOtt, der die Weisheit selber ist, giebt uns Erkanntnuß und Verstand. Er erleuchtet unsere Augen, daß wir sehen können;

unse-

unserem Munde giebt er den Unterschied des Geschmacks, der Zunge die Red; er verschafft den Geruch, das Fühlen, Sehen. Summa, unser ganzer Leib ist eine Vorstellung der großen Welt: dahero auch der Mensch die kleine Welt mit größtem Recht genennet wird, und was noch mehr ist, darinnen wohnet und herrschet die unsterbliche Seele, als welche ihren Ursprung von dem Hauch GOttes hat, wird auch wieder nach Zerbrüchlich- und Hinfälligkeit des Leibes (dann der Mensch ist Erde, und wird auch wiederum zur Erde werden, wovon er genommen ist) wiederum zu GOtt kommen: dann GOtt erbarmet sich aller seiner Werk und Geschöpfe, und wird also diese unsterbliche Seele, nach der Putrefaction des Leibs, welcher sodann herrlich wird wiederum auferstehen und clarificirt werden, mit solchem hiemit Seel und Leib wieder vereiniget, zum Lob und Preis des ewigen unendlichen GOttes. Muß also nothwendig der Fehler wegen der Unbekanntnuß, am Menschen selbsten stecken; dann wann gesagt wird, daß sie die Lehre hassen, und des HErren Forcht nicht haben wollen: Sie wollten des HErren Raths nicht, sondern lästerten noch alle seine Strafe; alsdann, spricht GOtt, sollen sie auch essen von den Früchten ihres Wesens, und ihres Raths satt werden. Siehet man also scheinbarlich, daß dieser muthwillige Ungehorsam der Albern sie selbsten ins Unglück bringet, und ist hiemit gar kein Wunder, wann die Menschen insgemein in ihrer Blindheit und Unerkanntnuß stecken bleiben,

der Weisen.

bleiben, und des rechten Weges verfehlen müssen. Mit denen aber, so die Weisheit mit einer begierigen Seele suchen, hat es schon eine andere Bewandtnuß: Sie förchten den HErrn von gantzem Hertzen; welches dann der wahre Anfang ist zu der Weisheit. Sie suchen ihn mit eifrigem Geist, und rufen ihn an, weil er nahe und zu finden ist; alle weltliche Ehr und Reichthum werfen sie zu ihren Füßen, und achten selbige vor Schaden, gebrauchen sich nur deren als zugewandte Mittelbinge: hergegen suchen sie einzig und allein die himmlische Weisheit, trachten nach derselben am allerersten, sich fest versichernde, daß das Uebrige (sofern selbiges nothwendig) ihnen alles wird zufallen: Ihr Gemüth ist stets auf GOtt gerichtet, gebrauchen sich der äusserlichen Dinge also, daß ihr Herz am wenigsten nicht daran hanget, noch sie von ihrem vorgesteckten Ziel abwendig machen könnte: Sie lieben GOtt von gantzem Hertzen, und leidet dieses Gesetz der Liebe gar nicht, daß man neben GOtt etwas anders würde lieben, und sich zu den Creaturen wenden, welches dann das größte Verderben seyn würde; Summa, weilen sie nichts anders suchen als GOtt und göttliche Dinge: so versaget ihnen auch GOtt der HErr ihre Bitte nicht, sondern giebt ihnen noch viel mehr als sie begehren. Er giebt ihnen sowohl Verstand zu irrdischen, als himmlischen Dingen; die gantze Natur liegt vor ihnen entblößt. Sie sehen in derselben die größten Wunderwerke; sie lernen aus diesen Geschöpfen ihren Schöpfer je

länger

länger je mehr erkennen: Sie erkennen ihn in seinen herrlichen Werken, die er von Anfang gemachet hat; sie erkennen GOtt in seiner Barmherzigkeit, und werden an andern auch Barmherzigkeit üben in seiner Gerechtigkeit und Gericht; derowegen sie sich mit keinerley Ungerechtigkeit beschmutzen wollen, auf einige Weise ihrem Nächsten Unbilligkeiten zu bezeugen. Die Gerechtigkeit ist ihr Kleid, so sie angezogen, und die Wahrheit ihr Hauptschmuck; und wenn es sich zutragen sollte, welches dann gemeiniglich nicht aussenbleibt, daß sie von ihren Hässern und Verfolgern auf ein und andere Weise sollten beleidiget werden, und von ihren Feinden auf das äusserste, sowohl an Beraubung Ehr und Guts, als sonsten schand- und schmähliche Unterdrückung leiden. (Es ist ja des Christenthums Art und Eigenschaft, verachtet, verspottet, geschmähet und gelästert zu werden; aber ein wahrer Christ freuet sich dieser Schmach, derohalben er auch alle diese Lügen und Lästerungen als einen Zierrath um sich bindet: dann wann die Welt nicht also verfahren würde, so würde ihm das Zeichen eines heiligen Kindes GOttes manglen.) So folgen sie doch der Ermahnung des Apostels: Rächet euch nicht, meine Liebsten! sondern gebet Raum dem Zorn, dann der HErr ist Rächer; ist soviel gesagt: Der HErr, der alles vergeltet, der wirds auch eueren Feinden vergelten; er wird ihre Bosheit schon bezahlen; er wird alle euere Feinde mit dem Schleuderstein auf die Backen schmeissen; und dieses wissen die gott-

seligen

seligen Seelen gar wohl, darum tragen sie alles
mit Gedult. Sie wissen, daß der HErr HErr dieses
alles zu seiner Zeit richten wird, und daß der
HErr einen Becher in der Hand halter, welcher
voll eingeschenket ist mit starkem Getränke, aus
welchem aber die Gottlosen die Hefen müssen aus-
saufen. Sie wußten, daß der HErr sich auf-
machen wird, und sich über Zion erbarmen, ja
er wirds ein Ende machen, daß sie nicht mehr
hören müssen die Stimme des Trängers. Sie
wissen auch, daß, wann sie allhier ihre Wallfahrt
werden vollendet haben, sie alsdann einen Bau
haben werden, von GOtt erbauet, ein Haus
nicht mit Händen gemacht, sondern das ewig ist
im Himmel, allda sie werden können GOTT
schauen von Angesicht zu Angesicht; dann sie werden ihn sehen, wie er ist, und werden vergestal-
tet werden in dasselbige Bild. O meine Seele!
Erstaune allhier über diese göttliche Beschauung,
und biege dich vor einem so heiligen GOtt. O
meine Seele! lasse dich nichts in dieser Welt, es
seye auch die Anfechtung, so groß sie immer wolle,
von dieser erstaunungswürdigen Betrachtung abhalten. O bringe doch hindurch diese ewige Klarheit, dieses ewige Licht in Ewigkeit zu beschauen!
O wann wird doch die Zeit kommen, daß ich aus
diesem Stuckwerk zu der höchsten Vollkommenheit und ewigen Licht gebracht werde, und also
mit unaussprechlichem Lob den, so da alles in allem ist, in seiner ewigen Klarheit könne anschauen,
daß ich dieses unaussprechliche Lob kan anstimmen:

Ch. Schr. II. Th.   O   Heilig,

Heilig, heilig, heilig ist der HErr Zebaoth! All-hier muß ich stillschweigen; dann welche Zunge, Verstand, Sinne und Vernunft ist vermöglich, dieses auszusprechen? und legen wir uns ja mit höchster Billigkeit nieder vor dem Gnaden-Thron des Allerhöchsten, mit Säcken angethan um unsere Lenden, und mit Stricken an unsern Hälsen, wehemüthig klagend über unsere große Unwürdigkeit, demüthigst bittend, daß GOtt uns wolle anziehen mit Kleidern des Heils, und mit Röcken der Gerechtigkeit, unsere vielfältige große Sünden abwaschend in dem Blut des Lamms: und gleichwie GOtt uns in dieser Zeitlichkeit und Irrdischheit die Augen geöffnet, daß wir hier sehen können die Wunder in seinen Geheimnissen, daß auch also der höchste GOtt uns wolle tingiren und clarificiren zur ewigen Herrlichkeit.

Nun vor diesesmal zu meinem Zwecke zu gelangen, so sage, daß die Materia, woraus unser Stein präpariret wird, ein schlechtes unansehnliches Wesen ist. Er ist der Stein, der von den meisten verachtet wird. Es ist bey ihm nicht die geringste Schönheit anzutreffen; er lieget manchmal zu jedermanns Füßen, und wird nicht einmal des Aufhebens werth geachtet. Er wird von niemand erkannt, als vom Auge des Weisen. Derselbige ist der rechte Samariter, welcher diesen in die Herberge des Künstlers bringet, allwo ihm seine Wunden mit Oel und Wein gewaschen werden, und demnach er nun wiederum zu seiner Gesundheit gekommen, ist er nunmehro
ver-

der Weisen.

vermöglich, auch seine Brüder von ihren Krankheiten zu erledigen, und mit ihm in den allervortrefflichsten Stand zu bringen. Aber zu dieser Herrlichkeit können sie anders nicht, dann durch das Creuz erhoben werden; dann der erste Anfang unsers Steins ist das Creuz; sein Mittelpunkt ist Creuz; seine Bereitungen geschehen alle in und durch das Creuz; in seiner höchsten Ehrenstafel sitzet er auf dem Creuz, und träget triumphirend einen Scepter des Creuzes in seiner Hand, welcher auch wohl sein zweyfacher Schlangenstab genannt wird. Mit diesem Stabe verrichtet er Wunder: Er kan das Meer damit in zwey Theile theilen, daß man ganz trockenen Fußes hindurch paßiren kan; er kan Wasser mit diesem Stabe aus den härtesten Steinfelsen schlagen. Summa, er kan den Egyptiern hiemit alle Plagen verursachen, also daß dieser Stab und Stein von einer wunderbarlichen Ankunft sind. Ja es ist eben die Materia, woraus GOtt im Anfang Himmel und Erden schuf, nemlich aus einem Klumpen; nimm diesen Klumpen und handle damit eben, wie GOtt im Anfang bey Schaffung Himmels und Erden gehandelt hat. Diese Erde war wüst und leer (das ist, ganz ungestalt, daß niemand wußte, was es seyn sollte) und es ware finster auf der Tiefe (es war ein weiter Abgrund an dem Ort, wo jetzt der Himmel und Erden stehen, und derselbige Abgrund war voll dicker Finsterniß, gleichsam als ein schwarzer Nebel) und der Geist GOttes (merk) schwebete auf dem Wasser (er bewegte das neblichte Chaos, trieb es in die Enge zusammen, daß es sich in sich resolviren und wasserdicklich werden mußte) und wie weiters auf das allmächtige kräftige Wort: Es werde Licht! das Licht aus der Finsterniß hervor kommen, und wie auch das Licht gut gewesen, und also weiters aus Abend und Morgen der erste Tag geworden; was könnte doch deutlicher vorgestellet werden, unseren wahrhaftigen Stein zu erklären und abzubilden? Man könnte mir aber allhier antworten und sagen, daß man freylich wohl die erste Materi unsers Steins hierdurch erkennen könnte; wie aber damit ferner zu prozediren, davon seyen zwar unzehlig viele Bücher geschrieben, welche aber meistentheils so undeutlich und mit verdeckten Worten, daß man davon den wenigsten Theil verstehen könnte. Darauf antworte ich, daß es in Wahrheit auch also ist; derowegen, mein lieber Leser! bilde dir nicht ein, daß du Früchte sammlen wollest von einem ungebaueten Lande; es muß zuvor mit Hacken und Zacken, mit größter Mühe durchgraben werden, alsdann wird dein Land, nachdeme du selbiges mit einem behörigen Samen (worinnen sein Keisterlein nicht erstorben, sondern noch grünend und lebendig ist) besäet hast, auch vermittelst des Früh- und Spath-Regens Früchte bringen. Hievon kanstu von den Bauren lernen, und bey ihnen ein Exempel nehmen. Damit du aber auch von mir eine gantz deutliche Erklärung haben köntest, so wisse daß ich mir vorgenommen, so offenhertzig und ohne falsch zu schreiben,

ben, als sonsten noch keiner gethan hat. Zwar es sind gar viel, welche sich dessen berühmen, insonderheit der edle Philaletha, welcher solche Verheissungen thut, daß man vermeinen sollte, man könnte bey ihm die nackende Dianam gantz bloß vor Augen sehen. Auch berühmet sich der im Kern der Alchymie und bekräfftiget es, daß er alles offenbahre und nichts verhalte, ausgenommen eines: aber ich sage mit Wahrheit, dann ich habe es erfahren, deme auch nur dieses eintzige Eins gefehlet, der wird gewißlich fehl schlagen. Der, in Eckharts entlaufenen Chymico, von der Erden saget unter anderen, wie daß der d'Espangnet ihme den Zweiffel auffgelöset, welchen er wegen denen Dauben der Dianæ gehabt, und ihme dessentwegen so viel unruhiger Nächten verursachet, dannoch seye der Nahme Diana ihme immer im Weg gewesen, bis er endlich erfahren, daß die alten Philosophi offt einen Namen zweyen Stucken mitgetheilet hatten, absonderlich die Egyptier, und da er ferners in Betrachtung gezogen, daß die Nymphen der Veneris Wagen sowohl als die Dauben, und diese der Dianæ Wagen, eben als der Venus ihren zögen, seye er endlich auf den rechten Weg kommen, ich muß bekennen, wer dieses recht verstehet, deme kan das eintzige Eins nicht verborgen seyn. Daß man aber aus dem d'Espangnet, mit klaren unzweifelhafftigen Worten dieses finden köndte, kan derjenige erfahren, deme es daselbsten zu suchen beliebet; dann was vor grosse Mühe und Ungemach es kostet, diesen

Kern aus den groben Sprewer auszuklauben, davon können diejenigen sagen, welche sich hierinnen geübt haben; dann die Natur zu untersuchen, das reine von dem unreinen zu sonderen, ist eine Arbeit nicht allein des Leibes, sondern auch des Geistes: Es ist eine Arbeit welche das gantze Gemüth des Menschen einnimmt, und dasselbige in die gröste Unruhe bringet; eine Arbeit, welche auch einen gantzen Menschen haben muß, ich sage einen gantzen Menschen, welcher nicht den einten Theil der Welt gewidmet, mit allzu vielem Umgang weltlicher Gesellschaft, oder daß sich ein solcher wolte einbilden, etwan grosse weltliche Herrlichkeiten aufzubauen, wie dann dieselben auf ein und andere Weis Nahmen haben mögen, welches alles allhier zu berühren ich gantz unnöthig finde, weilen dieses sonsten von andern gnugsam ist angeführet worden. Nur kurz zu sagen, so ist es dem Weisheits-begierigen gnug, daß er wuste, daß das der rechte Grad ist, daß ein jeder in seinem Stand verbleibe, und sich so viel möglich aller weltlichen Gesellschaft entschlage; auch muß ein solcher nicht allezeit einzig und allein auff den Nutzen sehen, sondern es muß vielmehr seine Begierde seyn, die grosse Wunder und unerforschliche Werk, so GOtt in die Natur geleget zu beschauen und hierinnen sich zu belustigen, auch keine Mühe noch Arbeit, so dann hierinnen vielfältig anzutreffen (insonderheit in unserer ersten Conjunction der Veneris mit Mars ihrem Gemahl) auf einigerley weiß schauen, sondern sowohl Nachts als

der Weisen.

als Tags, keine Mühe, sie seye auch so groß sie immer wolle, sparen, sondern mit Macht und Krafft, durch diesen rauhen ungebahneten Weg, mit vielfältigen Sproßen und Verhinderungs-Reisen belegt, diese beschwerliche Klippen herauf zu steigen sich beschäfftiget finden, und nicht nachlassen, bis man an den Port des Verlangens, und Ufer der Glückseligkeit kan angelangen. Endlich dann, ungeachtet man dieses herrliche Kleynod erlanget, und die Schätze dieser Welt in Besitzung hat, solle man sich nicht weigeren, wiederumb alles zu den Füssen dieser Welt zu werffen, und mit GOtt in Ewigkeit zu leben, welche ewige Glückseligkeit, und höchste Vergnüglichkeit, ich mich nicht unterstehen will, mit dieser Feder auszudrucken, sondern der HErr HErr wolle selbige mit dem Finger seines heiligen guten Geistes, also in die Taffeln unserer Herzen schreiben und eingraben, daß wir je mehr und mehr tüchtig werden, uns von den starcken Feßlen dieser ungeheuren Weltketten loszureissen, und mit den Flügeln unsers Geistes, hinauf schwingen in die himmlische Oerther, woselbsten wir mit und in GOtt ewig triumphiren werden.

Damit ich aber auch zu meinem Versprechen komme, daßelbige in das Werk zu bringen, so wisse der geneigte Leser, daß wir erstlich wissen müssen, worzu wir unsern Stein gebrauchen wollen, wie dann mein Absehen ist, von einem Stein zu handlen, welcher die Metallen verbesseren solle, derowegen ja handgreiflich ist, daß man selbigen

D 4 nicht

nicht suchen muß, in denen so da verbrennlich seynd: dann der Natur ist nicht zugelassen ihne daselbsten zu finden, niemand kan auch seines gleichen zu keiner Vermehrung bringen, es geschehe dann aus der Natur seines gleichen, derowegen muß er nothwendig aus einer metallischen Wurzel entspringen und herfliessen. Wird also dieser Stein nirgend anders, als aus seinem eigenen Saamen gezeuget; wer derohalben diese Weisheit liebet, und diesen güldenen Stern will ausforschen, dem wird vor allen Dingen obliegen, mit den Magis nacher Bethlehem, ja bis zur Wiegen, allwo dieser neu-gebohrne König lieget, und anzutreffen ist, nachzugehen, so wird er alsdann in einem einigen Subjecto den Philosophischen Grund und Wurzel finden, worinnen alle drey Geist, Seel und Leib verborgen liegen, mit welchem des Werks Anfang, und Mittel, zu einem glücklichen End gebracht werden. Wer nun diesen Saamen, und dessen Magnet lehrnet kennen, und ihre Eigenschaften auszugründen, der kan sich mit Wahrheit berühmen, daß er die rechte Wurzel des Lebens hat, die einige Wurzel aller Metallen und Mineralien, und wird endlich finden, wornach sein einziges Verlangen in dieser Welt gestanden, kurz, er wird auf den höchsten Gipfel des Berges Parnassi steigen, und in dem Garten der Hesperidum, nach seines Herzens Lust und Wohlgefallen die Aepfel können abbrechen. Dieses unser Subjectum, unsere Magnesia, unser Asnop, muß zu Anfang dieses Werks aufs höchste gereiniget, alsdann aufgeschlossen,

zer-

der Weisen. 217

zerbrochen und zu Aschen werden; dann die Philosophi sagen, welcher Artist keine Aschen hat, der kan auch kein Oehl machen, welches dann ein Wort voller Wahrheiten ist. Wer derowegen das Oehl und seine Solution erkennet, wie auch die Coagulation und Distillation, derselbige weiß des Tartari Philosophici Heimlichkeit und den gantzen Grund. Doch ist dieses Oehl kein nutze, es seye dann sein innerstes heraus gebracht und umgekehret worden; dann der Geist allein ist es so da lebendig machet, der blosse Leib vermag allhier nichtes: wer nun diesen Geist hat, der hat auch das Oehl. Allhier habe ich viel geredet, ich wünsche daß der geliebte Leser, dieses alles in seiner rechten Kraft verstehen werde, ich sage mit Warheit, wer dieses nicht verstehet, dem lieget noch ein grosses Fell vor seinen Augen, und wäre zu wünschen, daß derselbige von seiner gefährlichen Reise bey zeiten wurde abstehen, und wieder zuruck kehren; dann ich sage mit Warheit, und rede aus eigener Erfahrung, dafern jemand also vollkühner Weiß, auf diesen gefährlichen ungebahnten Weg sich begeben wurde, so köndte wohl seyn, daß er von denen im Weg liegenden ungezähmten wilden Löwen, und gifftigen Drachen, welche nicht allemahl so starck befässelt, daß sie dem vorübergehenden, nicht auch zuweilen einen mercklichen unersätzlichen Schaden können zufügen, also angegriffen wurde, daß er des Zuruck-Kehrens nicht mehr mächtig, ich geschweige ferners fortzugehen, seyn wurde; dann was ist unser Materi anders als ein

gifftig-

gifftiger Drach? was ist sie anders, als ein wilder unbändiger Löw? und lebens-schädlicher Basilisk. Es sey fern von mir, daß ich lehren wollte, ob seye diese unsere anfängliche Materi, oder dieser Weg zu gehen, allen und jeden Menschen schädlich, nein, sondern nur denen jenigen, welche sich ohne Vorbereitung, und ohne gnugsame vorher Erkandtnuß, auf diesen so stutz- und bergigten Weg begeben; Dann es kan leicht geschehen, daß diese unerkandte, etwann einen neben Weg, deren dann unzehlich viel anzutreffen, ins Aug fassen sollten, welcher sie bedunken wird, nicht so gar ungereimt zu seyn. Sie treffen daselbsten auch ein und andere Merkzeichen an, wovon die Wegweiser ihnen Meldung gethan, auch könnte endlich wohl seyn, daß sie auf solchen Neben- oder Beywegen, nicht so viel Gefährlichkeit auszustehen hätten, als aber auf unserem ungebahneten Wege; aber diese sollen berichtet seyn, daß ehe und bevor selbige noch wieder zu end ihres Weges kommen, sie mit reuen erfahren müssen, was es ist, eines Werks sich zu unterfangen, worinnen man keinen Grund hat; dann was kan doch elenders seyn, als daß diejenigen, so mit ungerechtem Wucher, in verbottener Auffkaufung allerhand Wahren, ihre meiste Lebens-Zeit zugebracht, sich nun, nachdeme sie zu Grund und Boden gangen, auf die Chymie legen wollen, sich einbildend, derjenige Verstand oder List, welcher ihnen in ihrer Ungerechtigkeit gedienet (der aber nur einzig und allein der gifftigen Schlangen Ei-

gen-

der Weisen.

genschaft hatte, und wohl bey weitem die Einfaltigkeit der Tauben nicht zu finden ware) mußte allhier sich auch zu dieser himmlischen Wissenschaft reimen; O nein freylich! diese müssen gewißlich mit ihrem späten reuen erfahren, daß die Chymie ein pures Feuer ist, und wer also unbedachtsamer Weiß hinein greifet, sich heftig wird verbrennen, sie ist ein Wasser wer ohne vorhero erlehrntes Schwimmen hinein plumpet, der wird sich gewißlich tief versenken, sage also nochmahlen zur Wahrnung, sich vorhero wohl zu probiren, dann es köndte seyn, da man mit jenem in der Chymischen Hochzeit, sollte auf die Waagschale gesetzt werden, in der Waag, wie ein lauter nichts hinauf wurde schlagen, und bey weitem die aufgesetzte Gewicht nicht könte aushalten; dann dieses ist eine solche Sach welche sich nicht von einer jeden ungewaschenen Hand lässet anrühren; das edle Perlen Gewächs ist noch lange nicht ein Gericht vor die Schwein. Ein jeder tollkühner Praler, welchem seine Feder nicht mehr gnug ist, seine gewonliche täg- und nächtliche Schwelgereyen fortzusetzen, und zu verüben, soll wissen, daß diese Wissenschaft keines weges sich mit ihme accordiret; dann was vor Gemeinschaft die Gerechtigkeit mit der Ungerechtigkeit hat, ist schon längsten beantwortet worden, kurz zu sagen, diese wollen sich nur nicht solche Sachen einbilden, dann es gehöret vor viel subtilere Gemüther, als aber bey solchen Weltschwärmeren anzutreffen. Wer derohalben vor diesem Spott, wie droben von der Chymischen

schen Hochzeit ist gemeldet worden, will befreyet seyn, der lehrne zuvor die ersten natürlichen Anfänge bekennen; dann wie sollte der haben können recht lesen lehrnen, deme die Buchstaben unbekandt sind? Der verstehet mit nichten die Music welcher nicht vorher die Noten erlernet. Sehr jämmerlich ist es, wann man oftmalen von denen vermeinten Chimisten hören muß, wie daß dieser und jener die Kunst hätte, er köndte so und so viel, aus diesem und jenem Metall bringen, dieser hätte (damit ich mich ihrer Redens-Arten gebrauche) ein rechtes particular, ein gutes ein- oder ausbringen in die Luna, wovon einem Menschen, der gleichwohl das weisse von dem schwarzen entscheiden weiß, die Ohren wehe thun möchten, da muß dieser oder jener Baur, welchem doch viel rühmlicher wäre, bey seine Kuh-Melkerey zu verbleiben, die Kunst recht in Besitz zu haben, warumb? weilen er des teutschen Philosophi Böhms Bücher gelesen; und wie in diesen Büchern, welche ich alle in ihrem Grab lasse, und wird es einem Weisen noch wohl gnug zu schaffen geben, diese tiefsinnige Schriften des Böhms zu verstehen, gar viel wunderliche Signata anzutreffen seynd, welche endlich wohl ein jeder Baur, wie auch sonsten in einem Calender solche anzutreffen, in dieses Mannes Schriften noch lesen köndte, worinnen dann eben keine sonderliche Kunst stecket; aber da heisset es; Dieser Baur ist so geschickt, daß er auch den ganzen Himmels-lauf verstehet, und sind diese und jene Herren, welche sich doch so viel

einbilden

einbilden aller Welt Weißheit gefressen zu haben (wiewohl sich diese Spötter schämen sollten, diejenigen mit ihren gifftigen Zungen zu berühren, denen sie doch nicht einmahl werth sind, die Schuhriemen aufzulösen) pur lauter Narren gegen diesem Bauren (O Elend und Jammer) aber O mein lieber Particularist! oder mein guter Baur! lesen und verstehen können ist zweyerley. Es folget noch lange nicht, daß, wann etwan ein Baur lesen und Schreiben kan, auch alsobald darauffhin alles verstehen könte, was manchmahlen solche herrliche Männer, eben darumb mit verblümten und amphibolischen Worten geschrieben, zwar nicht darumb, damit selbige ihre rechte Nachfolger, welche auch allesammt das Joch auf sich genommen, und selbiges durch diese rauche und ungebahnte Wege, durch herbes und saures nachzutragen, sich nicht gescheuet haben, auf welchem Wege fürwahr die Bauren noch wohl ziemlich stolpern sollten, nicht verstehen köndten; Dann warum sollten die wahren Philosophi etwas vor ihren Kindern verbergen? sie sind ja eben dieselbige, welche zu dieser himmlischen Kunst gehören; aber vor diesen groben Büfflen, welche auch wohl grobe Esel und Narren (werde gezwungen des Basilii Valentini Worte zu gebrauchen) bleiben müssen, bis die Erleuchtung und Erkändtnuß hernach folget, haben freylich die Weisen ihre hohe Weißheit verborgen. Aber damit ja alles, auch die göttliche Schrifft gnugsamb mißbraucht wird, so heisset es, daß den Weisen und

Klugen

Klugen dieser Welt, diese hohe Geheimnussen verborgen seyen, aber den Einfaltigen und Unmündigen werde GOtt diese hohe Wissenschaften offenbahren; aber ach! O Thorheit, diese Einfalt und Unmündigkeit, wovon hier geredet wird, welche mit nichten solle umgestossen werden, bestehet noch lang nicht in einem paar Bauren Hosen; dann wann dieses gelten solte, so würden sich deren viel befinden, welche also mit gröstem Nutzen ihren Habit würden veränderen, da würden die Chymisten und Alchymisten alle in Baurenkleideren aufgezogen kommen, und dörfte noch wohl die Schweizer-Bauren-Tracht für die bequemste gehalten werden, sondern sie bestehet in vielen anderen Stucken, sol ich diß sagen? ich will diß nur im 15. Psalm Davids vorstellen, da kanstu es lesen, welches dir, glaube nur mir, bey weitem viel ersprießlicher und nutzlicher seyn wird, als wann du des seligen hocherleuchteten Mannes Böhms Bücher alle würdest durchblätteren, und dessen Signata ansehen wie ein Kuh ein neues Thor, oder als ein Blinder von den Farben urtheilen. In Warheit diese tieffsinnige Schriften gehören vor andere Geister, und ist es dieses seligen Mannes Zweck gar nicht gewesen, alle Welt in der Chymie zu unterweisen, sondern es ist viel etwas anders, wovon dieser hocherleuchtete Mann redet, wer selbige Schriften verstehen kan, denselben werden sie freylich zu einer großen Erkantnuß seiner selbsten bringen. Rathe also ganz wohlmeinend den Bauren ins-gemein bey ihrem Pflug zu bleiben,

der Weisen.

bleiben, und an statt dieser tiefsinnigen Bücher das Testament fleißig zu durchlesen. Ich wolte aber nit gern davor angesehen und gehalten werden, ob geschehe dieses von mir aus Verachtung geringer Leuthen, dann man wurde mir gewißlich unrecht thun, dafern man mich damit beziehen solte; dann mir ist nicht unbekandt, daß GOtt den Niedrigen aus dem Staub erhebet und setzet ihne unter die Fürsten, ich weiß auch wohl, daß GOtt den Hoffärtigen wiederstehet, aber den Demüthigen Gnade giebt, ich weiß auch daß GOTT der HErr die Elenden seine Wege lehret, und selbige in seinen Geheimnussen unterweiset, und wurde mir die Zeit viel zu lang fallen, alles dasjenige, was den Gerechten verheissen worden, hieher zu setzen, sondern es geschiht nur zu Bestraffung derjenigen, welche sich dieser hohen Geheimnussen anmassen, und stecken doch voller Unbekandtnuß, welches wohl wurde an Tag kommen, da ein Examen solte angestellet werden, und habe ichs droben gesagt, daß die wahre Einfalt- und Unmündigkeit, in vielen anderen Stucken bestunde, kurz zu sagen, wer die Natur nicht verstehet, der gehe doch dieser Geheimnuß-reichen Dingen müßig, oder er wirds mit seinem Schaden müssen ausbüssen.

Allhier kan ich auch, als im Vorübergang nicht unberühret lassen, wie daß sich heut zu Tag unter denen Geistlichen etliche befinden, welche sich unterstehen dörffen, sowohl in der Medicin als Chymie sich zu üben, welches dann eine ganz unveranta antwortliche Sach ist. Dann ein Bischof solle unsträflich seyn, sich nicht in frembde Handthierung einlassen, und keinen Gewerb treiben. GOtt der HErr befiehlet ja austrucklich Levit. 18. den Leviten, daß sie des Ampts sollen pflegen an der Hütten des Stiffts, und daß sie kein Erbgut besitzen sollen, als nur den Zehnden, dasselbige habe GOtt ihnen zum Erbtheil gegeben, noch darzu mit dieser Verheissung daß GOTT ihr Erbtheil seyn wolle, an welchem sich aber die heutige, also genandte Levitische Priester wohl nicht begnügen lassen, sondern greiffen tapfer hie und da in ein frembdes Ampt; aber mich bedunket, das frembde Feur der zweyen Söhnen Aarons (dafern sie anders auch glauben daß jemahlen ein Aaron sammt seinen Söhnen gewesen sey) solte ihnen, als eine dräuende Ruthen vor Augen schweben. Aber ach! O ewiger GOtt! in was vor einem elenden und jämmerlichen Zustand befindet sich das heutige geistliche Wesen, wo findet man rechte getreue Hirten, welche ihnen lassen angelegen seyn ihre Heerde zu weiden? welche die Kranken heilen, der Schwachen warten, das verwundete verbinden, das verirrete holen und das verlohrne suchen: muß man nicht vielmehr klagen, daß es meistentheils solche Hirten gibt, welche sich selbst weiden, das Fette fressen, das Gemästete schlachten, und sich mit der Wolle kleiden, aber ihre anvertraute Heerde lassen sie gantz zerstreuet hingehen, daß sie manchmalen gantz jämmerlich von den wilden Thieren zerrissen werden, und niemand ist,

der

der sich ihrer achtet. Ich frage euch, O ihr Hirten! was vermeinet ihr wohl, was es vor Thiere seynd, deren Blut von eueren Händen solle gefoderet werden? vermeinet ihr dann daß ihrs verantworten könnet, wann ihr nur zu gesetzten Zeiten eine laue Predig von der Canzel herab thut, und darbey es bleiben lasset, und weiters keine besondere Vermahnungen von euch gehöret werden? vermeinet ihr, sage ich, daß es alles damit ausgerichtet seye, und ihr nichts mehr bey euerer Heerde zu thun habt (ich will geschweigen, daß ihr nach allem Vermögen trachten sollet, euer Lebwesen nach dem geprediaten Wort anzustellen, wann ihr anders nicht mit Fleiß selbsten verwerflich seyn wollet, damit also Lehr und Leben übereinstimmet, wo sind aber diese anzutreffen? wohl nirgend) wisset ihr dann nicht, daß die besondere Unterweisungen, oftmahlen so viel Nutzen schaffen können, als die offentliche Predigten, welche nur, ach leider! gemeinen Gebrauchs wegen gehalten werden? Warum bemühet ihr euch nicht, diese und jene, von welchen ihr wisset, daß sie in Uneinigkeit leben, da der schwächere von dem stärkeren, auf das grausambste muß unterdrucket und verfolget werden, und der Gottlose den Frommen, auf alle weiß und wege suchet zu verschlingen, ins besondere zu bestrafen? zumahlen es euer Ampt ist, und ihr euch nicht heraus könnet schlinken, es seye dann Sach, daß ihr mit ganzem Gewalt vor Miedlinge wollet gehalten seyn, und sie von ihrem bösen verkehrten Leben mit Ernst abmahnen; daß

Ch. Schr. II. Theil.　　P　　　　alles

alte Haß, aller Neid, aller hart angebrandter, oft bis in zwanzig oder mehr Jahr veralteter Grollen aus dem Herzen (welches solle ein Tempel und Wohnhaus des heiligen Geistes seyn, nicht aber ein abscheuliche Cloac solcher teuflischen Laster) hinaus zu reuthen, und solchen Leuthen, solte es sich gleich treffen, daß solche boßhaftige Neider und Verfolger, von euren eigenen Blutsfreunden, ja sogar Vatter, Mutter oder nächste Verwandten seyn sollen, ohne einige Gleiß- und Heuchelen zu zeigen, daß man in diesem Fall, nemlich die Laster zu bestrafen, keine Person solle ansehen, sondern alles grad durch und durch, wen es trifft den treffe es, mit dem scharfen zweyschneidigen Schwerdt des Worts GOttes zuschlagen, alsdann wurde er erweisen, daß er ein rechter Prophet und Lehrer von GOtt gesandt wäre, dessen Mund der HErr HErr angerühret, und sein kräftiges Wort darein geleget hätte. Aber ach! wann man schon heut zu Tage, durch alle Gassen zu Jerusalem gehen wurde, wurde man auch wohl solche Lehrer und Prediger antreffen, deren Herz also gesinnet ist, daß sie nach dem Glauben fragen, thun was recht ist, und die Wege des HErrn betrachten, selbsten in den Wegen des HErren wandlen, seine Gebott und Gesätz halten, und auch andere die Wege des HErren lehren, und sie darinnen, wie es ihr Ampt ist und erforderet, unterweisen? ach nein! dann sie sind alle abgewichen, da ist keiner der Guts thue; da doch ihnen gnugsam bekandt seyn solte, was vor eine Lauterkeit und Reinigkeit des Geistes,

der Weisen.

selbstes, und vor eine Vollkommenheit des Lebens, die Priester GOttes an ihnen haben sollten. Man lieset von Joseph, da die Assenath, ehe und bevor sie ihme ist vermählet worden, sich zu ihms genahet ihne zu küssen, daß Joseph geantwortet, es gebühret sich nicht, daß der, welcher das Brod des Lebens isset, und trinket den Trank der Unsterblichkeit, deren Mund solle berühren, welche da isset von dem Opfer der Götzen, daß darauf hin die Assenath sich höchstens beflissen, nach der Anweisung Josephs, an den wahren lebendigen GOtt zu glauben und nicht mehr in voriger Abgötterey gelebet. Hat diese Assenath alsobald auf diesen einzigen Verweiß des Josephs, ihre Götter können verlassen, und sich hergegen mit allen Kräften zu dem lebendigen GOtt gewendet? warumb wolten dann die Priester GOttes, das Gesatz und Gebott des lebendigen GOttes verlassen, und sich zu ihrem eigenen Gutdunken wenden, in allen Stucken darnach zu leben? In Wahrheit eine gantz verkehrte Sach, daß die Helden in allen Stucken müssen kluger seyn, als aber die sogenannte Christen. Darumb höret ihr Hirten, so wahr ich lebe spricht der HErr, weil ihr meine Schaafe lasset zum Raub, und meine Heerde, allen wilden Thieren zur Speise werden, weilen sie keine Hirten haben und die Hirten nach meiner Heerde nicht fragen, Siehe! Ich will an die Hirten, und will meine Heerde von ihren Händen forderen, und will mit ihnen ein Ende machen, daß sie nichts mehr sollen Hirten seyn, und sollen sich nicht mehr

selbst

selbst weiden, ich will meine Schaafe erretten aus ihrem Maul, daß sie sie forthin nicht mehr fressen sollen; dann ich will selbsten spricht der HErr meine Schaafe weiden, ich will das verlohrne suchen, und das verirrete wiederbringen, und will ihrer pflegen, wie es recht ist: auch will der HErr richten zwischen Schaaf und Schaaf, und zwischen Wiederen und Böcken, zwischen fetten und mageren Schaafen, welches dann wohl solle betrachtet werden, von denen Böcken, derer Absonderungs-Zeit nicht wird aussen bleiben, sondern an jenem grossen Rechnungs-Tag gewißlich kommen wird, welche auf alle weiß und wege die Schaafe suchen zu verfolgen, und deren rechtmäsige Weid mit Füssen treeten. Können also die Hirten sehen, wie viel an ihnen zu verbesseren stunde, ehe und bevor sie mit recht sich diesen Nahmen können zueignen, zu geschweigen, wann sie schon alles gethan haben, was ihnen ist anbefohlen worden, sie dannoch unnütze Knechte sind, und von der Vollkommenheit ihres Ertz-Hirten, Herren und Meisters weit entfernet, daraus dann klar zu sehen, mit was vor Unfug und Unbilligkeit sie sich etwas anmassen, welches ihnen ihres tragenden Ampts halben bey weitem gar nicht zustehet, indem sie sich oft (ich rede allhier nur von etlichen; dann mir ist gleichwohl nicht unbekandt, daß es auch solche Lehrer und Prediger gibt, welche des HErren Rechte mit allem Ernst halten, an seinen Zeugnussen hangen, und den Weg der Warheit erwählet haben, deren Seele verlanget,

und

und ihre Augen sich sehnen, nach dem Befehl GOttes, auch ihren Füssen abwehren, daß sie keine böse Wege gehen, und kein Unrecht über sich lassen herrschen, sondern frühe die Gottlosen aus der Stadt des HErren ausrotten; mit einem Wort, welche nicht abweichen von den Gesetzen ihres GOttes, sondern lassen selbiges ihr ewiges Erbtheil seyn) auf etwas legen, welches nicht allein ihnen ganz unanständig, sondern auch weit über ihren Verstand ist; dann warumb will doch einer, welcher gewidmet ist das Wort GOttes zu predigen, sich auf solche Sachen begeben, welche er niemahlen gelernet, und gar nicht verstehet? als da ist die Medicin und Chymie, warumb suchet sich ein Prediger allhier mit einzuflicken? gewißlich mich bedunket wann ein rechtschaffener Lehrer und Prediger thun wollte, worzu er verordnet, er hätte keine Zeit übrig, sich in fremde Sachen einzumischen, sondern sollte noch vielmehr Zeit suchen zu kaufen, damit er alles dasjenige, welches ihme so theur anbefohlen ist, und von welchem er muß Rechenschaft geben, besser maßen köndte zu Werk richten. Ein Medicus studiret täglich in der Medicin, und wartet nach bestem Vermögen seiner Patienten, ebener maßen, solle ein Lehrer und Prediger zusehen, und darauf geflissen seyn, wie er wolle das Wort GOttes rein und unverfälscht predigen, und wie er und die Seinigen nach diesem Wort sein Leben und Wandel anstellen, damit er seinen Zuhöreren ein lebendiges Vorbild seye, der Lehr und Lebens; aber

P 3   ach!

ach! was sage ich doch von einem Vorbilde? was vor Vorbilder präsentiren heutiges Tags unsere Geistlichen? sind sie nicht wahrhaftige Vorbilder des Geitzes, des Wuchers, in Summa alles eigennützigen Wesens? ist nicht der Geitz bey ihnen so stark eingewurtzelt, daß sie gleichsam Tag und Nacht beflissen sind nachzusinnen, wie sie sich doch möchten bereicheren, wie sie möchten einen Schatz sammlen, wovon ihnen ihre Mastbäuche gefüllet werden in ihrem Leben, und ihr übriges ihren Jungen überlassen? Hat nicht der Wucher bey ihnen so stark überhand genommen, daß sie hierinnen auch die sonst schacherenden Juden übertreffen? man gehe nur auf die Vieh- und Pferd-Märkt, da wird man sehen, wie trefflich und Kaufmännisch (oder Jüdisch) sie zu schacheren, grützen und zu märkten wissen; also daß zwischen ihnen und Juden, so sich auch haufen-weiß daselbsten einfinden, kein Unterscheid zu treffen, ja was sage ich lang von Unterscheid? der Unterscheid bestehet oft hierinnen, daß der Jud an der Gerecht- und Billigkeit auch den also genandten Christen zimlicher massen übertrifft; O der schönen Tugend unserer heutigen Geistlichkeit! indem allhier meine Feder einen zimlichen Lauf gewonnen, so wurde es nicht ausser weges seyn, in dieser Materi ferners fortzufahren; insonderheit sollte von der Liebe des Nächsten, von Übung der Barmhertzigkeit auch etwas gehandelt werden. welches dann solche Puncten seynd, daß alle Welt, insonderheit die Geistlichen hierinnen nicht nur schläferig, sonderen

der Weisen.

ren ganz erstorben sind, ja sogar, daß, wann man etwan mit ihnen in einem Handel stehet, und von der Liebe des Nebenmenschen will anfangen zu reden, es ihnen so wunderlich vorkombt, als wann man von Böhmischen Dörfern erzehlete, ja man darf noch mit lachen ausrufen und sagen, Ho! das Hemb ist mir viel näher als der Rock. Dieweilen ich aber nicht Willens ware, allhier in diesem Tractätlein, mich solcher massen ausser den Schranken zu begeben, wie es dann in diesem Punct gleichsam wider meinen Willen geschehen ist, als will diese Anführung, nemlich von der Liebe und Barmherzigkeit, in einem anderen Tractat weitläuftiger erörteren; vor dißmahlen ist es genug gehöret zu haben, wie daß leider der Geitz, Wucher und Eigennutz unser ganzes Geschlecht beflecket haben. Damit ich aber mein voriges (da die heutige Levitische Priester, in ein frembd Ambt greifen) besser massen beschliessen möge, so sage daß es sehr lächerlich wurde anzusehen seyn, wann nemlich ein Siegerist oder Klöckner sich unterstehen wollte, einer ganzen Gemein von der Canzel herab zu predigen, ebener massen sage ich kombt es einem noch viel lächerlicher vor, wann man sehen muß, daß einer, welcher ein Lehrer und Prediger seyn solle, in der Medicin, oder noch vielmehr in der Chymie sich übet, das sind ja nicht Sachen, welche sich zusammen schicken oder reimen: was gibt aber ein so genandter Lehrer und Prediger hiedurch zu verstehen? gewißlich nichts anders, als neben seiner grossen Ignoranz,

ranz, seinen grossen unersäuilichen Geld-Geitz, welches dann ein grosser Schandflecken ist des gepredigten Worts GOttes.

Es sollte auch billich von denen etwas angezogen werden, welche sich unterstehen, diese edle Kunst der Alchymie zu schelten, und mit vielen spöttischen Reden alle die, welche damit umgehen (ich verstehe solche, welche vermittelst ihrer fleissigen Nachforschung in der Natur einen rechtmässigen, unumbstössigen Grund geleget) ganz lästerlich suchen zu beschmitzen, als ob sie mit unrechtmüßigen Sachen umgiengen, man wuste ja wohl, wie viel hierdurch sind zu Grunde gangen, und seye dieses nur eine pure lautere Verblendung und ein leeres nichts (wer will mit Stillschweigen vertragen, daß solche unerfaubte, derer weisen Leute guten und ehrlichen Nahmen so zernagen sollen? wer will sag ich, mit Gedult anhören, daß Blinde von der Sonnen so verwegen reden sollen? wiewohl es rühmlicher ist, ein untüchtiges Gewäsch verachten, als aber zu widerlegen) aber diese sollen wissen, daß ich mich mit solchen nicht aufzuhalten habe, ist auch unnöthig einen jeden seiner Thorheit zu überzeugen, und weise ich diese in des Irenæi Philoponi Philaletha Kern der Alchymie, woselbsten sie Materi gnug finden werden ihres naseweisen Vorurtheils, welches sie über diejenigen fällen, denen sie doch nicht vermöglich sind, mit der geringsten gründlichen Gegenantwort zu begegnen, sich selbsten, dafern sie nemlich nicht vollends stock blind sind, überzeuget sehen:

der Weisen.

hen: unsere unschuldige Philosophia ist Laster-frey, und stehet unbeweglich, zumahlen selbige mit festen Grund-Säulen, dieser Warheit gnugsam befestiget ist, und vor dem Bellen dieser Neid-Hämmeln zum Troß kan beschützet bleiben. Derowegen ich ganz und gar nicht gesinnet bin, grosse Mühe anzuwenden, die Unverständigen eines weges zu unterweisen, welchen sie doch in Ewigkeit nicht wurden lehrnen gehen können, sondern mein Vorhaben ist allein diß, daß ich von Herzen wünschen wollte, daß die rechte Weißheit-liebende, dieses vortrefflichen Geheimnuß, allhier aus dieser meiner Unterweisung, wurden einen rechten Grund fassen, und von ihren bishero besitzenden Irrthümern bey Zeiten abstehen; dann in Warheit ich finde, daß dieses mein Vornehmen so Christlich und ehrlich ist, vermittelst meiner eigenen irrgehenden Wegen, worauf ich auch lange Zeit gewandelt, und auch vielleicht noch bis dato, mich auf selbigen befinden wurde, wann nicht der höchste GOtt, sich meiner erbarmet hätte, und mir einen getreuen Wegweiser gesendet (welchen ich auch aus dem innersten Grund meines Herzens verehren werde, so lang ich werde den Athem in mir haben, und gegen diesem meinem getreusten Wegweiser, in schuldigster gehorsamster Demuth, allen unterthänigsten Respect erzeigen) von dessen hell-brennenden leuchtenden Fackel, auch mein Lichtelein nach und nach ist angezündet worden, dem Weißheits-liebenden zu eigen, womit ich mich in eine solche ungeheurige Wüsten gebracht,

P 5 worauf

worauf zu gehen niemand den Weg des Friedens
wird können antreffen, sondern vielmehr nach
grosser Mühe und Kosten, in unbeschreiblichen
Jammer gebracht wird; so seye nun dem geneigten Leser unverhalten, daß ich auch lange Zeit, biß
in die 20 Jahr (wie der im Kern der Alchymie
redet) einer von des Gebers Köchen gewesen bin,
und in vielerley Sudeleyen mich zermartert; zwarn
Anfangs ware mir nichts verdrießlichers, als etwas von dergleichen Sachen zu hören, ja ich hatte einen rechtschaffenen Eckel davor, ware auch
beschäfftiget, mit vielen Bittungs-Worten (dann
ich befande mich bey Leuthen, deren Befehl ich
verrichten muste) diese Sachen welche mir grau-
sam zuwider waren, gewissen Leuthen, sowohl
Tags als Nachts, aus dem Sinn zu reden, welches aber alles vergeblich ware, hergegen waren
selbige bemühet, mir solches mit den allererstnnlich-
sten Gründen einzureden, welches letztere dann
auch ganz wohl von statten gangen, befande mich
also nach und nach mit der allerhitzigsten Begierde tüchtig, die curiosesten Arbeiten ins Werk zu
richten, wiewohl ganz ohne Nutzen; meine erste
Arbeit so ich im Werk hatte, ware ein gewisses
Mineral, welches ich so künstlich zu zerlegen wuste, daß sich diejenigen, so zuweilen mit im Werk
begriffen, nicht wenig verwunderen musten: nach
diesem nahme ich nach vielfaltigem Lesen in den besten Büchern, den Vitriol zur Hand, zu welchem
mir dann Basilius Valentinus nicht geringe Anlei-
tung gabe; wie dann in seinem dritten Buch vom

uni-

der Weisen. 235

universal der gantzen Welt, gantz weitläufftig von
dem Vitriol gehandelt wird, welches ich alles nach
dem Buchstaben verstunde, und wuste nicht daß
diese weise Männer durch die Venus, nicht das
Kupfer oder Vitriol, sondern ihre Venus wollen
verstanden haben: in diesem in seinem Grab hoch-
gelobten Mineral, nemlich in Cyprischem Vitriol,
brachte ich eine geraume Zeit mit solviren, evapo-
riren, coaguliren und cristallisiren zu, und nachdeme ich diese Cristallen, welche in Warheit ihre
6 Ecken, der siebende aber im Mittelpunct bestehen sollte, so trefflich präsentirten, daß man nicht
anders vermeinte, es muste ja nothwendig derjenige Stern hierdurch verstanden werden, vermittelst welchem die Weisen, nach dem neu-gebohr-
nen König geführet werden könten, zu einem
schneeweissen Pulver, in gelinder Wärme hätte
zerfallen lassen, auch darinnen einige Süßigkeit
verspühret wurde, aber dannoch wolte es niemahlen von seiner Art lassen, sondern der herbe Vi-
triol-Geschmack hatte noch immer den Vorzug.
Diese Arbeit, nemlich solviren, coaguliren, cristallisiren und pulverisiren continuirte ich so lang,
bis ich vermeinet, daß die äusserliche Unreinigkeiten nun allbereit diesem hoch-schätzbaren Mineral,
alle solten benommen worden seyn, derowegen
ware es nun zu thun, umb die innerliche Unreinigkeiten abzuscheiden, ware derohalben beschäff-
tiger, dieses schnee-weisse Pulver, in gelinder
Wärme in einem verschlossenen Gefäß zu einer
Röthe zu bringen, indem es vermittelst dieser

roth-

roth-werdung, sein innerliches heraus, und das äusserliche hinein kehren sollte: Diese innerliche feces mußten alsdann abgewaschen werden mit dem philosophischen Aceto; nach Abwaschung dieser innerlichen Unreinigkeiten, ware ich willens die Materia in drey Theil zu theilen, nemlich einem subjecto Geist, Seel und Leib zu bringen, und dann ferners nach Einsetzung in das Ovum philosophicum, in beständiger continuirender Wärme, der Farben bis zu end des rothen Elixirs zu warten, aber ach! O Thorheit und Blindheit! Ich betrachtete nicht, das was man säen wurde, man auch nothwendig ernden muste, derowegen muste ich meine lang-gehabte Mühe, neben Verliehrung der Zeit und Kosten, und was noch das meiste war, meine vielfältige Thorheit und Unerkandtnuß, mit vielen Seuffzern bedauren. Nach diesem machte ich mich über die Metalla, deren Seel auszuziehen, da ich dann ganze Jahr der Lampen gewartet, und gleichsam aller menschlicher Gesellschaft mich entzogen; dann der Umbgang eines einzigen Freundes kan offtmahlen gnug seyn, daß unser Werk zu grunde gehet, derowegen entschlosse ich mich in einer sonderbaren Einsamkeit zu leben, alles Weltliche ware mir zuwider und entgegen, hergegen suchte ich meine Lust darinnen, die Werk der Natur zu beschauen und in derselben Wunderwerken mich zu ergehen, übete mich also Tag und Nacht hierinnen, und hielte das Zuschauen meiner Oefen viel höher, als die Gegenwart meiner besten Freunden, ungeachtet aber meines stät-

tigen

der Weisen.

ßigen fleißigen arbeitens, nahme doch dieses alles einen bereuenden Ausgang, und konnte ich doch in Warheit die Schuld mit nichten dahin werfen, ob seye etwas in der Operation oder Handgriffen verfehlet worden; dann ich hatte einen Lehrmeister welcher alle Arbeiten in der Chymie trefflich wohl verstunde, aber wir waren denen gleich zu achten, welche wann sie einen Baum wolten pfropfen, hie und da einige Zweiglein wurden abbrechen, vermeinende daß hiervon ein rechter Baum werden sollte, oder wann man etliche Theil vom Menschen, als Arm und Bein nehmen wollte, der Meinung, es wurde ein wohlgestalteter Mensch daraus können formiret werden; ob nun zwar dieses solche Sachen seynd, von welchen man gedenken könte, daß auch die einfältige Kinder dieses wüßten, sene hiemit ganz unnöthig, verständige und welche zu ihren Jahren kommen, mit solchen groben Exemplen suchen zu unterweisen, so befindet sich doch in der That und Warheit also, daß die meisten heutige Alchymisten, welche vermeinen die Natur zu verstehen, mit solchen und dergleichen Sachen umgehen, eben wie diese grobe Exempel ausweisen; wann sie aber die natürlichen Dinge recht verstehen werden, so werden sie auch mit der Natur zu Rath gehen, deren genaue und ordentliche Werk mit Fleiß betrachten; dann die Kunst gehet der Natur auf dem Fuß nach, wird man etwas gehandlet, welches der Natur zuwider laufe, so hat die Kunst bald ein Ende. Mit diesen verdrießlichen unnützlichen Arbeiten habe ich

mich

mich wie ich gesagt, in die zwanzig Jahr zerplaget, ehe und bevor ich zu einer rechten Erkaͤntnuß kommen, und wird der geliebte Leser, von mir aus einer rechten Christlichen und bruͤderlichen Wohlmeinenheit gewarnet, daß er sich huͤte vor den Metallen und Mineralien, sie moͤgen auch Nahmen haben wie sie wollen, als da ist Gold und Silber, und im uͤbrigen die anderen Metalla. In den Mineralien wolle er sich huͤten vor Vitriol, Antimonium, oder wie sie auch Nahmen haben moͤgen, auch huͤte er sich vor Quecksilber, Summa alle diese Dinge, sowohl die Metalla, als alle (keine ausgenommen) Mineralia seynd zu unserem Werk ganz und gar nichts nuͤtz, welches ich wahr zu seyn hoch bezeuge. Aus diesen meinen Reden welche alle warhaftig und wahr seynd, wird mit nichten deren wahrhaftigen Maͤnneren Meinung umgestoßen, als da ist der Philaletha, welcher bezeuget, daß die Materia, so man zur hand nehmen muͤsse, ohne einige zweiffelhaftige Red, des Mercurius und Sonne seye, welches dann gewiß, und in hoͤchster Warheit, alles die pure lautere, reine und unverfaͤlschte Warheit ist, und hat dieser Mann der Welt nicht ein geringes Licht angezuͤndt; aber es wird hierdurch nicht das gemeine Quecksilber verstanden, sondern der Mercurius und Sonne der Weisen, worinnen dann ein merklicher Unterscheid, ja so groß als Tag und Nacht zu finden ist; dann warumb sollten diese weise Maͤnner, welche diese himmlische Weisheit allesambt mit blutsaurer Arbeit erlanget, und manchemahlen mit unruhigen

Naͤch-

der Weiſen.

Nächten den Schweiß haben müſſen ausbrechen laſſen, wie dann ſelbiges nicht allein der hoch-beliebte Philaletha, ſondern noch viel andere mehr (wie dann auch ich ſelbiges bezeugen kan, daß dieſe tiefe Nachforſchung, mir oft meinen Schweiß gekoſtet) bekennen müſſen, der ſchnöden undankbaren Welt alles ſo fein offentlich darſtellen? wäre ja ganz wider die Geſätz der Philoſophen; welche auf denſelben einen Fluch geleget, wer ſich unterſtehen würde die Materia mit ihrem rechten Nahmen zu nennen; aber ihren Söhnen, ihren Kinderen, welche neben herzlicher Anruffung zu Gott, mit unaufhörlicher unermüdeter Arbeit und Fleiß (ungeachtet der böſen Welt Verfolgung und derer Faußſtrick) in ihre Fußſtapfen tretten, benenſelben haben ſie ja ſo deutlich, ſo offenherzig geſchrieben, daß ich wünſchen möchte Gelegenheit zu haben, gegen ſolche getreue Lehrer, mit dem dankbarſten Gemüth mich zu erkennen zu geben. Ich habe mit Warheit geſagt, daß man umb unſeren Stein zu präpariren, aller Metallen und aller Mineralien ſich müßigen muſte, und eben gleichwie dieſes wahr iſt; alſo iſt es auch nicht deſtoweniger die Warheit, daß die Vegetabilia und Animalia ganz untüchtig hierzu ſind; dann wie geſagt, ſo wird man dasjenige traben was man ſäet: Ich habe aber droben albereit geſagt, daß weilen dieſer unſer Stein zur Verbeſſerung der Metallen ſolle angewendet werden, daß auch alſo nothwendig dieſer Stein aus einem metalliſchen Saamen muß hervorgebracht werden; derowegen wolle ſich mein lie-

liebwerthester Leser genau umbsehen, wo er doch einen solchen Saamen, eine solche Grund-Feuchtigkeit etwan köndte antreffen. Basilius Valentinus ein Mann welcher zwar einen tiefsinnigen stylum führet, handlet in dem Buch vom grossen Stein der uralten Weisen so vortrefflich hiervon, daß mich verwunderet; daß so viel hohe gelehrte Männer hierinnen so wenig effectuirt haben; aber wie schon gesagt, es ist eine solche Sach, welche von dem höchsten GOtt muß erbetten seyn, dann dessen unerbrechliches Siegel liegt darvor. Es ist unmöglich selbige zu erlangen, ohne daß der Mensch zuvor in sich selbsten gehet, und sich lerne erkennen, über das, so muß er von sich selbsten, und von der Welt wiederumb ausgehen, und in GOtt kommen, alsdann kan er sich einige Hoffnung dieses gebenedeyten Steins machen; sonsten nicht.

Immittler Zeit aber, da ich gesehen, daß nunmehro alle meine grosse Mühe vergeblich wäre, habe bey mir entschlossen, dieses hohe Geheimnuß auf eine gantz andere Manier zu suchen. Ich betrachtete die Eitelkeit und Nichtigkeit dieser Welt, daß ein Mensch so elend und blind ist, ungeachtet er weiß daß dieses Leben einer Handbreit, und nichts anders ist, dann ein bekümmerter Abend, mit nichten aber ein heller Tag des Glücks und der Freuden kan genennet werden, welches so zerbrechlich, so hinfällig, daß wann man vermeinet heut früh zu blühen, wie eine wohlgestallte Rosen, man noch vor Abend abgebrochen und verwelken

welken muß, dannoch sich so hoch bemühet, und gleichsam Tag und Nacht beschäfftiget ist, in den weltlichen Dingen sich zu ergetzen, welches dann eine große Eitelkeit und Verzehrung des Geistes ist. Dieses jämmerliche Ding aller Menschen kame mir gantz betrübt vor, aber dannoch jemehr ich mich hierinnen vertiefe, je grösseren Abscheuen bekame ich an allen weltlichen Dingen, und grösseren Lust und Liebe zu den himmlischen. Ich sage mit Warheit, daß ich an allen Welt-Sachen einen rechten Eckel und Abscheuen hatte, die Himmlischen aber waren meine rechte Freud und Ergetzung, worinnen ich mich Tag und Nacht übete; dann es wäre meine Lust in den Wegen GOttes zu wandlen, seine Gebott waren mir lieber dann tausend Stuck Guldes, auch ware ich beschäfftiget, diejenigen mit denen ich täglich umbgienge, und mit allem Ernst von ihren weltlichen Geschäfften, worinnen sich selbige sehr vertiefet und verstricket hatten, mit Bitten und Flehen abzumahnen, welches aber ach leider! meistentheils vergeblich ware; zwaren muß ich bekennen, daß ich hierinnen das rechte Mittelmaß, nemlich in Abmahnung der Laster, noch lange nicht zu treffen wuste; dann ich ware so gesinnet, wann ich Menschen in ihrem natürlichen Leben wandlen sahe, welche sich mehr bemüheten in der Welt zu leben, als aber im Geistlichen und Himmlischen sich übeten, so bekame ich einen rechten Eckel und Haß auf solche Menschen, und betrachtete allhier nicht den sonderbaren Zug Gottes und wie wir arme elende ohnmäßige Men-

Ch. Schr. II. Th.   Q   schen,

ſchen, von uns ſelbſten nichts thun könnten, da mir doch wohlwiſſend ſolte geweſen ſeyn, daß niemand zu dem HErren JEſu kommen könne, es ziehe ihn dann der Vatter. Ja ich betrachtete nicht, daß nicht alle zu einerley Zeit in den Weinberg GOttes können eingehen zu arbeiten, und daß ſowohl am Abend ein ſolcher Annehmungs-Tag ſeye, als aber am Morgen, geſchahe alſo manchmahlen, daß ich bey Gelegenheit mich nicht ſcheuete das Urtheil zu fällen über ſolche Welt-Menſchen, da ich doch ſelbige billig gantz brüderlich hätte ſollen ermahnet haben, und dero Fehler mit dem Mantel der Liebe bedecken ſollen, auch nicht ablaſſen vor ſelbige zu bitten. Ich kam aber nach und nach zu einer beſſeren Erkandtnuß; dann ich fande, daß es nicht in jemands Gewalt ſtehet, von ſeinen natürlichen, angebohrnen, hartanklebenden Sünden-ſtand von ſich ſelbſten zu bringen, ſondern daß der natürliche Menſch todt lieget in Sünden und Ubertrettung, welcher ſich mit nichten ſelbſten lebendig machen kan, ſo wenig als ein ungebohrnes Kind in Mutterleibe, ſich vor ſich ſelbſten kan zur Welt bringen und ihme ſelbſten mit Raht und That behülflich ſeyn: auf ſolche Erkandtnuß, bekahme ich eine durchdringende Liebe zu meinem GOtt, und zu meinem HErren JEſu, und gegen alle Menſchen, da konte ich die ſo mir fluchten ſegnen, da ware es meine hertzinnigliche Begierde, den HErren JEſum mit meinen leiblichen Augen zu ſehen, gleichwie er in den Tagen ſeines Fleiſches auf Erden gewandlet hatte,

ich

ich ruffte und flehete ihn an um seine Gnade, umb seine heilige Liebe, da suchte ich auch des Nachts mit der Braut Cant. 3. den, den meine Seele liebte, ja ich kan wohl mit Warheit sagen mit der Kirchen GOttes: mit meiner Seel hab ich dich begehret in der Noth, und mit meinem Geist habe ich dich frühe gesuchet. O wie manchmahlen bin ich in diese Wort ausgebrochen, wann ich etwan nicht alsobald auf mein Begehren, den HErren JEsum habe finden können. O wie lang, o mein HErr JEsu! solle ich so ängstiglich suchen? wie lang solle ich meine Tage zubringen, mit diesem Wunsch und Begehren, wie lang muß ich noch kämpfen, laufen, bis ich aus dieser Zeitlichkeit, ja aus diesem greulichen Kerker des Leibs, zu dir, O HErr JEsu! in die ewige Freyheit kan gesetzet werden. Ach! ich seufze und habe ein Verlangen mit meiner Behausung, die vom Himmel ist, überkleidet zu werden, ich will viel lieber abwesend vom Leibe seyn, und gegenwärtig bey meinem HErren und GOtt. O wann werde ich dahin kommen, und vor ihme erscheinen? wann werde ich meines JEsu erworbene Güter empfangen, die Früchte meines Gebets, die Ernde meiner Arbeit, das Ende meines Glaubens, die Seligkeit meiner Seelen. Auf dieses ängstiglich Sehen meines Seelen-Bräutigambs, habe ich empfunden, daß er nur hinder der Maur gestanden, und durch das Gegitter geschauet, also daß ich daraufhin mit herzlichen Freuden habe ausruffen können, ich habe funden den meine Seele liebet! In einer solchen Herz-erquickenden Ergetzlichkeit, habe ich mich, dem Höchsten seye gedanket, etliche Zeit befunden. Aber ach! was hat eine solche verliebte Seele inzwischen zu erwarten, von den Kinderen dieser Welt, von den Hüteren der Mauren, ja von ihren nächsten Verwandten? Gewißlich nichts anders als Spott, Hohn und Schande: da nimmet man einer solchen Braut ihren Schleyer, da schlaget man sie wund, da tränket man selbige in ihrem grösten Durst, mit Eßig und bitterer Gallen; ja da theilet man ihre Kleyder, in Verletzung ihres ehrlichen Namens, indem man sich keines weges scheuet, selbige auf alle Weiß und Weg zu verlästeren, und gar vor ein Scheusal der Welt auszuruffen. Aber ach, mein HErr JEsu! was ist doch hiebey zu thun? indem sich eine solche Seele gleichsam selbsten nicht mehr kennet, ich weiß nichts mehrers, als mit dir unter dem Creutz zu stehen und zu ruffen, o HErr JEsu gedenke meiner! da muß eine solche Seele ausruffen und klagend fragen: Sage mir an du, den meine Seele liebet, wo du ruhest? wo du weidest? aber getrost O meine Seele! mitten in dieser erschröcklichen Verfolgung, redet dein Seelen-Bräutigam dich mit dieser tröstlichen Frag-Antwort an; kennestu dich selber nicht? so gehe hinaus auf die Fußstapfen der Schafe. Inzwischen aber, da ich also unter diesen grausamen Kriegs-Knechten mich befande (die grosse Unbillig- und Ungerechtigkeiten, so man an mir begangen, ja eben die jenigen, so von GOtt darzu verordnet waren,

mich

der Weisen.

mich in allen Stucken zu beschützen und zu beschirmen, deren schandliche an mir verübte Bosheit, bezwinget mich also zu reden; dann sie scheueten sich nicht, die ärgerlichst- und abscheulichsten Spitzbuben darzu zu kaufen, mir an meinem Leben schädlich zu seyn) lehrnete ich alles, was in dieser Welt ist, nichts anders als vor einen Schaden zu achten; ich begehrte nun nichts mehrers als JEsum Christum, und zwar als gecreutziget: da ware ich in einem gantz glückseligen Zustand, da befande ich mich recht in einer geistlichen Wüsten, da kondte ich mit meinem Bruder freundlich reden, da wurde ich manchmalen von ihme geführet in den Weingarten, da kondte ich sehen wie die Granat-Aepfel blüheten, da wurde ich mit Blumen erquicket, und mit Aepfeln gelabet; O der grossen unaussprechlichen Glückseligkeit! Aber was geschahe in währender Zeit? Es kame mich wiederumb eine rechte Lust an, mich in der Chymie zu üben: Ich ware nun recht überzeuget, daß, weilen ich zuerst gesuchet hatte, das was droben gewesen, mir nun alles wurde zufallen; Ich drange zwaren Anfangs nicht so hefftig darauf, zumahlen ich den rechten Stein, ja den rechten Felsen schon funden hatte: Aber GOttes Wege und unsere Wege sind gantz ungleich; dann GOtt führet uns oft einen Weg den wir nicht kennen, und kan ich wohl mit Warheit sagen, daß ich auch in diesem Stuck, einen gantz rauhen ungebahneten Weg habe gehen müssen, durch den Abgrund der Berge, und hinder mir her gehabt, den Teufel mit allem seinem Heer, ich will sagen, indem täglich viel und manchfaltige Verleumbdungs-Pfeile, von allen Enden und Orten auf mich zu-gestürmet kamen, und meinen Füssen mehr als tausend Fallstricke gesetzet wurden: auf beyden Seiten hatte ich unbesteigliche hohe Berge und Felsen, ich verstehe hierdurch solche Widerwär-tigkeiten, daß auch Salomon zu seinen Zeiten, kein grösser Unglück unter der Sonnen gesehen: Ob nun zwar mich jederzeit mit einem solchen Har-nisch, als Glauben, Hoffnung und Gedult, habe bewaffnen können, so muß ich doch bekennen, daß, ungeacht meiner so Felsen-festen Standhaftig-keit ich offt in die Gedanken gerathen, diesen müh-samen Weg, da ich doch schon so manche beschwer-liche Klippen überstiegen, und schon würklich über-wunden hatte, wieder ruckwärts zu kehren, zu-mahlen ich wegen hefftiger Verfolgung, so mir links und rechts zugesetzet, die grosse Beschwer-lichkeit länger zu ertragen, mich zu schwach be-fande; derohalben dann oft in meinem Gemüth, ein hefftiger Streit entstunde, welchen ich aber durch den der mächtig ware, und der mich unaus-gesehen meines oftmahligen grossen Zweifels, dan-noch mit seiner Hand leitete, mit grösstem Sieg überwinden können. Damit nun dieser Vernunffts-Streit bey mir sollte die Oberhand gewinnen, so wurden mir grosse und gewaltige Riesen vor Au-gen gestellet, ich verstehe hierdurch der jenigen Kinder, welche vor Zeiten dem Lande ein böses Gerücht machten. Obwohlen ich diese alle, nur

aus

aus einer Hirten-Taschen genommenem Schleuder-Stein köndte zu Boden rennen, so eräugeten sich doch bald daraufhin noch viele stärkere Feinde; dann es kamen deren, welche sich zwar nicht sichtbarlich sehen liessen, und mir vor Augen zu tretten sich erkühnen dörften, wie es dann sonsten Ehr-liebenden Menschen (ich habe droben in der Vorrede gesagt, was ein Mensch seye) zustehet, welche dasjenige was sie hinderet offentlich dörfen vorbringen, diese aber, welche denen gifftigsten, schabhafftigsten Thieren gleich sind, welche nur in der Finstere ihre Schädlichkeit verüben, hatten nicht das Herz, sich mir offentlich zu widersetzen, sonderen musten durch schandliche Briefen und Paßquillen ihren Gifft gegen mir außspeuen; aber zu meinem Trost ware ich dazumahlen in Gegenwart dieses gegen mich ausgegossenen Giffts, mit einem Præservativ versehen, vermittelst welches diesen Feinden nur grössere Straf auf den Hals gebürdet wurde. In diesem trüben Wetter der Verfolgung aber, mußte ich offt gegen mich selbsten in diese Wort außbrechen: Solle ich dann auf diesem Wege, da ich ganz und gar nicht vermöglich mehr bin, den Ruckweg zu nehmen, zumahlen mein ganzes Gemüt ja meine Vernunft, allzustark davon eingenommen, und die völlige Herrschaft besitzend, erliegen bleiben? solle ich leiden müssen, daß die vorübergehenden mich auf das allerschimpflichste verspotteten? sollen dann diese Feinde den Ruhm haben, daß solche tiefgewurzelte Bäum, nur von dem Wind ihres blossen

Athem-

Athem-zugs sollten können ausgerottet werden? sollen dann diese mächtig seyn, ein so wichtiges mit lang und gröster Müh, Fleiß und Hirn-brechendes Werk, worinnen GOtt mit seiner Gnad so mächtig beygestanden, und gleichsam Heerführer und Handleiter ist, zu zerstören? vermeinen dann diese ohnmächtige Menschen, daß sie durch dieses ihr dräuen, mich von meinem vorhabenden Zweck wollen abwendig machen? das sey ferne, und wird dieses auch nimmermehr gestattet werden; dann sollte sich wohl jemand einbilden können, daß, wann er den Drachen von Orient haben könnte, er mit einem solchen zaghaften und erschrockenem Gemüth, gleich denen so eine Misserthat begangen haben, solchen und dergleichen im Weg liegenden Hölzeren sich wurde achten? warumb haben wir dann so feige und unerschrockene Herzen (diese Rede geschahe nicht weniger zu dem jenigen Herren, von welchem droben gemelder, daß er mein Wegweiser gewesen, und von dessen hellbrennenden Fackel mein Lichtlein seye angezündet worden; dann die Hindernussen erzeigeten sich sowol an seiner hohen Person, als gegen mir, obwohlen dieser HErr mächtig genug gewesen wäre, alle diese Feinde mit einem einzigem Wort zu erlegen, ja mit einem Blick selbige zu Boden rennen, so gabe doch seine Demuth selbiges nicht zu, sondern ware willig, neben mir solche Widerwärtigkeiten mit Gedult, und aus einer angebohrnen Mild- und Gütigkeit zu ertragen, auch mir als einem hitzigen Petro das Schwerdt ein-

der Weisen.

einzustecken, ganz herrliche und lehrreiche Vermahnung gethan, zumahlen ich wohl erachten könte, und billich betrachten sulte, daß alle diese Hindernussen aus einem sonderbaren Geschick, jederzeit seye in Weg gelegt worden, und gebühre es uns nicht dem Höchsten hierinnen Zeit, Ort und Stund vorzuschreiben, zumahlen er solches einzig seiner Macht vorbehalten hatte, und seye die Gelassenheit hierinnen das beste Mittel) warumb verachten wir nicht mit einem großmüthigen Geist alle diese Hindernussen und Widerwärtigkeiten? warumb setzen wir uns nicht darwider mit einem unerschrockenen Muth und lassen nicht eher ab, bis wir alle im Weg stehende Hindernussen mit ganzer Macht haben durchgebrochen, und zu Erlangung des uns vorgesetzten Ziehls kommen sind? warumb bringet die Großmüthigkeit bey uns nicht so viel zu wegen, als welche jederzeit zu heroischen Thaten geneigt ist, daß wir vermittelst göttlichen Beystands, in diesen allerschweresten Sachen, uns mit allem das wir haben darwägen, ein so grosses und wichtiges Werk zu erlangen? warumb liegen wir so still, ohne einige Bewegung, in Vergrabung unsers Talents und Gaben, so GOtt in uns geleget, da wir doch billich (jedoch mit einer unbeweglichen Demuth, als worauf GOtt am meisten siehet, indem wir wohl wissen, daß wir aus und von uns selbsten nichts haben, und nichts sind, welchen Zweck der Tugend wir wohl erkennen können) vor anderen hervor leuchten sollen? dieses alles aber wie gesagt, wurde mir mit dem allersanftsanftmüthigsten Geist und vortrefflichsten unanstößigsten Gründen beantwortet. Es wuchse aber hierinnen meine Begierde, nemblich mein Werck in das Werck zu richten, täglich je mehr und mehr, also daß ich hierinnen einen rechten brennenden Eifer bekame; O was vor eine Begierde hatte ich dazumahlen, den gekrönten Adler auf den Thron zu setzen, und den Scepter der Ehren ihme einzuhändigen! Aber ach! je mehr mein rechtmäßiger Eifer hierinnen zunahme, je weniger hatte ich nunmehro Gelegenheit hierzu, nemlich wegen gottlosen Verfolgungen meiner Feinden (Freunde kan ich sie wegen verübten Bosheiten nicht nennen, dannoch wünsche ich ihnen alles das, was man auch seinen Freunden wünschen kan, insonderheit Besserung ihres Lebens, sonsten dörfte wohl eine sehr schwere Verantwortung folgen) bis endlich zuletzt, kame ich durch sonderbahre Regier- und leitung GOttes in Bekandtschaft eines vornehmen Herren, dessen Nation, hohes Geschlecht, wie auch besitzende höchste Ehrenstaffel und Wohnstatt mir verbotten ist anhero zu setzen; aber dieses kan ich mich nicht enthalten zu sagen, daß seine Gelehrtheit ungemein ware, und seine Wohlgewogenheit gegen mich sehr groß, welche ich auch mit einem bemüthigen Herzen, in allen Begebenheiten höchst dankbarlich erkennen werde, und solle mich ganz keine Hindernussen davon abhalten. Summa, ich werde diesen Herren verehren, und gegen ihme in standhaftigster Treu und immerwährendem Gehorsam verharren, so lang ich lebe. Der HErr HErr,

der Weisen.

HErr, seye sein Schild, und lasse seine Gnade ewiglich über ihme walten, ja so lang der Himmel stehet, müsse der Bund GOttes fest über ihm bleiben! welches alles ich aus dem innersten Grund meiner Seelen wünsche, und der Himmel mit einem Amen bekräftigen wolle. Von diesem Herren hatte ich die Gutthat die curiosesten Bücher zu lesen, ich konnte bey ihme spüren sich herzlich hierüber zu erfreuen, daß der ewige barmherzige GOtt seine Gaben in ein solches schwacher Gefäß (als ein Weibs-Bild) geleget hatte. Vermittelst meines embsigen, fleißigen, unermüdeten Lesens, gabe mir der höchste GOtt, diese heilige Wissenschaft zu verstehen, derowegen auch dem hochheiligen GOtt, ewig Lob, Ehr und Dank gebühret. Ich wollte dem geneigten Leser, gerne weiters wegen dieses Punctes Meldung thun, allein mir ist ein Siegel an meinen Mund gedruckt.

Damit ich aber zu meinem gänzlichen Zweck und Vorhaben gelangen möge, dem geliebten Leser zu zeigen, so viel als ich vermittelst gewisser Zulassung thun darf, so will ich erstlich reden von dem Anfang unserer Materia, darnach von Präparirung derselben: Drittens von erster und anderer Conjunction, wie dann auch letzlich von Ausarbeitung unsers hohen Elixirs, welches dann so getreulich und offenherzig von mir solle ins Werk gerichtet werden daß auch ein Bruder den anderen, nicht besser und wohlmeinender wurde unterweisen können.

Ich

Ich habe gesagt daß in Suchung unsers Steins, sowohl die Metallen als Minerallen ganz undienlich sind, und sich keines wegs darzu schicken, welches auch die Warheit ist: dannoch, und nicht destoweniger kan man sagen, das was Cap. 12. stehet: und dein unvergänglicher Geist ist in allen, verstehe in allen Metallen, Minerallen, Vegetabilien und Animalien; aber wir haben nicht nöthig diesen Geist und Anfang aller Dingen, in allen, oder besser zu sagen in diesen harten verschlossenen Cörpern der Metallen zu suchen, sondern die Natur hat uns etwas nähers dargestellet, worinnen wir diesen Saamen suchen und auch finden können: so ist unsere Materia ein einiges Wesen, gleichwie alles das unausſprechlich ist, welche vor der Erschaffung Himmels und der Erden, unsichtbahrlich, unbegreiflich, in einer solchen geringen Substanz verborgen gewesen ist: hiervon schreiben alle Philosophi daß das Ansehen zwar gering ist, aber die verborgene Natur, die alles würcket das in ihr ist, dieselbige wachset auf wie ein grosser Berg, und grünen aus ihr allerley Farben, von allerley Geschlecht. Sie wird genennet das Lac Virginis, sie ist der grüne Löw, sie ist lieblich herrlich und schön in ihrer Kraft, Macht, Tugend und Gewalt, auch ist sie an allen Orthen zu finden, sie ist der rechte Auf- und Zuschliesser und Durchdringer aller Dingen. Sie ist der rechte Signat-Stern, die wahrhaftige Medicin der Weisen, sie kommet von einem reinen Saamen, sie wird von den Philosophis Chaos

genen-

der Weisen. 253

genennet, sie ist eben das, worauf zu Anfang der Geist GOttes schwebete; dieweil nun GOtt der HErr, durch sein kräftiges Wort, welches ist gewesen ein Geist, ja der Athem so aus dem Munde GOttes gehet, wovon alle Creaturen und Naturen das Leben empfangen haben, worüber wir uns dann nicht genugsam verwunderen können, sondern ganz erstaunend stehen müssen, daß aus dieser einigen Materia, welche so zu sagen nichts gewesen ist, solche gewaltige Geschöpf, mit unaussprechlichen Geheimnussen, mit unterschiedlichen Arten und Kräften, mit zweyen Substanzen, als sichtbarlich und unsichtbarlich, todt und lebendig, fix und flüchtig; auch dreyen, als Leib, Seel, und Geist, ja mit vier Elementen, Luft, Feur, Wasser und Erden, seynd hervor kommen und entsprossen, welches dann in einer jeden Materia gepflanzet ist. So wisse nun der geliebte Leser, daß GOtt der Allmächtige im Anfang ihme eine sonderbahre Materia erwehlet hat, in dieselbige hat er nach seinem guten Wolgefallen, das Himmlische und Irrdische, das ewige und Zeitliche, auch das Ewige und Verdammliche, das Gute und das Böse geworfen, zusammengefüget und verschlossen, darinnen ist auch die Röche, und unsere einige suchende Materia, woraus der philosophische Stein und die allervortrefflichste Mediein gemachet wird. Siehet man also sichtbarlich, daß keine andere Materia nirgend kan gefunden werden, man suche sie auch, wo man wolle, welche dieses unser Begehren vollbringen kan, als

einzig

einzig und allein diese unsere einige anfängliche Materia. Dann dieselbige ist von einem solchen hohen reinen Saamen gebohren, nemlich von dem Geist GOttes. Ich ach! wer ist derjenige, dessen Augen und Verstand also erleuchtet ist, daß man erkennen könne, daß dieselbige mit einer solchen hohen innerlichen Kraft begabet ist? O mein lieber Weisheits-begieriger Leser! ruffe den an, welcher da mit einem Wort, thue dich auf! den Tauben ihre Ohren geöffnet hat, daß sie die liebreiche Gnadenstimm des Heylands der Welt haben hören können. Ruffe den an, welcher da mit einem wenig Wasser und Erden dem Blinden seine Augen bestrichen, welcher also bald ist sehend worden. Ruffe sage ich den an, welcher die Lahmen gehend, die Sprachlosen redend, die Unsaubern gereiniget, Summa alles wohl gemachet hat, so wirstu auch erleuchtete Augen des Verstands bekommen, und diese zwar von aussen gering, dennoch inwendig herrliche Materia können anschauen, und sodann dann das Reine von dem Unreinen wissen abzusondern.

Nun diese Materia ferners, so offenherzig und deutlich zu erklären, so viel als es erlaubet ist. Dann wir müssen Tag und Nacht bedacht seyn unseren Stein zu verbergen, damit nicht die Gottlosen selbigen erkennen, und derentwegen viel Übels könten anrichten. Es ist auch nicht der Will GOttes, daß alle und jede ohne Unterschied, diesen so hoch gebenedeyten Stein erkennen sollen, sondern GOtt der Allmächtige hat nur etlichen von
sel-

der Weisen.

seinen Kindern, diejenigen die Er von Anfang darzu erwehlet hat, diese hohe Wissenschaft geoffenbahret, und dörfen sie auch des Höchsten Wille gar nicht übergehen, daß sie hievon so deutlich schreiben sollten und den Stein bey seinem rechten Nahmen nennen, daß auch die Boshaftigen hiemit ihren Gewalt, nach ihres Herzens Willen verüben könten, dieses wird nimmermehr geschehen. Ich kan aber versichern, daß die rechten Söhne dieser gebenedeyten Kunst, alles so klar und offenbar sehen werden gleich wie in einem Spiegel, welches Exempel ich dann auch nicht ohne Ursach, und ohne sonderbahren grossen Nutzen, zwar nur im Vorübergang hieben fügen wollen.

Nimb diese erste Materiam, als unsere Venus, füge selbiger hinzu den streitbaren Martem, welcher nach Umbarmung seiner Braut verschaffen wird, daß sie ihre unreine Kleider werden zurück lassen, und aus ihrem Ehebett ganz neu, mit himmlischen Schmuck bekleidet steigen, welches dann das rechte Zeichen ist, daß sie nunmehro denen gleich worden seynd, welche sich im Anfang vor dem Fluch im Paradiß befunden. Hieraus entspringet nur das Wasser des Lebens, das Wasser so die Hände nicht netzet; Wann du nun dieses Wasser hast, darfst du nichts mehr suchen, dann du hast alles was du vonnöthen. O wie köstlich und herrlich ist dieses Wasser! dann ohne dasselbige konte unser Werk nicht vollbracht werden; dann es ist der rechte Brunnen, in welchem sich der König und Königin baden: Es ist die Mutter,

ter, welche man muß setzen und verschliessen in dem Bauch ihres Kindes, verstehe Kinds so von ihro herkommen und gebohren ist, darumb ist auch so eine herzliche Liebe unter ihnen, wie zwischen einer Mutter und ihrem Sohn, sie sind von einer Wurzel herkommen und sind einerley Natur. Dieses Wasser des Lebens, giebet allen wachsenden Dingen ihr Leben, erfrischet, machet wachsen und grünen, erwecket die todten Cörper vom Tod zum Leben. Durch die Auflösung und Sublimation in solcher Arbeit wird das Corpus verwandelt in einen Spiritum, und der Spiritus in ein Corpus. Alsdann ist Freundschaft, Fried und Einigkeit gemacht zweyer widerwärtigen Dingen, nemlich des Leibs und des Geistes, welche unter einander ihre Natur veränderen, die sie annehmen, und eines dem anderen in allen Stucken mittheilet, allhier wird das warme mit dem kalten vermischt, und das trockene mit dem feuchten, das harte mit dem weichen, und wird also eine gänzliche Vermischung, und eine feste Verknüpfung zweyer widerwärtigen Naturen. Derowegen ist eine solche Auflösung der Cörper in unserem Wasser eine rechte Tödtung, und auch zugleich eine Lebendigmachung, in dieser Tödt- und Lebendigmachung des Cörpers und des Geistes, muß das Wasser ganz gelinde seyn, ohne welche sonsten die Cörper von ihren groben irrdischen Theilen, nicht könten gereiniget werden, und wurde also eine grosse Hindernuß entstehen, welche dem Werk höchst-nachtheilig wäre; dann du bedarfst

nichts

nichts mehrers, als nur eine zarte subtile Eigenschaft der aufgelöseten Cörper, welche vermittelst unsers Wassers wird zu wege bracht, wo du nemlich behutsam mit deinem Wasser gehen wirst. Bekommet derohalben das ganze Werk eine Reinigung durch unser feuchtes Wasser. Erstlich durch die Solution und Sublimation; dann in solcher natürlichen Solvir- und Sublimirung geschieht eine Verbindung der Elementen, eine Säuberung und Scheidung des reinen von dem unreinen, also daß das reine und weisse in die Höhe auffsteiget, das unreine aber und irrdische verbleibt am Grunde des Gefässes. An diesen gefährlichen Klippen wird das Schiffelin ohne Zweifel sich noch zimlich stossen, weilen oft von den Philosophis das Gegentheil gesetzet wird. Wisse derohalben der geneigte Leser, daß diese Abscheidung, Auflösung und Auffsteigung, ausser allem Zweifel der Schlüssel ist des ganzen Werks, sowohl in der Vor als Nach-Arbeit, woran du noch eine zimliche Zeit dörfftest zu lernen haben, wofern du nicht mit einem getreuen Lehrmeister, neben herzlicher Anruffung zu GOtt, von dem Höchsten begabet wurdest. Wisse derowegen, daß vor der Solution und Sublimation nothwendig die Calcination vorher gehen müsse, welches dann der Author, in der Handleitung zum himmlischen Rubin, gar schön und umständlich beschreibet, auch ganz klar zu sehen, daß dieses alles nicht in geringer Zeit geschehe; unter anderem schreibet er in End selbiges Tractätleins diese nachdenkliche Wort, daß

Ch. Schr. II. Theil. R sel-

selbige sey (nemlich die Calcination) eine Wiederbringung des Steins in seine erste Materia, eine Offenbahrung der Grund-Feuchtigkeit, und eine Ausziehung der Naturen, von ihrer innersten Tieffe, welche vollendet wurde, wann man solchen Stein in ein Mineral-Feuer bracht hatte: diese Operation seye auch von keinem leichten Werk oder geringen Nachdruck, sagte darneben wie schwer solches zugienge, könten nur diejenigen bezeugen, die sich darinnen bemühet hätten: auch sagte er an einem andern Orth, da er die Gedult so hoch recommendirt, daß einem Laboranten gar viel Ursachen würden zu handen stoffen, welche ihne würden zweifelhaftig machen, vermahnet darneben, daß man sich nicht solte einbilden, wann sie von ihren Würkungen redeten, daß selbige in den gesetzten Tagen verrichtet wurde, sondern wir haben lange und viel gewartet, biß eine Vertragung zwischen beyden Eigenschaften erfolget ist. Siehet man also nur aus diesen wenigen Worten, wie viel Hindernussen und Zweifel man in dieser Handarbeit unterworfen ist; zwaren zu der Zeit, da man schon alles in seine rechte Ordnung gebracht hat, ich will geschweigen, da man noch muß bemühet seyn, alles in rechte Ordnung zu bringen, welches letztere dann mit gutem Recht eine rechte Hercules-Arbeit kan genennet werden; dann was hat man nicht vor grosse Mühe, erstlich in Suchung der wahren ersten Materia, demnach in rechter Zusammensetzung, sowohl innerlich als äusserlicher Proportion? was vor Mühe, Arbeit und Zeit

der Weiſen. 259

Zeit muß man da haben, bis man die Adler recht-
ſchaffen tüchtig zum fliegen bereitet hat? was gehet ferners nicht vor Zeit darauf, bis man das
langwierige Gefecht der Adler mit dem Drachen
überſtanden? was vor lange Zeit muß man nicht
haben, bis aus unſerer Krötte, welche in dem
Schlamm ſich nähret, der Rabe gebohren iſt?
wie viel Zeit ſage ich, muß man haben, in welcher dieſer ſchwarze Rabe, die ſchnee-weiſſe Tau-
be aus ſeinem Munde fliegen läſſet? Endlich was
vor Zeit vorbey gehet, in Gebährung unſers Sa-
lamanders, welcher im Feur lebet? Ich muß bekennen daß derjenige, ſo dieſe Uberwindungs-Zei-
ten überſtanden hat, ſich kühnlich rühmen mag,
daß er das gröſte Wunderwerk der Welt erhalten,
weilen er nun zu der höchſten Glückſeligkeit gelan-
get. Dieſes iſt der Baum des Lebens, welcher
den menſchlichen Leib vor aller Krankheit bewahret, ſelbigen wiederumb erneueret; nur das Ver-
hängnuß des Todes kan er nicht entgehen. O
glückſelig ſind die, welche dieſe gebenedeyte Kunſt
beſitzen; Dann ſie haben die Quelle des Reichthums, und alles das, wornach ihr Herz ſich ſo
lange Zeit geſehnet. O freuet euch derohalben ihr
alle, die ihr zu dieſer höchſten Glückſeligkeit ſeyd
kommen, und gebet euerem GOtt die Ehre; aber
dannoch betrachtet auch nicht beſto weniger, ungeachtet ihr die höchſte und gröſte Glückſeligkeit
beſitzet, daß ihr bereit und willig ſeyd, wann und
zu welcher Zeit es der höchſte GOtt nur haben
will, alle dieſe Güter wiederumb zu euerech Füſſen

sen zu werfen, zumahlen diese grosse Herrlichkeiten, nur verschwindende Zeitlichkeiten sind, und gantz kein Vergleich hat der ewigen und wichtigen Herrlichkeit, aussert welcher alles nichtig und falsch ist: dann das Leben in dieser Welt ist nichts anders als ein immerwährender Streit, da ist immer Sorg, Furcht, Hoffnung und zuletzt der Tod, sowohl bey dem der da in hohen Ehren sitzt, als bey dem geringsten auf Erden. Wollen wir nun in diesem Streit obsiegen, und den unverwelklichen Ehren-Krantz davon tragen, so müssen wir nothwendig auf etwas anders sehen, als nur auf das Zeitliche, und hiemit auf die Ewigkeit, dieses muß eintzig unsere Arbeit seyn: wie aber und auf was Weise wir zu dieser unvergänglichen, unveränderlichen und unzerbrüchlichen Arbeit gelangen können, wird es vonnöthen seyn uns äusserst zu bemühen, von uns selbsten auszugehen, als von einem solchen Zeug welches immer nach der Adams-Erden sich lenken will; Dann der natürliche Mensch strebet mit aller seiner Vernunft, mit seinem Willen, mit Sinnen, ja allen Kräften, nach dem natürlichen Licht, als welches falsch ist, und uns als die Freye unter seinen Dienst gefangen nehmen will. Ja ein solches natürliches Licht erscheinet uns wohl oft zu unserer Rechten, und hat sich mit dem weissen Schmuck in einen Engel des Lichts verstellet, und will uns unter einem heiligen Nahmen und Character (welches ihme doch nicht gebühret) zum Gehorsam bringen. Aber o werthe Seele! lasse diese Irrlichter fahren, und

laß

daß das Aug deines Herzens übersich gerichtet seyn, nach dem hellen Morgenstern welcher seine helle Lichtstralen über dich ausbreiten wird. Das natürliche Licht und Gnaden-Licht gehören nicht zusammen, dann das natürliche haltet des Menschen Seele gefangen, daß das pure reine Gnaden-Licht von ihme nicht kan gesehen werden, bleibet also die Seele in einer Finsternuß stecken. Die helle Erleuchtung des Gnaden-Lichts, ist über alle Sinne und Vernunft, dann es hat seinen Ursprung von GOtt. Dieses Lichtes wird niemand theilhaftig, als nur diejenigen, worinnen das Bild GOttes herrschet, welches Bild gezeichnet und geschmückt ist mit diesem Licht, von diesem Licht werden der Seelen himmlische Kräften mitgetheilet, nemlich Verstand, Weisheit, Erkandtnuß und Warheit, aus diesem Licht der Seelen steiget ein solcher heller Glanz und Erkandtnuß, daß oft der Mensch mehr weiß und erkennet, als er mit seiner Zungen aussprechen kan, ja es leuchtet dieses göttliche Licht manchmahlen so stark aus einem solchen Herzen, daß er von sich selbsten viel weniger sehen kan, als das geringste Sonnen-stäublein seyn mag; dann er achtet sich viel weniger als das geringste und nichtigste Erdenwürmlein; aber umb und umb siehet er lauter Licht, die ganze Welt ist vor ihme als ein geringer Klumpen, er empfindet vermittelst dieses hellen Gnaden-Lichts mehr Freude in einem Augenblick, als die ganze Welt mit aller ihrer Lust und Schein-Freude seyn mag, ein solcher Mensch achtet in Warheit aller Welt Gut und Herrlichkeit vor einen Schaden, er begehret nichts anders als in einer solchen lieblichen Stille, in einer Ruhe, ja stillen Sabbath seines Herzens zu seyn. Ein solcher erleuchtete Mensch redet, höret, siehet alles anders, als einer welcher noch im Vernunfft-Licht wandelt, da kan eine solche erleuchtete Seele in seinem Geist die Herrlichkeit GOttes anschauen, und GOtt vereiniget sich mit ihr; und ob es schon kommen sollte, daß ein solcher Mensch nothwendig mit der Welt umbgeben muste, so geschiehet doch alles in demüthiger Furcht, und behaltet gleichwohl den Grund seiner Seelen rein; dann GOtt von welchem alles Gute herquellen muß, erleuchtet ihn also, daß auch seine äusserliche Werk mit lauter Strahlen des göttlichen Lichts begnadiget sind, wiewohl nicht mit äusserlichem Gepräng, sondern in wahrer Demuth und Geduld; dann dieser innerliche Grund, nemlich die Niedrigkeit und Demuth, ist die rechte Werkstatt GOttes, worinnen er mit seiner Gnaden alles wircket; dann alles dasjenige Gute, so von uns geschiehe, müssen wir wohl keines Weges uns selbsten, sondern GOtt dem HErren zuschreiben, und mit Paulo sagen, nicht ich, sondern die Gnad GOttes so in mir ist, aus welchem wir dann gnugsam sehen können, wie nothwendig es ist, den starcken umb Hülf anzuflehen; dann sollten wir nur eine geringe Zeit uns selbsten gelassen werden, so wurden wir erfahren, wie wenig wir aus unseren eigenen Kräften bestehen könten, insonderheit da GOtt uns eine mehrere Gnad widerfahren lässet, als anderen insgemein, ach! wie wurde da alsobald

eine

eine eigene Ehr, ein Luciferischer Hochmuth auf-
ſteigen, da wurden wir uns über alle Creaturen
erheben wollen, da wurden wir von dem Baum
des Erkandtnuß Gutes und Böſes nicht nur einen
Verſuch thun wollen, ſondern wir wurden auch
deſſen innerliche Kräften, mit ganzem Gewalt
wollen erkennen und erforſchen, und ſelbigen gleich-
ſam mit ganzer Wurzel, nur unſere Begierde zu
ſättigen, ausreiſſen. Eben das ſind dann unſere
Wege, welcher Pfadt uns nit nach dem Paradies
GOttes führet, ſondern aus dieſem Garten hinaus in das äuſſerſte Elend verjaget, allwo wir
dann das Land bauen müſſen, das iſt, aller harter
umb der Sünden willen verfluchter Kummer-Acker
umbpflugen, und unter den Diſtlen und Dörnen
unſere Nahrung ſuchen. O harte Selbſt-Ge-
laſſenheit! Hergegen aber, ſo eine GOtt-gelaſ-
ſene Seele, in keinen Stucken ihre eigene Weg
zu gehen begehret, ſondern ſich mit ganzem Herzen und Gemuth dem Willen GOttes ergiebet,
ihre eigene Kräften verläugnet, keinen eigenen
Willen zu haben begehret, einzig und allein no-
ckend und bloß unter GOtt ſtehet, ſich führen
ſeiten und lenken laſſet, nach ſeinem heiligen Willen und Wohlgefallen, und allezeit bättet: HErr!
dein guter Geiſt führe und leite mich, HErr! un-
terweiſe mich deine Befehl, und führe mich auf
dem Weg deiner Gebotten, HErr! ſuche mich
deinen Knecht; dann ich bin wie ein verirrt
Schaff, HErr! das ſolle mein Erbe ſeyn, daß
ich deine Wege halte, ich betrachte meine Wege,
und kehre meine Füſſe zu deinen Zeugnuſſen,
HErr!

HErr! zeige mir den Weg deiner Rechten, daß ich sie bewahre bis ans Ende: Eine solche GOtt-gelassene Seele wird in der That und Warheit erfahren, daß der HERR HERR ihr beystehet, sie leitet und führet; Sie wird erfahren, daß sie unter dem Schatten des Allmächtigen ruhen kan, Er, der HErr wird einen solchen mit seinen Fittichen decken, und seine Zuversicht wird unter seinen Flügeln seyn, und weilen eine solche Seele des HErren begehret, seinen Nahmen kennet, und ihne anruffet, so will der HErr auch ihne schützen, erhören, aus der Noth reissen, und zu Ehren bringen, ja sättigen mit langem Leben, und endlich sein ewiges Heil zeigen. Darumb o meine Seele! lasse uns nur auf die Ewigkeit zielhen, dann sie allein ist welche die wahre Glückseligkeit und Ruhe bringet, alles verschwindet ohne allein die Ewigkeit, lasse sie doch der Zweck seyn alle deines Thuns, lasse sie einzig und allein der Anfang, Mittel und Ende seyn deiner Gedanken, arbeite doch umb nichts anders als ihre Früchte einzusamblen: Dann alles dein Thun ist nichts, wann du nicht dasselbe richtest auf die Ewigkeit. O mein HErr JEsu! wie lang wartest du mit deiner Zukunft, bis du uns in diese selige Ewigkeit versetzest? Da doch der Geist und die Braut dir immer zuruffen, Komm! Ja komme o HErr JEsu! und erlöse deine Braut, welche allhier in den grausamsten und tieffsten Wasser-Ströhmen schwimmen muß, worinnen die Welt sie zu versenken gedenket; Aber o du auserwöhltes Zion! wer kan dir schaden? und wer will dich antasten?

Da

der Weisen.

Da Emanuel an deinen Spitzen stehet: was kan dir doch das Reich der Finsternuß schaden? da du mit dem Licht des hellen Morgensterns umbschlossen bist. Ermuntere nur dein Herz, und werde nicht müde, gedenke an die theuren Verheissungen, welcher dein Emanuel, der unter den 7 Leuchteren wandelt, dir gethan hat; Und ob dir schon zuweilen der bittere vermehrete Creutz-Kelch vorgehalten wird, ob du auch bereit seyn wollest, mit Christo nach Golgata zu gehen, allwo die Dornen-Crone mit Creutz umbgeben auf dich wartet, so must du doch, mit deinem Glauben auf die verheissene Kron des lebens über dich sehen, und bis in den Tod getreu verbleiben.

Nun dann! O mein HErr JEsu! so verzeihe doch nicht länger, weilen deine Braut nun so lange gewartet, daß sie auch manchmalen über deinen Verzug, mit der thörichten Welt will schläferig werden, und auch oft in eine geistliche Schlummersucht fallen wurde, wann du nicht durch deine Gnad das Aug des Glaubens mir wurdest offen behalten, welches dich dann in der Warheit schon kommen siehet mit vielen 1000 Heiligen zum Gericht (ich verstehe an dem Tag seiner Hochzeit, nemlich die 1000 Jahr des Reichs Christi, welches das Reich ist, da Christus nach seiner Zukunft, die treuen Knechte über seine Güter setzen wird, Matth. 24.) Sage also nur kürzlich, dann ich nicht gesinnet bin, dieses Orts viel Worte zu machen, zumahlen es nur verspottet wird, daß ohne diese tausend Jahr niemand zu der Ewigkeit wird gelangen können, alles du kommen wirst,

R 5

uns, als deine Braut heim zu holen, und uns zu setzen auf den Stuhl deiner Herrlichkeit, gleichwie du gesessen bist, mit deinem Vatter auf seinem Stuhl. O des glückseligen und freudigen Tages! wornach meine Seele ein sehnliches Verlangen hat: O HErr gieb Gnade, daß wir alsdann unter deinen Erstlingen befunden werden, und das neue Lied des Lambs, mit einem ewigen Halleluja, können anstimmen, und singen, Ehr, Ruhm, Krafft, Stärke, Lob und Preiß, gebühret unserem GOtt, und dem Lamb, von Ewigkeit in die ewige Ewigkeiten.

Zum Beschluß, will ich aus einer wahren Auffrichtigkeit dem geliebten Leser, noch in einer anderen Redensart anzeigen, wie und auf was Weise er unseren Stein bereiten müsse.

Er lasse die beyde streitbahre Krieg-Helden, Saturnum und Martem (wiewohl der Erste Lust zum Frieden hat) mit einander fechten, so werden sie nach 3. oder 4. mahligen hefftigen Stößen den Frieden ankündigen, und werden zum Zeichen des Friedens, das herrliche Panier, welches einem Stern gleichet, aufgestecket sehen, diesen nunmehro vereinigten streitbahren Helden, welche sich zimlich durch den hitzigen Streit ermüdet, wird zu ihrer Erquickung und Labsal das Waßer des Lebens dargereichet (welchem Waßer aber noch eine Rectification ermangelt) durch dessen Gebrauch, diese triumphirende Fechter, einen ewigen unzertrennlichen Bund aufrichten. Zum Zeichen dieser vesten unveränderlichen Verbindung, erscheinen der Dianæ 2. Dauben, welche in ihrem Munde den beschafftigten Oel-Zweig tragen. Damit

der Weisen. 267

mit nun aller Welt dieser Friede verkündiget wird, trittet ein Herold auf, welcher mit seiner 7 oder 9 mahliger Stimm, selbige durch alle Welt erschallen lässet. Jetzt seynd die sonst Widerwärtigen vereiniget, jetzt ist nach vielfaltigem starken Windbrausen, der die Felsen zerrissen, nach dem Erdbeben, nach dem verzehrenden Feur, wiederumb ein stilles sanftes Sausen kommen.

Wer alhier Ohren hat zu hören, der höre; dann ich kan versicheren, daß in diesen wenig Worten, die gantze Kunst bestehet, welches dann einem Sohn der Kunst so deutlich und klar ist, daß es gäntz nicht vonnöthen mehrere Wort hievon zu machen. Es ist auch nicht nöthig grosse Volumina und Bögen hievon zu schreiben; Dann unser edele Kunst, kan in wenig Worten vorgestellet werden, welches der Author des Hauses des Lichtes gar wohl betrachtet hat, wie dann selbiges aus seinen kurzen abgebrochenen Worten, deren er sich seinem kleinen Tractätlein, durch und durch befleisset, klar zu sehen, unter anderem redet er diese kurze und nachdenkliche Wort: Die Coagulation unsers Wassers, und die Solution unserer Erden, seynd die 2 grössesten und schwersten Operationen, und Arbeiten der Kunst; dann diese zwey, seynd 2 widerwärtige Schlüssel, das Wasser öffnet, und die Erde schliesset zu, siehe derowegen wohl zu, daß du nichts darzu sehest als was seiner eigenen Natur ist; dann wann es præparirt und zubereitet ist, so ist es schon gar gnug; Es coaguliret und solviret sich selber, und gehet durch alle Farben durch Kraft seines eigenen innerlichen Schwefels oder Feurs, denne nichts als nur ein Erweckung mangelt, oder deutlich zu reden, eine schlechte natürliche Kochung. Ein jedweder weiß wie Wasser im Feuer zu kochen, wann sie aber Feur im Wasser zu kochen wusten, wurde ihr Natur-Erkandtnuß, sich weit über die Küche erstrecken. Siehet also der geliebte Leser, was vor Redensarten sich die Philosophi jederzeit gebrauchet, wer darf allhier aus den gesetzten Schrancken schreiten? Daß nicht mit einem nachdrucklichen Verweiß einem eine merckliche Schlammme versetzet wurde?

Derohalben mein liebwerther Leser, betrachte alles genau, was ich dir zu gutem, aus einem hertzlichen Mitleiden habe hieher gesetzet, überliese und erwäge es oft, so wirst du auch endlich, wann dich GOtt darzu versehen hat, nachdeme du lange gnug, über dieses irrige Meer, der so vielfaltigen Meinungen gesegelt, an das erwünschte Ufer der Weltßheit mit reichstem Genuß angelangen, und deiner Arbeit Lohn davon tragen. Endlich solte auch gantz begierig seyn, auf diesem Irrdischen, als deren grösste Herrlichkeit gantz eitel und vergänglich ist, wiederumb auszugehen, und ein hertzliches Verlangen tragen, mit jener Dauben Noä, als die wir in diesem grossen Platz- und Sturm-Regen dieser Welt, keinen Platz mehr finden können, worinnen unsere unsterbliche Seelen einige Ruh finden, in die Archa aufgenommen zu werden, worinnen GOtt alles in allem ist.

Nach-

Nachschrift

An den Gunst-geneigten Leser.

Sonder Zweifel, wird sich der geliebte Leser verwunderen wo nicht gar vor eine Unwissenheit ausdeuten, daß ich allhier in meinem Tractätlein, seinem Bedunken nach ziemlich contradicire, indem ich dasjenige, so an einem Orth von mir verworfen wird, am anderen wiederumb rühme, worauf dann zur Antwort dienet, daß ich dannoch nichts anders geschrieben, als die pure lautere Wahrheit; Dann in unserer Beschreibung verhalten sich die Dinge also, daß man nemlich im Reden am allermeisten muß lernen schweigen, und was man verschwiegen, in einer anderen Red-Art wiederum etwas deutlicher zu verstehen gibt. Vor dißmahlen darf ich nicht deutlicher reden, derowegen ich auch gezwungen bin, meine Lehrsätz ganz kurz abzubinden, dannoch kan sich der geliebte Leser vest versicheren, daß selbiges Worte seynd, deren jedes sein gewichtiges Gewicht haltet, wann du nur so glücklich seyn wirst, und neben Erkanntnuß der wahren Materiä, deren genaue Separation, und Conjunction fleißig beobachtest, neben deme, in dem Wald der Dianâ dein Garn also spannest und zubereitest, damit die ☉ Dauben, mit ihren besänftigten Flügeln die Grausamkeit des Caroscentschen Hundes mildern können, so wirst du Zweifels ohne zu einem glücklichen Ende gelangen. Dafern ich aber bemerken kan, daß dieses kleine Tractätlein den Liebhaberen dieser Kunst kein Mißfallen erwecket, so solle von mir, so GOtt Leben und Gesundheit gibt, noch ein anderer Tractat folgen, welcher vielleicht et-

was

sen zu werfen, zumahlen diese grosse Herrlichkeiten, nur verschwindende Zeitlichkeiten sind, und gantz kein Vergleich hat der ewigen und wichtigen Herrlichkeit, ausser welcher alles nichtig und falsch ist: dann das Leben in dieser Welt ist nichts anders als ein immerwähender Streit, da ist immer Sorg, Furcht, Hoffnung und zuletzt der Tod, sowohl bey dem der da in hohen Ehren sitzt, als bey dem geringsten auf Erden. Wollen wir nun in diesem Streit obsiegen, und den unverwelklichen Ehren-Krantz davon tragen, so müssen wir nothwendig auf etwas anders sehen, als nur auf das Zeitliche, und hiemit auf die Ewigkeit, dieses muß eintzig unsere Arbeit seyn; wie aber und auf was Weise wir zu dieser unvergänglichen, unveränderlichen und unzerbrüchlichen Arbeit gelangen können, wird es vonnöthen seyn uns äusserst zu bemühen, von uns selbsten auszugehen, als von einem solchen Zeug welches immer nach der Adams-Erden sich lenken will; Dann der natürliche Mensch strebet mit aller seiner Vernunft, mit seinem Willen, mit Sinnen, ja allen Kräften, nach dem natürlichen Licht, als welches falsch ist, und uns als die Freye unter seinen Dienst gefangen nehmen will. Ja ein solches natürliches Licht erscheinet uns wohl oft zu unserer Rechten, und hat sich mit dem weissen Schmuck in einen Engel des Lichts verstellet, und will uns unter einem heiligen Nahmen und Character (welches ihme doch nicht gebühret) zum Gehorsam bringen. Aber o meine Seele! lasse diese Irrlichter fahren, und

laß

laß das Aug deines Herzens übersich gerichtet seyn, nach dem hellen Morgenstern welcher seine helle Lichtstralen über dich ausbreiten wird. Das natürliche Licht und Gnaden-Licht gehören nicht zusammen, dann das natürliche haltet des Menschen Seele gefangen, daß das pure reine Gnaden-Licht von ihme nicht kan gesehen werden, bleibet also die Seele in einer Finsternuß stecken. Die helle Erleuchtung des Gnaden-lichts, ist über alle Sinne und Vernunft, dann es hat seinen Ursprung von GOtt. Dieses Lichtes wird niemand theilhaftig, als nur diejenigen, worinnen das Bild GOttes herrschet, welches Bild gezeichnet und geschmückt ist mit diesem Licht, von diesem Licht werden der Seelen himmlische Kräften mitgetheilet, nemlich Verstand, Weisheit, Erkandtnuß und Warheit, aus diesem Licht der Seelen steiget ein solcher heller Glanz und Erkandtnuß, daß oft der Mensch mehr weiß und erkennet, als er mit seiner Zungen außsprechen kan, ja es leuchtet dieses göttliche Licht manchmahlen so stark aus einem solchen Herzen, daß er von sich selbsten viel weniger sehen kan, als das geringste Sonnenstäublein seyn mag; dann er achtet sich viel weniger als das geringste und nichtigste Erdenwürmlein; aber umb und umb siehet er lauter Licht, die ganze Welt ist vor ihme als ein geringer Klumpen, er empfindet vermittelst dieses hellen Gnaden-Lichts mehr Freude in einem Augenblick, als die ganze Welt mit aller ihrer Lust und Schein-Freude seyn mag, ein solcher Mensch achtet in Warheit aller Welt Gut und Herrlichkeit vor einen Schaden, er begehret nichts anders als in einer solchen lieblichen Stille, in einer Ruhe, ja stillen Sabbath seines Herzens zu seyn. Ein solcher erleuchtete Mensch redet, höret, siehet alles anders, als einer welcher noch im Vernunfts-Licht wandelt, da kan eine solche erleuchtete Seele in seinem Geist die Herrlichkeit GOttes anschauen, und GOtt vereiniget sich mit ihro; und ob es schon kommen sollte, daß ein solcher Mensch nothwendig mit der Welt umbgeben muste, so geschieht doch alles in demüthiger Furcht, und behaltet gleichwohl den Grund seiner Seelen rein; dann GOtt von welchem alles Gute herquellen muß, erleuchtet ihn also, daß auch seine äusserliche Werk mit lauter Strahlen des göttlichen Lichts begnadiget sind, wiewohl nicht mit äusserlichem Gepräng, sondern in wahrer Demuth und Gedult; dann dieser innerliche Grund, nemlich die Niedrigkeit und Demuth, ist die rechte Werkstatt GOttes, worinnen er mit seiner Gnaden alles würcket; dann alles dasjenige Gute, so von uns geschicht, müssen wir wohl keines Weges uns selbsten, sondern GOtt dem HErren zuschreiben, und mit Paulo sagen, nicht ich, sondern die Gnad GOttes so in mir ist, aus welchem wir dann gnugsam sehen können, wie nothwendig es ist, den starcken umb Hülf anzuflehen; dann sollten wir nur eine geringe Zeit uns selbsten gelassen werden, so wurden wir erfahren, wie wenig wir aus unseren eigenen Kräften bestehen könten, insonderheit da GOtt uns eine mehrere Gnad widerfahren lasset, als anderen insgemein, ach! wie wurde da alsobald

eine

der Weiſen. 263

eine eigene Ehr, ein luciferiſcher Hochmuth auf-
ſteigen, da wurden wir uns über alle Creaturen
erheben wollen; da wurden wir von dem Baum
des Erkandtnuß Gutes und Böſes nicht nur einen
Verſuch thun wollen, ſondern wir wurden auch
deſſen innerliche Kräften, mit ganzem Gewalt
wollen erkennen und erforſchen, und ſelbigen gleich-
ſam mit ganzer Wurzel, nur unſere Begierde zu
ſättigen, ausreiſſen. Eben das ſind dann unſere
Wege, welcher Pfadt uns nit nach dem Paradies
GOttes führet, ſondern aus dieſem Garten hinaus in das äuſſerſte Elend verjaget, allwo wir
dann das Land bauen müſſen, das iſt, aller harter
und der Sünden willen verfluchter Kummer-Acker
umbpflugen, und unter den Diſtlen und Dörnen
unſere Nahrung ſuchen. O harte Selbſt-Ge-
laſſenheit! Hergegen aber, ſo eine GOtt-gelaſ-
ſene Seele, in keinen Stucken ihre eigene Weg
zu gehen begehret, ſondern ſich mit ganzem Herzen und Gemüth dem Willen GOttes ergiebet,
ihre eigene Kräften verläugnet, keinen eigenen
Willen zu haben begehret, einzig und allein nackend und bloß unter GOtt ſtehet, ſich führen
leiten und lenken laſſet, nach ſeinem heiligen Willen und Wohlgefallen, und allezeit bätter: HErr
dein guter Geiſt führe und leite mich, HErr! un-
terweiſe mich deine Befehl, und führe mich auf
dem Weg deiner Gebotten, HErr! ſuche mich
deinen Knecht, dann ich bin wie ein verirrt
Schaff, HErr! das ſolle mein Erbe ſeyn, daß
ich deine Wege halte, ich betrachte meine Weg,
und kehre meine Füſſ zu deinen Zeugnuſſen,
HErr!

HErr! zeige mir den Weg deiner Rechten, daß ich sie bewahre bis ans Ende: Eine solche GOtt-gelassene Seele wird in der That und Warheit erfahren, daß der HERR HERR ihr beystehet, sie leitet und führet; Sie wird erfahren, daß sie unter dem Schatten des Allmächtigen ruhen kan, Er, der HErr wird einen solchen mit seinen Fittichen decken, und seine Zuversicht wird unter seinen Flügeln seyn, und weilen eine solche Seele des HErren begehret, seinen Nahmen kennet, und ihne anruffet, so will der HErr auch ihne schützen, erhören, aus der Noth reissen, und zu Ehren bringen, ja sättigen mit langem Leben, und endlich sein ewiges Heil zeigen. Darumb o meine Seele! lasse uns nur auf die Ewigkeit zielen, dann sie allein ist welche die wahre Glückseligkeit und Ruhe bringet, alles verschwindet ohne allein die Ewigkeit, lasse sie doch der Zweck seyn alles deines Thuns, lasse sie einzig und allein der Anfang, Mittel und Ende seyn deiner Gedanken, arbeite doch umb nichts anders als ihre Früchte einzusamblen; Dann alles dein Thun ist nichts, wann du nicht dasselbe richtest auf die Ewigkeit. O mein HErr JEsu! wie lang wartest du mit deiner Zukunft, bis du uns in diese selige Ewigkeit versetzest? Da doch der Geist und die Braut dir immer zuruffen, Komm! Ja komme o HErr JEsu! und erlöse deine Braut, welche allhier in den grausamsten und tieffsten Wasser-Ströhmen schwimmen muß, worinnen die Welt sie zu versenken gedenket; Aber o du auserwähltes Zion! wer kan dir schaden? und wer will dich antasten?

Da

der Weisen.

da Emanuel an deinen Spitzen stehet: was kan dir doch das Reich der Finsternuß schaden? da du mit dem Licht des hellen Morgensterns umschlossen bist. Ermuntere nur dein Herz, und werde nicht müde, gedenke an die theuren Verheissungen, welcher dein Emanuel, der unter den 7 Leuchtern wandelt, dir gethan hat; Und ob dir schon zuweilen der bittere vermyrrhete Creutz-Kelch vorgehalten wird, ob du auch bereit seyn wollest, mit Christo nach Golgata zu gehen, allwo die Dornen-Crone mit Creutz umgeben auf dich wartet, so must du doch, mit deinem Glauben auf die verheissene Kron des Lebens über dich sehen, und bis in den Tod getreu verbleiben.

Nun dann! O mein HErr JEsu! so verzeihe doch nicht länger, weilen deine Braut nun so lange gewartet, daß sie auch manchmalen über deinem Verzug, mit der thörichten Welt will schläfferig werden, und auch oft in eine geistliche Schlummersucht fallen wurde, wann du nicht durch deine Gnad das Aug des Glaubens mir wurdest offen behalten, welches dich dann in der Warheit schon kommen siehet mit vielen 1000 Heiligen zum Gericht (ich verstehe an dem Tag seiner Hochzeit, nemlich die 1000 Jahr des Reichs Christi, welches das Reich ist, da Christus nach seiner Zukunfft, die treuen Knechte über seine Güter setzen wird, Matth. 24.) Sage also nur kürzlich, dann ich nicht gesinnet bin, dieses Orts viel Worte zu machen, zumahlen es nur verspottet wird, daß ohne diese tausend Jahr niemand zu der Ewigkeit wird gelangen können, allwo du kommen wirst, uns als deine Braut heim holen, und uns zu setzen auf den Stuhl deiner Herrlichkeit, gleichwie du gesessen bist, mit deinem Vatter auf seinem Stuhl. O des glückseligen und freudigen Tages! wornach meine Seele ein sehnliches Verlangen hat. O HErr gieb Gnade, daß wir alsdann unter deinen Erstlingen befunden werden, und das neue Lied des Lambs, mit einem ewigen Halleluja, können anstimmen, und singen, Ehr, Ruhm, Krafft, Stärke, Lob und Preiß, gebühret unserem GOtt, und dem Lamb, von Ewigkeit in die ewige Ewigkeiten.

Zum Beschluß, will ich aus einer wahren Auffrichtigkeit dem geliebten Leser, noch in einer anderen Redensart anzeigen, wie und auf was Weise er unseren Stein bereiten müsse.

Er lasse die beyde streitbahre Kriegs-Helden, Saturnum und Martem (wiewohl der Erste Lust zum Frieden hat) mit einander fechten, so werden sie nach 3. oder 4 mahligen heftigen Stössen den Frieden ankündigen, und werden zum Zeichen des Friedens, das herrliche Panier, welches einem Stern gleichet, aufgestecket sehen, diesen nunmehro vereinigten streitbahren Helden, welche sich ziemlich durch den hitzigen Streit ermüdet, wird zu ihrer Erquickung und Labsal das Wasser des Lebens dargereichet (welchem Wasser aber noch eine Rectification ermangelt) durch dessen Gebrauch, diese triumphirende Fechter, einen ewigen unzertrennlichen Bund aufrichten. Zum Zeichen dieser vesten unveränderlichen Verbindung, erscheinen der Dianæ 2. Tauben, welche in ihrem Munde, den besänftigten Oel-Zweig tragen. Damit wie nun aller Welt dieser Friede verkündiget wird, tritt ein Herold auf, welcher mit seiner 7 oder 9 mahliger Stimm, selbige durch alle Welt erschallen lässet. Jetzt seynd die sonst Widerwärtigen vereiniget, jetzt ist nach vielfaltigem starken Windbrausen, der die Felsen zerrissen, nach dem Erdbeben, nach dem verzehrenden Feur, wiederum ein stilles sanftes Sausen kommen.

Wer allhier Ohren hat zu hören, der höre; dann ich kan versichern, daß in diesen wenig Worten, die gantze Kunst bestehet, welches dann einem Sohn der Kunst so deutlich und klar ist, daß es gantz nicht vonnöthen mehrere Wort hievon zu machen. Es ist auch unnöthig grosse Volumina und Bögen hievon zu schreiben; Dann unser edele Kunst, kan in wenig Worten vorgestellet werden, welches der Author des Hauses des Lichtes gar wohl betrachtet hat, wie dann selbiges aus seinen kurzen abgebrochenen Worten, deren er sich seinem kleinen Tractätlein, durch und durch befleisset, klar zu sehen, unter anderem redet er diese kurze und nachdenkliche Wort: Die Coagulation unsers Wassers, und die Solution unserer Erden, seynd die 2 grössesten und schweresten Operationen, und Arbeiten der Kunst; dann diese zwey, seynd 2 widerwärtige Schlüssel, das Wasser öffnet, und die Erde schliesset zu; siehe derowegen wohl zu, daß du nichts darzu sehest als was seiner eigenen Natur ist; dann wann es præpariret und zubereitet ist, so ist es schon gar gnug. Es coaguliret und solviret sich selber, und gehet durch alle Farben durch Kraft seines eigenen innerlichen Schwefels oder Feurs, deme nichts als nur ein Erweckung mangelt, oder deutlich zu reden, eine schlechte natürliche Kochung. Ein jedweder weiß wie Wasser im Feuer zu kochen, wann sie aber Feur im Wasser zu kochen wusten, wurde ihr Natur-Erkandtnuß, sich weit über die Kuche erstrecken. Siehet also der geliebte Leser, was vor Redensarten sich die Philosophi jederzeit gebrauchet, wer darf nühier aus den gesetzten Schranken schreiten? Daß nicht mit einem nachdrucklichen Verweiß einem eine merkliche Schlamme versetzet wurde?

Derohalben mein liebwerther Leser, betrachte alles genau, was ich dir zu gutem, aus einem herzlichen Mitleiden habe hieher gesetzet, überliese und erwege es oft, so wirst du auch endlich, wann dich GOtt darzu versehen hat, nachdeme du lange gnug, über dieses irrige Meer, der so vielfaltigen Meinungen gesegelt, an das erwünschte Ufer der Weißheit mit reichstem Genuß angelangen, und deiner Arbeit Lohn davon tragen. Endlich solst auch ganz begierig seyn, auf diesem Irrdischen, als deren größt Herrlichkeit ganz eitel und vergänglich ist, wiederumb auszugehen, und ein herzliches Verlangen tragen, mit jener Dauben Noä, als die wir in diesem grossen Platz- und Sturm-Regen dieser Welt, keinen Platz mehr finden können, worinnen unsere unsterbliche Seelen einige Ruh finden, in die Archa aufgenommen zu werden, worinnen GOtt alles in allem ist.

Nach-

Nachschrift

An den Gunst-geneigten Leser.

Sonder Zweifel, wird sich der geliebte Leser verwunderen wo nicht gar vor eine Unwissenheit ausdeuten, daß ich allhier in meinem Tractätlein, seinem Bedunken nach ziemlich contradicire, indem ich dasjenige, so an einem Orth von mir verworfen wird, am anderen wiederumb rühme, worauf dann zur Antwort dienet, daß ich dannoch nichts anders geschrieben, als die pure lautere Wahrheit; Dann in unserer Beschreibung verhalten sich die Dinge also, daß man nemlich im Reden am allermeisten muß lernen schweigen, und was man verschwiegen, in einer anderen Red-Art wiederum etwas deutlicher zu verstehen gibt. Vor dißmahlen darf ich nicht deutlicher reden, derowegen ich auch gezwungen bin, meine Lehrsätz ganz kurz abzubinden, dannoch kan sich der geliebte Leser vest versicheren, daß selbiges Worte seynd, deren jedes sein gewichtiges Gewicht haltet, wann du nur so glücklich seyn wirst, und neben Erkanntnuß der wahren Materia, deren genaue Separation, und Conjunction fleißig beobachtest, neben deme, in dem Wald der Diana dein Garn also spannest und zubereitest, damit die ☿ Dauben, mit ihren besänftigten Flügeln die Grausamkeit des Caroscenischen Hundes mildern können, so wirst du Zweifels ohne zu einem glücklichen Ende gelangen. Dafern ich aber bemerken kan, daß dieses kleine Tractätlein den Liebhabern dieser Kunst kein Mißfallen erwecket, so solle von mir, so GOtt leben und Gesundheit gibt, noch ein anderer Tractat folgen, welcher vielleicht erwas kläret seyn möchte, wiewohl dieses den Söhnen der Kunst klar gnug ist, neben Beyfügung meines ganzen Lebens-Laufs, worinnen dann zu sehen seyn wird, daß ich diese Wissenschaft, auf keinem Rosen-Gezelt, noch mit müßig gehen, oder auf den Schwatz-Bänken worauf insgemein (wiewohl nicht alle, dann hierinnen auch ein grosser Unterschied anzutreffen ist) die Weiber sitzen, sondern auf eine viel andere Manier, nemlich mit vielfaltigem tag- und nächtlichen Nachsinnen und speculieren, überkommen habe (ich kan wohl mit Wahrheit sagen mit dem Philaletha, daß ich manche Nacht darüber geschwitzet, und mirs saur werden lassen) vor dißmalen wolle sich der groß-gelebte Leser an diesem kleinen Werklein lassen benügen, villeicht werde ins künftige meiner Feder den Zügel etwas völliger schiessen lassen, wie dann insonderheit von der Nacharbeit (als l'erfection des vortreflichen Elixiers) ganz offenherzig solle gehandelt, und die Abwechslung der Farben, welche in einem himmlischen Regenbogen bestehen, ganz klar und deutlich gezeiget werden: allwo du dich dann verwunderen wirst, daß ich dem hochbeliebten Philaletha in seine Fußstapfen habe tretten können. Wünsche hiemit allen Rechtgesinneten zeitlich und ewige Wolfahrt.

Die, so in dem grossen Licht das Licht gesehen hat,
Hat in dem kleinen Stein den grossen Felsen funden.

Lobe derowegen den HErren, o meine Seele! ich will den HErren loben so lang ich lebe, und meinem GOTT lobsingen so lang ich hie bin.

CON-

CONSUMATA SAPIENTIA,
SEU
PHILOSOPHIA SACRA,
PRAXIS
DE LAPIDE
MINERALI,
JOHANNIS DE PADUA.
EPISTOLA
JOHANNIS TRITHEMII,
Von den
dreyen Anfängen aller natürlichen
Kunst der Philosophie.

EPISTOLA
JOHANN. TEUTZSCHESCHENI,
DE LAPIDE
PHILOSOPHORUM.
Vor niemals in Druck gangen, jetzo aber
an Tag gegeben
durch
JOHANN. SCHAUBERDT, Chimicum.

AD MOMUM.

Si ad actoris placitum reum dijudicas;
  Ne judex es non aulicus, sed caulicus;
Sic, si libros, prius ac legas, fastidias,
  Jam aurieus es, non mulus, sed Sileni equus.

Geneigter Leser!

Nachdem der allmächtige, ewige, unendliche, barmherzige und einige GOtt, Schöpfer Himmels und der Erden, uns armen Menschen, als seine Creaturen und Geschöpf, reichlichen und überflüßigen, mit vielen herrlichen Tugenden, guten Künsten und Gaben, in dieser zergänglichen Welt begnadet und gezieret, (aus der unermeßlichen, ewigen Weißheit GOttes umbsonst,) aus vätterlicher Liebe und Barmherzigkeit umb seines allerliebsten Sohns, unsers einigen Erlösers und Seligmachers JESU Christi willen dargegeben, damit wir uns in diesem zergänglichen Leben,

Ch. Schr. U. Th.   S   el-

Vorrede.

eines dem andern mit seinen empfangenen Gaben, in Leibes und Lebens Gefahr dienen und willfärtig seyn sollen, wie geschrieben steht, I. Petr. 2. Und dienet einander ein jeglicher mit der Gabe, die er empfangen hat.

Weil dann unter allen Künsten und Gaben die Alchimey nicht die geringste, sondern eine Weisheit und fürnehme Gabe GOttes in dieser mühseligen Welt ist, wie wir sehen für unsern Augen, daß jetziger Zeit von vielen hohen Häuptern, als Königen, Fürsten, Grafen und Herren, Doctoribus und dergleichen fürnehmen Leuten, sie geliebet, und in grossen Ehren und Werth gehalten, von wegen des Nutzes Menschlichen Geschlechts, in welcher wunderbarliche miracula, transmutationes, Arcana, Tincturæ, Extractiones und dergleichen præparationes, auch die fürnembsten und besten Artzneyen entspringen, ihren Anfang und End, das Quintum esse oder Perlen dadurch zu finden, und sichtiglich den Himmel für die Augen zu stellen; aus den Vegetabilischen, Animalischen und Mineralischen, ja alle Berg- und Schmeltzwerck, Müntzwerck, Glaßfarben, und in Summa, ein Zier der ganzen Welt ist, (welches ein jeder verständiger, ehrliebender Mensch in seinem Herzen selbsten bekennen muß,) dann diese alle ihren Anfang daraus haben und herfliessen, und Alchimia, die rechte Brunnquell zu den natürlichen

Vorrede.

lichen Dingen ist. Und GOtt der HErr giebt solche Liebhaber der Kunst, die sich der Warheit befleißigen. Sie ist aber eine Gabe und Geschenk GOttes, wie wir lesen in der heiligen Schrift, daß die Zilla gebahr, nemblichen den Tubalkain, den Meister in allerley Ertz- und Eisenwerck, Gen. 4. GOTT der HErr hat dem Mose angeben, den Tabernackel sampt der Archen zu machen. Die Arche mit dem allerreinesten Golde inwendig und auswendig zu überziehen, Exod. 25. Daß dieses wahr sey, und von GOtt gegeben, so redet der HErr mit Mose und sprach: Siehe, ich habe mit Namen geruffen Bezaleel, den Sohn Uri, des Sohns Hur, vom Stamm Juda, und hab ihn erfüllet mit dem Geist GOttes, mit Weisheit, Verstand und Erkändtnüß, und mit allerley Werck künstlich auszuarbeiten am Golde, Silber, Ertz, Exod. 31.

Es seynd viel Könige, Fürsten, Grafen, hohe Potentaten und Gelehrte, beyde Geistliche und Weltliche mit dieser Philosophischen Alchimey umbgangen, sonderlichen aus den kunstreichsten Völckern der Egyptiern, Chaldäern, Arabern und Assyriern, wie die Turba Philosophorum, auch ihre eigene Bücher und Schriften selber vermelden und ausweisen. Seynd doch zuletzt alle zu einem termin kommen; nemblichen dem langen Leben, von Philosophis zum

höch-

Vorrede.

höchsten begehrt, derer Bücher bey den Liebhabern zu finden, alte und neue, wie sie (GOtt Lob) seynd. Der Fürst Tyri ist derhalben vom Propheten Ezechiele am 28. Cap. nicht gestraft, daß er solche Kunst trieb, und mit umbgangen, sondern daß er sich so weis hielte, dieweil er GOtt gleich zu seyn vermeinet, strafet also der Prophet an ihm den Mißbrauch, und nicht den wahren Vsum, welchen er zu solcher Kunst brauchen soll.

Und wir Teutschen haben durch GOttes Gnade der fürtrefflichen hohen Männer hinterlassene nützliche Schriften und Bücher von der Magia und Alchimia, der natürlichen Dingen viel empfangen, und noch täglichen herausgegeben werden in offenen Druck, von alten und neuen Liebhabern dieser Kunst, und uns für die Augen gestellet, darinnen wir uns ersehen, erkennen lernen, und nachdenken, die Handarbeit anlegen, so werden wir der Natur Müglichkeit erkündigen.

Alchimia ist nicht allein auf die transmutation der Metallen, viel Gold und Silber zu machen, gericht, sondern auf die Gesundheit und langes Leben des menschlichen Geschlechts, Nutz und Zierd dieser Welt, dafür wir GOtt dem HErrn allzeit zu danken schuldig. Es ist öffentlich ohne Scheu gewiß, daß, so ein jeder

in

in sein Gewissen gehet, und setzet den Haß und Neid wider diese Chimistische Kunst, beyseits, so wird er mit Warheit bekennen, daß jetziger Zeit kein Medicus seiner Kunst gewiß seyn kan, diese Krankheiten zu curiren, das Podagra, Schlag, Fallendsucht, Wassersucht, Aufsatz, Schwindsucht, Pestilenz, Franzosen, und dergleichen mehr, er hange dann dieser Spagirischen Alchimistischen Kunst mit Fleiß und Ernst an: Daß die Arcana, so im Golde, Silber, und andern Metallen, Edelgesteinen, Perlen, Corallen, und Antimonio, Mercurio und Victriolo, sowol in den Animalischen und Vegetabilischen seyn mögen, ohne die Erkändtnüß artis Chimicæ, und der Principiorum Salis Sulphuris & Mercurii nicht wohl herfür bracht werden, welche Theophrastus Spagiricam genennet, die Araber nennen sie adjecto articulo Alchimiam, welche eine Offenbarerin ist aller Arcanen und Heimligkeiten, so in der ganzen Natur aller Geschöpf verborgen liegen, deren wahrhaftige Bereitung wir von dieser Kunst nehmen müssen, weil die præparationes der Medicin, und andere heimliche Philosophische Handgriffe hierinnen verborgen liegen. So einer die nicht weiß, wird er in den Vegetabilischen, Animalischen, vielweniger in den Mineralischen Sachen, die principia zu scheiden, oder einige Artzney herfürzubringen wissen, oder das Reine von dem Unreinen zu scheiden, un-

müg-

müglichen ohne den Vulcanum etwas außzurichten, er seye so gelehrt und weise, als er zum höchsten sich träumen liesse. Dann die kräftigsten Qualitäten seynd in so überaus schweren, harten, terrestrischen Gefängnüssen des Goldes, Silbers, dergleichen andern Metallen und Mineralien also gefangen, dermassen gebunden und verschlossen, daß sie vor sich, was sie zerschlagen, zerstiessen, zertrieben, und nach des Pistillen Coloratur frey herumb im Mörser springt, und tantzen muß, nach des Meisters Art, der mit den Händen den Tantz macht, daß es hell erschallet, gleich als auf einem Glocken-Thurm. Letzlichen mit Rosenwasser anfeuchtet auf dem Reibstein und ertrocken läst, mit Zucker ersäufft, alsdann ist die Artzeney bereit und præpariret, aber wenig in harten, schweren, langwirigen Krankheiten ihre Macht üben und beweisen mögen. So wird auch nicht ein jeder Vagant und vermeinter Nasenrümpfer mit grossen prächtigen Worten (Meister Klügling) und viel Bücher lesen, ohn Handarbeit etwas heraus zwacken, sondern suche die Handarbeit, forsche, erfahre, lerne digeriren, distilliren, sublimiren, terriberiren, extrahiren, solviren, coaguliren, fermentiren und figiren, und was anders von Werkgezeug zu diesem Werk gehöret: Von Gläsern, Kolben, Gefäß und irdne Geschirr: Item Balnes, Windofen, Reverberir und andere Ofen, so kan ich mit dir

in

in der Alchimey und Arzeney von statt kommen, sagt Theophrastus Paracelsus.

Wann aber die Gefängnuß der harten, schweren Banden geöffnet werden, durch die schöne Jungfrau die Alchimey, durch Beyhülff des wunderbarlichen starken Manns des Vulcani, alsdann so siehet man, wie heilsam, gutthätig, kräfftig und herrlich die Essentia (durch Gottes Seegen) in kleiner Quantität ihre Macht üben, beweisen oder darthun, und zum höchsten darüber zu verwundern ist, in den grossen langwierigen und schweren Krankheiten: ein jeder sehe für seine Füsse nieder, darf nicht weit umb sich gaffen über Meer, so wird er genugsam befinden in diesen Landen, so viel ihm nützlichen. Man sehe in lib. Paragranum PH. Paracelsi, in dem Büchlein von den hinfallenden Siechtagen in der grossen Wund-Arzney, und in seinen Schrifften mehr. Ich alle Liebhaber der Warheit dahin will gewiesen haben, hie um der Kürze willen unterlassen zu sehen, wie weit der Arzt und Alchimist von einander seyn sollen. Dann dem Arzt ist die Alchimey nöthig, ist ihm ein Zierd und Schmuck, er mag sie verachten wie wolle, so wird die dannoch jetziger Zeit von vielen hohen Häuptern, gelehrten und verständigen weisen Leuten in grossen Ehren und werth gehalten, ob gleich wenigen das Haupt darvon wehe thut, als den Saturnischen und Martialisten, die Warheit gibt nichts drauff.

Vorrede.

Mancher spricht aus Unverstand: Alchimey ist ein Betrug. Darzu sag ich nein, die Kunst an ihr selbst ist recht, ehrlich und gut, es seynd aber sehr viel Syrenische und verführische gottlose, umbherlauffende und betriegerische, des Namens nicht würdige Alchimisten, sondern Buben, die mit ihrem Muthwillen, Betrug und Arglistigkeit und Spitzringen, viel hoher und nieder Standes-Personen auffsetzen, aus Fürwitzigkeit und Muthwillen, die sich mit Müssiggang ernehren wollen, das Ihre anwerben mit Spielen, Fressen und Sauffen, und unter dem Schein sich für Artisten und Paracelsisten ausgeben, dörffen offentlich sagen sie wollen das und das für recht und wahr ausgeben, so bekommen sie Unterhalt eine Zeitlang mit Kleidung, Essen und Trinken, unterdessen nehmen sie ihren Abschied stillschweigends hinter der Thür, die auch billich ihre Straff darumb leiden sollten, andern zum Exempel. Was kan das heilige Wort GOttes darzu, daß so viel Secten und Rottens hin und wider ist, so es ein frommes Hertz höret, sich dafür entsetzet, und manchen tieffen Seuffzer darüber lässet: Ists des Wort oder Menschen Schuld, das gebe ich einem jeden in sein selbst Hertz und Gewissen zu erkennen, sonderlich denen, die diese Göttliche Kunst mit ihren Hunds-Zähnen anblecken und feinden. Darumb soll man nicht das Gute mit dem Bösen verwerffen, umb der
Un-

Vorrede.

Unverständigen willen, die weder Grund oder Fundament, noch principia artis erkennen, deren mich viel anfangs bald vom Liecht ins Finsternüß geführet.

Ich bekenne es selbsten, daß Mißbrauch, Betriegerey täglichen in der Alchimey fürfallen, nicht allein hierinnen, sondern in allen Dingen, welches offentlich für Augen: Man findet der gottlosen verlauffenen Lottersbuben und falsch-vermeinte Jünger Paracelsi, Goldvermacher, Kucks-Kramer, Galgen-Hüner, Aquafort, und Brandweinsbrenner, Albatienmacher, Planetenleser, Teuffelsbanner, Schatzgräber, Springwürtzler, Procesßkrämer und Faullenzer, verstohlene Teriackskrämer, Suppentöpffe und Mußlöche, welche mit ihren verfälschten stinckenden und vermaledeyten Quacksalben von einer Stadt zur andern lauffen, Bürger und Bauren, nicht allein den Beutel, sondern Kisten und Kasten räumen, und mit losem, verdächtigem, unzüchtigem Volk sich schleppen, welche unbußfertige Gesellen, wie erzehlt, sich offt für Chimicos ausgeben, wie es die Erfahrenheit giebt. Es sollte billich die Obrigkeit solche böse Gesellen nicht ungestrafft lassen hingehen, dann solch los Gesind offtmahls nicht ein einiges Wort weder schreiben noch lesen können, vielweniger der Philosophen ihre dicta und rationes verstehen, noch was die tria principia, als Sal, Sulphur und Mercurius sey, und manchsmal einen erfahrnen und geübten Chimisten hintergehen mit Verkleinerung und Afterreden bey hohen Häuptern, welches ihnen dermaleins, so sie am sichersten seyn, zu verantworten schwer fürfallen wird. Adversus vero ictum Sycophantæ non est remedium, derowegen muß man es GOtt und der Zeit befehlen.

Weil es dann nunmehr zum End der Welt, und auf die letzte todte Neige kommen, so beginnet sich gleichwohl, GOtt Lob und Dank, wiederum ein Fünklein von der Magia Theiagica cabalistica und andere hohe Künste mehr, dadurch Wissenheit, Rath und That allerley Dienst anzunehmen oder zu vermeiden, derselben erfahrnen, offenbahr wird, ein Theil bey den Liebhabern der Warheit und gelehrten, frommen, verschwiegenen, getreuen Hertzen, ein wenig herfür zu schimmern und zu blicken, durch die finstern, dicktrüben, schwartzen Wolken der Finsternüß und des Tages Licht beginnet in den letzten Tagen wiederum zu steigen, die sich hinter den Saturnischen Bergen verhalten; wiederum herfür quellen die gesundesten Wasser-Strömen des Lebens, in ein Thau verkehrt, dardurch die schöne glänzende Morgenröthe herfür bricht, und zu schimmern, dadurch der Sonnen-Strahlen und Tages-Licht erkandt wird, und frölich zu machen, das Traurige, Kranke und

Be-

Vorrede.

Betrübte. Alsdann werden wir sehen den Vogel Stermetis, der uns bringen wird, aus der fremdden und fernen Lemmischen Insel, den schönen und mächtigen Stein Cor Salis genennet, rubinischer Farbe, ganz lieblich im Geschmack und Krafft, und ein starker Held wider seine Feinde, 18. Psalm. In sole posuit tabernaculum suum. Et ipse tanquam sponsus procedens de thalamo suo, exultavit ut gigas ad currendam viam, à summo cœlo egressio ejus, & occursus ejus usque ad summum ejus, nec est qui se abscondat à calore ejus.

Ein solche Magia ist bey den alten Egyptiern, Chaldäern, Indianern und Persiern auch bekandt und im Brauch gewesen. Wie wir lesen im Propheten Daniel auferzogen in den Chaldäischen Sprachen und Künsten, gleich wie der Moses in allen Egyptischen Künsten erzogen, Actor. 7. Laß mir diß ein Alchimistisch Kunststücklein seyn, Exod. 32. Da Aaron die güldene Ohren-Ringe der Jsraelitischen Weiber, Söhne und Töchter fordert, und ein gülden Kalb machet, und Moses nahm das Kalb, das sie gemacht hatten, und verbrands mit Feur, und zermalmets zu Pulver, und stäubets aufs Wasser, und gabs den Kindern Jsrael zu trinken. Bey uns Christen aber ist diese Magia sehr dunkel und unerkannt, was ursachet es? Wir wollen uns den Geist GOttes nicht mehr

mehr regieren laſſen; (Ich meyne nicht die zauberiſche noch teufliſche Magiam noch Phyſicam, oder wie man ſagen möchte, Teuffelsbanner, Schwartzkünſtler, Cryſtallenbeſchwerer, oder dergleichen Hummels-Geſindlein:) wie die Weiſen aus der Hauptſtadt Suſa, da die treffliche hohe Schul geweſen, damahls die hohe Schul im Schwang gangen, ein Fünklein darvon blieben, daher die Weiſen ſolche weite Reiſe in 200. Meilen auf ſich genommen, und dem neugebohrnen König zu Bethlehem anzubeten kommen. Item die Cabaliſten bey den Ebrdern, die Philoſophi bey den Griechen, die Gymnoſophiſten bey den Indiern. Dieſe haben wunderbarliche Dinge beſchrieben auf Cabaliſtiſche Weiſe, das die obgenandte Syreniſche, gottloſe verführiſche Buben im geringſten nichts verſtehen, viel weniger nicht würdig zu wiſſen die groſſe Heimlichkeit der Natur. Dann die hohen Arcana und Magnalia wird er den Unwürdigen, als Feinden der natürlichen Dingen, nicht zeigen, und kommen immer weiter in den Labyrint oder Irrgarten, und des Theſei Faden verlieren, ihnen auch enthalten bleiben ſoll, ſo lange ſie in unbußfertigem Leben beharren, Luſt zu Lügen tragen, wie auch ihr Vater der Teuffel ein Lügen-Geiſt iſt; GOtt öffne ihre Augen, und rühre ihre Hertzen, daß ſie das rechte Hertz der Erden und das Aug des Himmels erkennen mögen, ſo es dein göttlicher Wil-

Wille sey. Aber den filiis dignis sapientiae et doctrinae, denen ist es ein Licht und Spiegel, die sich der Wahrheit befleißigen, und rechte Erforscher und Jünger der natürlichen Dingen seynd, und GOtt für Augen haben, sein Wort hertzlich lieben, und stetig im Gebet sammt der Hand-Arbeit fortfahren, die werden den Seegen des HErrn empfahen, Psalm. 104. Dirupit petram & fluxerunt aquæ & abierunt in sicco flumina. Psal. 127. Labores manuum tuarum quia manducabis, beatus es & bene tibi erit.

Ein solcher Magus und Alchimist ist gewesen der hochgelahrte, fürtreffliche und weitberühmte Mann und teutsche Philosophus, PHIL. THEOPHRASTUS PARACELSVS, Profess. SS. Theolog. Phil. & Medic. Doct. welcher nach Christi Geburt Anno 1483. den 10. Novemb. auf den rechten Mittag aus den zwey Edlen Stammen, Hohenheim und Rembast in Schweitz gebohren, und Anno 1641. den 24. Septembris von dieser Welt wiederum Christlich abgeschieden, und zu Saltzburg zu St. Sebastian begraben, da sein löbliches Epitaphium auf heutigen Tag, und hinfort ihm wol zu Ehren unauslöschlich bleibet. Und was seine hinterlassene nützliche monumenta und denkwürdige Reliquien klärlichen ausweisen, und seine Bücher eines Theils am Tage, doch der wenigsten im Druck. Was er aber vor Bücher geschrieben, das wird vermeldet durch den
Hoch-

Vorrede.

Hochgelahrten Hrn. Doct. Valentium Antropraſſum Silerianum, welches Teſtimonium ich den Liebhabern zu Ende dieſes Buchs hab drucken laſſen.

Weil dann wir Chriſten in dieſer vergänglichen Welt einer dem andern dienen ſollen, mit denen Gaben, die er durch Verleyhung Göttliches Seegens empfangen hat, ſo erkenne ich mich nachmals, wie in dem vorigen Schreiben, ſchuldig, den Sapientibus oder Liebhabern, die aus dem Babyloniſchen Becher noch nicht getrunken haben, zu gute dieſe dieſe Arbeit zu ediren und heraus zu geben, auf mich genommen.

Alſo hab ich wolmeinend dieſes des hochgelahrten und erfahrnen Philoſophi Johannis de Padua geſchriebenes Büchlein, Philoſophia Sacra, oder Praxis de Lapide Minerali genannt, auch folgende Epiſtel dediciren, und freywillig herausgeben wollen, auf daß man ſehe und merke, daß dieſe herrliche Kunſt ja und gewiß wahr ſey, wie er ſelbſt, der Author ſolches bekennet, und ſeine Worte alſo lauten: Denn ich Johannes de Padua ſchwöre auf die Letzt meiner Hinfahrt, und will darauf ſterben, daß dieſe herrliche, würdige und Göttliche Kunſt recht und wahrhaftig erfunden wird, durch Ermahnung meinem guten Freunde Georg von Endenbach, durch freundlichen Willen mein treues Gemüth mitgetheilet. Weil mir nun diß Exemplar neben andern Philosophischen Schrifften, die Anno 1557. geschrieben zu Handen kommen, aber sehr falsch und böse zu lesen gewesen, daß man es mit grosser Beschwerde hat rathen müssen, hab ich es offtermahls hingelegt, in Willens zu verbleiben und gar liegen zu lassen, doch auf vielfältiges Anhalten vornehmer Personen wiederum zu Handen genommen, und also fortgefahren, in dem Namen GOttes, so viel als mir möglich gewesen, ganz treulichen des Autoris Wort unverändert stehen lassen; Darum so etwan der Sensus an etlichen Oertern nicht Vollkommen, von wegen des übelgeschriebenen Exemplars, will ich männiglichen hohes und niedriges Standes-Personen geberen haben, die etwann dieses Buch oder dergleichen Schrifften möchten haben, und in diesem etwas versehen, oder (als ich nicht verhoffe,) ausgelassen, sie wollen mich dessen entschuldiget halten, und nicht meinem Unfleiß zu rechnen.

Und zwar ohne Ruhm zu melden, ich für meine geringe Person bekenne, daß mir viel Philosophische Schrifften seynd zu Handen kommen, noch von guten Freunden verhoffens; Aber dieses Buchs gleichen habe ich wenig gesehen, da alles volles Grundes und deutlichen des Tageslicht herfür blickt, der einigen Wurzel, wie

ver-

vermelß wird, als in diesem Buch dermaſſen mit GOttes Wort erkläret, mit Exempel und Offenbahrung dieſer herrlichen hohen Kunſt und Gaben GOttes, von Anfang ins Mittel bis zum Ende, und von rechts Ehren wegen, Speculum Philoſophorum, Spiegel der heimlichen Weißheit mag genennet werden; Dann darinnen wird das Licht der Weißheit recht erkandt.

Zu dieſem Büchlein darbey zu drucken die ſchöne Epiſtolam Johannis Trithemii, Abbatis Spanheimenſis, ad Johannem Weſteburg geſchrieben, auch Anno 1503. von den dreyen Anfängen aller natürlichen Kunſt und Philoſophia, habe ich mir gefallen laſſen, aus den Urſachen, dieweil dieſe Epiſtel von der Zahl tractirt: da dann Johann de Padua ſonderlichen deren Zahl gedenckt, als 1. 2. 3. 4. und wie ſie zu verſtehen, erkläret und offenbahret, und alſo vor gut und nützlich erachte herbey zu ſetzen, allen Liebhabern dieſer Kunſt zum beſten.

Ueber das aber eine Epiſtel des Hrn. Doctoris Johannis Teutſcheſchen, ſo dabey geſtanden, auch ſehr übel zu leſen geweſen, gleichwol ſo viel als möglich zuſammen bracht, ohne Veränderung ſeiner Wort. Dann in dieſer Epiſtel wird das gantze Opus Chymicum tractiret, nach Art der Philoſophen, welches von den Philoſo-

Vorrede.

losophis, das Universal oder Lapis Philosophorum genennet wird, auch wohl werth, daß dieses gelehrten Mannes Schreiben nicht unter das Eiß gesenkt, sondern ans Licht herfür gebracht, dann diese zwo Episteln lange Zeit seynd im finstern gelegen.

Da nun etliche vermeynten, ich thäte unrecht, daß ich solche Arcana publicirte, die GOTT selbsten verborgen hat, dieselben sollen gedenken, daß die Zeit vorhanden, daß es alles offenbar werden soll, gönnet der Allmächtige GOTT die Bücher in unsern Sprachen, so will Er auch, daß wir uns darinnen üben und suchen, (nicht Verächter seyn,) t is Er uns den Eliam Artidam gar zuschicket, der alles erklären wird, wie in lib. de Tinctura Philosophorum P. Theophrast. Parac. zu ersehen, und den filiis dignis doctrinæ wird GOtt der HErr das Licht der Natur selbsten anzünden, so fern daß man fromm, und GOTT und sein heiliges Wort herzlich liebet, und anhält im Gebet, das ist, bitten, suchen und anklopfen, im Glauben alles erlangen, in diesen dreyen Haupt-Puncten stehet all unser Grund der Magischen und Cabalistischen Kunst, dadurch wir alles das, so wir begehren und uns wünschen mögen, erlangen und zuwege bringen, und soll uns Christen nichts unmöglich seyn.

Ch. Schr. II. Th.   T   Und

Vorrede.

Und ich habe durch vorhergehende Anzeigung auch gründliches Bedenken diese Edition in öffentlichen Druck verfertigen lassen, damit es den malevolis und plumpen gEsellen, ungehobelten Timonischen Köpfen, welche mit ihren Hundes-Zähnen blecken, zuwider und entgegen stosse, verhoffend solche Arcana, woran der Nach-Welt sehr viel gelegen, sollen Großgünstig auf und angenommen werden. Worbey ich dich, geneigter Leser, GOttes und aller natürlichen Weisheit wunderthätigen Schöpffers allwaltender Obhut treulichst anbefohlen haben will.

Johannes Schauberdt,

Chymicus.

PHILOSOPHIA SACRA,

PRAXIS

De

LAPIDE MINERALI,

IOHANNIS de PADVA,

Darinnen alles hell und klar an
Tag gegeben.

Im Namen des Allmächtigen, der da
hat erschaffen Himmel und Erden, wie geschrieben stehet im Buch der Schöpffung,
als

als GOtt Himmel und Erden beschuff, schwebet der Geist GOttes auf den Wassern, die er hat getheilet vom Erdreich, doch daß er seine feuchte Frucht bringe, davon nehme. Also offenbahr ich dir als ein Bruder durch Christliche Treu, auch meine Zusage, so ich dir gethan und verheissen, ein groß Geheimnuß, solches ein Genügen thun wolt, doch daß du umb meiner Bitt willen, so ich dargegen begehrt habe, nicht vergessen, sondern das wohl betrachten, und dann in allen deinen Anfängen deiner Würkung GOtt fürchten, lieben, und ihm allein in seinem Göttlichen Seegen vertrauen, damit du dich gegen GOtt und deinen Nächsten halten mögest, wie einem Christen-Menschen zustehen will, und allwege embsiglich von Herzen sey GOtt dankbahr für seine Wolthat, auch wollest du in deinem Gebet, für diesen Schatz, den GOtt durch mich dir geben hat, auch für mich GOtt meinen Erlöser und Seeligmacher bitten, auch nicht bergen deine glaubwürdige Zusagung, so du mir gelobt und zugesagt hast, so du deine Zusagung an mir brichst, wirst du von GOtt nicht ungestrafft bleiben, dann du erkennest, was dir GOtt für einen hohen Schatz mittheilet. Es haben gewaltige Potentaten solche herrliche Kunst begehrt und gesucht, und ein mächtig Geld darüber verzehret, es ist aber GOttes Wille nicht gewesen, wird auch nicht seyn, auch aus deren Ursachen, daß sie es nicht würden nützlich gebrauchen, GOtt dafür nicht danken, kein gut Werck da-

damit nicht pfiffen, sondern zu Zank, Hadder und Hoffart, in Uberfluß Essens und Trinkens, keinen armen, nothdürftigen Personen und Kranken damit zu dienen, ob Ihnen GOtt der HErr solchen Schatz verleihe. Summa, hier ist wiederumb keine Danksagung, und bringen sich selbst in die ewige Verdammnuß, darum sey eingedenk für das, so dir GOtt durch seinen gebenedeyten Seegen mitgetheilet und gibt, so danke und fürchte GOTT, so gehet es dir wohl und glücklich, hilf zu ehrlichen Sachen, speise die Hungerigen, kleide die Nackenden, tröste die Betrübten, hülff und rath zu erlösen die Gefangenen, theile armen leuten mit, ehre fromme, züchtige, (sonderlich alte) leute, hüte dich für unzüchtigem Wandel, fleuch böse Gesellschafft, daß du durch sie nicht zu schanden kompst, ehre den geistlichen Stand, rede niemand Uebels nach; sondern bekümmere dich allein mit GOtt, und diesem, so hierinn geschrieben ist. Darumb hat dir GOtt den Schatz gegeben, und solche so unaussprechliche Gaben, die da wirket in und durch die Natur, so GOtt der HErr verleyhet den Menschen wohl zu thun, als die da seynd Glieder Christi, und seine erschaffene Creaturen nach seinem Bildnüß, und allen Armen nach Nothdurfft damit zu helffen. So du das thust, und meiner Lehre nachfolgest, so thust du GOTT im Himmel einen Gefallen. Dann von dieser Gab will er solches gethan haben, GOtt macht auch deinen Wandel und Wege glücklich, und also fol-

ge meiner Lehre, sey ihr eingedenk, und GOtt
wolle dir helffen, und glücklichen Zufall geben, so
du in deinem Werk anfangen werdest, durch JE-
sum Christum unsern Erlöser und Seeligmacher, Amen.

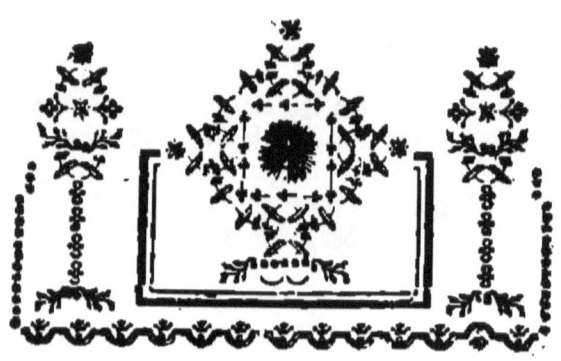

Anfang dieses Buchs.

Merke auf: So offenbahre ich dir die natürliche Vermischung in dem Stein natürlichen Kunst verborgen, dann dieser Stein gezieret ist, mit dreyfaltigem Kleide, ein Stein der Reichthumb und Gesundheit, in dem alle Ding nach Natur der vier Element begriffen werden, auch das subtileſt Ding in der Welt zu achten und zu loben. Dann wie solcher unser Art und Würkung, so sie in sich vermag, ein jeder so anders der Naturen ein wenig nachdenken will, öffentlich und frey bekennen müſſen, wie doch GOtt der Allmächtige, so wunderlich in allen seltzen Geschäfften und Creaturen, so mit Vätterlichen Gnaden, durch Barmherzigkeit mit uns armen Menschen handelt, dafür wir ihm täglich danken sollen, darumb sag ich billich, daß unser Stein

drey-

dreyfaltig sey, dann er hat Geist, Seele und Leib, so finster ist, und mangelt seiner Seelen, dero halben erstlich zu betrachten ist, daß der Cörper lebendig wird, so gieb ihm seine Seele, so lebt er, damit du es aber ein wenig besser verstehest, und meine Meynung vollkommen vernehmen kanst, vom Cörper, Seel und Geist, dann ich sage dir die Warheit, es ist ein Stein, der da einig genannt wird, und ein Ding ist, der Cörper im Wasser gebähret, und das Wasser in ihm selber ist. Als wann jemand Wasser und Eyß zusammen thut, so wird aus Wasser und Eyß ein Ding in unterschiedliche Wasser; darum wisse im aqua fort unser und dieses Steins ausgezogen wird, Seel und Geist, ein jegliches in sein eigen Wasser und Wesen. So ist auch unser Philosophische Sublimation nichts anders dann Abschied und Hinwurff des Uberflusses dieses Steines, nicht als die Unverständigen pflegen zu thun, welche nehmen Todten-Köpff von dem Salpeter und Vitriol, und vielen andern unzehligen, da keine Krafft noch nichts ist, und wann sie tausendmahl sublimirten, richten sie nichts aus, dann sie betriegen sich nach ihrem Gutdüncken selbst, darumb hüte dich für frembden Sublimationibus, habe acht der meinen. Dann unser Sublimation ist, daß man die Theile erhebt, so nicht viel seynd, werden über sich gehoben, durch und mit dem Rauch, wilt du daß diese zwey fix oder nicht fix seynd, miteinander fix werden, und leicht einen Eingang gewinnet, so ist vonnöthen, daß man sie desto öffter sublimir.

und

und Fleiß anführe, dann ohn diese Sublimation kan dieses Werk nicht vollbracht werden, dardurch werden geschieden die Element vollkömmlich, dann dieser Stein wird vollbracht durch drey Element:

Erstlich, mit Wasser, Lufft und Feur, die erste ist aber eine Wurzel und Speisung der andern Elementen, der Firmament wahrhafftig das Wasser der Lufft durchbringt, der Geist trägt und bringt. Also verstehe unser Sublimation, daß der Geist oder Wasser reiniget den Stein von allem unsaubern, die Lufft bringt fast ein bis in die Wurzel, das $\triangledown$ aber macht fix und beständig die Erden, also must du lernen, was unser Philosophische Sublimation seyn möge, und die Scheidung der Elementen: Wie gar wenig seynd die unser Sublimation verstehen noch erkennen, dann hierinnen und hierdurch muß das Werk vorbracht werden. Weiter aber zu unterrichten: Nachdem die Seele und Geist von seinem Cörper abgeschieden hast, so gieb der Wurzel wiederumb seine Seele, sich miteinander zu vereinigen, das dann der Cörper fröhlich annimmt, und sich erfreuet seiner Natur, daß sie eben auf das Erdreich zu Trinken und Speisen mit seinem Wasser, und zu seiner Zeit, und das ist das Erste unserer Würkung, und wird genannt der gemeine Weg. So man abgezogen $\triangledown$ giebt wiederum bescheidentlich und zu seiner Zeit, dem durstigen Erdreich, und also verstehe, bringt man die Elemente wiederumb zusammen in eins, daburch wird der Stein gereiniget und geläutert, so aber das Werk gantz vollkömmlich seyn soll, das mag nit geschehen ohn embsige Sublimation mit täglicher bequemer Wärme seines Bades in einem Ofen, in einerley Gefäß, darinn geschicht unser Arbeit calciniren, fixiren, eintränken, flüssig machen, oder hart, zu weiß und roth. Und in solchem jetzt gemeldtem Bad mag der Stein für und für gemehret werden, durch Solution und Coagulation, so du damit ihn embsiglich übest, also viel nimmt er auch zu, mehr zu tingiren. Die Solution geschicht aber also, so der Stein in △ aufs allerreinste gemacht, dann soll er aufs allerkleinste gerieben werden, das verstehe, daß es geschicht im Glase mit unserm klaresten Essig, indem gibt er sich bald in die Solution zum lautern Philosophischen ▽, dann distillir die Solution, verstehe, daß du ihn bey mässigem ▽ coagulirest, dann die Solution geschicht wohl, aber sehr am Ende, die dann geschehen muß, so das Werk vollbracht werden soll, nicht verstehe, daß du es wiederum woltest distilliren, gleich wie du am ersten die Element geschieden hast. Darumb habe ich dir hierbey gesetzt, daß sich der Stein nach derselbigen Solution, bey mässigem Feur coaguliret; das merke also, aber im Proceß der Hand-Arbeit wirst du es viel besser verstehen. Und damit, daß du wissest den Grund nach der Natur zu verstehen, wovon unser Stein wird ausgezogen, nemblich aus dem ☿, so unserm Werk nöthig, welches ist Cörper, Seele und Geist. Aber welcher herkömmt, und geschicht aus einem unzustörlichen, vollkommenen und ganzen reinen Leichnam, kanst

du

du wohl merken; dann derselbige Leichnam ist von GOtt gezieret, giebt einen schönen Stein, gleich wie die Sonne am Firmament des Himmels, und der Sonnenschein erfreuet. Also ist hier auch zu verstehen, dann von solchem Schein seine Strahlen so ferne und schön leuchten, daß sich freuen Mann und Weib, Bruder und Schwester auch die kleinen Kinder, die sonderlich nit mit gutem Gewand bedecket und bekleidet seyn, die frolocken und freuen sich solcher zukünfftigen Sonnen-Wärm, darmit sie durch diese Wärme auch möchten kommen zur Vollkommenheit und erquicket werden, damit sie die Kält und Frost, Regen und Wind nicht mehr möchte verletzen. Daß ich dirs noch besser beweise, und durch die heilige Schrifft bezeuge, auch nach der Natur: So hat GOTT der Allmächtige zu mehren Menschlichen Geschlechte erschaffen den ersten Mann Adam, damit er aber als der Mann Adam einen gleichen Gesellen hätten, der seiner Natur wäre, ließ GOTT der HErr einen tieffen Schlaff auf Adam fallen, nahm aus seinem Leib eine Ribbe, und schloß dieselbe statt zu mit Fleisch, daraus macht GOtt der HErr Evam das Weib, darmit von ihnen durch Natur alle Menschen biß zu Ende der Welt sollen geboren werden. Will dirs noch deutlicher sagen: Ein gülden Stück ziert einen König, der gegen seinem Land und Leut sich befleißiget, sie zu beschützen, ob er letzlichen schon stirbet, so hat er doch hinter sich gelassen einen Schatz und Kron der Ehren, daß ihme von jedermänniglich Lob und

Dank

Danck wird nachgesagt. Derowegen ein grober Baur, mit einem groben Gewandt, ob du schon Weißheit in ihm siehest, wirst du doch keine fin-den, und ob schon die unvollkommene Weißheit des Bauren, des Königes Gülden-Stück anzöge, kan sie doch weder rathen noch helffen, aber die Weißheit so du bey ihm suchest, wird er mehr zer-stören dann gut machen. Also ist auch unser Werck mit den vollkommenen und unvollkommenen Me-tallen: hie aber merck auf, dann der Sonnen-Strahlen hat seinen Saamen Gold zu gebähren, und der Mond, welcher würcklich nimmt seinen Schein verborgentlichen der Sonnen, hat seinen Saamen Silber zu gebähren, verstehe Sulph. Silber nach seiner Art zu geben der Sulph. Zu dieser Kunst, zu der Weisen-Kunst, oder denen Weisen wird anders in der Welt nicht funden, als alleine in diesem unzerstörlichem Leichnam, wel-ches du nun ja verstehen kanst, dann der Geist träget die Seele der Sonnen des Monds unsicht-barlicher Weise in seinem Bauch, und aus diesen zweyen wird der Stein ausgezogen. Wisse auch dieses Ferment dieses Sulph. hoffet und fermenti-ret ewiglich dahin, aus diesem Saamen gewähret man der Frucht, nachdem nachfolgende Frucht zu hoffen, damit solcher Saamen und Hoffeld nim-mermehr abnimmt. So magst du den Stein mehren, welches du sollt verstehen, welchs ge-schicht, so das Werk fertig ist: Nimm von dem Wasser, so aus dem Stein abgezogen ist, gebühr-lich Gewicht, und von dem flüchtigen wohl gerei-niget

niget, misches die beyde zusammen, doch daß sie nicht fliessen, darnach setze sie weißlich in ein Bad, darinn solvirt sich auf zum Wasser, welches Jungfrau-Milch heisset, und der Philosophen Essig, welches geschicht in einem Monat, denn vergönne ihm überzusteigen, daß der Stein fliegende wird, und bring ihn wieder herab, so wird er fix und flüssig. In solcher Arbeit denn, so theile den Stein zu dreyen Theilen, einer zur Mehrung und Augment, wie ich gesaget, mit auf- und niedersteigen, damit man der zuvor flüssig, fix machet, und das fix ist, wiederumb flüssig, so solvirt es sich in seinem distillirten Essig, bis es den ☿ tingire, und alle andere metallische Cörper, dann nichts bessers kan gefunden werden, dann dieser hoher Schatz und GOttes Gab. Wiewol ich dirs aber allhier Exempel-Weiß, doch mit Wahrheit erkläret habe, aber mit Arbeit der Hand will ich dirs klärlicher und deutlicher sagen lassen und unterrichten, welches Werk doch wunderbarlicher Würkung, das doch den Menschen unglaublich verborgen ist, welches alles durch die Natur gewürket, und ist solcher gebenedeyter Schatz und Gabe GOttes mit geringen Kosten zu erlangen, doch denjenigen so der Natur ein wenig nachdenken und nachfolgen, dann den Saamen, so man in den Acker wirfft, ernd und geneust man sehr hundertfältig, dann von einem einigen Körnlein erworten man der Früchte, nachdem wieder nachfolgende Früchte zu hoffen. Dann ich Johann de Padua schwöre auf die letzt meiner Hinfahrt, und will darauf sterben,

daß

daß diese schöne, herrliche, würdige und Göttliche Kunst, recht und warhafftig erfunden wird, wie dann hierinnen ohne einige Fortrückung von Wort zu Wort, von der Hand zu der Hand verzeichnet, sondern alle Warheit habe ich hie durch Erinnahmung, dir, meinem guten Freunde Georg von Endenbach durch freundlichen Willen, mein treues Gemüth mitgetheilet, so du aber meiner Lehre nicht folgen wilt, wird dir viel ein Böses nachfolgen, denn du vermeinest, denn GOtt kein Gutes unbelohnet, auch kein Böses ungestrafft lasset, darum bitte ich dich umb GOttes willen, und durch die Liebe Christi, daß du diese Gabe GOttes für deinen besten und heimlichsten Schatz und Kleinod wollest erkennen und achten, so dir GOtt zu deiner Arbeit seinen Göttlichen Seegen und Gnade verleihet, wollest deinem Nächsten zu GOttes Ehre mittheilen und dienen, und wollest nicht mit Hoffart mißbrauchen, und eingedenk seyn der Wolthat GOttes, der dirs gegeben hat, wollest es verbergen, wie ichs verborgen gehalten habe, und in keinem wege, daß du es mögest unbescheidentlich offenbahren, damit es ja nicht kommen möge in die Hände der gewaltigen und unmilden Menschen, auf daß solche Gaben und Benedeyung nicht durch Schand und Laster mit Füssen getretten und mißbrauchet werden mögen, auf daß du nicht sammlest der ewigen Verdammnuß, darumb gib GOTT Lob, Ehre und Dank, welches Er alles nach seinem Wolgefallen geschaffen und gemacht hat, welcher höchster GOTT des

Him-

Himmels und der Erden, hat regiert von Anfang jetzund von Ewigkeit biß zu Ewigkeit, Amen.

Unser lieber GOtt gebe uns, seiner heiligen Kirchen seinen Seegen, Erkändtnuß unser Sünden, Beständigkeit eines rechten Christlichen Glauben an JEsum Christum, und nach diesem das ewige Leben, Amen.

Offenbahrung und Außlegung dieser Göttlichen Geheimnuß und herrlichen Kunst.

JM Anfang schuff GOTT Himmel und Erden, und darnach schuff Er den Menschen nach seinem Ebenbild, solchen Menschen, als das edelst Geschöpff hat Er zum Guten erschaffen, mancherley Zahl der Creaturen, dieselbigen dem Menschen unterworffen und unterthänig gemacht über sie zu herrschen mit Vernunfft und Danksagung GOttes, solches nach Nutz und Nothdurfft des Lebens zugebrauchen, welches GOTT der Allmächtige also gemacht hat, und alles wohl ordiniret und formiret, daben der Mensch GOttes gnädigen Willen bedenken, erkennen und bekennen soll, seine grosse Gewalt, Macht und Herrlichkeit, dann keine Creatur von Anfang der Welt nie kommen ist, weder im Himmel noch auf Erden, die alle Ding nach Ziel und Maß, so er ordentlicher Weise ein jedes præpariret, schicken und machen möcht, als unser Erlöser und Seeligmacher uns

armen sündigen Menschen gethan hat, welcher GOtt der Vatter von Ewigkeit gewesen, und mit GOtt dem Sohn und GOtt dem Heiligen Geist, herrschet immer und ewiglich, derselbe unser Mitteler und getreuer GOTT, theilet uns seine grundlose Güte und Barmhertzigkeit, seinen Seegen und Gaben, dem Menschen wunderlich, sonderlich denen die ihn fürchten, an ihn glauben, so viel nach Menschlicher Schwachheit und Vermögen, sein Gebot halten, ihn lieben, ihm von Hertzen vertrauen, und in gedultiger Hoffnung GOttes Seegens erwarten, dieselbigen Menschen zieret GOTT mit gutem sinnreichen Verstande, mit einem fröllichen, friedsamen Gewissen, zu streiten wider alle Anschläge des Sathans, solche Menschen die GOTT gezieret, die leben mit ihrem täglichen Gebet gegen GOtt, frölich in Gedult und Hoffnung, und leuchten in ihrem hertzlichen Vertrauen, das sie zu GOTT haben, wie die schöne Sonne, auch giebet ihnen GOTT zur Nothdurfft und Erhaltung ihres zeitlichen Lebens, mancherley Wachsung der Kräuter, darnach zahme und wilde Bestien. Und zum dritten und allerley Erd-Gewächsen der mineralischen Steinen, und allerley Ertz der Metallen Vollkommene und Unvollkommene, welches alles alleine den Menschen zu gute geschaffen, solche Creaturen zu gebrauchen zur täglichen Nothdurfft, als zur Speise, Tranck und Kleidung, dafür und dargegen man GOtt den HErrn unsern Erlöser und Heyland ehren und preisen solte, für die unverdiente
Wohl-

Wohlthat, so uns täglichen durch seine Gnad und milde Barmhertzigkeit, ohne all unser Dienst verliehen werden, darumb sollen wir aus Grund unsers Hertzens GOtt dem Allmächtigen umb die Gnad und Erleuchtung des Heiligen Geistes bitten, daß Er unsern Glauben und Vertrauen im Herzen, wolle mit inbrünstiger Liebe anzünden, also, daß unser Glauben und Vertrauen, durch den Nahmen Christi unsers Seeligmachers gestärkt werde, und endlich durch ihn erlangen die ewige Seeligkeit. Das heisse mir und dir und allen Menschen, GOtt der Vatter, GOtt der Sohn und GOtt der Heilige Geist, Amen.

Anfang des Werks durch Exempel der heiligen Schrifft.

GOtt der Vatter hat erschaffen, GOtt der Sohn regieret, GOtt der Heilige Geist erleuchtet, welches seynd drey Personen in Ewigkeit, in ewiger Warheit, welche in ihrer höchsten Majestät und Herrlichkeit, durch ihre grosse Macht und Gewalt, in ewiger Einigkeit eines ewigen Wesens, gleicher Herrschaft, regieren von Ewigkeit biß in Ewigkeit, Amen.

Also verstehe unser Werk, dann unser Wurtzel ist nicht mehr, dann ein einig Ding, durch welche Wurtzel die gantze Meisterschafft, durch den dreyfaltigen Zahl regieret und verbracht wird, dieweil ich dir die Wurtzel gesagt, ist nicht nöthig, ſie in meinem Büchlein öffentlich mit ihrem Namen zu nennen, wiewohl ſolche Wurtzel wie mancherley Namen genennet wird, doch hat ſie in der Warheit nicht mehr, dann ein einigen Namen, welcher ihrer Natur zugeeignet und gebühret. Nun will ich dir ſagen den wahrhafftigen Anfang, wie daß ich verſtehe die Wurtzel durch den dreyfältigen Zahl regieret wird, demnach den vierfältigen erreicht, und erreicht den ſiebenfältigen, mit dem zweyfältigen Zahl wiederum in dem einigen, und merk auf, ſo will ich dir ein wenig den dreyfaltigen Zahl erzehlen, und erklären, aber nachfolgends will ich dirs deutlich ſagen, ſo iſt unſer Wurtzel ein einiger Zahl, welches in der Zahl iſt Ein, ſo nun diß Ein, in ſeinem Waſſer reſolvirt wird, welches iſt der Anfang, und die erſte Erſchaffung unſers gebenedeyten Steins, im Mittel iſt aber die Regierung, welches geſchicht durch die Elementa, welche herfür bringen den dreyfaltigen Zahl in dem zweyfaltigen; was aber das Ende ſey, welches iſt die Erleuchtung: wie du es aber beſſer verſtehen ſollſt, was der dreyfaltige Zahl in dem Einen ſey, das ſeynd Farben des gantzen Werks, von dem Anfang ins Mittel, biß ins Ende, welches ſeynd: Schwartz die erſte, Weiß die ander, und Roth die dritte, welche vollkommen.

Alſo auch verſtehe, die Schwartz, iſt der Anfang des Werks, und die Schaffung des Steins, das Mittel aber iſt die Weiſſe, welche erſtlich anfähet zu regieren, wie du hernach hören

reu wirst. Im dritten kommet herfür die vollkommene Röthe, welche ist die Erleuchtung, verstehe daß sich die Wurzel des Werks inwendiger Kraft seiner Würkung entzündet. Also hast du den dritten Grad der drenfaltigen Zahl, wie ich dir zuvor gesagt habe, als durch Gleichung Gott der Vatter schafft, GOtt der Sohn regieret, GOtt der H. Geist erleuchtet, also ist auch die Schwartze die Erschaffung, die Weisse die Regierung, die Röthe die Erleuchtung, also solt du die Zahl wohl verstehen. Nun will ich dich lehren den Anfang durch schöne Gleichnüß, daß du des Werks Anfang desto besser zu erlernen und zu erkennen hast, dann ich in dem ersten Theil meines Büchleins gethan habe; dann so du diß löbliche Werk zu kräfften willst bringen, so must du lernen die Verdunkelung, darum habe ich dir das Büchlein gantz offenbahrt gesetzt, und hab wohl acht meiner Rede, derohalben must du nehmen in GOttes Namen die Wurzel, welche Wurzel auch ein König genennet wird, den solvir in seinem $\triangledown$. Diß ist der erste Anfang dieses Werks und unser Arbeit. Also hast du in dieser Solution, Erd und Wasser, dann es nach dieser Zeit ein gut und unentschleblich $\triangledown$ ist, und nichts anders ist, dann eine verwüste Vermischung, wie dann geschrieben stehet im Buch der Schöpffung, die Erde war wüste und leer, und es war finster auf der Tieffen, und der Geist GOttes schwebet auf dem Wasser, das ist, so du die Wurzel solvirt hast, wie ich gesagt habe ins $\triangledown$, so ist eine gantz unordentliche Vermischung noch bey einander, ganz grob und finster dann die Element, so noch darinnen verborgen, seynd nicht ordentlich getheilet ein jegliches an seinen Ort, wie ich dir im Proceß hernach anzeigen werde, dann ohne die Element ordentlicher Weise der Wurzel zu nehmen und zu geben, nimmt das Werk keinen rechten Ausgang, dann die Element seynd in der vierfältigen Zahl, wiewohl das Werk nur mit dreyen Elementen vollbracht wird, ausserhalb der Erden, oder Wurzel, welche an ihrem Ort liegen bleibt, aber sie kommen alle wieder zusammen in das Ein, dann die Element werden der Erden wiederum zugesetzt, verstehe also, daß das ganze Werk, und alle Zahl werden durch die Element verbracht, dann ohne die Element eine vollkommene Tinctur zu bereiten, ist eitel Fantasey, und du must alles bekennen, so in GOttes Erschaffung keine ordentliche Scheidung der Elementen geschehen und worden wäre, und die finster wüste Vermischung beyeinander auch verblieben, auch noch itziger Zeit, so die Element im Zirkel des Himmels, sich mit ihren Kräften und Würkung nicht regierten oder sich bewegten, und unterschiedlich ein jegliches besondern getheilet wäre, so möchten oder könten die, so auf Erden wären, die Menschen jund Viehe, und alles das, das Leben hat, und sich bewegt, des Lebens nicht behalten, noch Wachsung haben, sondern es müste alles verderben. Dieweil aber in dieser Vermischung die Element ganz wüste und unordentlich beyeinander vermischt seynd,

und

und verborgen liegen, kann sie doch seine Schärffe, und Subtiligkeit, welche ganz starck von Natur und Würkung ist, so die Element bey sich vermögen nicht bergen, und gibt einen Dampf oder Rauch; welche seynd innerliche scharffe Spiritus, die erheben sich über das ▽ der wüsten Vermischung, welches ist der Geist GOttes, so auf der Tieffe des Wasser schwebte, verstehe, welches geschicht nach der Solvirung in der Schwärze der ersten Putrefaction. Also merke die Anfäng unsers Werks. Weiter so theilet GOTT das Licht, aber verstehe, bedeut die schöne Sonne des Firmaments des Himmels ist, welches unser Wurtzel, und das Finsternüß bedeut den Monden, welche Sonne bedeut Adam, und der Mond Eva, wie ich die im Mittel dieser Offenbahrung sagen werde. Die Sonne, wie gemeldt, so sie herfür kömmt, so erquicket sie alles das da lebet, so ist sie auch von GOTT fürtrefflicher für allen andern Planeten, mit ihrer Vollkommenheit erhöhet, sonderlich in den Metallen, da kein Metall, das so den Gewalt und Stärke des Feurs widerstehen kann oder mag, als unser Wurtzel, und sie ist in allen Dingen unzustörlichen, auch ist sie beständig von rechter Natur und Farbe, und freuet sich im △, welches ist seines gleichen, dann solche Wurtzel hat darinne keinen Abgang, sondern sie reiniget sich, auch so ist sie ein hochlöblich Ding, für alle Zier dieser Welt, und allen Schmuck und Kleinod, darum wird von dem Salomone GOtt zu Lob und Ehren die Tempel des Alten Testaments von unserer Wurtzel gemacht und angericht, und viel an-

U 3   dere

dere Her, so in der schönen Stadt Jerusalem täglich zum Opfer gebraucht, wird solcher Salomon die Kunst auch gehabt, und auch zuvor der etlichen, der Alt-Vätter, welches durch Gottes Schickung ihnen auch offenbahret ist worden, und solches gewust. Weiter so leidet unser Wurtzel keine Vermischung in ihrer Reinigkeit, in dem einfältigen Zahl, von andern unvollkommenen Gestalnuß der Metallen, so anders die löbliche Kunst zu einem guten Ende gereichen soll. Und so unser Wurtzel recht bereitet wird, so strecken sich ihre Strahlen und Erleuchtungen um den gantzen Umkreiß dieser Welt. Es ist auch für alle Kranckheit der Menschen, wunderbarlich helffend, auch ist es nutz und zu helffen aller Armuth, Angst und Noth dieser vergänglichen Welt, was die Nothdurfft des Leibes betrifft, auch kan man viel gut Werk darmit stiften und aufrichten, ohne Abnehmen dieser Göttlichen Gaben, dann man kan darmit behülfflich seyn allen Witwen und Wansen, und allen betrübten und krancken Menschen, welcher nun solche hohe Gaben empfähet, soll willig mit Sanfftmuth und Freundlichkeit seinem Nächsten, Christen-Menschen Handreichung thun. So du solches thust, geschichts GOtt zu Ehren und Wolgefallen, und kömmt dir zu nutze, deiner Seelen Seeligkeit, mit und durch GOttes Seegen, hie zeitlich und dort ewiglich, und warlich wie ich dir sage, ist seine Würkung, so es von Natur vermag, so wunderlich und unverborgen zu verstehen,

so

so es doch wohl zu erkennen, die jenigen, den es GOTT mitgetheilet, und auch wen es GOtt durch seinen Seegen verleyhet.

Also hab ich dir ein wenig gesagt, was der Tag sey: Nun will ich dir sagen von der Finsternüß, und merk auf, damit du eines jeden Dinges Anfang lernest verstehen, die Luna aber, welche bedeut die Finsternüß oder Nacht, welche durch das Tunkel ihren Schein giebt, aber nicht ehe, die Sonne ist dann untergangen, aber die Luna keinen würklichen Schein oder Macht von sich selbst zu geben, dann den unwürklichen Schein hat und nimmt sie von der Sonnen, dann sie allein kleine Macht etwas von sich zu geben, noch in der Vollkommenheit etwas zu vollbringen, dann sie ist nie standhafftig, sondern eines geschwinden und schnellen Lauffs, dann sie in einem jeden Monat ihren runden Zirkel durchläufft, dargegen ist die Sonne viel standhafftiger mit der Vollkommenheit, dann sie erst den Lauff ihres runden Zirkels in einem ganzem Jahr vollendet, und die Sonne auch von sich gibt eine subtile Wärme, welche geschicht im Tage, und die Luna gibt von sich eine Kühlung des Nachts, welches du also verstehen solt, daß die Luna noch viel kalter Feuchtigkeit bey sich hat. So ihr aber dieselbige Feuchtigkeit durch Mittel abgenommen würde, ist sie Haltung in aller Versuchungen, aber doch ist sie nimmermehr zu würken vollkommen, als unser

Wurtzel. Und merke, was die Natur fodert, und natürlich in den Würkenden vollbringet, daß die Wurtzel zuvor gut und beständig sey, so kan auch eine gute Frucht daraus erfolgen, dann so der Anfang nicht gut ist, so nimmt das Mittel gewißlich einen bösen Ausgang, aber so die Natur arbeitet und was vollbringet, dasselbige läßt die Natur nicht wieder zu schanden werden, noch verderben. Also verstehe nun unser Werk, wie ich dir jetzund gesaget habe, vom Anfang der Erschaffung, welches ist die Wurtzel oder Erden, von dieser Erden ist Adam genommen und geschaffen, wie ich dir hernach deutlicher sagen werde von der Erschaffung Adam und Evä, diesen Adam solt du ehren, dann er wird ein König genannt, ist unser Wurtzel, diesen König solt bringen vom Leben zum Tode.

Erklärung und Offenbahrung dieser herrlichen Kunst, von Anfang ins Mittel, biß zum Ende, auf den Proceß der ganzen Arbeit deutende.

JM Namen des Allerhöchsten nimm erstlichen den hochlöblichen König, welcher dann zart, rein und mit aller Tugend umbgeben, und von dem edelsten Geschlecht dieser Welt gebohren, und trägt eine Krone, von dem feinsten und reinesten Golde, so man in der Welt finden mag, welche gül-

gülbene Krone ist zierlich mit dreyen edlen und tugendreichen Steinen besetzt, die wunderliche Tugend und Würkung vermögen, doch vermag ein jeder dieser dreyer Steine einer mehr dann der an der. Der erste Stein und der geringste in seiner Macht, ist an der Farb schwarz. Der ander, welcher noch köstlicher, ist in der Farben weiß. Der dritte Stein, welcher am allerköstlichsten ist, mit seiner Krafft, Würkung und Tugend, übertreffende alle Edelgesteine dieser Welt von wegen seiner wunderlichen und unaussprechlichen Thaten, die er zu thun vermag und solcher löblicher Stein, ist an seiner Farbe, scharff durchdringender Röthe, und ist viel köstlicher dann die Krone von feinem Golde, darinn der Stein gesetzt ist, auch ist solcher König diese zierliche Kron wohl würdig zu tragen. Dieser mächtiger König wohnet, regieret seines Gewalts und herrschet in Orient, und seine Macht theilet sich und reichet in Occident, und sein Zorn hebet an von Mittag, und erschrecket alle die da wohnen in Mitternacht. Was ich aber von diesem Könige jetzunder gesagt, verstehe kühnlich also: Dieser König, welcher durch seine Natur wunderlich Ding vollbringe, dieser König, verstehe, ist nie unser Wurtzel des ganzen Werks, dann durch ihn muß die Vollkommenheit zuwege gebracht werden, welches geschicht durch die Theilung der Element, durch welche vollbracht wird die ganze Würkung. So nun dieser König, ehe er zu unserm Werk genommen und gebraucht wird, so ist er in seiner Gestalt

stalt ein König in Orient gebohren. Warumb, daß er fürtrefflich seiner Vollkommenheit alle Metallen übertrifft, darzu ist er auch von natürlicher Würkung der Wärme gebohren, dann du hast allwege von dem Aufgange der Sonnen mehr stetige Wärme zu gewarten, als von keinem andern Orthe. Dann gleich wie die schöne Sonne des Morgens herein kömmt mit einer schönen Farben der Röthe, mit solcher Farbe ist unser König auch gezieret, darumb wird gesagt, daß er zu Orient gebohren sey; Verstehe du die Wärme der Sonnen, und seiner innerlichen Hitze, dann er hat feurige Farben, und innerlichen Wesens feuriger Natur. Zum andern theilet sich seine Macht und Gewalt biß in Occident, das ist die Resolvirung, dann alle Stärke und Farben zertheilen sich in ein unterschiedlich richtig Wasser, und also ist ihm seine erste Gestalt abgenommen, nichts bestoweniger seynd ihm seine Kräffte vorhin weiter natürliche Würkung zu thun gar nit destruirt noch abgenommen, dann gleich wie die Sonne des Morgens aufgehet, und gehet des Abends wieder nieder oder unter, und man verleurt sie, daß man sie weiter nicht sehen kan, aber des Morgens kömmt sie wiederum lieblich und schön herfür, also ist auch unser Werk, dann die Resolvirung ist eine Veränderung der ersten Gestalt, und ein Anfang unser Arbeit. Zum dritten der Zorn des Königes, der gehet vom Mittage, und erschrecket alle, die da wohnen in Mitternacht. Ist und bedeuten das Mittel unsers Werks, biß ans Ende der

Tin-

Tinctur. Dann im Mittel begehret unser Werk sich zu erhöhen und zu wachsen, welches ist die Weisse, und durch weitere Erforderung ihrer Naturen wird sie zur Vollkommenheit gebracht, und gleich wie der Mittag ein Mittel ist, nicht zu warm und nicht zu kalt, dann auf der einen Seiten im Niedergang hat er Kühlung, auf der andern Seiten im Morgen hat er Wärme, auch alle Winde so vom Mittage kommen, sanfftiglich Element in unserm Werk, auch sanfftiglich regieren müssen, in dem Mittel. Also merk, daß ohne grossen Schaden blasen, verstehe, daß die die Weisse ist ein Mittel des Werks. Zum vierdten, die da wohnen in Mitternacht, verstehe, seynd alle unvollkommne Metallen, dann alles was vom Ort der Mitternacht herkömmt, ist grob und kalter Natur, auch die Winde, die von dannen kommen, mögen keine nutzbahre Frucht schaffen. Also auch die unvollkommenen Metallen, die mehr Kälte und Feuchtigkeit haben, dann der Wärme und Truckenheit, darumb seynd die unvollkommen Metallen nicht mit rechter Kochung ihrer natürliche Wärme verbracht, derhalben wird die verbrachte Tinctur, welche aus einer vollkommenen Wurtzel entspringe, welche vollkommene Tinctur ist der Zorn so von Mittage kömmt, so dieser Zorn auf die unvollkommene Metallen geworffen wird, so verkehret er sie in vollkommene Gestalt, dann dieser Zorn des Königes, ist so scharff und durchtringender Gewalt, daß alles muß sich entsetzen und erschrecken, biß es in und mit der Ge-

walt

walt des Königs auch vollkommen wird, dann alle unvollkommene Metallen werden verglichen der Mitternacht, derohalben wann der König mit seinem Zorn, wie gesagt, über die unvollkommene Cörper beginnet zu kommen, so durchdringt er mit seinen schnellen Erleuchtungen alle unvollkommene Cörper, und bringt sie durch Entzündung seiner Farbe und Gewicht dahin, daß sie in aller Rechtfertigung oder Versuchung beständig erfunden werden. Nun wollest du fleißig acht haben auf den Anfang des ganzen Werks, daß ich dir aber jetzund meine Rede ein wenig weitläufftig gemacht, das geschicht darumb, daß ich dirs also imaginire, daß du dieses Werks Umbstände besto besser mögest verstehen, dann ich rede doch gar keine Verdunkelung, ich will dirs aber jetzunder noch offenbarlicher erklären durch Exempel, die du ganz deutlich, und wohl wirst verstehen. Nimm nun diesen König, der da trägt die schöne gezierte güldne Krone, von wegen seines hohen, sinnreichen Verstandes und tapffern Gemüths; zeug ihm aus alle seine Kleidung, was Farbe die haben und seyn mögen, also daß er ganz bloß und rein sey, von allen Farben seiner mannigfaltigen Kleidung, setze in ihn eine sanffte △, mit Wasser, darvon sich sein Alter und Natur erfreuen mag, und siehe zu, daß du das Bad ja nicht zu heiß machst, daß du ihme seinen zerstörten und reinen Leib, auch Adern, Fleisch und Gebein möchtest verbrennen oder verderben, sondern mache ihm das Wasser oder Bad ganz

sanfft

sanfft und linde, daß sich der König solcher Wärme erfreuen möge, reibe ihm mit demselben Wasser sänfftiglich alle seine Adern, durch solche Sanfftigung und Wohlgefallen des Bades wird er nun entschlaffen, in solchem entschlaffen des Königes halt ihn in ganzer linder und sonffter Wärme, daß das Bad in einem Grad der Wärme stetiglich bleibe, so du nun das Bad also mit bequemer Wärme thust halten, so fält der König in einen tieffen Schlaff, das geschicht von wegen süsser Wärme, daß er nicht kan erwachen, und durch Langheit seines Schlaffens in dem warmen Babe, wird er letzlich so schwach, und alle seine Glieder Fleisch und Beine offentlich. Also stirbt er süssiglich eines sanfften und milden Todes, diesen Leichnam laß im warmen Bade mit gleicher Wärme liegen, also lange biß da möge ausgehen des Monats Zirkel, und darnach noch halb so weit, doch daß das Wasser allenthalben über den getödten König gehe, so lösen sich auf alle seine Kräfften und Gebeln, und der König fähet an und beginnet zu verfaulen, also daß Fleisch, Adern und Gebein ganz schwarz beginnet zu werden, aber doch ist ihm sein Herz und inwendiges Geblüt noch schön, roth, frisch und gesund. Also hast du den Anfang des Werks, und den Todt des Königes, welches verstehe, daß unser Wurtzel ist in Wasser verkehrt.

Muß man dann eben diesen König tödten? kan man nicht sonsten einen seines Hoffgesindes nehmen

men, damit solcher Mächtiger möge leben bleiben? Ja man muß diesen König tödten, dann keiner seines Hoffgesindes, wie tapffer Gemüths er sey, ist er dieses sannten und süssen Todes nicht würdig zu sterben, dann der König ist der Herr, und alle andere gegen ihnen gar nichts, Ursach ihres geringen Herkommens und Geburt.

Läst sich dann dieser König gerne tödten, und warumb geschichts? Darumb, daß dieser König, wie grosse Macht und Gewalt zu regieren er hat, ist er gantz willig in diesem sannten Tode, dann er weiß daß in solchem Tode ist Abnehmen, sein unvermöglich Alter, und wird dadurch verjüngert, daß er dadurch ewig in Gesundheit bleibe und lebe, darumb freuet er sich des lustigen warmen Bades, welches ihm seine innerliche Wärme durch diesen Tod erwecket und herfür bringet, und in solcher Gestalt verjunget, daß ihm keine Jugend zu vergleichen mag werden.

So der König donn todt ist und verfaulet, wie kan er dann wiederumb das Leben überkommen, und sich verjüngern? Das verstehe also, obschon das Fleisch und Gebein, auch sein schön Ansehen, welches zuvor an seinem gantzen Leibe erschienen gewesen, also durch das Bad verfaulet und verloschen ist, doch sein Hertz und inwendig Geblüt seines edlen Leichnambs in keinem wege nicht zerstöret noch verwüstet, aus welchen sich die Wärme der Wurtzel der schönen Sonnen erwehlt lebendig herfür wächst.

Spricht

Sprichst du: Ich kans nicht wol verstehen noch gläuben. Nun wolan, ich will dir ein Gleichnüß geben, mit einem Körnlein: das Körnlein wirfft der Säemann in Acker, darinn es eine Zeitlang mit Erden zugedeckt und vergraben ligt, und so es die Verfaulung, biß auf sein innerst Wesen angreiffen wird, und beneben mit bequemer Feuchtung eines warmen Regens, und durch seine süsse mittelmässige Lufft erwecket, und wiederumb durch die linde Sonnen-Wärme erquicket, so erweckt innerliche würkende Krafft, und hebet an und folget nach seiner Natur, davon es zuvor gemacht ist gewest, und wächst und trägt viel Körnlein, so aber seine Natur keine Enthaltung hat, nemlich von feucht, trucken, warm und kalt, so must du die Natur in was Dingen in der Welt seyn möge, das anderst das Leben hat oder sich beweget, must du verderben und zunichte machen. Ich will dirs noch deutlicher sagen, damit du es verstehen kanst, laut anfangs der Hand-Arbeit, wie du letzlichen dasselbe klarer und offenbarer finden wirst. Wann der König in seinem Wasser getödtet, und in der Putrefaction oder zur Fäulung gelegt, welches ist das warme Bad, wie ich dir gesagt habe, so ist seine erste Gestalt verändert. Dieweil aber solcher Cörper, welcher also wohl aufgelöst und verfaulet, bey sich die vier Element noch in seiner wüsten Vermischung vermag, wie ich dir dann von der Erschaffung erkläret habe, das ist in dieser Gestalt, wie ich da sage, nicht anders, dann die Erschaffung unsers gebenedeyten Steins, und ist eine

Er-

Erinnerung der vorigen Gestalt. Dann so die Wurtzel ihre erste Gestalt behielte, wäre nicht müglich eine Vermehrung daraus zu machen, dann mercke, so die Körnlein nicht verfaulet, kan es nicht wachsen noch Frucht tragen; darumb muß der Cörper durch Wasser subtil gemacht werden. Welche Resolvirung etliche nennen primam Materiam, welche doch prima Materia nicht ist, noch seyn kan, denn die Solvirung ist nichts anders, dann eine Veränderung der ersten Gestalt, und ein Anfang unsers löblichen Steins, wiewol für allen Dingen nichts an diesen Anfang geschrieben; Noch dannoch ist zur Zeit nit vollkömmlich zu würken in seiner Natur die prima Materia, kan ehe nicht Würkung thun, und sich zur Vollkommenheit schicken, und nach Spermatischen Naturen lebendig zu werden erzeigen, und das Werk zu gutem Ende und Ausgang bringen, biß des Manns und Weibes Saamen mit einander vermische, gibt es sein Blut, und beginnet durch sein allerschärffste Würkung zu regieren, biß zum Ende der vollkommenen Tinctur, wiewol viel Uebels dazwischen geschehen muß, ehe die beyde Saamen in ihrer Erforderung der Naturen die prima Materia genennt werden. Aber ich will dir nun weiter sagen, als etliche sagen, die Solvirung sey die prima Materia, so wil ich dir dagegen sagen, daß du recht verstehest und selbst bekennen must, daß es die prima Materia nicht sey, so nimb unser Wurtzel und solvir sie in einem Wasser, so du solches verbracht hast, und du wilt sagen, es sey, und du hast primam Materiam, wolan, so ist prima Materia ihres Namens nicht anders, wie dann an vielen Oertern zu bezeugen, als eine Erschaffung und Anfang eines wachsenden und würkenden Dinges; so sie also ihren Anfang zu wachsen nicht hat, wie du sagest, so weist du wol, daß durch die bequeme Wärme des Materialischen Feurs das Werk vollbracht wird, so nimb nun dein Wasser, darinnen du unser Wurtzel solviret hast, und koch sie gleich zehen Jahr, ja tausend, so richtest du nichts aus, obgleich die Wurtzel zum allerbesten bereit wäre. Nun hörest du wol, daß du mit deiner prima Materia nichts überall ausrichten werdest, so du aber nach Ordnung und Zahl, den Anfang unser Wurtzel durch Resolvirung ferner fortbringest mit Fäulung der Element biß in den zehnfaltigen Zahl, so sich des Mannes und Weibes Saamen öffentlich erzeigen; und merke, ob du schon die beyde Saamen hast, und doch noch unterschiedlich voneinander stehen, wird es auch nicht prima Materia genennet, dann der Unterschied des Mannes und Weibes, sennd noch nicht nach Erforderung ihrer beyder Naturen zusammen vermischt vollkommene Würkung zu vollbringen, so sie aber zusammen gethan, vermischt und einverleibt werden, so beginnet ihre Spermatische Naturen zu erheben, zu wachsen und würklich zu erzeugen. Alsdann in solcher Vermischung, wird es genennet prima Materia, dann du weist eines Mannes Saamen, und deßgleichen eines Weibes Saamen, so sie unterschiedlich stehen,

kön-

können sie nicht wirken. So aber beyde Saamen des Mannes und Weibes sich zusammen geben, und einander mit Vermischung der Naturen umbfangen, alsdann beginnet solche Vermischung von Tag zu Tage sich zu grasen und zu wachsen, biß so lange daß es kömmt in die Gestalt, davon es gemacht ist, verstehe alles wie Vatter und Mutter gewest seyn, mit Händ und Füssen und allen Gliedmassen des Leibes sammt dem Verstand, also beginnt sich die Natur zu mehren und Frucht zu bringen. Also verstehe nun, ist es mit dieser unser prima Materia auch, und ist in dieser Gestalt, wird die prima Materia genennt, so sie anders erkannt, unrecht genannt werden soll, dann diß ist unser ☿ und Sulphur, dann sie seynd in ihrer Substantz, derhalben diese herrliche Kunst zu arbeiten und zu Werk zu stellen, ohne Verstand und Wissenschafft, diese prima Materia wirst du warhafftig nicht in deinem Werk aussuchen, dann in diesem ist die Kunst am verborgensten und heimlichsten, und alle weisen und verständigen Menschen in ihren Schrifften verdunkelt und versetzt, darmit wird diese prima Materia noch von etlichen so sie wissen, wunderbarlich ausgesagt und genannt. Ich will dir nun weiter offenbahren, von den vier Elementen, wie ich hieroben gesagt, die noch bey dem verfauleten Cörper in wüster Vermischung seyn, so halte dein Feuer noch stätig in gleicher Wärm, und laß den König wol putreficiren durch Materialisch Feuer, mit gleicher linder und sanffter Wärme erhalten und ernähret, so erwachen

wachen die vier Element des getödteten Cörpers, welches ist seine innerste Wärme, und die natürliche würkende Krafft; so sie nun also erwachen, so werden sie getheilet, verstehe die Element durch Erhebung der Distillation, ein jegliches an seinem Ort, daß das Element des Wassers am ersten steige, und nicht scharff stinkende oder schmeckende, sondern eine mässige Feuchtigkeit und Schmack vermag, und mässiget die Naturen, dann das Wasser ist von wegen seiner Naturen süsse, feucht und kalt, so ist die Lufft ein wenig schärffer, welche in seiner Natur heiß ist und feucht, welche du auch an einem sonderlichen Ort theilen solt. Uber das ist das Feur am allerschärffsten, welches seiner Natur Krafft und Würkung ist, heiß und trucken, welches auch alleine theile, aber das Erdreich, welches unten am Boden bleibt, und das Schwartze ist, und ist ein fundament Purttragen den andern dreyen Elementen, so diese drey Theilung geschehen, must du ein jegliches Element insonderheit bewahren, wie ich dir im letzten in der Hand-Arbeit anzeigen will.

Fragst du, wie kan ich die Element scheiden, so es eine Vermischung, und wüste Ordnung ist, und darzu unbegreifflich zu unterscheiden? Du must es also verstehen, daß es nicht seynd die Elementen, die da auf dieser Welt regieren zwischen dem Firmament des Himmels und Erdbodens, darauf wir jetzund wohnen.

Wie

Wie muß ichs dann verstehen? Also, das Bad darein der König aufgelöst und verfaulet, wird proprotsoniret und getheilet in vier Theil.

Wie heiſſen ſie dann? Das erſte ſo getheilet wird, heiſſet Waſſer, welches iſt ganz ſüſſe, und wird ein Element genannt. Das ander Element iſt und wird genannt Lufft, welches iſt ein wenig ſchärffer. Das dritte Element, welches iſt Erden, die da iſt ſchwer, und bleibet an ihrem Ort liegen und iſt an ihrer Natur kalt, darumb erwecket das Materialiſche Feur der Erden ſeine innerliche natürliche Wärme, beginnet zu erwachen, ſo machet ſich von Tag zu Tag ſeine Krafft, daß ſie ganz ſcharff durchbringet, und folget nach ſeiner Natur.

Wann du nun die Element getheilet und geſchieden haſt, ein jegliches inſonderheit, ſo muſt du der Wurzel als das Waſſer des Elements wiederumb ordentlicher Weiſe, welchs iſt der Wurzel Feuchtung zufügen, damit ſolche Wurzel nit vertrucknet noch dürre wird, dann ſo ſie ihre natürliche Feuchtigung, ſo von der Wurzel genommen, nicht wiederumb zugethan, würde die Erden vertrucknen, erhärten und verderben, daß ſie keine Frucht zuwege bringe: dann ſiehe du ſelber ſo du von Anfang ein jung Bäumlein in die Erden ſetzſt, wie gute Wurzel es hat, ſo dieſelbe Wurzel nicht gefeuchtet wird, daß ihre Krafft in der Wurzel von der Feuchtigkeit Stärke empfindet, muß ſie ver-

verderben. Wie muß ich aber mit der Lufft thun? Den Lufft must du auch in Zeit und nach Ordnung der Erden wiederum zu setzen, welcher Lufft schier im Mittel des Werks gebraucht wird.

Muß ich mit dem Feur auch so fortfahren? Mit dem Feur aber, welches sehr scharff ist, und schärffer weder die andern Element eines, wird auch nach seiner Ordnung und Gewicht der Erden zugesetzt, und wo auch des Feurs neben den andern Elementen verletzen und verwüsten, damit das Werk nicht möchte werden.

Ist das Feur gewaltig in seiner Krafft zu regieren? Ja in und mit dem △, da stecket die Heimligkeit aller Heimligkeit dieser herrlichen und Göttlichen Kunst, dann durch das Feur werden die Saamen des Mannes und Weibes vermischt, gestreckt und erheben sich, und beginnen durch solche Krafft so ihre Natur forderet zu erwachen und lebendig zu werden, und das Werk wird durch das Feur gantz vollkommen, welches zuvor nicht vollkommen gewesen, dann diß Feur bringet die Blumen herfür, und zeitiget die Frucht mit einem fröhlichen Ende, welches Ende ist, verstehe, daß unser König durch diß Feur auffstehet, und ist scharffsinniges und durchbringendes Grund seiner Tugend, so durch diesen Tod, in seinem Auferstehen er also überkommen, daß ihn kein anderer überwinden kan. Aber merke, das Feur wird der Erden nicht ehr zugesetzt, dann schier am dritten Theil des Werks, da haben die Element

ment solche grosse Krafft zuthun, welches ist eine wunderliche Krafft, dann ohne die Element unsern Stein zubereiten, ist falsch, dann durch die vier Element wird das löbliche Werk frölich zum Ende gebracht.

Würken diese Element miteinander, oder hat ein jegliches seine eigene Macht zu regieren? Verstehe also, die Wurtzel ist der Anfang, von und aus dieser Wurtzel, wie ich zuvor gesagt, werden gezogen die vier Element, darnach wird jedes insonderheit der Erden wiederum nach Ordnung und Zahl zugethan: und merke, so du das Element des Wassers, zu dem schwartzen und gefaulten König thust, so wäscht ihn das Wasser, so du ihme zugefügt hast, von aller seiner Schwartzigkeit, solche Schwärtze, welche kommt und erscheinet in der ersten Putrefaction, und wird genennet das schwartze Rabenhaupt, und ist ein Anfang unser Arbeit. Das ander Element, so du hast bey andern in der wüsten Vermischung gehabt, das heißt und ist Lufft, so du das dem Erdreich auch zusetzst nach Ordnung und Zahl, wie sichs gebühret, so durchdringt die Lufft oder Wasser das Erdreich, welches ist die Wurtzel unsers angefangenen Werks. Dieweil ich aber die Lufft auch Wasser nenne, thue ich darum, daß du desto baß verstehen mögest, dann die Element, so du von dem Erdreich geschieden, seynd nichts anders dann Wasser, welches du ein jegliches insonderheit in ein Glaß verwahren soltest; diß aber ist der Unterterſchied darzwiſchen, darum daß ſie alle genennet werden; Iſt das die Urſache, dann die Element ſo auf dieſer Welt, in allen lebendigen Dingen regieren, iſt eines ſchärffer denn das ander in ſeiner natürlichen Krafft und Würkung. Alſo muſt du auch mit dieſem Waſſer, ſo den himmliſchen Elementen zu vergleichen, verſtehen. Das dritte, welches iſt das Element des Feurs, wann ſolches Feur die gröſte und ſchärffſte Macht zu würken hat, ſo es auch nach Erforderung der Naturen der Erden wird zugeſetzt, welchs Feur die Erden fix macht, lebendig und vollkommen, in allen widerwärtigen Dingen, wie ich zuvor erzehlet habe, kürtzlich davon zu ſagen. Das erſte Waſſer wäſcht den Stein von aller Unſauberkeit. Das ander Waſſer, welches iſt die Lufft, durchwebet und durchtringet mit einer ſüſſen Lindigkeit die Erden. Das dritte Waſſer machet die Erden fix und beſtändig.

So höre ich wol, es ſeynd keine ander Farben im Werk dann zwo, Schwartz und Weiß; Du biſt noch nicht auf dem rechten Wege, zu verſtehen die Farben. Ich will dirs aber ſagen, und merk, wann du die Lufft der Erden zugeſetzt haſt, als wie du zum erſten mit den Elementen des Waſſers der Schwärtze gethan haſt, ſo beginnet ſich die Erden in eine vollkommene Weiſe zu erſcheinen, aber, ſo die Zeit ſchier vorhanden, daß die vollkommene Weiſe erſcheinen will, ſo kommen die viel Farben, die ſich erzeugen und ſehen laſſen, ob dem Waſſer, als Grün, Blau,

X 4   Roth

Roth, Gelb, Schwartz, Weiß, und so mancherley Farben eine um die ander, daß man sie nicht zehlen kan, sie kommen und erscheinen behend, und vergehen von stund an wieder, welche vielfältigen Farben ein wenig für der vollkommenen Weisse erscheinen. Stehet dein Werk noch recht, erscheinen keine beständige Farben, die nicht so bald vergehen, ja mancherley Farben, an welchen Farben man sich richten kan, wie das Werk unsers löblichen Steins stehet, ob die Arbeit einen Untergang oder Hindernuß hat.

Wie viel seynd ihr dann der Farben?. Ihr seynd nicht mehr dann Sechs, und wann du diese Farben vollbracht hast, und also findest, danke GOtt für seine Wolthat: und gleich wie GOtt der Allmächtige nach seiner Schaffung ruhet, und den siebenden Tag heilig führet, und stille hält von seiner vollbrachten Arbeit; Also gehet es an diesem Werk auch zu.

Diß möchte ich von Hertzen gern hören, daß sich alle Ding in diesem Werk, sowol begeben, und ordentlich nach dem Geschöpff und Werken, so GOtt im Anfang gethan, sich erzeigen und schicken. Das will ich dir gar deutlich sagen, so du dein Werk bringest zu dem siebenfaltigen Zahl, welches wird verglichen den zweyen Tagen, so GOTT unser Schöpffer und Seeligmacher Himmels und der Erden, den Menschen und allen Creaturen, Laub und Graß, und Wunderwerk erschaffen und ge-

getheilet hat, ruhet Er von allen diesen seinen gethanen Werken, und alles war unterschiedlich, durch seinen Göttlichen Willen gesetzt und getheilet ganz ordentlich zu wachsen und zu würken nach seiner Natur, zu dem es geschaffen.

So merke nun auf meine Rede, so will ich dir eröffnen die Gezahl, damit du von dem einigen Zahl, biß in den zehenfaltigen Zahl, und den siebenfaltigen in den zwenfaltigen Zahl verstehen mögest, dann in diesen Zahlen ist die ganze Kunst und Wissenschafft verborgen. Zum ersten ist die Wurtzel im Anfang des Werks Eins, und wird ein einige Gezahl genennt und gezehlet. Aus diesem einem werden getheilet und gezogen vier Element, welche ist und wird genennt die vierfaltige Gezahl. Nun weiter solche getheilete Element wiederum der Erden zugesetzt, aus dem folget und springt der zwenfaltige Zahl, verstehe, welcher ist der Saame des Weibes und Mannes. Also hast du jetzund den siebenfaltigen Zahl, dann so du 1. 4. 2. zusammen thust, das macht 7. So wolst du merken, so du dein Werk verbracht hast, in dem Sieben-Zahl, und der Vermischung beyder Saamen zusammen verheget seynd, so beginnet es durch seine Natur forthin ohn alle Zuthun; dann im Anfang war es wüste, finster und grob, und eine unordentliche Vermischung, aber jetzund in den siebenfaltigen Zahl stärke es sich selber in seiner würkenden Natur, biß zur Vollkommenheit, und erreicht durch diesen siebenfaltigen Gezahl wunderlich den höchsten und gebenebenten dreyfaltigen Gezahl, welcher Zahl mit ihren Ingriff erreichet den zehenfaltigen Gezahl, aber daß du es wol und vollkömmlich mögest verstehen, will ich dir nun den dreyfaltigen Gezahl auch erklären, welcher durch den zweyfaltigen Zahl erreicht, und in der Vollkommenheit geendet wird mit der zehnfaltigen Gezahl.

Nun seynd drey Fahrt und Staffel dadurch das Werk aufsteigt biß zum Ende aller Würkung, jedoch will ich dir zuvor erklären, warum der dreyfaltige Zahl im Anfang des Werks angeben, und seinen Zahl nicht erreichen mag, bis so lange der zweyfaltige Zahl erstanden und erschienen, auch seine Würkung vollbracht und geendet hat, dann der zweyfaltige; ist diß die Ursach, die 3. Graben, oder der dreyfaltige Zahl wird genannt, der erste Zahl ist Schwartz, der ander Weiß, der dritte Roth, der vierfaltige Zahl aber bringet und treibet fort alle Zahl. Nun ist die Schwärtz ein Anfang dieses Werks, und wird fürbracht durch das Element des Wassers, welches Schwartz ist, von den dreyfaltigen Gezahl ein Zahl: das ander ist die Weisse, so im Mittel unser Arbeit einer vollkommenen Weissung erscheinet und gewinnt ihren Fortgang, und wird durch die Lufft daher bracht zu Annehmung ihrer Weisse, welche Weisse ist auch eine Gezahl, dann unter der Schwartz ist die Weisse verborgen. Die dritte Zahl aber, welche ist die Röthe, hat weiter einen Fortgang und wird durch die Lufft daher bracht, zu Annehmung ihrer Weisse, welche Weisse ist auch

ei-

331

eine Zahl, dann unter Schwarz ist die Weiſſe
verborgen. Die dritte Zahl aber, welche ist die
Röthe, hat weiter ein Fortgang den dreyfaltigen
Zahl zuerkennen, und muß auch mit ſolchem
Grad der Röſte still halten, biß ſo lange der dreyfaltige Zahl, welcher iſt des Mannes und ſeines
Saamen, kommen und erſcheinen, welches durch
die Verbrennung der vorigen geſchicht, zwi-
ſchen der Weiſſe und der Röthe iſt die Wocke der
fallenden Tincturen, das iſt zu erkennen Mittel
des Werks, und Ende des gebenedeyten Philoſophiſchen Steins. So aber die Röthe, welches
iſt das End, auch erſcheinet, ſo macht ſie voll den
dreyfaltigen Zahl, ſolche Röthe, ſo ſie vollkommen iſt, bringt ſie mit ſich den zehenfaltigen wiederum in das einige Zahl, und leuchtet wie die Sonne am Firmament des Himmels, ſolche Röthe
wird fortbracht, und entſpringt vom Feur, welches Feur iſt das dritte Element.

Und du ſolt auch wiſſen, ohne die Element, als
Feur, Lufft und Waſſer, mag dein Werk nicht
zum Ende gebracht werden, auch ſo dir die drey
Graden nicht erſcheinen; Als nemlich die Schwartze die kömmt im Anfang, die Weiſſe, die dir erſcheinet im Mittel, die vollkommene Röthe, die
da mit kräfftiger Würkung verbracht am Ende der
verbrachten Tinctur, wirſt du nicht viel ausrichten.
Welche du nun alle wohl verſtehen ſolſt, daß dieſer Zahl aus einem einigen Ding entſpringe und
hervor kömmt, und bringt immer eines das an-

der

der fort, und kan dieser Zahl von dem einigen entsprungen, keines ohne das ander seyn, biß herfür kommt der siebenfaltige Zahl, welcher vollbringt den herrlichen dreyfaltigen Zahl, mit dem zehenfaltigen Zahl in dem Einen.

Auch will ich dir den zehenfaltigen Zahl erklären, daß du magst verstehen, wie er durch die Würkung des zweyfaltigen Zahls wiederumb in dem einem erreicht wird, der zweyfaltigen Zahl, welches seynd die zwey Saamen, wie ich dir dann zuvor gesagt habe, macht ganz und vollbringet den siebenfaltigen Zahl: und merk, daß der siebenfaltige Zahl ist das Hauptstück dieser löblichen Kunst; dann in dieser siebenfaltigen müssen alle Zahlen bracht werden, alsdann bringt er das Werk durch Krafft seiner Natur, zu einem guten und fröhlichen Ende.

So nun der zehnfaltige Zahl durch den Siebenfaltigen ist herfür kommen, so steigen die Zahl nicht höher, dann so du zehlest, 1. 2. 3. 4. 5. 6. 7. 8. 9. 10. kanst du mit der Zahl nicht weiter steigen, dann so du wilt zehlen 20. 30. 100. 1000. so must du wieder anheben an dem Einem, dann wann du fortzehlen wilt, so sprichst du Eilff, also verstehe auch must du ja wiederum an dem Einen anheben, und setz 1. zu 1. macht 11. Eilffe, wilt du zehlen zwölff, und so fort an, und wann du wiederumb auf 10. kömmst, wilt du deines willens der Zahle höher steigen, must du du allwege wieder an dem Einen anheben; und also steiget die Zahl durch die Ein allwege zehnmal höher. Demnach wie hoch du immer mit der Zahl auffsteigest, bleibt es doch allwege in dem Einen, mit dem zehenfaltigen Gezahl, darum wisse, daß von dem Einen steigen alle Gezahl in den Siebenfaltigen und dann von dem Siebenfaltigen wird vollbracht der zehenfaltige Gezahl, also seynd alle Gezahl wiederumb in den Einen gestiegen, wilt du aber von diesem Einen Multipliciren deine Gezahl, so must du solchen einfaltigen Gezahl Repetiren, so steigest du mit deinem einigen Gezahl, welches ist die vollbrachte Tinctur, so hoch du wilt.

Hast du nun wohl verstanden, was ich dir gesagt habe, daß wann du dein Werk bringest, biß zu den zweyfaltigen Zahl, welches die ganze macht der Siebenfaltigen, welches geschicht, und hat der Ursprung von dem Einen, durch vierfaltigen vollbracht, so hast du wohl gearbeitet. Dann ich will dir sagen, wann du den zweyfaltigen Zahl mit seiner Zusammenfügung und beyde Saamen also vermischt und vollbracht hast, so ist dein Werk kräfftig, in dieser Gestalt, daß die Natur anhebt und für sich selbst beginnet zu arbeiten, dann was die Natur gefordert, ist ihr nach Nothdurfft zugefügt und proportioniret und vereiniget worden, dann zuvor waren alle Dinge wüste, aber jetzund ist alle Ding in den zweyfaltigen oder siebenfaltigen Zahl der Natur zufügt,

nach

nach der Vollkommenheit sich zu stärken. Und darumb, gleich wie GOtt der Allmächtige ruhet, als den siebenden Tag, da alle seine Schöpffung vollbracht ward, und ein jeglich Ding nach seiner Natur würkend, unterstund zu regieren, biß zu seiner Vollkommenheit; also auch in der siebenfaltigen Zahl, so der vollendet, so würket die Natur durch sich selbst, biß zur Vollkommenheit, darumb lerne die Zahl wol verstehen, dann die ganze Geheimnuß dieser Kunst ist darinnen begriffen, dann so deutlich ich dir darinnen imaginiret habe, daß ich dirs nicht wohl teutscher sagen kan.

Ja es ist mir deutlichen genug gesagt, aber mich wundert sehr, daß von einem Zahl in dem siebenfaltigen Zahl, die löbliche Kunst sich herstreckende, wie kan ich den zehnfaltigen Zahl erreichen, dann aus Sieben kan ich nit Zehen machen? Diß will ich dir deutlich sagen, damit du die ganze Zahl verstehest, dann du hast gehöret, wie ich die den siebenfaltigen Zahl erkläret habe, dadurch das ganze Werk vollendet wird, und habe acht auf meine Wort: Wann du nun wilst diß herrliche Werk anfahen, von einem Zahl durch den siebenfaltigen, mit Erreichung des dreyfaltigen den zehnfaltigen Zahl, so hebe an und zehle von dem 1. biß auf 10. also 1. 2. 3. 4. 5. 6. 7. 8. 9. 10. wohl an: Nun hebst du an an einem, welches ist unser Wurtzel, die ist nun ein Zahl. Zum andern, so hast du davon die vier Element, das seynd 4. Zahl. Zum dritten entspriessen alle die aus diesen vier Zahlen, samt der Erden 2. Zahl,

Zahl, das eine ist des Weibes Saamen, das andere des Mannes Saamen, dann diese beyde Saamen seynd die Fortbringung der Vollkommenheit aller wunderlichen Dingen dieser Kunst. Nun nimm dieselbige Zahl zusammen, 1. 4. und 2. die machen 7. noch fehlen dir noch drey Zahl, das ist, Schwartz, Weiß und Roth, welches seynd Farben des Werks, wiewol sie ihren Anfang ehr haben, dann die beyde Saamen, welches ist der zweyfaltige aller ihrer Ausgang, welches ist die Röthe, kan nicht herfür kommen, dann durch den zweyfaltigen Zahl, welche da seine Würkung macht, vollbringe zwischen der Weisse und Röthe, dann durch ihn kömmt herfür die Furcht, der Mann mit Frölickeit danket zu empfahen. Wiewol unser Werk durch diese drey Farben verstanden und getheilet wird in drey Theil, doch seynd Göttlicher Warheit nicht mehr, dann zwey Werk betreffende den zweyfaltigen Zahl des Mannes und Weibes Saamen, das ist das Werk der Frauen und des Mannes, wiewol des Weibes Saamen wunderbarlich, durch natürliche Geheimnüß von dem Manne genommen wird, wie ich dir nachfolgends solche Geheimnüß will offenbahren.

Also hast du nun den dreyfaltigen Gezahl, welches ist eine Staffel des Anfanges treffend ins Mittel, und reichet bis ans Ende. So du nun diesen dreyfaltigen Zahl thust zu den Siebenfaltigen, bringt es, und machet den zehnfaltigen Gezahl, dann merke, so die vollkommene Röthe erscheinen,

nen, so macht es gantz den dreyfaltigen Zahl. Also hast du vollbracht den zehnfaltigen Zahl und also hast du alle Zahl wiederum in das Eins bracht.

Wolan ich will dir das gantze Werk durch 6. Zahl, in 6. Weise sagen.

Radix nostra.	1. Ein einfältiger bin ich,
4. *Elementa.*	2. Ein vierfältiger zerbricht mich,
Vir & mulier.	3. Ein zweyfältiger bind mich,
Color.	4. Ein dreyfältiger macht frölich mich,
Finis artis.	5. Ein zehnfältiger umbfanget mich,
Lapis.	6. Ein einfältig und frölich bin ich,
	Also ewig bleib ich.

Die Verß verstehe also: das erste bedeut unser Wurtzel. Das ander bedeut die vier Element, dann durch die Element wird die erste Zahl des Cörpers zubrochen, zertheilet und verändert. Das dritte bedeut den Mann und das Weib, dann sie werden in einer Einigkeit zusammen gebunden, und verstirbt, und durch sie wird die Vollkommenheit zu Kräfften gebracht. Der vierdte bedeut das Ende und die vollbrachte Tinctur, welches ist die Röthe. Der fünffte bedeut, so die vollendete Tincturen bereit ist, so reichen alle Zahl, in den zehnfaltigen Zahl, welche die an-

den

deren alle umfähet. Der sechste ist die einfältige und unüberwindliche Tincturen, dann sie verjungt und frölich, auch ewig bleibend, und beständig, dann solche Tinctur erfreuet alle unvollkommene Metallen, und bringet sie in die Gestalt seiner Natur.

Nun möchte ich gerne hören von den sechs Farben die im Werk auch erscheinen solten, wie die mögen ihre Namen haben. Ich habe dir zum theil drey vollkommene Farben unsers ganzen Werks genannt, doch will ich dir sie von Anfang erzehlen, wie sie nach Ordnung der Naturen, biß zum Ende sich erstrecken, so sich im Werk erzeigen und erscheinen.

Wie viel seynd der vollkommen?

Ihr seynd vier, das ist Schwarz, Weiß, Gelb und ganz Roth, jedoch zu sagen, daß die Gelb ihre Farben bald verwandeln thut, also daß sie wird braun oder gelb-roth mit braunem vermischt, und daß derselben nicht so gar ihre Zeit die Farbe, nemlich die Gelbe erhalten kan, als wie die andern drey vollkommenen Farben, wie ich dann etliche vorhin ihre Vollkommenheit erzehlet habe.

Wie viel seynd der unvollkommenen Farben?

Der seynd zwo, welche genannt werden mittelmässige Farben, die eine ist Grau, die ander Roth

Roth, mit Weiß vermenget, diese zwo werden auch getheilte Farben genannt.

Werden die Farben nicht auch mit was verglichen, als vor mit der Gleichung GOttes Schöpffung, und unsers gebenedeyten Steins? Ja, höre fleissig zu, so will ich dirs erzehlen nach der Ordnung, wie sie durchs ganze Werk gehen, und sich vergleichen den regierenden Planeten, daß einem jeden das Seine zugeeignet werde.

Wie muß ich das verstehen?

Also: in dem ersten unsers Werks erscheinet die Schwärtze, welche Schwärtz wird verglichen dem ♄, als das Bley, welches dann unflüchtig und schwartz ist, für andern allen Metallen. Also wird auch die schwartze Farben verglichen der Schwärtze des Bleyes, das ist die erste Farbe und Anfang des Werks.

Die ander Farb welche ist Grau, nicht recht Weiß, auch nicht recht Schwartz, welche der mittelmässigen und gemischten Farben eine ist, welche Farbe verglichen wird dem Zinn, und nach dem das Zinn ist an seiner Farben genannt, und geheissen Jupiter.

Die dritte Farbe, welche ganz vollkommen und schön weiß ist, wird verglichen von wegen seiner Weisse dem ☽, fürnemlich als dem schönen, weissen, reinen, vollkommnen Silber.

Die vierdte Farbe, Gelb, bleibet auch nicht vollkommen gelb, wird ein wenig mit Braunroth ver-

vermischt, solche Farbe wird verglichen dem Kupfer, als der Venus: Dann gleich wie das ♀ roth ist, und doch mit gelben vermischt, also wird die bleiche, gelbrothe Farbe dem ♀ verglichen.

Die fünffte Farbe, welche getheilt ist in Weiß und Roth, gleich wie die schöne Blumen von Muscaten, Neglein, wiewol die zwo getheilte und gemischte Farben vollkommen, dieweil sie aber untereinander vermischt werden, nennet man sie gemischte Farben, welche seynd der Saame des Mannes und Weibes, aber verstehe, daß des Mannes Saamen ist roth, und des Weibes Saamen ist weiß, und seynd alle beyde in ihrer Natur zu würken vollkommen, welche Farbe wird verglichen dem ♂ als dem Eysen, dann das Eysen ist an sich selbsten weiß, und hat doch inwendig seines innersten einen grossen Theil seiner Röthe, welche Farbe, so sie also vermischt, das wird allererst seine prima Materia genannt, wie ich dir dann hiervon genugsam gesagt habe. Dann von nun an würken die beyde Saamen, durch ihrer Natur, und bringen herfür den Zweig, welches ist die Tinctur, die da tingirt, und alles beständig und lebendig macht.

Die sechste Farbe ist ganz vollkommen Roth, kein schöner, lieblicher und zierlicher Farbe du haben magst, welche Farben wir vergleichen der Sonnen, als dem allerschönsten Golde, so auf Erden mag seyn, denn wie das ☉ aus aller Welt Betrübnuß hilfft, als Armuth und viel ander unsägliches grosser Beschwerung, so dem Menschen

unter Augen stoffen, und sonderlich heilet es alle Krankheiten des Menschen, denn die Menschliche Natur, so sie ihrer Würkung keinen Fortgang mag haben und verhindert wird, so muß der Mensch krank und schwach werden, und darnach der Mensch auch complxioniret, also schlagen sich mancherley Gebrechen der Krankheit zu solcher Natur, die in den Menschen also verhindert, ist solche Farbe oder Medicin der Natur wiederum helffende, daß sie ihre bequeme natürliche Würkung wiederum haben möge, und besser dann zuvor. Dann aus dieser Ursachen, wann es kömmt offter und dicke, daß mancher Mensch sich in seiner Jugend übel angelegt durch Uberflüssigkeit des Essens und Trinkens und anderer Schaden, so er am Leibe empfähet, aber die Jugend die noch in dem Menschen stark vermag, hilfft ihm, daß er noch zur Zeit nicht sonderlich schaden empfind, jedoch hat er seine bequeme Natur zerstöret, aber es schadet noch nicht, durch Schmertzen fühlen, kömmt aber das Alter oder irgend ein ander Unglück, so find sich der erste Gebrechen auch herfür, so er in der Jugend vermischt hat, denn es sucht seine Verhinderung, und eine Krankheit die ander, darum hilfft, die Medicin wiederum dem eben sowol, so den Menschen in seiner zerstörten Jugend widerfahren ist, als dem Gebrechen der noch frisch sich erzeigt hat, solcher Ursach halben ist es wohl zu lieben, dann diese Medicin erhält das Leben in gesunder Ruhe bis auf den verordneten Todt, so dem Menschen von GOTT aufgelegt ist worden, auch
gle-

ziehret die Röthe den Menschen wunderbarlich in seinem Verstand. Dann siehe doch an die Göttliche Werk, und denke an des Menschen Leben, betrachte den Tod und Ende, dardurch der Mensch absterben muß, sey eingedenk des schnellen Tages und Urtheils, welches da streng und schwer ist, oder seyn wird, über die Gottlosen, du wollest auch nit vergessen die Zergänglichkeit aller Freuden und Wollust dieser zergänglichen Welt, nimm zu Herzen die Auferständtnüß in der immerwährenden Freud in dem Thron GOttes aller Auserwehlten, und erkenne in deinem Gemüthe die grundlose Güte und Barmherzigkeit Gottes, dann er am schrecklichen Tage seines jüngsten Gerichts, mit seinen Engeln kommen wird, auferwecken Böse und Gute, und wird richten über Lebendige und Todten, und einem jeden nach seiner Belohnung, nach dem er gethan hat, seinen Auserwehlten die Freude ewiglich, und den Bösen die ewige Verdamnüß.

Aber siehe das Werk recht an und erkenne es, daß eine Göttliche Gabe und eine übertreffliche Krafft aller Künsten, und ist ein Spiegel heimlicher Weißheit, und so du nicht glauben wollest, daß eine Auferstehung der Todten sey, so sehe dieses Werk an. Wilt du aber diß Göttliche gebenedeyte Werk nicht zum Zeugnuß nehmen, so hast du in heiliger Schrifft Zeugnuß genug; daß ich dir aber das fürbilde, geschicht darum, dann wann GOtt dir solchen hohen Schatz, durch seine milde Barmherzigkeit mittheilet, dann solt du dieser meiner Erinnerung eingedenk seyn, und der Güte GOttes die Er uns Armen, ohn all unser Verdienst mittheilet, nicht wollest vergessen, dann wir diese hohe Gaben um GOtt nicht verdienet haben.

Kürtzlich aber von diesen Farben zu schliessen, so ist viel gemeldte Farbe und Medicin also durchleuchtend seiner Strahlen, welche nimmermehr verlöschen, auch ist diese Röthe köstlicher, dann anderes Gold, Perlen und Edelgestein, und alles was köstlich geacht wird; Ist doch diese Röthe für alle andere Reichthum zu leben, dann dieser Reichthum durch den Willen GOttes kommen und gegeben. Wem GOTT solche Gaben verleihet, und durch seinen gebenedeyten Seegen mittheilet, der lobe und danke GOTT dem Allmächtigen für solche unaussprechliche Wolthat, dann GOTT die Demüthigkeit des Menschen Herzen ansiehet mit Barmherhigkeit, und verleihet demselben solche herrliche Gaben, aber den boßhafftigen Menschen, die ihren Grund auf GOTT nicht setzen, sondern vertrauen auf ihre eigene Weißheit und Gutdünken, dann ihre Hoffnung ist ferne von GOTT, darum wird ihnen von GOttes Schickung nimmermehr kündlich offenbahr solche Göttliche Geheimnüß, dieser unser herrlichen Kunst, darum habe GOTT für Augen, der allen Christglaubigen Menschen helffen will, die ihn in wahrer Hoffnung und Vertrauen anruffen, bitten täglich umb Verzeihung unserer Missethat und begangenen Sünden, wie dann unser treuer GOTT

sel-

selber spricht: Was ihr meinen Himmlischen Vatter bitten werdet in meinem Namen, das wird mein Vatter euch geben, so nun ein Mensch Vertrauen und Hoffnung mit inbrünstiger Liebe zu GOTT um Gnade und Barmherzigkeit seine ewige Göttliche Klarheit aus Grund seines Herzens bittet, um die Gnad und Erleuchtung des Heilligen Geistes, daß Er unsern innerlichen Geist wolle anzünden, in festem Vertrauen und standhafftigen Glauben erhalten, daß wir im rechtem Erkänndtnüß unserer Sünden, GOTT unserm Erlöser und Seeligmacher vertrauen, und in Beständigkeit eines warhafftigen und Christlichen Glaubens an JESUM Christum verharren, so will uns GOtt geben, nach diesem elenden Leben, die ewige Freud mit allen Außerwehlten in dem ewigen Leben, das helff mir und dir und allen Christglaubigen Menschen GOtt Vatter, Sohn und Heiliger Geist in Ewigkeit, Amen.

Also hab ich dir nach Ordnung die Farben angezeiget, dann ich kan dir nit alle Ding wie sie in dem Werk der Hand-Arbeit sich zutragen, beschreiben, jedoch sage ich dir alles deutlich genug, daß du alles wol verstehen mögest, dann was ich dir allhie sag, geschicht darumb, daß du alle Umstände des Werks aufs kürtzste kanst merken.

Weiter, so will ich dich nun lernen die Mittel des Werks, und wann du des Mannes und Weibes Saamen zuwege bringen und nehmen solst, durch Exempel der H. Schrifft, aus dem ersten Buch der Schöpffung mit Vergleichung des Adams

und

und Eva, wie sie von GOtt erschaffen seynd, und in den Lust-Garten des Irrdischen Paradieß gesetzt, GOttes Willen und Gebot nicht zu übertretten, über dasselbige sie durch Rath der Schlangen das Gebot ihres Schöpffers verachten, luden auf sich Gottes Zorn, und wurden durch Übertrettung dem Tod und ewigen Verdamnuß unterworffen, darum trieb sie GOTT aus dem Paradieß ins Elend durch den Boten GOttes Engel, welcher sie von diesem Wollust verjagt, mit einem feurigen Schwerdt ins Jammerthal, doch erlangten sie durch ihren Glauben endlich von GOTT die ewige Seeligkeit.

Nun will ich dir offenbaren die allerheiligste Heimligkeit der Naturen, daran die ganze Kunst gelegen ist, welche verborgene Weißheit im Mittel anfähet, und herfür bringet den Saamen des Weibes durch Exempel Göttlicher Schrifft.

Im Anfang schuff GOTT der Allmächtige Himmel und Erden, und darnach den Menschen Adam nach seinem Ebenbild, und durch die grosse Liebe, so er zu dem Menschen trug, den er geschaffen hat, dauchte unsern lieben GOTT nicht gut seyn, daß der Mensch solte allein seyn und wohnen, sondern er wolte ihm ein Gehülffen machen, der um ihn sey. Da ließ der HERR einen tieffen Schlaff auf den Menschen fallen, und der Mensch entschlieff. So nahm GOTT der HERR eine Ripp von ihm, und schloß die Stätte wiederum zu mit Fleisch, und gab diß Weib dem Manne, und sagt: Seyd fruchtbar und mehret euch

euch, biß verstehe also: So du das löbliche Werk in dem Namen GOttes wilt anfahen, wie ich zuvor angezeiget und erkläret habe. Am ersten, wie GOTT Adam erschaffen hat, nun verstehe, daß dieser Adam nichts anders ist, als unser Wurzel, so unsere Erden, auch unser König genannt wird, welches doch alles eine Materia ist. So du nun solchen König in die putrefaction zur Fäulung, daß der König getödtet wird, und sich wohl auflößt, wie ich dir dann im Anfang von warmen Bade des Königes gesagt habe, darinnen er schlaffen soll, schickest, so ist nun das Wasser so über diesen König kömmt, und gegossen wird, der tieffe Schlaff, so auf Adam kam, in solchem Wasser schlieff der Adam; nun habe ich dir vorhin gemeldt die Theilung und Scheidung der Elementen zu verstehen geben, wie sie gebrauchet werden.

Dieweil dann GOTT der HERR in diesem Schlaff dem Adam von seinem Leibe entzogen, welches war eine Rippen von der mitten seiner Seiten des Leibes, und macht daraus ein Weib, und schloß wiederum die Städte zu mit Fleisch, dieses Exempel solt du also verstehen: In der putrefaction liegt Adam und schläfft. Nun wird von diesem Adam genommen die Rippe, welche ist die Seele seines Cörpers, verstehe die Element, daraus das Weib gemacht wird, ist die vollkommene Weisse, nun kan solche Weisse nicht erscheinen, dann durch die Würkung und Zuthunde der Element, so dem Adam, als dem Cörper wiederum ordentlicher Weise werden zugefügt, das ist die

Stät-

Stätte, daraus GOtt die Rippe nahm, schloß er wiederum zu mit Fleisch, dann so die Eva leben soll, so muß sie ja der Seelen, so Adam vermag, theilhafftig werden, welches also vernimm, die Seel und Geist werden dem Cörper durch und in den Elementen abgezogen, welche Seele und Geist dem Cörper abgenommen, ihm wiederum zugethan und gegeben wird, welches aber alles bescheidentlicher Weise geschicht, dann hieraus hat des Weibes Saamen ihren Ursprung genommen, und ist also vom Manne genommen, welches ist eine ewige Wurtzel, doch stehen sie noch unterschiedlichen in zweyfaltiger Zahl, wiewol sie vermischt werden, gleich wie Mann und Weib nach GOttes Befehl und Christlichen Ordnung zusammen gegeben werden, welche seynd ein Leib und zwo Seelen. Also verstehe: Ist es auch in unserm Werk, dann Adam wird am ersten gemacht von Erden, und aus ihme ward das Weib genommen und beschaffen.

Kan ich erkennen, wann das Weib vom Manne soll genommen werden? Das will ich dir sagen, denn in der Theilung des Mannes und Weibes Saamen, welches ist ein Secret aller Verborgenheit dieser Kunst, durch die beyde Saamen wird eine unüberwindliche Frucht gegeben, die wunderliche Krafft zuthun hat, aber merk, so du diß Wasser und den Lufft der Erden, daraus Adam gemacht ist worden, wiederum zugethan und gegeben, das ist, daß GOtt das Weib schon gemacht hatte, und schloß die Stätte

zu

zu mit Fleisch, welches du also sollst verstehen, dann das Element, das Wasser und die Lufft, so du diese beyde Element zugethan hast der Erden, so hast du eine vollkommene, beständige Weisse. Solche Weisse ist des Weibes Saamen, darvon ich dir gesagt habe, und solch Weib herrschet mit ihrer Vernunfft über den Mann.

Warum? Dieser Ursachen, dann wie du zum ersten angefangen, durch den Mann, verstehe unser Wurtzel, so ist das doch nicht anders, dann eine blosse Erden, und wüste Vermischung gewest, als da die Element noch beyeinander waren vor ihrer Theilung, wie du dann im Anfang von mir gehöret hast. Aber nun solche Erden zu der Weisse kommen ist, so ist sie vollkommen, und giebt eine ziemliche perfection, welche dem Mann oder Erden im Anfang des Werks unmöglich war, darum daß die Weisse mehr Nutzung giebt. Zum Ersten, dann der Mann oder Wurtzel, dann dieweil diese Weisse in der perfection ist, so giebt sie ihre erste vollkommen Nutzung. Darum wird gesaget, daß das Weib herrschet über den Mann, aber bald hernach folgend, will ich dir deutlicher sagen. Auch muß ich dir offenbahren, auf daß du mich verstehen mögest das Wörtlein Vollkommen und verbrachte Tinctur, welches nicht ist, aber jetzo solt du verstehen, dann die Weisse ist jetzt dieser Gestalt nicht anders, dann eine reine Jungfrau unbefleckt, die zu ihren Jahren kommen und mannbahr worden, auf daß sie möchte bestattet werden, alle Arbeit und Tugend zu ihrem Nutz

kan

kan sie brauchen, als Wirken, Stricken, wird gesagt, daß das Weib herrschet über den Mann, darum daß du es wohl in den Verstand fassest, will ich dirs durch Exempel noch deutlicher sagen: Da GOTT Adam das Weib zu einem Gehülffen gegeben hat, sagt GOTT zu Adam: Du solt in allen Dingen des Weibes Herr seyn, und du Weib solst dem Manne unterthänig seyn, und GOTT setzet sie gegen den Morgen und Aufgang der Sonnen in den schönsten Garten so in der Welt mocht seyn, welcher Lust-Garten das Paradieß genennet ward, und zeigt ihnen ein Baum, von welchem Baum seiner Früchte solten sie nicht essen. Aber der Adam war demuthig und forchtsam, die Eva welche folget des Raths der gifftigen Schlangen, richt sich auf und brach einen Apffel ab, und aß davon, und gab den andern Theil ihrem Manne Adam, daß er auch solte davon essen, Adam furchte sich, und wolte so bald der helffte des Apffels nicht nehmen, doch nahm er ihn letzlich und aß darvon, also haben sie beyde GOTTES Gebot gebrochen, und waren schuldig der Straffe GOttes.

Nun merk, wie die Saamen getheilet werden, höre an und merke auf, so will ich dir sagen, warum das Weib mit Vernunfft den Adam mehr und dergleichen, welches ist eine Nutzung zu erkennen, vorstehe, daß sie doch in der Natur sittig arbeite, mit dem allein aber so kan sie doch nicht gebähren oder Frucht bringen. Warum? deren Ursachen, daß sie eine reine Jungfrau ist, und

von

von keinem Mannes Saamen empfangen, so sich aber des Mannes und der Jungfrauen Saamen, durch Liebe der Natur umfange und vermischt, alsdann mag die Jungfrau durch Entfährung des Mannes Saamen Kinder gebähren.

Also must du mit dieser unser Weise auch verstehen, daß die ganze Vollkommenheit noch nicht vollendet ist, dann nach Vermischung beyder Saamen so wird vollbracht, Erstlich die vollkommene Tinctur der Weisse, auf die Weisse darnach kömmt die vollkommene Tinctur der Röthe.

Daß aber die Tinctur der Weissen ehe kommt dann die Tinctur der Röthe, geschicht dieser Ursachen, dann du weist wohl, so Frucht von Mannes und Weibes Saamen entspringen soll, so muß das Weib mit der Geburt vergehen, dann das Weib geblehret und nicht der Mann, dieweil alles vom Manne herkömmt und genommen wird, vom Anfang bis ans Ende, und entspringt auch alles aus dieser Wurtzel, und am Ende alles dieses Werks. herrschet der Mann, und ist das Haupt seines Weibes, aber von jetzund an dieser Weise herrschet das Weib, biß nahe zur vollkommenen Röthe, darum richtet sich Eva auf, und brach von erst den Apffel vom Baum, so mitten in Garten stund des Paradieß, welches alles geschach durch den Rath der listigen Schlangen, und da sie den Apffel gebrochen hatte, aß sie darvon, und gab die ander Helffte dem Adam, daß er auch davon esse, aber Adam furchte sich und wolte den Apffel nicht alsobald nehmen, jedoch letzlich nahm er ihn, und aß auch darvon.

Was

Was ist der Garten Parableß? Das ist das Gefäß sammt dem Wasser und der ganzen Materia, darinnen unser Werk vollbracht wird, biß auf die Zusammenfügung beyde Mannes und Weibes Saamen, deß auf das allerwenigste must du drey Gläser in deinem Werk gebrauchen. Im Ersten aber, in welchem Gefäß geschicht im Anfang die Erschaffung des Mannes, von solchem Namen wird genommen und gemacht das Weib, in welcher Erschaffung und Theilung dieser beyder Saamen wird ihnen im Garten, darinnen sie ihren Lust nach Erforderung ihrer Naturen, zugefüge Wasser, Lufft, Feur, auf daß solcher Garten nicht mit seinen Früchten verderben mag; sondern der Baum mitten im Garten übertrifft, das will ich dir in unserm Werk anzeigen, verstehe also: Unser Werk ist in seiner Wurtzel rein, und in seiner Farb im Feur beständig, so nun das Werk angefangen, so ist doch solcher Adam oder Erden nur Menschlich Saamen, aber er ist rohe, in der ersten seiner Vermischung in der Solution, nicht daß ich sage, daß der Cörper todt sey, in seiner Würkung, demnach kan er nicht würken, in dieser Gestalt, darin er erstlich anfähet, über sein Vermögen, dann es ist noch keine Perfection oder Tinctur in ihm zuwege gebracht, so aber solcher Menschlicher Saamen durch Krafft und Würkung der Element fürgetrieben wird, dann wie seine Natur fordert, als durch das Element des Wassers vollendet sich die Schwärtze, durch den Lufft folget die Weisse, welche Weisse ist das Weib,

und

und ein ziemliche Perfection. So nun dann das Weib durch die Weisse verstanden wird, und zu einer geringen Perfection kommen, so must du ja erkennen, daß das Weib mehr herrschet dann der Mann, wiewohl das Weib von dem Manne genommen ist, dann im Anfang und im Mittel der Weisse, hat der Mann, welches ist die Wurzel, keine Mehrung mehr, wie dann jetzund die Weisse vermag, darum wird gesagt, daß in dem Garten, davon ihn GOTT geboten hat. Aber solcher Garten und Paradieß war um und um wohl verwahret, mit einer starken Befestigung, welches verstehe, das ist das Gefäß oder Glaß, daß unser ganze Materia vor aller ander Unreinigkeit verwahrt, und bey einander hält, dann je lustiger und wohlriechendes lieblichen Geschmacks und Geruchs ein Gart ist, je mehr sich Ungezieffer darzu thut sammlen.

Daß ich aber zum Ende komme, will ich dir ein wenig und kürtzlich, warum dieser Garten ein Lust-Garten genennet wird, erklären, als durch schöne Exempel, und merk fleissig darauf.

Zum ersten, sollen im Lust-Garten geziehlet seyn die wohnsame, heilsame Kräuter, die da sollen seyn eines edlen, köstlichen und lieblichen Geruchs.

Zum andern, das darinnen gepflantzet seyn sollen, schöne, lustige und frische Bäume, die da nicht Irrung und böse Früchte möchten bringen.

Zum dritten, daß das Erdreich, darein der Saame gepflantzt wird, oder was es sey, davon
man

man denkt gute Früchte und Nutzung zu haben, will gearbeitet seyn.

Zum vierdten, daß derselbige Garte durchlauffend sey, mit einem frischen süssen Wasser, und den Garten in vier Theil getheilet, doch nicht zu viel und auch nicht zu wenig, dann wo die Uberflüssigkeit des Wassers mehr, würde die Frucht, durch die Feuchtigkeit der Fülligkeit ertrinken und zunichte werden. So auch der Feuchtigkeit zu wenig, muste es durch die Truckne verderben, dann die Natur vermag in keinerley Weise nicht ohne bequeme Feuchtigung seine Würkung zu vollbringen.

Zum fünfften, soll solcher Garten in ein eben und reinen Ort gebauet werden, und ohne Verhinderung frembder Bäume frey seyn, so ausserhalb dem Garten stehen, auf daß eine linde und fruchtbahre Lufft im genannten Garten durchgehen möge.

Zum sechsten, daß auch solcher Lust-Garten soll liegen und sich strecken gegen Aufgang der Sonnen, damit alle die Früchte, so zur vollkommenen Würkung kommen sollen, durch Hitz und Wärme der Sonnen Erquickung haben.

So nun ein Gart diese zugehörige Statt, Ort und Ende, wie dann auch die würkende Natur haben kan, wie verordnet, ist er zu diesem mahl wohl gemacht, und proportionirt. Ist der Garten des Parableß besser offen, so verstehest du das Werk desto besser zu lernen und erkennen.

Und

Und will dir zum ersten sagen, was der Baum mitten im Garten sey.

Zum andern will ich dir sagen, was da sey die Erden, darein der Baum gepflantzet ist.

Zum dritten will ich dir sagen, was da sey die gifftige Schlang, die Eva den Rath gab, da sie den Apffel brach.

Zum vierdten will ich dir sagen, was da seyn die vier Wasser, so durch den Garten des Paradieß rinnen und fliessen, und merk auf, was ich sage

Der Baum des Erkändtnuß des Guten und Bösen, welcher da stehet mitten im Garten des Paradieß, bedeut unser Wurtzel, dann wie sie das Mittel ist in der Vollkommenheit der Metallen, also ist der Baum das Mittel zu vergleichen, und mag auch wohl genennt werden der Baum der Erkändtnuß des Guten und Bösen. Dann so unser Baum der Erkändtnuß des Guten vor in unser Wurtzel bereitet wird, so unterschied sie die Warheit von der Falschheit, und das Gute vom Bösen. Auch gleich wie die schöne helle Sonne am Firmament ein Mittel ist, zwischen den andern regierenden Planeten, über sich und unter sich: Also ist auch unser Wurtzel, davon Eva den Apffel gebrochen, und die Helffte davon gessen, und den andern Theil gab sie ihrem Adam.

Was ist nun die Erden, darin der Baum gepflantzet ist worden.

Solche Erde, verstehe, ist der rohe ☿, durch welchen und in welchem vorbringt unser Wurtzel ihre vollkommene Tinctur, dann die Erden empfähet unsern König, nicht daß ich sage, daß der Mercur. für sich alleine etwas ausrichte, welches nicht ist, sondern der Merc. ist nur eine Beyhülffe unser Wurtzel, und wird von unser Wurtzel, so sie Stärke empfindet, zum theil behalten und fix gemacht, dann unser Wurtzel bleibet in ihrer natürlichen Würkung, unverhindert der Vermischung von Merc., dann unser Wartzel bringt herfür beyde Saamen, und nicht der Merc. Also siehest du, daß der Mercur. welcher ist unser Resolvier-Wasser, wird nicht anders zu unserm Werk gebraucht, dann zu einem Behülff, gleich wie der Merc. am Himmel im Aufgang der Sonnen kömmt, also ist er auch zugethan unser Wurtzel, dann du wohl weist, daß keine Erde Frucht bringen mag, ob du schon alle Menschliche und gebührende Arbeit mit ihr verbracht hast, dann so du nicht Saamen hinein wirffst, so hast du wiederum keine Frucht zu hoffen, so du aber in die Erden Saamen säest, von denselbigen Saamen seiner zukünfftigen bringenden Frucht, hast du dann wiederum Saamen zu gewarten. Also verstehe, daß die Erde als der Merc. unser Wurtzel, welcher unser Wurtzel umfangende die Würkung der Element, als nemlich,

Feucht,

Feuchte, Warm, Trucken, Kalt herfür bringt, darnach sich der eingepflantzte Saamen, durch Natur seiner Feuchtigung und Krafft empfindet.

Was ist dann die gifftige Schlange, und was bedeut die Schlange die Eva rieth, daß sie von dem Baum esse, dann dadurch würden sie erkennen Gutes und Böses, und würden GOtt gleich seyn? Das ist unser Resolvier ▽, der lebendige Merc., welches ist die gifftige Schlange, dann durch die Schlange, als ein Behueff, aus welcher unser Wurtzel ihren natürlichen Fortgang zu würcken, und eine Frucht zu erwegen, dann so die erste Veränderung der Solution nicht geschehe, so bleibet unser Wurtzel unverändert in ihrer ersten Gestalt, und vermöcht also in dieser Gestalt keine Frucht zuwege bringen.

Die Schlang ist auch das Bad, darinnen unser König rastet und aufgelöst wird, wie ich die dann im Anfang gesagt habe, vom warmen Bad des Königes, also vernims und merks, daß diese Schlange bedeutet, und ist unser Solvir ▽, da Adam inne gelegen, da GOtt den tieffen Schlaff auf ihn fallen ließ, daß das Weib nachfolgend aus ihme gemacht ward.

Ich will dirs ein wenig deutlicher sagen, die listige Schlange, die viel listiger ist dann andere Thiere, bedeutet unser ☿ Wasser, darinn unser König solvirt und getödtet wird. Dann GOTT der HERR sprach zur Schlangen: Dieweil du diß gethan hast, so seyst du verflucht vor allem Vieh, und für allen Thieren auf dem Felde, auf deinem Bauch solt du gehen und Erden essen dein lebenlang, und ich will Feindschafft setzen zwischen dir und dem Weibe, zwischen ihrem Saamen und deinem Saamen, dann der Saamen so vom Weibe kommen wird, der soll dir den Kopff zutretten, und du wirst ihn in die Fersen beissen. Das Exempel verstehe also: Die Schlang ist der Merc. daraus unser solvir $\triangledown$, wie jetzt gesaget, præpariret und gemacht wird, verstehe, daß der Leichnam wieder durch den seinen Merc. in sich selbst allein zugleich durch die Zertheilung und Erfaulung aufgelöst; die Verfluchung GOTTES der Schlangen ist, daß der Mercur, wie du dann siehest, auf seinem Bauch hin und her weltzet und laufft, dann alle andere Metallen seynd in ihrer natürlichen Kochung würcklichen coaguliret; Auch saget GOTT, du solt Erden essen dein lebenlang, das ist das solvirende Wasser oder der Merc. der da unsern König isset und verschlinget, dann unser König ist nichts anders dann Erden. Die Feindschafft aber von des Weibes Saamen ist, das dem Mercurio seinen Kopff zutritt, und zunichte macht. Das verstehe also, In dem Anfang des Werks, ist unser Solvier-Wasser, so die Solution geschehen, zu seinem flüchtig, wird aber doch letzlichen mit diesem unsern König beständig und fix gemacht, und so die vollkommene Tinctur gemacht und vollbracht, welches dann anders nicht geschicht, dann durch die Weisse, wie ich vormahls gesagt habe, welches ist des Weibes Saamen, so dann die Geburt des Weibes geschehen,

daß

daß die Tinctur unsers gebenedeyten Philosophischen Saamens vollendet, welcher also dann auf Mercurium geworffen, so zerknirsche des Weibes Saamen der Schlangen den Kopff, das ist dem Mercurio die Gifft, so die Schlange vermag, verst in sich unsern wohlgebohrnen König zu verletzen, kan aber dem durchtringenden und unüberwindlichen Gewalt und Triumph, so unser König übet, keines weges widerstehen.

Nun will ich dir sagen von dem Fluß, so durch den Garten des Paradieß rinnt und fleust, und theilet sich darnach in vier Haupt-Wasser. Dieser Fluß so durchläufft den Garten das Paradieß zu feuchten, und zu erquicken den Baum des Lebens, welcher ist unser Wurtzel, verstehe, ist nichts anders, dann unser Merc. Wasser, darinn viel Gold ist, das köstlich ist, verstehe unser Wurtzel so von ☿ Wasser umfangen wird, dann in ihm wird funden rein Indionisch Gold. Also verstehe, daß der Haupt-Fluß, und das erste getheilte Wasser genannt Pison, ist alles eine gleiche Bedeutung unsers Merc. Wassers, dann es ist je der erste Haupt-Fluß, davon die andern Flüsse und Wasser sich theilen, verstehe die Element, wie du jetzund bald hören wirst.

Das ander Wasser heist Olyon, welches dann umfleust gantz Morenland, welches du also verstehen solt, daß der erste Haupt-Fluß unser Solvir-Wasser ist. So nun unser König darinnen aufgelöset, erfaulet, so werden dann darnach drey Wasser darvon getheilet und abgezogen; als das erste

Z 3 Was-

Waſſer wird getheilet von der Erden, und den andern zweyen Waſſern, erſtlich das Element des Waſſers ſo der Erden genommen wird, von der Schwartz dem Erdreich wiederum zugefügt, das iſt das Waſſer Gihon, welches umfleuſt gantz Morenland, darinn ſehr groſſe und übrige Hitze der Sonnen, deren Urſachen, daß die Menſchen ihrer Geſtalt gantz ſchwartz werden. Alſo auch unſere ſchwartze Erden, welche dem Mohrenland verglichen, dann in ihr iſt eine groſſe Gewalt und Wärme unſer Sonnen, ſo darinne verborgen iſt.

Das dritte Waſſer wird genannt Hideckel, das fleuſt für Aſſyrien, dahin ſich daſſelbige Waſſer wendet, und fleuſt gegen dem Morgen. Dieſes Waſſer bedeut das dritte Element des Luffts, dann durch die Lufft kommt herfür des Weibes und Mannes Saamen vollkömmlich, das iſt, daß die Lufft die Erden wendet und bereitet, damit ſie zur Röthe kommen, welches iſt das Waſſer Hideckel, das ſich wendet und fleuſt nach dem Morgen. Alſo verſtehe auch das Mittel unſers Werks, welches iſt die vollkommene Weiſſe. Dann ſo du die Weiſſe haſt, welche durch den Lufft vollbracht wird, ſo haſt du einen guten Eingang zur vollkommenen Röthe zu kommen.

Das vierdte Waſſer heiſt der Phrath, welches bedeut das Element des Feuers, und das Ende unſers gebenedeyten Philoſophiſchen Steins, dann durch das Element des Feurs, durch Vermiſchung beyder Saamen, iſt die Wiſſenſchafft, und das

En-

Ende der Vollkommenheit dieser Kunst, wie ich dann nachfolgends ganz deutlich erklären will.

Höre nun weiter von Adam und Eva, doch muß ich dir noch eins sagen, daß du merkest, daß alle die vier Wasser einen Haupt-Fluß bedeuten, aber die vier Flüsse, die sich davon theilen, seynd die vier Element, wie ich dir dann jetzund gesagt habe.

Was meinest du daß der Durchbiß, den Eva gethan, und Adam die Helffte und ander Theil gab, Adam aber vor Furcht den Apffel nicht so bald nehmen wolt?

Da Adam und Eva miteinander im Garten von GOTT erschaffen und gesetzt waren, stellet sich der Adam ganz demüthig zu halten GOttes Gebot, wiewol er der Eva Herr war, noch dannoch unterstunde sich die Eva, durch den Rath der Schlangen, den ersten Apffel zu brechen, und so sie ihn gebrochen hat, ließ sie ein Biß davon zu essen. Diß verstehe also, im Anfang des Werks, ist noch keine Projection, nicht ehe, dann so die Weisse erscheinet, welche ist das Weib. Darum wird gesaget, daß der Mann, biß ans Ende des Werks, dem Weibe nachherrscher, und nicht ehe dann das Weib, welches du nun wol merken magst, dann in dieser Weisse ist nun angangen die grosse Heimligkeit dieser löblichen Kunst, welches du also verstehen solst, daß die Röthe als des Mannes Saamen, so nach dem Weibe durch das Materialische Feur seine Vollkommenheit überkommt, in gleicher Gestalt einer ziemlichen Projection

jection ist auf das Rothe, wie zuvor mit dieser Weisse; auch den grösten Theil des Apffels hat Adam genommen, welcher Theil viel grösser gewest als der Biß so Eva gethan. Also tingirt des Mannes Saamen zweymal im Werk der Projection, und auch eines vollkommenen Außgangs seiner edlen Natur allwege mehr, dann des Weibes Saamen. In solchem Außgang, und vollbrachter Medicin, so herrschet der Mann darnach über das Weib für und für, und seine Würkung kan auch weiter behülfflich seyn, daß sie erleuchten alle unvollkommene Metallen, beständig in Farbe und Gewicht, und in der Gestalt, wie die Wurtzel gewesen ist.

Wie muß ich aber des Mannes und Weibes Saamen bereiten und theilen? Merke, wann du hast die Weisse, und dieselbige erschienen, so nimm und theile sie in zwey Theil, das eine Theil solt du behalten, das ander Theil nimm und gib ihm ein wenig ein stärker Feur, den du in der Weisse gegeben hast, ohne allen Zusatz der Naturen, so bekömmst du die Röthe, die ist der Mann, die Helffte der Weiß, so du behalten hast, ist das Weib, so die beyde Saamen nun vermischt, würken sie durch ihre Natur wunderbarliche Dinge, muß man diese beyde Saamen zusammen vermischen, so sie doch von einer Wurtzel seynd, ja man muß sie mit einander vermischen, dann als schon von einer Wurtzel ist, verstellest du bann nicht im Anfang, wie ich dir gesagt habe, da GOTT Adam erschaffen hatte, nahm Er das Weib von sei-

seinem Leibe, also seynd die beyden Saamen getheilet und gemacht aus einem Dinge, aber über
alle Dinge herrschet doch der Mann in seiner Natur über das Weib, dann das Weib ist von ihme
genommen. Solch Weib muß auch durch des
Mannes Saamen gebähren, dann des Mannes
Saamen macht alle die Vermehrung dieser Kunst.
So nun beyde Saamen zusammen kommen, und
in ihre Natur sich vermischen, so gibt es erstlichen
Frucht, dann so des Mannes Saamen alleine, und
des Weibes Saamen auch alleine stehen, ohn ihre
natürliche Vermischung, so kan nimmermehr zu
ewigen Zeiten keine vollkommene Tinctur oder
Medicin bereit werden. Also hast du, wie man
die Saamen bereiten und theilen soll.

So ich dann nun des Mannes und Weibes
Saamen habe, wie geschicht dann die Vermischung? das will ich dir offenbaren, dann
alle deine Werk würden zu nichten, wie her-
nachfolgende du hören wirst, so du anders
auf den hohen Weg willt, und diß herrliche Werk
vollenden, so will ich dirs anzeigen durch ein
schön herrlich Exempel, auf diß Exempel habe
fleissig acht, dann es ist nicht wenig daran gelegen, dann hie ist der Grund und das Hauptstück
der gantzen Kunst geben biß ans Ende: wie ich
dir gesagt habe, wie Adam und Eva im Garten,
das Gebot GOttes ihres Schöpffers übertretten
hatten, kam der Engel GOTTES des HERRN,
trieb sie aus dem schönen Lust-Garten dem Paradieß mit einem scharffschneidenden Schwerdt, trieb
sie in das Elend, und verjagte sie also von aller

Z 5   ih-

ihrer Wollust; auch sagt ihm GOtt, daß sich der Adam in Angst und Noth, und im Schweiß seines Angesicht solt er sein Brod essen; und dem Weib sagt GOtt, im Kummer und mit Schmertzen solt du deine Kinder gebähren.

Merk fleissig auf.

DEr schöne Lust Garten, da Adam und Eva inne gelegen und gewesen seynd, ist das Gefäß oder Glaß in unserm Mercurial-Wasser, darinnen das Werk erstlichen angefangen. Warum? Die Ursachen, dann von Anfang des Werks, als in der Erschaffung des Adams und Eva, oder verstehe Mannes und Weibes Saamen, oder vernimm, daß es ist die Weisse und die Röthe, wie zuvor gesagt, wiewol ich jetzund, ich sage von Anfang ein Gleichnüß der Elementen-Theilung, Rectificirung, auch wie darum zuthun, wie es dann die Natur erfordert. Nun wird unsere Materia, als Adam und Eva durch das Materialische Feur mit ziemlicher und sanffter Wärme erhalten, benneben daß die Element nach gleicher proportion ernähret, biß so lange ihre innerliche Hitzen wird vergleicht den entzündeten Hoffart, so Eva überkam, da sie den Apffel brach, also verstehe, daß die Wurtzel nach Forderung ihrer Natur verzehrt, und in mancherlen Freud wird auferzogen, dann unser Wasser und unser Wurtzel, welches letzlich ein Ding ist, und wird, lieben sich mit einander wunderbarlich, dann erstlichen

lichen die Weiß und die Rothe zu vollbringen, geschicht kein Uberfluß weder in Theilung noch Zuthun der Elementen, dann wo unser Wurtzel mit Widerwärtigkeit beschweret würde, so muß sie verderben, darum ist diß der Lust-Garten, darinnen Adam und Eva gewesen, dann es ist ihr Begehr alles geschehen, das sie beredt haben.

Ich möchte aber gerne wissen, warum der Engel GOttes Adam und Eva aus dem Paradieß mit einem feurigen Schwerdt geschlagen hab, und in das Elend gewiesen? Das will ich dir sagen, und merk mit Fleiß darauf. Da GOtt Adam und Evam zusammen vereiniget hat, ehe sie das Gebot übertratten, segnet sie GOtt und sprach, mehret euch, und seyd fruchtbar, und alle Fische, Vögel und Bestien seynd euch unterthänig, aber da sie die Eva durch Hoffart und Rath der Schlangen sich erhub und übertratt das Gebot ihres HErrn, schlug sie der Engel mit einem scharffen feurigen Schwerdt in Elend, Angst und Noth, und waren nun forthin dem Tode unterworffen endlich zu sterben, und kunten GOttes Zorn und Straffe nicht entfliehen: Jedoch hat GOtt den Seinen Gutes und Barmhertzigkeit zugesagt, dieweil sie zeitlich Elend, Angst und Noth, und zuletzt den Todt leiden müssen, so wolte Er ihre Leib und Seel geistlich machen, und mit der ewigen Freud begaben, und zu sich in den Himmel nehmen, und die gantze böse Welt, durch sein schrecklich Urtheil richten, und die alte böse Welt soll werden eine Neue, da nichts anders dann

evol-

ewige Freud seyn soll, mit allen Außerwehlten von Ewigkeit biß zu Ewigkeit. Nun will ich jetzt nachfolgende Deutung darauf sagen: Ach GOTT wie hoch-trefflich wird das seyn. Ja wohl freylich sage ich dir mit Warheit, daß es ein groß Geheimnüß dieses Werks ist, daß ich jetzund sage, und sage dir so viel, und wann du gleich alle deine Werk mit müglicher, fleissiger Arbeit gemacht hältest, und keine Vermischung beyder Saamen geschehen, so magst du nimmermehr keine vollkommene Medicin zuwege bringen, und merk auf, wie ich dir sage, die Erklärung des Exempels und des feurigen Schwerdts. So du nun des Mannes und Weibes Saamen hast, als des Mannes Saamen ist roth, und Weibes Saame ist weiß, mische die zusammen, thue sie in einen dicken und und sehr festen Kolben, der da neu und von gutem Venedischen Glaß oder Procken gemacht ist, gleich und wol lang, thue darzu seine proportion von dem Element des Feurs, welches Feur ist schärffer und durchtringender, denn der andern Element keines, solches Feur ist das Schwerdt des Engels, der Kolben oder Glaß ist die betrübte und elende Welt, darein sie verjagt seyn, dann sie liegen im Elend und Feurs-Gefahr, zelben, Angst und Noth, und die grosse scharffe Hitze, die sie dulden und in ihrem Elend tragen müssen. Darum sagt GOTT zu dem Adam: Im Schweiß deines Angesichts solt du dein Brod essen; und zum Weibe saget Er, mit Schmertzen solst du Kinder gebähren, und der Mann soll Herr seyn,

und

und du solst deinem Manne unterthänig seyn, und solt beyde seyn ein Leib. Weiter, so wird das Glaß, auch wie du gesehen hast, oben gantz und gar verschlossen, darinn ligen Mann und Weibes Saamen sich miteinander zu vermischen, und ihre natürliche Würkung also verschlossen, verstehe, das Glaß biß an das Ende vollkömmlich zu vollbringen, welche Siegelung von den Alten genennt ist das Siegel oder Zumachung des Hermetis, von welchem man schreibet, daß er sey ein Anfänger dieser würdigen Kunst. Nun aber die Siegelung dieses Glases bedeut den Zorn GOttes, und den Todt des Adams und der Eva, und aller ihrer Nachkömmlinge. Nachkömmlinge verstehe, so sie durch die Medicin zur Vollkommenheit bracht werden, und daß man aus ihnen auch eine Medicin bereiten solte, müssen sie gleicher weiß auch sterben, wie dann Vatter und Mutter geschehen ist, auch kan nun hinfort der Adam und die Eva in dem Elend, darein sie getrieben, das Creutz mit Gedult zu tragen, GOttes Straff in keinem wege entfliehen. Also ist es auf dieser Welt, darauf alle Menschen wohnen, dann wir seynd keinen Augenblick sicher, und immer Gottes Straff zu gewarten, dann durch den Fall Adam seynd wir in Sünden kommen, und mögen aus unsern eigenen Kräfften gegen GOtt nichts schaffen, dann daß wir aus Innigkeit, und aus Grund unsers Hertzens, welches bedeut Quintam essentiam, mit diesem täglichen Gebet ruffen zu GOtt, daß Er unser Leib und Seele wolle geistlich machen, und zu sich nehmen in den Himmel, dann wir leben allhier in Angst, Jammer und Noth, mit Elend, Kummer und Schmertzen; also seit auch Adam und Eva beyeinander vermischt in dem Glase verschlossen, daraus sie nicht entfliehen mögen, und müssen allda in Verharrung seyn, und bleiben in scharffer, feuriger, durchtringender Hitze in Angst und Noth, Rast und Ruhe, und täglich des zukünfftigen Todes warten, den sie verhoffen, und täglich GOtt den Schöpffer aller Creaturen bitten, daß Er sie wolle von solchen Schmertzen, Creutz, Angst und Noth dieser vergänglichen Welt erlösen, und nach ihrem Absterben ihr Leib und Seel mit der ewigen Freud clarificiren, und herrschen mit allen Außerwehlten, daß sie sich wiederum auch erbarmen und freuen mögen über die Sünder, die sich bekehren und Busse thun, damit sie auch mit der ewigen Seeligkeit möchten begabet werden, dann GOTT und sein Göttlich Wesen erleuchte mit seiner ewigen Klarheit Außerwehlten mit durchtringender Krafft, mit grosser Macht, seiner Majestät, Gewalt und ewigwährenden Triumphs seiner Herrlichkeit.

Diesen König, welcher ist JESUS Christus GOttes Sohn, welcher von Todten auferstanden ist, der Macht zu regieren über Himmel und Erden und alles was sich beweget, und leben hat, den sollen wir fürchten und lieben, welcher Christus uns armen Kindern den Weg gemacht und vorgegangen, und sein Creutz und Leiden geduldig getragen.

tragen. Also sollen wir armen Sünder und unvollkomme Menschenne unser Creutz auch gedultig im Leiden und Schmertzen GOtt nachtragen biß an unser Ende, und uns dieser falschen, ungetreuen und ungerechten Welt nichts irren, sondern allein bey GOtt, bey unserm ewigen Mittler der uns alle erlöset, bleiben, so hat Er uns durch sein kräfftig Wort zugesagt, daß wir ihm solten gleich werden, und Ruhm mit ihm haben, so wir festiglich in Sanfftmuth und Gedult mit rechtem Glauben, also an den einigen Sohn JESUM CHRISTUM vertrauen, so will Er uns führen aus aller Angst und Noth, durch Sterben und Tode, in ein fröliche Auferstehung eines neuen unvergänglichen Lebens, und uns wol krönen, mit der Krone seiner Herrlichkeit, und uns wol geben den Cörper seiner Herrschafft; und will über uns her lassen fliegen die Fahnen seines Triumphs und Uberwindung, welcher Fahnen ist Roth mit einem Creutz, welches Weiß ist. Dann da Er an dem heiligen Creutz seinen gebenedeyten Geist aufgeben hat, und seine heilige Seiten geöffnet, gieng alsbald Blut und Wasser herauß, da war Traurigkeit, aber in der frölichen Auferstehung ist alles vergessen. Solcher himmlischer König will uns auch erleuchten mit der ewigen Klarheit seines Göttlichen Worts, daß wir so hell und schön scheinen, als die Strahlen der Sonnen. Schau, darum magst du auch verstehen, wie du dann auch siehest, wie ein elend Leben es in der Welt ist, und wie der Mensch hie abstirbet, also schicken

sich

ſich alle Gleichnüß in unſerm Werk auch, dann Chriſtus hat zuvor durch Parabel geredt, jedoch ſoll man kein Ding dieſer Welt GOTT dem Allmächtigen gleich achten; dann GOtt hat es alles erſchaffen, und iſt über daſſelbige, und iſt nichts höhers über GOTT, darum will man GOttes des HERRN gedenken, ſo ſoll es nicht unnütz ſeyn oder geſchehen, dann GOtt kan und will ſtraffen, wer ſeinen Nahmen unnützlich brauche, und alle Ehre und Dankſagung die du thuſt, ſoll keiner Creatur geſchehen, dann GOtt allein ſind wir ſchuldig für alle Wolthaten zu danken, allein ſey auch GOTT die Ehre, dann wir ſeynd arme Menſchen gebohren und wiederum zu ſterben, jedoch iſt es zeitlich und dort ewig, darum ſo allhie zeitlich Leib, Seel und Geiſt bekümmert, und in Betrübnüß geſteckt geweſen, ſo wird doch durch GOttes Krafft und grundloſe Barmherzigkeit, die der Allmächtige gütige GOtt zu dem armen Menſchlichen Geſchlecht, und gnädigen Willen trägt, hilfft Er uns wunderbarlich aus allen Nöthen und Gefährlichkeiten, Anfechtung dieſer Welt, und nimmt uns von dieſem Jammerthal, ſo wir in ihm hoffen und vertrauen in die ewige Seeligkeit. Alſo ſich erfreuen alle Armen, die zuvor ſchwach, krank, elend und nothdürfftig geweſen, werden herrſchen in der wonniglichen Freuden, dahin wir und alle Chriſtglaubige Menſchen begehren. Das helff uns GOTT der Vatter, GOtt Sohn und GOtt der Heilige Geiſt, Amen.

In

In diesen jetzt gedachten Worten sind viel schöner, heimlicher Deutung verborgen. Ich verstehe aber noch nicht die Endschafft dieses gebenedeyten Steins, auch was es weiter würket, wann die beyde Saamen zusammen kommen und vermischt, und das Glaß verschlossen wird? Ich will dirs erklären, wann die beyde Saamen in das Glaß, wie ich dir gesagt, verschlossen, so must du das Feur abermahl zum dritten ein Grad stärker machen, und mit dem Feur gleiche Wärme halten, auch geschicht hie in gleicher Weiß ein putrefaction, wie im Anfang des Werks, und wisse, daß du in deinem Werk dreyfaltig Feur hast, als das Materialische, welches da erwecket das Element des Feurs, welches ist in seiner Natur, scharff und hitzig, das da allererst nach Entzündung, das rechte innerste Feur, so das Corpus oder Wurtzel inwendiger Krafft in seiner Natur vermag, beweget.

So nun beyde Mannes und Weibes Saamen sich mit einander vermischen, so werden sie durch ihre innerlich natürliche Wärme entzündet, da beginnen sie ihre Herrligkeit in eine geistliche Gestalt in die Höhe sich zu erheben, das verstehest du nun wol, dann siehest da Mann und Weib ligen, ist alles feurig darinnen, durch grosse Mühe und Schmertzen zu einer ewigen Herrligkeit kommen und eingehen, solches ist das feurige, scharffhauende Schwerdt, damit sie aus dem Paradiß getrieben worden, dann jetzund ist Mann und Weib allenthalben bestrickt, können und wissen nirgend hin, müssen also in den Schmertzen darinn

sie liegen, seyn und bleiben, so lange biß sie
GOtt erhöre, daß ihr Geist, Leib und Seel
in den Himmel genommen werden, dann zuvor da
man die Element geschieden, waren sie unbeschlossen, und must ihnen zugethan werden, nach Nothdurfft und Erforderung ihrer Naturen nicht zuviel
noch zuwenig, das war ihre Lust und Paradiesi,
aber jetzund seyn sie in Traurigkeit, welche wird
kürtzlich nachfolgend in grosse Freude verkehret und
verwandelt werden.

Wann kömmt aber solche frölicher Zeit, daß ich
den König sehe? Das will ich dir sagen: Wann
du diesen König mit seinem Weibe in Vermischung
in das Ehebette der putrefaction gelegt hast, und
das Glaß oben vermacht, mit dem Sigillo Hermetis, wie du wohl weist, und wie ich dir gesagt
habe, so stärke das Δ ein wenig mehr, doch daß
es geschehe nach der putrefaction, und halte das
Feur also stetig, doch mit keiner grausamen Geschwindigkeit, wo du das thust so sublimirt sich die
Materia, und merke für allen Dingen, daß du
das Feur nicht mit grosser Hitze und Geschwindigkeit machest, dann wo die äusserste die innerste
Hitze mit Geschwindigkeit übertrifft, so wird das
Werk verderben, darum so halte das Feur gantz
linde, sanfft und stetig, so solches geschehen, so
erhebt sich der König, und wird in ein Geist verkehret, scharff durchtringend, und so du das Glaß
recht vermacht hast, das sehr Noth ist, dann wo
es Lufft finde, so würde es wegfliehen, so wäre
alle deine Arbeit verlohren und vergebens. Darum

um siehe du zu, daß es recht verwahret, so der König als in Geist verkehret ist, halt nur den Grad des Feurs gleich, so steigt er auf und abe, biß so lange er wiederum in dem Grund des Glases ligt in einer weissen Gestalt und Farbe, so du das siehest, doch eile nicht zusehr, gib ihm wohl Raum, damit das Werk desto vollkommener werde, so hast du den Philosophischen Stein.

Auf das Weisse. Allhier gebiert das Weib, und so du dein Werk biß hieher gebracht, dancke GOTT für seine Wolthat, dann die gröste Arbeit von Anfang ist geschehen, wann du die Medicin, wie ich verstanden, nicht aufdas bringest: ja wann du die weisse beständige Farbe siehest, welches ist der weisse Philosophische Stein, so halte dein Feur in einem Grad, biß sich die Farbe verändert, in eine Röthe, so du dieselbige Röthe hast, so ist diese Arbeit in seiner Vollkommmenheit verbracht und fertig biß aufdie Multiplication, und hast ein Tinctur und Medicin übertreffend. Derohalben so die GOtt diese Gnade verleihet, knie nieder und sage GOTT dem Allmächtigen Lob, Ehr und Danck für seine Wolthat, die Er dir mitgetheilet hat und offenbahret, und hilff damit den Armen und Nothdürfftigen und sey eingedenk, daß du es nicht mißbrauchen mögest, dann GOTT ist in allen seinen Werken und Thaten wunderbarlich, dann Er kan dir geben, kan dirs auch unvorsehens gar wunderbarlich wieder-nehmen, dann Hoffart ist ein grosses Ubel, damit man GOTT erzürnet, darum liebe und fürchte GOtt, so werden dir alle deine Anfänge durch GOttes gebenedeyten Seegen glücklich ihr Ende erreichen, hier zeitlich und dort ewiglich, Amen.

Ey wie einen trefflichen schönen Verstand man durch diese Kunst bekömmt, wem sie GOtt bescheret und offenbahret. Ja wem sie GOTT giebt, bekömmt nicht allein Verständnüß, damit man groß Geld und Gut mag gewinnen, sondern sie macht den Menschen standhafftig in seinem Gewissen, daß er ein Fortgang bey dieser Würkung wunderbarlicher Dinge hat, und lernet erkennen, und andere wunderbarliche Gaben Göttlicher Geheimnüß, Gaben und Benedeyung, die sonsten den Menschen unsichtig und unmüglich zu glauben, und leitet einen sich zu demüthigen, daß sich der Mensch für GOtt fürchtet, denn der Mensch spüret, merkt und erkennt in diesen wunderbahren Werken die Macht, Gewalt und Herrligkeit des grossen Schöpfers, der alle Ding, ein jegliches in seiner Natur zu würken, so wohl gemacht und ordiniret hat, dann GOttes Geheimnüß wunderbarlicher Würkung ist den Menschen verborgen, und unmüglich auszugründen; aber doch, wem sie GOTT durch Gnade verleyhet und giebt, oder durch andere wunderliche Mittel bescheret, so verleyhet Er durch seine Gnade und Barmhertzigkeit, daß sie der Mensch leichtlich fassen und begreiffen kan. Aber den Unweisen, so GOttes Güte nicht bedenken noch erkennen wollen, den schafft GOtt daß ihre Augen verdunkelt und verblendt, daß ihre Sinne, Wissen und Verstand, solche herrliche Kunst nicht mö-

mögen begreiffen noch erkennen; darum sind viel, denen die Weißheit fern durch den Willen GOttes entzogen ist, ob sie es schon deutlich haben, können sie es nicht verstehen noch lernen, und solche herrliche Kunst in ihr hoffärtig und hochmüthig Hertz nicht steigen will. Dieweil sie sich auf ihre eigene Klugheit verlassen, und ihr Vertrauen nicht auf GOtt setzen, läst ihnen auch solche Gaben nicht offenbar werden, und so es GOTT ihnen nicht geben will, werden sie darob zu Narren, vermaledeyen und verfluchen die Göttliche schöne Kunst, die sie doch nicht werth seynd zu verfluchen, und sagen, daß es eitel Betriegerey sey, dieweil sie den rechten Weg unser Arbeit nicht wissen noch erfahren können, ob es schon also wäre, daß man so eine hohe Medicin und Tinctur zubereiten kündt, sey es doch so schwer, daß kein Mensch darzu kommen könnte, und also wolten sie eine solche Kunst und Gaben Gottes, durch ihr Schänden und lästern GOtt abpochen; darum sey du eingedenk der Wolthat, die dir GOtt gegeben hat, denn GOtt will uns durch eine Gaben, als von seinen Kindern geehret, gelobet und gepreiset seyn, so will Er seinen Seegen und Göttliche Benedeyung über alle unser Fürnehmen reichlich geben, und uns behüten allhier zeitlich und dort ewiglich, Amen.

Aa 3

Frag-

Fragstück.

Wie viel seynd Werk unser Arbeit?

Nemlich in ganzer Warheit nicht mehr dann zwen, des ☽ und der ☉.

Wie viel seynd Schlüssel in der Kunst?

Ihr seynd viere.

Wie heissen sie?

Der Erste ist die Solution und Putrefaction, dann das Werk wird in vier Theile getheilet.

Der Ander ist die Sublimation oder Scheidung der Elementen und Reinigung unsers Steins.

Der Dritte ist die Nachfolgung des Mannes und Weibes Saamen, mit einem natürlichen Heyrath zu vermischen, und sich ganz und gar mit einander zu vereinigen.

Der Vierdte ist, so sich der Geist entzündet und erhebt, soll das Glaß auf das allerfeste mit dem Sigillo Hermetis zugemacht werden, damit der Geist nicht davon mag fliehen, so erhebet sich der Cörper und steigt in die Höhe, und wird also alles in einen Geist verkehret, laß ihn also auf und nieder steigen, biß so lang sich solcher wiederum zu Grunde giebt, ja in eine beständige Weiſſe, auch letzlichen zum Rothen.

Alſo haſt du die vier Schlüſſel, damit man die gantze Geheimnüß aufſchleuſt.

Was thut der Geiſt von Anfang des Werks? Er träget unſichtbarlicher Weiſe die Seele der Sonnen, und das würklich und kräfftig in ſeinem Bauch. In wie viel Elementen iſt er dann begriffen vermittelſt der Philoſophiſchen Schickunge, der Element, ohne welche das Werk nicht vollbracht werden mögen? Nicht mehr dann in drey Waſſer, das erſte Waſſer, lufft das ander, Feur das dritte: Ohne dieſe Element kan nichts in unſer Kunſt außgerichtet werden, aber am Ende bringen dieſe Element das vierdte Element auch in eine Subtilheit, daß die Erde in einen Geiſt wird verkehret, doch wird das Werk nicht mehr dann mit dreyen Elementen vorbracht.

Was würket dann ein jeglich Element?

Das erſte Element des Waſſers wäſcht und macht weiß das ſchwartze Erdreich. Die lufft, durchdringet und macht vollkommen weiß. Das Feur macht gantz vollkommen fix und beſtändig, und zieret das gantze Werk.

Woraus kommt der Geist?

Aus unserm Wasser darinn der Cörper solvirt ist, und dem Cörper die Seele außgezogen wird.

Wie nennet man unser Wasser?

Unser ▽ wird genennet, wann es bereitet wird, ein ewiges, immerwährendes und beständiges ▽, welches aus nichts dann aus einem einigen Erkahl, gleich so schön als der Sonnen-Glanz ausgezogen mag werden.

In wie viel Wasser wird unser Wasser getheilet?

In zwey Theil: Nemlich in den Himmel und in die Erden.
In das Oberste und in das Unterste,
In ein Grobes und in ein Subtiles,
In ein Geist und in ein Leichnam,
Und von dem Leichnam in ein Geist.
Summa: der Geist ist zu einem Leichnam gemacht, und die ganze Kunst wird durch und durch mit zweyen vollbracht.

Unser Stein in wie viel Geschlechten wird er genennet und erkandt?

In drey: Dann er ist Vegetabilisch, Animalisch und Mineralisch, dann er wird gestärkt, und

wächst

wächst wie die Bäume und Weinstöcke, und andere wachsende Ding, die die Natur durch Feinmachung vorbringet.

Warum Animalisch? Dann er hat ein gestelten Leib, sammt seinem Geist, dann es trägt ihn der Wind in seinem Bauch.

Warum Mineralisch? Dann er ist aus Metallischen Dingen kommen.

Verkehren sich auch die Element in ihrer Würkung?

Ja: Und ob sie nicht werden und wieder umkehrten, so würde unser gebenedeyter Stein nimmer zum Ende gebracht.

Wie geschicht aber das?

Also: Und wann du das nicht erkennest noch verstehest, wirst du schwerlich dein Werk zum Ende bringen, dann zum ersten werden die Elemente dünne gemacht, und Spiritualisch, welches ist der Anfang der Solution, und ist Aufsteigen geheissen, und ist das erste Werk. Das ander Werk aber, welches ist die Durchmachung, unter sich steigen, unsern Stein fix zu machen, und die Element werden verkehret im auf- und niedersteigen, wie folget.

Aa 5 In

In der Auffsteigung der Element.

Zum Ersten aus der Dünnmachung der Erden wird Wasser gebohren.

Zum Andern aus der Dünnmachung des Wassers wird Lufft gebohren.

Zum Dritten, aus der Dünnmachung der Lufft wird Feur gebohren, das ist nun Solutio corporis. Und also, wann du das Feur nicht so groß machest, kanst du das Werk zu dieser Zeit nicht zerstören, vor der Dickmachung und Niedersteigung der Elementen, welches ist die Coagulation; aus der Dickmachung des Feurs wird Lufft gebohren, aus der Dickmachung des Wassers wird Erden gebohren, darum sagen die Philosophi: Als ihr das Wasser getödtet, so habt ihr alles getödtet, und ist Coagulation.

PUTREFACTIO.

Wisse, daß die Putrefaction oder Durchfäulung, so sie wohl und vollkömmlich geschicht, als nemlich 42. Tage, wäre aber besser ein wenig länger in der Putreficirung, je länger, je besser, dann hiedurch wird kein Schade zugefügt, und der Cörper löset sich fein auf, welches alles muß geschehen mit sanffter Wärme, so giebt er sich in der Distillation und Scheiden der Element, und im ganzen Werk desto besser.

Das

Das Feur zu behalten.

Im Anfang des Werks soll das erste Grad nicht höher seyn, dann die Wärme einer sitzenden Hennen, auch must du in der mitten des Ofens ein loch machen, das du auf und zugeb wieder zu machen kanst, daß du allein in dem untern Hafen fühlen kanst, wie schwinde oder sanffte die Wärme sey, erstlich so du den Hafen anrührest, daß du an der saufften Wärme ein Wolgefallen an deiner Hand fühlest und empfindest, und merke was ich sage, den grossen Schaden zu verhüten im gantzen Werk, das ist, daß du für allen Dingen mit Geschwindigkeit das Feur nicht zu groß machest, wo du aber das Feur wirst zu groß machen, und die äusserste Hitze die innerliche Wärme der Materien mit Ungeschwindigkeit wird übertreffen und überwinden, so würde der Leichnam in sich ziehen den Geist, und der Geist wird in dem Leichnam verhalten, und durch Stärke der äussersten Hitze wird er sich zum theil sublimiren und sonderlich im Ende, so sich der Cörper in Geist thut verkehren, darum sey fleißig das Feur zu regieren, oder dein Werk wirst du zu nichte machen, und das ist der erste Grad das Feur zu halten, dann bald hernach wirst du hören wovon das Feur gemacht wird.

Der ander Grad des Feurs.

Der ander Grad, welcher anfähet das Feur zu machen um ein Grad stärker, welches geschicht als-

alsbald, so die vollkommene Weisse erschienen ist, welches du verstehen solst, daß es geschicht in der Zertheilung der vollkommenen Weisse, wann du das eine Theil, welches ist des Mannes Saamen, so du ohne Zusatz mit einem starken Feur zur Röthe solt bringen, wie dann hierinnen an viel Enden gemeldt, und halt das Feur also fürsichtiglich mit sanffter linder Wärme, als wann du mit der Hand das Glaß oder den untersten Haffen antastest, daß du eine bequeme bessere Wärme an der Hand fühlest und findest.

Der dritte Grad des Feurs.

Der dritte Grad des Feurs soll abermahls gemehret werden, alsobald nach der letzten putrefaction, so Mann und Weibes Saamen zusammen vermischt seynd worden, als wann du mit der Hand fühlest, daß du gar in die Länge die Hand an dem Glaß oder inwendigen Theil des Offens, die Hitze nicht wohl dulden mögest, und siehe doch zu, daß du das Feur nicht zu groß machest, sonst wie gesagt, sublimirt sichs, und macht das Werk zu nicht, und merk fleissig auf, wann du dein Feur wol und sanfftig machest und regierest, daß es die innerliche Wärme nicht übertrifft, so bist du gewiß und sicher in deinem Werk solches vollkömmlich zu vollbringen, dann merke, so die innerliche Wärme des Cörpers von und durch die äusserste Hitze des Feurs erwachet, so hat die Materia Feur genug in ihrer Natur vollkömmlich zu würken fen, und die Frucht ohne Zweiffel durch Krafft der Naturen herfür zu bringen, und wann du das Werk zu vorn zu zehnmahlen gemacht hättest, und dannoch must du dein Feur nicht mit Geschwindigkeit regieren, wo du daſſelbige thust, so ist dein Werk verdorben.

Das Philoſophiſche Feur zu machen.

Wie ich dir die Grad des Feurs erzehlet habe, so will ich dir sagen, wovon unſer Feur gemacht wird.

Nun in dem Ersten dein Feur zu machen des ersten Grades, welches ist in der Solution und Putrefaction ein zehen Tachten, welches ein ewig Tacht genennet wird, welches gemacht wird de alumine plumoſo, das ist Feder-Weiß, welches in seiner Natur fir und unverbrennlich iſt. Nun so du dein Feur machen wilt, so nimm derſelbigen Tacht einen, hänge ihn in eine Ampel, welche ein Gefäß habe von dreyen Füſſen, daran ſie hangen oder stehen mögen, zünde ſie an, geuß darüber Wein-Oel, welches pur und rein iſt, setze solche Ampel in den Philoſophiſchen Offen, mit dieser Weiſe des ersten Grads, wie ich dir hiendächſten oben gesagt habe, mit der Haub zu fühlen und nach derſelbigen Wärme dein Feur zu regieren, deßgleichen auch den andern und dritten Grad allwege mit fühlen durch zwey Löcher, ſo in Offen hinein zu greiffen darzu gemacht ſeynd, dann du ſonst kein ander Regiment mit dem Feur halten kanſt, dann durch solche Fühlung; und ſiehe zu,

daß

dann es ist vonnöthen und Achtung zu haben, daß du im ganzen Werk das Feuer nicht zu groß machest, und sonderlich in der Putrefaction, dann in solcher Fäulung hebt an die innerliche natürliche Krafft und Wärme des Cörpers Subtiligkeit, zart und süßlichen zu erwachen. Damit aber solchem Cörper seiner Krafft und innerliche Hitze, durch die äusserste Wärme nicht Schaden geschehe, so sey fleissig in der Putrefaction linde Wärme zu haben. Also hast du, wie man das Feuer machen soll, sondern in der Theilung der Elementen hat es einen andern Unterschied, welches da ist eine Distillation aus der Aschen des Feurs zu halten, und die Element werden nicht von dem Philosophischen Feur herüber gezogen.

Wie die Gläser seyn sollen.

Zur Nothdurfft hast du ein Genügen an fünff oder sechs Gläsern, dann es ist vonnöthen, daß du der Gläser mehr hast, die stark seyn, wie dich dann die Hand-Arbeit lernen und unterweisen wird. Merke das Glaß soll unten ganz dick und stark seyn, und von Venedischen Brocken, einer ziemlichen Länge, fein gleich auf die Höhe geführet, damit die Spiritus in der mitten keinen Widerstoß haben, und einen freyen Außgang zu regieren haben, muß die Wärme auch oben über das Glaß darinn die Materien ist, regieren. Ja, dann so die Wärme bequemlich wol und überall regieret, so bringest du dein Werk desto besser zum En-

Ende, darum hat der innere Theil des Ofens ein Empfahung und Widerschlag, daß die Wärme und das ganze Glaß muß bleiben und regieren.

Das Sigillum Hermetis.

So begrabe das Glaß in die Erden, umlegt mit kleinem Mist, und darnach allenthalben darum mit Erden zugefüllet, doch muß das Glaß so weit über die Erden gehen, als du es zuschweissen wilt, darnach so mach ein Zirkel-Feur von weichem herum, biß so lange das Glaß sänfftiglich erwarme, darnach mache ein Feur ziemlich starck, daß das Glaß glüend mitten in heisser Gluth stehe, darnach nimm eine Schmiede-Zange welche sehr heiß ist, fast im glüen, und trücke den Hals stärcklichen dem Glase zu, so schweist es sich zusammen in ein Stück, und merck daß du ein rein Steinlein auf das Glaß legest, daß nichts unreines hinein falle, biß du es zugedruckt hast.

Was soll dieser thun, dem GOtt der Allmächtige diesen unvergänglichen Stein und Schatz durch seinen Seegen mitgetheilet? Der soll in allem seinem Thun und Lassen täglich GOtt loben, seiner Göttlichen Benedeyung danckbar seyn, einen erbarn züchtigen Wandel gegen jederman führen und erzeigen, den Armen damit zu helffen, dann was du diesen thust, hast du GOtt gethan. So dir GOtt diesen gesegneten Schatz gegeben hat, wie solt du dich wieder halten; solchen Schatz hat dir GOtt gegeben, denselbigen mit sinnlicher und gutes

ver Vernunfft brauchen, GOtt dankbar seyn, mit keinerley Hoffart oder Pracht, Essens und Trinckens oder andere unzüchtige Kurtzweil unnütz mißbrauchen, sondern fürchte GOtt für allen Dingen, und denke was dir GOtt allhier für andern Menschen für einen hohen Schatz verliehen hat, darinnen viel heimlicher Weißheit verborgen, also, daß du wunderbarliche Würkung siehest und erkennest, wie die Natur regieret und anzeigt GOttes gnädigen Willen, derhalben ist er ein unvergänglicher Schatz, daß du armen nothdürfftigen Menschen, als Mit-Brüdern Christi damit helffen mögest. Also verstehe daß dir GOTT als seiner Gaben oder Erbguts ein Stück als einem Factor unter Handen geben, und am Jüngsten Tage, von solchen verliehenen Gaben, und deines Lebens und Wandels Rechenschafft geben must, der da auch darum will geehret seyn, dann es ist der HErr der alles erschaffen und gegeben hat, so darff einer bey solchem Schatz nicht frölich seyn, sondern er muß sich zu sehr fürchten für GOtt.

GOTT der Allmächtige verbeut keine Fröligkeit, sondern Er gebeut Fröligkeit in dem HERRN JESU Christo, aber frölich zu seyn zu Schand und Laster und andern unzüchtigen Wandel gefallen GOTT nicht, aber frölich zu seyn mit Vernunfft GOttes, das Gebet darben zu betrachten, deinen Nächsten mit Zank und Hader nicht zu beleidigen, sondern dasselbe alles mit Gedult und Sanfftmütigkeit vertragen, und mit einem frölichen standhafftigen Gewissen diese Gaben zu gebraubrauchen, diese Fröligkeit gefällt GOTT, und wird darduch geehret; wirst du aber solche Vermahnung dir nicht ein Denkzeichen seyn lassen, must du doch gegen GOTT Rechenschafft thun, und wäre besser du hättest solche Kunst nie gesehen gehabt, noch nie gehöret, dann GOtt gibts dem Menschen durch sein Gebet, so er es aber wider GOTT und seinen Nächsten unnützlich braucht, so hat ers ihme zu eigenem Verdamnüß empfangen, bedenks, GOTT läst nicht mit ihm schertzen, sey ihm dankbahr, so wird es dir glücklichen in allen deinen Werken gehen, das gebe GOtt.

Wer hat dann solche Kunst im Anfang erfahren und gewust?

Das ist ein frommer Mann gewest, Hermes genannt, von dem man schreibet: Welcher ohne Zweiffel Gottesfürchtig gewesen ist, derselbige der Erste seyn soll, welcher sie durch Eingebung des Heiligen Geistes im Thal Hebron, auf einer Marmelsteinern Taffel, neben andern schönen Figuren und freyen Künsten funden, auch haben solche die Alt-Vätter und Patriarchen durch GOttes Willen gehabt und gebraucht.

Kommt solche Taffel vom Himmel, oder ist sie von den Menschen dahin gelegt worden? Der Anfang und Güte GOttes ist vom Himmel kommen zu seiner Ehre, solche Kunst zu eröffnen, so will man sagen, daß für der Sündfluth, etliche weise Leute auch diese Kunst gewust haben. Daß sie aber den Zorn GOttes gewust, haben sie gewolt, daß nach der zukünfftigen Straffe der Sündfluth solches wiederum funden würde, und den Uberbleibenden oder Nachkömmlingen wiederum eröffnet werden möchte. Also kan man abnehmen, daß durch den Willen Gottes sich das zugefügt, und durch Eingebung des Heiligen Geistes, und solche Heimligkeit der Taffeln erkundiget und verstanden haben, und Hermes schreibt ein Buch, kürtzlich nachfolgende, also: Warhafftig, sondern lügen, ist ganz warhafftig, daß das oberste, als das unterste, das unterste ist gleich dem so oben ist, damit zu erlangen Miracula und Wunderwerk eines einigen Dinges, und also seynd die Dinge beschaffen, von einem einigen, durch den Willen und Gebot eines einigen zu wissen Noth, und also gebähren und erspriessen alle Ding von dem Ding das vereiniget die würdigsten Theil durch einen Weg und Disposition: die Sonne ist sein Vatter, und der Mond ist seine Mutter, der Wind hat ihn getragen in seinem Bauch, seine Amme ist die Erden. Diß ist der Vatter von aller Perfection dieser Welt, seine Macht ist vollkommen, wann die wird verwandelt in die Erden, und du scheidest das Erdreich vom Feuer, und das subtile vom Dicken, lieblich durch eine grosse Subtiligkeit. Machs steigen vom Erdreich in Himmel, und vom Himmel wieder zur Erden, so wirds annehmen die oberste und unterste Macht, also wirst du haben die Würde und Klarheit der ganzen Welt. Derhalben weichen von dir alle

Finster-

Finsternuß. Diß ist von aller Stärke, die stärkste Starkheit, denn es überwind alle subtiele Ding, und durchtringet alle Solida, und also als die Welt ist beschaffen, also von diesem thut man Wunder; derhalben ist er der Spiegel und Exempel, und bin darum genannt Hermes Trismegistus, habende die drey Theil der Weißheit der ganzen Welt. Es ist erfüllet, alles das wir gesagt haben von dem Werk der Sonnen. In diesen kurzen Worten wird das ganze Werk begriffen und beschrieben.

JM Namen der Heiligen Dreyfaltigkeit, und unzertrennlichen Gottheit, heb an das Göttliche und kostbarliche gebenedeyte Werk zu vollbringen, das allerheimlichste Secret der Naturen, mit Göttlicher Warheit ohn alle Falschheit und Vertunkelung, mit künstlicher Beyhülff nach Erforderung, so die Natur in ihrer Würkung begehrlich ist, und solches Werk über alle Werk, und Schatz über alle Schätze dieser Welt, welches nicht anders dann Mirackel zu GOTT, mit himmlischer, Göttlicher und Menschlicher Weißheit verborgen, gleich wie das Kind von vätterlichen und mütterlichen Samen seinen Ursprung hat, ernehret, gespeiset, und biß zu der Zeit seiner Geburt, bey dem Leben erhalten wird. Derohalben, so nimm im Namen Christi des Sohnes GOttes zu diesem edlen und köstlichen Werk zum Anfang drey, vier, fünff oder sechs Loth ☉, so viel du wilt, das pur und rein von aller anderer Vermengung und Vermischung anderer unvoll-

kom-

kommenen Metallen, welches frisch sey von dem Mineralischen Bergen herkommen, daß von dem Marte ausgezogen und gemacht sey, solch ☉ laß du noch einmahl auf das reineste finiren, durch den ☿, und laß es ein Goldschläger ohne Verwechselung anderer fremden Metallen, auf das allerdünnste und subtileste zu Taffeln schlagen, ohne Verwechselung in der Dünnmachung; so sie nun gemacht seyn, 2. 3. 4. 5. oder 6. Loth, so viel dir behagt, so zerbricht sie mit den Fingern, und thue einzeln in ein starken Kolben mit einer ziemlichen Länge, gleich in die Höhe aufgeführet, damit die Spiritus, so nachfolgend steigen werden, einen freyen Aufgang auf und nieder ohne Verhinderung haben; so merk, wieviel du des Cörpers in das Glaß gethan hast, so geuß darzu einen Theil des Cörpers 11. Theil unsers bleibenden Wassers, so solches geschehen, so habe fein Achtung auf allen deinen Anfang, wohl mit Verstand für die Hand genommen, dann so der Anfang nicht nach der gebührlicher Zugehör, so die Natur erfordert und begehret, ungeacht würde, so kan das Mittel nicht zu einem frölichen Ende gereichen. (Aus diesen Ursachen schaffen alle diejenigen keinen Nutz, so ausserhalb der Naturen, unser Medicin und Tinctur bereiten wollen. Es sollen auch diejenigen für Betrieger gehalten werden, die aus andern fremden Dingen den Philosophischen Stein machen wollen, welche nicht arbeiten in Folgung der Natur, dann die Natur bringet fort seine Natur, und keine fremde; darum um eyle nicht in dem Anfange, Mittel noch Ende, und alle deine Sache thue mit Bescheidenheit, mit Aufwartung dieser Dinge, und alle andere Welt-Händel laß aus deinem Sinne, und in aller deiner Würkunge bitte GOTT, daß Er dich mit einem Göttlichen Fortgang begnaden, auch ein fröliches End dieser Heimligkeit und Weißheit der natürlichen Würkung verleyhen wolte. Dann GOTT hat in allen Creaturen die Natur und Krafft erschaffen fortzubringen seines gleichen. Und nun merk den Anfang zu vollbringen, also, so du du die Materia samt seinem Wasser zusammen gethan, daß solches Faß nicht völler seyn soll von gesaßter Materia, als der vierdte Theil des Glases, damit die Materia eine freye Bewegung in ihrer Würkung, auch das Glaß stark sey, dann so es nicht stark wäre, möchte es die Vielfältigkeit und Schwere dieser Materien nicht ertragen. So du nun also Cörper und Wasser zusammen zu seiner zugehörigen proportion in das Glaß gethan hast, so vermach das Glaß oben wohl mit einem Küchlein, wie du dann im Mittel meines Büchleins finden wirst, wie man die Gläser vermachen soll, damit der Spiritus oben nicht heraus kommen möge, und setze es fein mit Vernunfft, ohne eylen, in sein behörlich Gefäß, in den Philosophischen Ofen in subtile geriebene Aschen klein gesiebet, und hab allwege acht, daß du das Glaß im herausziehen, oder im hinein setzen nicht zubrichst mit anstossen, so du das hineingesetzt hast, nemlich das Glaß mit aller seiner Zugehörung,

B b 3 ma-

mache den Deckel oben auf den Ofen, und neben den seiten ein wenig mit gutem Luto zugestrichen, gantz Subtiel, damit keine Wärme oben aus dem Ofen kommen kan, darnach mache unten in den Ofen ein ziemliche Ampel nach der Grösse des Philosophischen Feuers mit einem Tacht, welches gemacht von Alumine plumoso, welches ist das Federweis, und ist unverbrennlich, und mache solche Tacht in die Ampel und geuß darzu lein-Oel, welches von gutem Lein geschlagen und gemacht sey, und lege in den Ofen das gantze eysenne Blech, also, daß die Ampel, verstehe die Flammen des Lichts schier daran rühre an den eysern Boden, wäre es aber Sache, daß der Materien im Glase viel wären, und die erste Wärme zu klein wäre und seyn möchte, welches du auf der Seiten des Lochs, mit der Hand hinein in den Ofen zugreiffen fühlen kanst, also daß solche Wärme ohne Verletzung seiner Hitze wohl zu dulden, und an deiner Hand von solcher Wärme einen geringen, sänfftiglichen Wohlgefallen hast oder fühlest und empfindest, dann die erste Wärme soll seyn wie die kleine subtile Wärme einer sitzenden Hennen; so nun die Wärme zu klein, wie oben gesagt, so magst du nehmen den andern eysern Boden, oder nachdem du mit deiner Hand die Wärme empfindest gantz klein, so magst du die Ampel mit seiner Kertzen bloß unten an die ersten inwendigen Hafen oder Topff setzen, dann merke, so du die erste Wärme oder Grad des Feuers recht und bequem anrichtest und machest, so kanst du darnach den andern und dritten Grad desto füglicher

und

und leichter machen. Also magst du recht Regiment halten, dieser Ursachen, daß die äusserste Hitz die innerste nicht übertreffen soll, dann das Werk ist leicht durch die Verbrennung also zu vertreiben, als im Anfang der putrefaction. So nun alle Ding also verordiniret, wie gesagt, so laß die Materien stehen sich zu solviren vermittelst der Putrefaction, dann alsbald, was da solviret das putreficiret auch mit, aber solcher Solution geschicht alsobald nicht, als die Soulutiones in Corrosivischen Dingen, dann diese Materia fordert in der Natur und Würkung ihre bequeme Zeit, und laß also solviren und putreficiren 24. Tage, aber mit der Putrefaction machst du den Cörper subtiel, und merke, je länger du putreficirst, je gewisser du dein Werk zum Ende bringest, dann so der Cörper nicht wol aufgelöset ist, so vermagst du ihm mit keinem Dinge dieser Welt seine Seele recht außziehen, und auch so die Seele nicht rein von seinem Cörper gezogen ist, also, daß der Cörper ganz todt, ohne Leben, Seele und Geist von einander geschieden, wirst du warlich in dieser Kunst nichts außrichten. Derohalben magst du es mit der Putrefaction oder Fäulung nicht verderben, verstören und verwüsten, sondern die Seele wird dadurch subtiel und flüchtig, daß die in unser Philosophischen Sublimation, durch die Distillation beginnt, mit einer einigen Vermischung, in die Höhe durch den Helm ohne den Cörper über sich thut steigen.

So sie nun also in ziemlicher Digestion der Wärme stehet, und die Wärme empfinden thut, löset sich der Cörper auf und wird zu Wasser, und steiget bißweilen in die Höhe des Glases, und steigt durch den Rauch und Wind im Glaß, welcher dunklicht wird über das Wasser wieder zu Grunde, solches Auf- und Niedersteigen wird endlich zu Wasser, darnach wird die Materia dicklicht, und läst sich alleine einzelich oben auf das Wasser, und stinkt, und setzt sich letzlich im Grund des Glases, welche Erde an der Farbe schwartz, trüb und gelbe ist, Hopffen-färbig, dann der Geist oder Wasser die Seele mit durch die Distillation oder Sublimation herüber geführet hat, von dem Cörper also genommen und außgezogen, aber noch nicht gar, wie ich dir dann nun folgend sagen werde. So nun die Solution und Putrefaction in seinen 42. Tagen oder 50. Tagen gestanden, und die Schwärtze oder Zeichen widerfahren und erscheinen, so nimm einen starken Kolben, den schneide oben mit einem eysern Ringe ab, wie du weist, doch nicht zu hoch, darmit die Seele, so du jetzt von ihrem Cörper ziehen wilt, sanfftiglich und gerne steigen möge, so du nun das Glaß also abgeschnitten hast, so messe einen Helm darauf, der sich wohl auf die Kolben schliesse und gerecht sey, so das geschehen, so nimm das Wasser samt der Materia, und schütte es weißlich in abgeschnitten Kolben, welcher unten mit gutem luto beschlagen seyn soll, und hüte dich ja wohl für dem Ausriechen, dann er stinkt sehr übel nach der putrefaction, ist

es

es aber wohl verfaulet, so thut es solchen übeln Gestank verlassen, aber hüte dich so viel du kanst, dann es ist jetzunder dieser Zeit nichts als lauter Venenum, darum mache du den Helm bald darauf, und die Vorlage wohl vermacht, und setze solche Kolben mit der Materien samt dem aufgemachten Helm in ein Ofen in einer Capellen mit sehr linder Hitze. Wann du nun alles, wie ich dir gesagt, solches gethan hast, so solt du nun herüber distilliren das Wasser von dem Cörper; samt mit Ausziehen seiner Seelen gemeldten Cörpers, welches genannt wird die Scheidung der vier Elementen, und thu ihm, wie folget, und sey hierin fleißig, so hebe an im Namen GOttes, und zeuch diß Wasser fein sänfftiglich herüber in einen reinen Recipienten um den Schnabel des Helms wohl vermacht, und solch erstes Wasser welches kömmt, ist in seiner Farbe weiß, dann laß es also langsam fein sänfftiglich steigen biß du siehest, daß der Helm beginnet, auch das Wasser, so da steigt, eine gelbe Farbe zu bekommen, alsdann thue den Recipienten herab mit dem weissen Wasser, samt seinen bösen Flegmatibus, so noch darbey seynd, so du aber wollest, magst du von diesem Wasser alsbald die flegma ziehen oder scheiden, das solches weisse und erst Wasser ist und genannt wird, das erste Element des Wassers, welche flegma, so bey diesem Wasser gewesen, schütt in ein eigen Glaß, dann es ist das Wasser, das unserm Stein den Tod zuführet; wilt du es aber jetzund nicht davon scheiden, laß es bleiben, biß zur Rectification,

Bb 5

wie ich dir sagen werde, wie du ein jegliches Element rein, klar, subtiel, von aller seiner flegmatischer bösen Feuchtigung scheiden sollest, also daß du die Seele mit ihrem Geist oder Wasser erhalten magst, und daß durch alle dein Werk alle Ding auf das reineste zusammen gesetzt werden, dann unser Philosophischer Stein wird von den vier Elementen auf reineste zusammen gesetzt, aber in dieser Distillation steigt zum ersten das Element des Wasser, und ist an seiner Farbe weiß. Zum andern so der Helm beginnet gehl zu werden, so beginnet das Element des Luffts zu gehen und zu steigen. Wann aber im Helm die Röthe beginnt zu steigen, so ist die Endschafft des Luffts, welches ist das andere Element. Zum dritten in dieser Röthen kömmt und steige auf von dem Cörper, das Element des Feuers. Zum vierdten so bleibet am Grunde liegen das vierdte Element, welches ist die Erden, und ist schwartz, welche todt ist, und mangelt ihrer Seelen durch die Auszziehung des Geistes, und ihres Wassers, aber jetzund zu der Zeit ist sie noch nicht rein vom Leichnam gezogen, getheilet und abgeschieden, wie ich dir bald sagen werde.

So du nun das Element des Wassers in einem Recipienten empfangen hast, wie ich dir dann gesagt habe, mit der gelben Farbe, so diese in dem Helm, und an den Tropffen, so durch den Schnabel heraus fallen, die erscheinen, so ist das Element des Wassers genug gestiegen. Solch Element des Wassers verwahr wohl in einem Glaß,

mit

mit welffem Wachs zugeſtopfft, und hebe es auf, biß ſo lange ich dir weiter davon ſagen werde.

Nun leg einen andern Recipienten für, der reine ſey, und empfahe darein das gelbkommende Waſſer, welches iſt das Element des lufft?, und ihre Vermiſchunge ſeynd in unſerm Werk eitel Waſſer, wie ich dir dann zuvor geſagt habe. Aber hie verſtehe, daß ich nenne und meine das Element des luffts fein gemachſam in ſeiner gelben Farben verwandelt in eine rothe, ſolche Röthe iſt das Element des Feurs, welche du auch am Helm an den Tropffen erkenneſt, wie ich dir zuvor geſagt habe, bey und in der Farben Verwandelung. Die Theilung und Scheidung der Element des luffts iſt gelbe, das dritte Element des Feurs iſt roth. Zum vierdten das Element der Erden iſt ſchwartz, welche Erden auf dem Grunde des Glaſes ligen bleibt, verſtehe auf das letzte, wann die Element davon geſchieden ſeynd.

So du nun den Recipienten fürgelegt haſt, und wohl vermachſt das Element des luffts darinn zu empfahen, laß fein ſanfft und gemachſam herüber ſteigen, wie dann zuvor auch geſagt. So nun die gelbe Farb und die rothe ſteigen thut, ſo behalt den Recipienten, und laß ihn alſo verlutirt ligen, und empfange die Röthe, welche iſt das Element des Feurs zu der gelben Farbe, welches iſt der lufft, alſo daß lufft und Feur zuſammen kommen in den Recipienten, und daß alſo Feur und lufft bey einander in Vermiſchung ſeyn. Warum? Urſachen das iſt, und merke, daß die zwey Element, lufft und Feur, haben

Mache

Macht und Gewalt dem Cörper in seiner Distillation, welches ist unser Philosophische Sublimation, seine Seele ohne Verhinderung auszuziehen, aber das erste Element des Wassers, hat in keinem die Stärke oder Macht, dem Cörper seine Seele auszuziehen, noch solches zu vollbringen. Darum merke, hast du wohl putreficiret und gefäulet, so steigt die Seele desto balder und ehender, ganz sänfftiglich mit Annehmung dieser beyder Element dem Lufft und dem Feur herüber, darum thu alle deine Werk fleissig, so geht es dir am Ende deiner Arbeit desto glücklicher, wiewohl unser Werk geheissen wird ein Werk der Weiber, und ein Spiel der Kinder, noch dannoch muß man Fleis anwenden, so man anders zu einem frölichen und glücklichen End kommen will.

Derowegen so du hast die Lufft und das Feur zusammen herfür gezogen in den Recipienten, reterirs und schütte die Lufft sammt dem Feur wieder auf die schwartze Erden, so unten im Grunde des Glases ligen, dieselbige ist ganz schwartz-färbig, zeuch es aber hierüber, aber am letzten, wann das Feur steigt, treibe es, doch nicht gar zu stark, sondern alles fein langsam, mit dem Materialischen Feur ziemlicher Stärke der Wärme. Warum? Daß sich die Erde nicht zu hart zusammen gebe, so noch irgend von der Seelen etwas bey dem Cörper seyn möchte. Nimm aber dis Wasser, so du im Recipienten hast, und herüber gezogen ist, nemlich die Lufft mit dem Feur, schütts aber auf die schwartze Erden im Grund, vermache allwege den

Helm

Helm wohl mit Pappen und Eyerweiß, und zeuch das Wasser, als Lufft und Feuer abermahl herüber in Recipienten, reiterirs wieder mit aufgiessen und herüberziehen, solche Arbeit thu so lange, biß daß du siehest daß die Erde schwartz wird, als eine schwartze Kohlen, oder ein schwartz trocken Pulver, und solche Widerholung der Arbeit thu Siebenmahl, und nicht allein Siebenmahl, sondern so lange reiterirs mit aufgiessen und herüberziehen, biß du ein schwartz trocken Pulver im Grunde findest, welches ist seine warhafftige Calcination, dann durch diese Macht und vielfältige Reiteration des aufgiessen und herüber ziehens wird die Seele desto subtiler und flüchtiger, sich von ihren Cörpern zu scheiden, also verstehe, wird die Seele gantz rein von dem Leichnam ausgezogen, und gantz und gar darvon geschieden, durch den Lufft und Feur. So nun solches geschehen, und das Zeichen der schwartzen Erden am Grunde trocken ligen sihest, und also b finde st, so höre in dieser Arbeit auf mit aufgiessen und herüberziehen, dann diese zwey Element, wie gesagt, haben bey und in sich die flüchtige Seele, so sie durch diese Ubung dieser Arbeit den Cörper gantz und gar haben außgezogen, also daß der Cörper bloß, ohne Seele und Geist auf dem Grunde bleibt todt ligen, verstehe nun also, daß du habest die Element gar vor seinem Cörper abgeschieden, wiewol das erste Element des Wassers, so du erst abgetheilet und abgesondert hast, in einem eigenen Glaß behalten, und die Lufft und Feur, die Erden wiederum ewig lebendig machen. Warum?

Das

Das Element des Luffts burchwehet und durchtringet die Erden mit seiner fruchtbahren Feuchtigkeit, und gibt solcher Erden das Leben, und das Element des Feurs, welches noch wunderbarlicher ist in seiner Würkung, dann es erquicket und theilet dem Cörper sein Leben mit, und nicht allein dieses, sondern es macht wachsend die spiritualische Natur beyder Saamen Mannes und Weibes, und bringt herfür die Blumen oder Frucht zu einer fröllichen Geburt, welche nachmahls ewig leben thun ohn Ende, welche Geburt aber ist unser gebenedeyte Medicin und Tinctur, die da kommt von einer einigen Substanz und Wesen, und durch zwey zum Leben fortbracht und ernehret wird, gleich wie das Kind in Mutter-Leib durch Vermischung beyder Saamen und der Spermatischen Natur des Mannes und Weibes Saamen Ursprung hat, erhalten, ernehret und gespeiset wird, biß zu seiner Geburt. Also wunderbarlicher Weise wird die prima Materia von seinem Anfang und Zuthun durch das Element des Feurs erquicket, gefeuchtiget und ernehret, also wird unser Werk verbracht aus Macht der Element des Feurs. Aber das erste Element des Wassers, so an seiner Farbe weiß ist, zeucht zu sich alle flegmata und Unreinigkeit der andern Elementen, wiewol es in seiner Rectification auch rein gemacht wird, noch dannoch vermag es nicht die Seele durch einigerley Weise anzugreiffen, noch herüber über den Helm zu führen, gleich wie die zwey Element, Lufft und Feur, dann solch Element, verstehe das Wasser, ist eine süsse, wässerige und feuchte Substanz,

Die

die keine Schärffe noch Stärke seiner Würkung vermag, wiewohl es in unserm Werk gebraucht werden muß, sonderlich in der imbibition oder Eintränkung des dürstigen Erdreichs, so ist diß seine Tugend, so es von sich selbst von allen Flegmatibus rein gemacht ist, so wird es nach seiner proportion oder Gewicht, bescheidentlich dem trucken dürstigen Erdreich zugesetzt, solch jetzt genannt Element des Wassers, verstehe aber die Schwärtzigkeit unsers leichnams oder Erden, diß ist seine Tugend, aber die Lufft und Feur, (welche in ihrer Würkung lebendig seyn, dann sie eine lebendige Seele aus dem Cörper genommen haben, vermögen auch durch ihre Wunder, und nach wunderbarlicher Würkung den Cörper durch Eingebung der Seelen damit erfrischen,) ist für und beständig, und erhöhet unser Materien zur Subtieligkeit wohl höher, dann die Natur in den Materien gewürkt und gemacht hat. Das sey jetzund genug davon geredt.

Nun wollen wir für die Hand nehmen die Element zu rectificiren und rein zu machen. So du nun die Element alle vom Erdreich geschieden, dann so nimm zum ersten vom Element des Wassers, geuß es in ein Kolben, der da unten wohl verlutiert sey, und ein Helm darauf, setz den Kolben in eine Capellen mit Aschen, und hebe an mit einem geringen Feur das Element des Wassers herüber sänfftiglichen zu ziehen, und laß die bösen Flegma hinweg trieffen, dann sie seynd nichts nütze, oder thue sie in eine Kolben, und mögest sie aufheben

so

so du wilt; darmit du aber wissest, wie die flegma zu unterscheiden und zu theilen von den vier Elementen des Wassers, ist diß die Erkennung, wann der Helm beginnet zu schwitzen, und dieselben Schwitzen lauffen oben in dem Helm Tropffen herab, oder Adern am inwendigen Theil des Glases, dieweil du das also siehest gehen, welches seynd eytel flegma, so du aber die lauffende Tropffen oder Adern im Helm nicht mehr siehest abrinnen, und der Helm liecht wird, so seynd die flegma abgeschieden von dem Element des Wassers, welch Wasser du alsobald fein sänfftiglich folgend herüber ziehen solt, in einem vorgelegten Recipienten oben wohl vermacht, also daß der Spiritus nicht herauß kommen möge. So du aber in diesem distilliren und herüberziehen siehest das Element des Wassers, welches weiß ist, sich im letzten in gelben Tropffen verwandeln, auch der Helm, welcher sich auch ein wenig gelb thut färben, so thu den Recipienten mit dem Element des Wassers hinweg und verstopffs wohl, das ist die erste Arbeit seiner Rectificirung. Solche Arbeit das Element Wasser zu rectificiren oder rein zu machen, reiterire siebenmahl auf sich selbst, so ist auf dießmahl das Element des Wassers sehr wohl purgirt.

Aber merck, wann du den Recipienten mit dem Element des Wassers hinweg gethan hast, und die gelben Tropffen beginnen zu kommen, wie dann gesagt, so lege ein andern Recipient für, das gelbe Wasser in ein eigen Glaß zu empfahen, welches ist und gehört zu dem Element des Luffts, wie ich

dir

dir dann zuvor gesagt habe, daß das Element des Wassers weiß ist, das Element des Luffts ist gelb, das Element des Feurs ist roth. Das vierdte Element ist das Erdreich, und ist schwartz, also must du in der Theilung und Scheidung auch Rectificirung der Elementen und der Farben wohl Achtung haben, so gehet dir das Werk leichtfertig von statten: derhalben thue das Empfahung des übrigen gelben Wassers in ein Glaß, und verlutters, so du nun diese Rectificirung wiederholen must mit dem Element des Wassers, so merke daß du allewegen das übrige gelbe Wasser in ein Glaß zusammen empfähest und versammlest, und durch diese Arbeit wird das gelbe Wasser, welches ist Lufft, rein von den Elementen des Wassers geschieden, so du dem so thust, wie ich dann allhier mit Warheit unterweise, so arbeitest du noch recht, und gleich wie du diese Arbeit mit dem Element des Wassers in der Rectification gethan hast, sechsmahl dasselbige wiederholet hast, und allwege das Element des Luffts davon geschieden hast, also must du mit den andern zwey Elementen auch thun, als mit Lufft und Feur gleicher Gestalt zu Werk gehen, und das Element des Feurs, so etwas darvon zum Lufft kommen wäre, welches ist die rothe, so du auch im Helm und Tropffen sehen kanst, verstehen solt, wann noch von solcher Röthe bey das gelbe Wasser kommen wäre, als zu dem Lufft, und darbey im herübersteigen blieben wäre, so scheide die zwey Element gleich in aller Gestalt, wie du zum ersten die Lufft und Wasser geschieden hast,

Ch. Schr. II. Th.   Ee   also

also rectificir und purgier ein jedes insonderheit wol verwahret, auch sechsmahl auf sich selbst rectificirt, und das übrige so vom Feur zum Lufft kommen ist, scheide auch abe, und thue es zum Element des Feurs darvon es kommen ist; diese Rectification merk wohl, dann sie ist nöthig.

Nun aber hast du auch Lufft und Feur, mit einander vermischt, beysammen, darinnen die verborgene Seele ist, so aus dem Cörper gezogen ist, die scheide voneinander also: Geuß das gelbe und rothe Wasser, so mit einander vermischt seynd, welches ist Lufft und Feur in ein Kolben, und mache ein Helm der wohl schliesse auf den Kolben unten wohl verlutirt, setz in Aschen, und zeuch das Element des Luffts fein sänfftiglich herüber, welches gelb ist an der Farben; laß nun also steigen, und in den Recipienten gehen, biß so lange du siehest, daß sich die gelbe Farbe thut verwandeln in eine Röthe, alsdann thu die Lufft, als das gelb Wasser hinweg, stopffs zu, und lege ein andern Recipienten für, die Röthe, als das Element des Feurs zu empfahen, und laß also steigen, biß gar nichts mehr im Kolben thut bleiben, nimm diesen Recipienten auch hinweg, und verwahr es wohl zugestorfft, dann dieses Wasser ist stark, und suchet Lufft zu entgehen.

Also hast du nun ein jeglich Element alleine geschieden, und solche Arbeit geschicht von stund an nach der Putrefaction.

Mit dem allem aber, so nimm den Lufft mit seinem Glase, und geuß es in ein Kolben, auch

nimm

nimm das übrige gelbe Waſſer, ſo am letzten von dem Element des Waſſers iſt abgeſchieden, und geuß es auch zum Element des Luffts, dann es gehöret darzu, und iſt Lufft, mach ein Helm darauf und rectificier die Lufft auch ſänfftiglich herüber, ſo aber die Röthe am letzten beginnet zu ſteigen, ſo höre auf und laß die Röthe alleine, und ſammle die in ein eigen Glaß. Solche Rectificirung wiederhole noch ſechsmahl, und allwege am letzten ſo die Röthe kömmt, welche iſt das Element des Feurs, das ſammle, biß die Lufft noch ſechsmahl rectificieret wird, ſo haſt du den Lufft auch rein abgeſchieden vom Feur, nimm alle die Röthe ſo du in der Rectification am letzten von der Lufft verſammlet, und in einem eigen Glaſe behalten haſt, das geuß zu dem Element des Feurs, welches noch nicht rectificiret iſt.

Nun nimm das Waſſer welches recht und iſt das Element des Feurs, geuß auch in einen Kolben mit einem verlutirten Helm, und ſetze es alſo ſänfftiglich mit einem Fürlage auf Aſchen mit einem geringen Materialiſchen Feurlein ein Tag und Nacht zu digeriren, darnach zeuch alles ſänfftiglich herüber, biß nichts mehr im Kolben ſey, ſchütte das Waſſer wieder darauf, zeuchs wieder herab, biß nichts mehr in Kolben bleibt, ſolche Rectificirung wiederhole ſechsmahl, ſo ſteigets alles herüber was ſteigen ſoll, was letzlich im Kolben bleibt, das thue hinweg.

Alſo haſt du nun die Element alle wohl geſchieden, und ein jegliches inſonderheit rectificiret und sein gemacht, doch merk von mir ein groß heimlich Secret dieser Kunst, daß du zu einem jedern Element ein sonderlich subtiel Glaß hast, dieselbige Gläser wäge ein jedes insonderheit, daß du wissest, wie viel es am Gewichte habe, thue in das erste, das erste Element des Wassers, in das andere Element der Lufft, in das dritte das Element des Feurs, und merke, daß du auf die Gewichte eines jeden Elements in dasselbige Glaß thust sein Gewicht am Wasser, welches du dann bald dem dürstigen Erdreich zu trinken geben sult, wie du dann bald von mir hören wirst, daß du aber auch jetzund wol verstehen mögest, in diesem heimlichen Secret, daß ein jedes Wasser, so in diesen Gläsern ist, für sich selbst also rectificiret und rein gemacht seyn, daß ein jegliches das gleiche Gewicht habe, als die schwartze Erden oder Pulver so zuvor im Grund geblieben ist, und so viel wegen thue. Verstehe mich also: Weget die Erden so im Grunde des Glases nach Abscheidung seiner Elementen schwartz ist ligen blieben, sches Loth, so soll ein jegliches Wasser, in einem jeglichen Glase dieser dreyer Gläser auch sechs Loth seyn, und daß es das reineste und schärffeste Wasser sey, so im Ende der Rectificirung gestiegen ist. Dann da die Seele nicht wiederum vollkömmlich mit seinem Wasser, welches ist eine unterschiedliche Vermischung worden, zwischen dem Wasser, das ist zwischen dem Geist und der Seelen dem Leichnam zugethan werde, und auf das allerreineste, und von dem allerreinesten zusammen gesetzt wurde,

ver-

verſtehe, Cörper, Seel und Geiſt, ſo wäre es anzuſehn wie ein bloß Ding, dann dieſe Reinigung iſt unſers Philoſophiſchen Steins ſeine Clarificirung, zu dem neuen Leben, davon er hinfort ewig leben mag, aber gleichwohl hebe dieſe Waſſer auf, ein jedes inſonderheit, ſo über das Gewichte, an einem jeden Element überblieben iſt, dann ſie ſind darnach letzlich gut zu gebrauchen, wann unſer Medicin vollkommen bereit iſt, verſtehe in der Multiplication. Hiervon iſt auch genugſam geredt worden, ſolches zu verſtehen, dann wie ich dir noch bißhero nach der länge erzehlt und gelernt habe, könte und vermöchte ich dies, wie ein Vatter ſeinem Sohn nicht deutlicher weiſen noch erklären. Darum ſey GOTT in allen deinen Würkungen dankbar, der es alles alſo nach der Zahl und Ordnung geſchaffen hat, dem ſey Lob, Preiß und Ehr in Ewigkeit. Nun alſo haſt du ein groß Werk und himmliſche Weißheit gehandelt, von Anfang dieſer meiner Arbeit biß hieher gethan und gewürket, aber den Cörper ſo du getödtet haſt, ſolt du wieder lebendig machen, dann ſo ſolches nicht geſchehe, ſo wäre alle deine gethane Arbeit vergebens.

Nun ſo nimm dieſe ſchwartze Erden, welche getödtet, tödter dann todt iſt, welche trucken, ſchwartz und tödtlich iſt nach ihrer Calcination, und wige ſie fleiſſig, und den Kolben darin ſie iſt, muſt du brechen, du vermagſt ſie ſonſten nicht alſo heraus zu bringen, ſo du die ſchwartze Erden nun alſo fleiſſig gewogen haſt, ſolche Gewicht merk

und

und hebe fleißig auf, dann es dir vonnöthen zu wissen, reib sie auf aller subtileste so du kanst, auf einem ebenen Stein.

Nun nimm wieder einen neuen starken Kolben, in der Grösse wie das Glaß gewesen ist, da die putrefaction innen beschlossen ist, wie du dann weißt wie die Gläser formiret seyn sollen, und thue die Erden allein darein, so du sie nun also hinein gethan hast, so nimm das Glaß mit dem Element des Wassers, welches weiß ist, und zum allererstens rectificiret, solches Wasser theile in sieben Theil, geuß ein Theil auf das schwartze Erdreich, welches da durstig ist, und nimmt solch Wasser, welches seiner Natur gehöret, und von seiner Natur kommen ist, gerne an, dann es trinkt aus seinem Wasser, und aus keinem andern oder fremden.

Die andern sechs Theil hebe auf wol verwahret, und allewegen über drey Tagen, gib dem Erdreich dieser sechs Theil einen, diß Erdreich darmit zu tränken, das thu also lange biß zwantzig Tage vergangen seyn, in dem Philosophischen Ofen von einem Dacht in einer Ampel, das Feur sänfftiglich zu behalten biß zu der Weisse, welche seynd die ersten zwantzig Tage in der Schwärtze, und so du nun die sieben Theil allewege ein Theil über drey Tage in das Erdreich getränkt hast, so wirst du andere Farbe des Erdreichs im Glase vernehmen, daß es beginnet von der Schwärtze in eine lichtfarbe graufärbicht zu erscheinen, und sich zuvor verwandeln, dieweil das Element des Wassers, so du gesetzt hast, recht des Gewichts ist, das die

schwar-

ſchwartze Erden gewogen hat. Auch ſoll das Gewichte des Elements des Luffts nichts ſchwerer ſeyn, dann die ſchwartze Erden gewogen hat, und auch das Element des Feurs, ſoll keines im Gewichte mehr oder weniger ſeyn, dann merke, das flüchtige ſoll nicht übertreffen das fixe, wie ich dir dann zuvor auch von der Vergleichung des Gewichts geſagt habe.

Nun haſt du alſo die zwantzig Tage vergangen in der Schwärtze des Erdreichs, mit dem Element des Waſſers eingetränkt, welche erſte Tränkung recht vollbracht. Nun ſeynd noch andere zwantzig Tage, indem man eintränken muß die Lufft in gleicher Manier, Weiſe und Geſtalt, das Waſſer in ſieben Theil zu theilen, und allewege über drey Tage das Erdreich mit einem Theil des Waſſers zu tränken. So nun ſolche Eintränkung dieſe zwantzig Tage alſo geſchehen, ſo iſt die Erden, ſo zuvor ſchwartz war, in weiß verwandelt, alſo haſt du vom ☉ Silber, und vom Silber ☉. Und ſo du es ohne Abgehung oder Erlöſchung des Feurs fein ſänfftiglich regiereſt, wirſt du Wunder ſehen in dem Glaſe von mancherley Farben, unzehlbarlich, die in die Höhe des Glaſes wie kleine Strömlein erſcheinen, und doch bald wieder vergehen, welche ſeltzame Farben man nicht ausſagen kan, als Roth, Grün, Weiß, Blau, Schwartz, Purpur, Braun, Gelb, Violfarb, Leibfarb, Summa ſo wunderbarliche Farben werden von den Philoſophis die Farben eines Pfauen genannt, welche Farben alles durch wunderbarliche Würkung der Natur von unsere Materien entsprossen und herfür kommen, aber der sündige Mensch bedenkt nimmermehr das Wunderwerk und Güte GOTTES des Himmlischen Vatters, der durch seine Benedeyung und Seegen, dem Menschen als dem ältisten Geschöpff, solche Gaben eröffnet, erschaffen und gegeben hat, welchem GOTT alle Menschen sollen dankbar seyn, durch JESUM CHRISTUM, Amen.

So dir nun diese Weisse erschienen ist, welche ist das halbe Theil unsers Werks, welche Weisse laß dir lieb seyn, dann es ist die Weisse, so in dem rothen Leichnam verborgen gewest ist, gleich wie die Mutter Eva, so in dem Adam verborgen, aus seinem Cörper genommen ward, und damit aus Befehl GOTTES ihres Schöpffers Kinder zeugten. Also will ich dir nun weiter erklären, wie beyde Saamen des Mannes und Weibes aus einer Wurtzel entspriessen, und hinfort eine Frucht bringen, von welcher Frucht wieder Früchte zu hoffen, und immer eine Natur und Frucht seine Frucht also ohne Erde mag vollbringen.

So merk nun mit fleissigem Gemüthe auf, dann allhier sage ich dir warlich eine grosse Heimligkeit, da viel Klugen und Weisen innen geirret haben, dann sie nehmen nicht unser ☿, sondern gemein ☿, welche an sich selber ihrer erkalten Feuchtigkeit halber nicht tüglich zu gebrauchen in unserm Werk, dann sie ist nicht in den Mineren vollkömmlich ausgekocht. Dann alle Metallen seynd zu Gold geschaffen, aber die Natur ihrer Kochung ist noch nicht vollendet, darum irren etliche Menschen, die

wol-

wollen durch unvollkommene Metallen vollkommene und perfecte Metallen machen, welche unvollkommene Leichnam selbst gebrechlich, und ist das ganze Widerspiel. Und merke das von mir, willt du eine Medicin und warhafftige Tinctur auf die unvollkommene Metallen zubereiten, dieselbige in beständige Vollkommenheit zu bringen, so must du nehmen einen vollkommenen Leichnam, den die Natur vollkommen gemacht hat, und allda, da die Natur ihre vollkommene Würkung ihrer Kochung vollendet, vollbracht und aufgehört hat, also hebe du wieder an den vollkommenen Leichnam zu erhöhen, so wird darauß eine Medicin und Tinctur, die nicht perfect ist, dann nimmermehr wird man aus einem Ding etwas machen können, das die Natur nicht mag vollbringen.

Dann merke, ein Apffel zu gebähren, so du den Kern in die Erde setzest, so wird darauß ein Apffel-Baum, welcher da gleicher Gestalt und Grösse, von Farben und Geschmack Aepffel trägt, wie der erste gewesen ist, darum arbeiten alle die jenigen vergebens, die da suchen in unvollkommenen Dingen, da kein Leben noch Tinctur innen ist, noch zu finden noch auszuziehen ist, dann solche Menschen wollen nicht merken noch verstehen den Ursprung unser Materien, und betriegen sich selbst durch ihren närrischen eigenen Verstand,

Nun so merke auf, so will ich solche Heimligkeit entdecken und offenbahren, so du die Weisse also siehest und erschienen ist, so danke GOTT, daß du dein Werk durch seinen Segen so weit

durch

durch die Natur geleitet, und einen Foetgang gemacht, dann allhie hast du die erste Projection zum Weissen, aber nicht hoch. Welches ist die Ursachen? Diese, daß es noch nicht zu der rechten vollkommenen Medicin der Weisse vollbracht ist.

Nimm aber im Nahmen GOttes und seiner Göttlichen Benedeyung die Weisse aus dem Glase, und wiege sie fleissig, und theile solche Weisse in zwey Theil gleiches Gewichts, daß kein Theil mehr sey dann das ander, das eine Theil hebe auf und verwahr es wohl, daß nichts unreines darzu kommen kan. Das ander Theil aber nimm und reibs subtiel, und thue es in ein Kolben Glaß, oben wohl vermacht, und setz es in den Philosophischen Ofen, und stärk dein Feuer in der Ampel mit einem brennenden Tacht, und sey fleissig darinnen daß dir die Tachte in deiner ganzen Arbeit nicht verlöschen noch außgehen, und diese beyde Tachten sollen zusammen gedrehet seyn, als eine Kertzen in der Ampel sey, und laß das Glaß in solcher Wärme stehen siebentzig Tag lang, ohne Auslöschung solcher Kertzen: so nun von den siebentzig Tagen viertzig Tage vergangen sind, so hebt des Mannes Saamen an zu gelben, von der gelb verwandelte in die rothe, auch daß du solcher Kertzen Feuchtigkeit von Oel allezeit genug gebest. Auch solt du von den dreyen Blechen oder Boden keinen nicht im Ofen bleiben lassen, dann sie dienen nicht mehr, dann allein zu der putrefaction die subtiele Wärme damit zu regieren. So nun die Hälffte der Weisse ihre siebentzig Tage gestanden, in solcher

star-

ſtarker, ſteter Wärme, ſo iſt und wird die Materien Gelb, Roth oder Citrinfarb, ſo du dieſe Farbe ſieheſt, und wann dieſe ſiebenzig Tage um ſeynd, ſo nimm die Materie aus und laß ſie kalten.

Alſo haſt du aber ein gröſſer Werk gethan dann zuvor, dann allhier haſt nu nun eine Projection auf die Röthe, aber nicht hoch, Urſach und von wegen daß ſolche Röthe noch nicht genugſam ſubtiel durch den Geiſt erhöhet und vollkommen gemacht iſt. Hie merke, daß du nun haſt ein Anfang zu machen unſern Philoſophiſchen Stein, durch dieſe Citrinröthe, welche beſſer zu achten. Dann die Röthe, ſo du jetzund vollbracht, iſt der Saame des Mannes, und zuvor die Helffte von der Weiſſe, welcher iſt der Saame des Weibes entſprungen, und kommen aus einer Wurtzel, dann dieſe Röthe iſt der Mann und das Gold, und dann dieſe Weiſſe das Weib, und das Silber, welches nicht gemeine Gold oder gemeine Silber, wie dann viel Narren meinen, dann unſer Gold iſt unſer Silber, und unſer Silber iſt unſer Gold, dann es iſt ein Ding, und von einer eintzigen Subſtantz herkommen, auch wird ſolche Röthe genannt die Sonne, und die Weiſſe wird genannt der Mond. Auch nimmermehr zu ewigen Zeiten wirſt du aus keiner andern Materien als des puren reinen Goldes, dieſes zuwege bringen, wie ich die dann im Anfang auch geſagt habe.

Wann nun die Röthe ſamt der Weiſſe, als Mann und Weibes Saamen alſo bereitet ſeyn,

mö-

mögen sie hinfort, so sie vermischt werden, wunderbarliche Würkung in einem zuwege bringen, und thun können.

Nun wollen wir mit diesem Saamen zum Werk schreiten, darmit sie eine Frucht mit einander gebähren mögen, und wollen sie zusammen heyrathen beyde Saamen in ihrer Spermatischen Natur vermischen, welches ist und wird genennet die prima Materia, und Zusammenlegung in das Bett der Putrefaction, und daß sich Mann und Weib mit einander mögen lieb haben und gewinnen, biß auf das Ende ihrer Geburt und Vollkommenheit des Königes, so von dieser beyder Saamen gebohren wird. Nun also hebt sich die letzte Arbeit an, wiewohl noch eine gute Zeit darzu gehöret, wir wollen es in GOttes Namen angreiffen, auch in solchem Namen enden.

Derhalben so nimm das allerkostbarlichste und allertheureste Wasser, welches ist das Element des Feurs, welches du noch dahinden behalten hast, welches an seinem Gewichte gleich so schwer soll seyn, als die schwartze Erden, du magst auch solches Feur zu prüfen wohl ein wenig weniger nehmen, dann du der andern Element eines genommen hast, dann das Element des Feurs, ist viel würdiger, subtieler und schärffer, und zu würken viel mächtiger und kräfftiger dann der andern Element keines; so du des Feurs weniger nehmen willt, so solt du einen jeglichen Theil weniger nehmen dann der Erden ist, das Wasser muß starck genug rectificirt und purgieret seyn, aber bleib beym gleichen Theil,

dann

dann so das Element des Feurs zu wenig ist, giebt sich die Erden, welche nochmahls samt den gegebenen Wasser volatificiret wird, würde sie nicht gerne in die Höhe auf und nieder steigen, dann die Materia wird durch Hindernüß Freudigmachung nicht wohl steigen können, auch wann du ihme nicht Feur giebst, dann der dritten Kertzen, so würde der Geist in solcher Dickmachung in Leichnam verkehret, verstrickt werden, und auch obschon der Geist durch das harte Treiben von der Gewalt des Feurs weichen und oben anstossen, und den Leib niedertrucken, daß er nicht geistlich werde, oder steigen kan, welches alles geschicht durch die harte Zerbrennung, oder müste sich oben an sublimiren, daß solcher Leichnam durch den Geist nicht wieder absteigen möge, darum seynd das grosse Fantasten die da sagen, man kan es nicht mit den Brennungen zerstören. Dann ich will dir sagen ein Exempel, welches du selber abrichten kanst, ein Weib so die schwanger ist, und am End ihrer Geburt, ist gemeiniglich viel kränker von wegen äusserlicher Kälte, oder innerlichen Uberflüssigkeit böser Lufft, oder aber übernatürlicher Hitze, so die natürliche Wärme der Mutter und des Kindes untertrucken. So aber die äusserste, regierende und bewegliche Qualitäten nicht zu kalt noch zu warm, sind Frost oder Hitze sänfftiglich regieren, also, daß sie die innerste, das ist, die würkende Natur nicht übertreffen thut, damit die Natur ihre Krafft zu würken mag vollbringen, und kan in ihrer Natur, so sie zu Werk gestellt nicht irren, Ursach, daß kein Widerstand.

Darum

Darum merke wol, daß du das Feur sänfftiglich haltest, wie sichs gebühret, wie du hiefornen im Mittel dieses Büchleins finden wirst, das Feur in einem Grad zu halten, also daß die äusserste Materialische Wärme die innerliche Wärme, der würkenden Natur nit übertrifft, darum und folgend zu sagen, kan eine überflüssige Wärme unversehens Mutter und Kind bald verderben, dann das Kind wird in Mutter-Leib durch eine geringe subtiele Wärme von der Mutter biß zu seiner Geburt ernähret und gespeiset. Darum sey meiner Warnung eingedenk, daß du weiter mit deinem Verstande wollest ein Ding mit eilen und Behendigkeit des Feurs außrichten, wird nicht geschehen ohne Schaden, die Natur begehrt keines eilens noch eine grösseren Hitz, dann sie haben will und tragen kan, dann solche würkende Natur will zu regieren haben ihre bequeme Zeit, darum verhüte groß Feur zu machen.

Nun nimm das Element des Feurs, und theile es in zwey Theil, in einem Theil solvire das Weisse. In andern Theil solvir das Rothe, und setze sie auf ein Ofen in warme Aschen, daß sich diese beyde Saamen des Mannes und des Weibes, ein jegliches für sich in seinem Glaß wohl auflöse, so solches geschehen, so geuß die zwey Solutiones zusammen, daß sie sich wohl vermischen, in ein Kolben mit einem langen Halß, mache es oben wol zu mit Sigillo Hermetis, wie du weist, und machs ja fleissig zu, dann das Glaß wird nun nicht mehr aufgethan, biß zum Ende der vollkommenen Medicin

dicin und Tinctur, setze es in Philosophischen Ofen vierzig Tag ad putrefactionem, und stärke alsbald das Feuer durch eine halbe Kertzen oder Tacht, und nicht höher, und drehe die Tacht zusammen, daß es eine Kertze werde, auch daß der Teckel auf den Ofen wohl beschlossen sey, daß die feuchten Vapores, so von den Kertzen kommen, oben wieder Empfahung haben, also daß die Wärme oben so wohl sey als unten.

So nun solches alles also gemacht ist, laß das in solcher Wärme stehen, mit samt den vierzig Tagen der Putrefaction alles zusammen gerechnet hundert und dreyssig Tage. Als merke, wann die vierzig Tage vergangen seynd, so mehre dein Feur, also daß es einen geringen Grad höher sey, dann es in der Weisse gewest ist, aber die Erfahrung wird dich das besser lernen regieren, dann ich dir allhier sagen kan, dann man muß das Feur nach dem ersten Grad des Anfangs regieren, daß es allwege nicht geschwinder sey, dann die Hitze oder Wärme einer sitzenden Hennen, und merke, so offt sich eine Farbe verwandelt, so magst du das Feur ein wenig mehren biß zur Weisse. Wann nun die Materia mit ihrer Conjunction hundert und dreyssig Tage gestanden, und die Tage fürüber seynd, besiehe deine Materia, welche dir roth und vollkommen wird erschienen, thue ihm aberzuvor also: Wann du das Glaß hinein gesetzt hast, hast du unterweilen über etliche Tage darzu sehen, so lange biß du vernimmst, daß der Geist alle einzelen beginnet mit seinem Leichnam gar in einen

Geist

Geist sich verkehren, und solcher Leichnam, welcher ist zu Geist worden, wird wiederum gemachsam zum Grunde eine weisse Massam oder beständig weiß Pulver niederlegen, verstehe also, daß der Leichnam wird unleiblich, und das unleibliche wird wieder leiblich, und ist an der Farben weiß, fix und beständig, und ist der vollbrachte Philosophische Stein zu dem Weissen.

So du diese Weisse hast, so danke GOtt, wilt du aber die rothe Medicin haben, so darffst du keiner andern Arbeit, dann mehre das Feur wiederum mit einer halben Kertzen, und laß es also im Glase im Philosophischen Ofen, mit dieser Wärme, biß hundert und dreyßig Tage vergangen seynd, so wirst du finden was dein Hertz begehret, welches ein Schatz ist über alle Schätze der Welt, den niemand bezahlen mag. Und so dir nun GOtt diesen hohen Schatz gegeben hat, siehe zu, daß du ihn nicht mißbrauchest zu deinem ewigen Verdammnüß: theile mit den Armen, dann GOTT hat mir, noch dir, noch keinem einigen Menschen solche Gaben für sich alleine zu gebrauchen gegeben, solche Medicin, so sich recht fermentiret wird, thut sie grosse Dinge, daß sich der Mensch durch grosse Verwunderung fürchtet und erschrickt. Darum sey GOtt in seinem Thron gepeiset, vor solche seine verliehene Gaben, jetzund von mir, und alle die solche Gaben von GOtt empfangen werden, biß in Ewigkeit, Amen.

Kur-

Kurze Wiederholung.

N. 1. Theil ☉, 12. Theil von seinem Waſſer, das ☉ ſoll ſeyn gemacht zu dünnen Täfflein oder Blätter geſchlagen, ſolbiers in ſeinem Waſſer, und ad putrefactionem 42. Tage, ſo es putreficiret iſt, ſo zeuchs ab durch die Diſtillation, des Element des Waſſers, welches Waſſer iſt weiß, darnach lege deinen Recipienten für, empfang zuſammen Lufft und Feur, die Lufft an der Farb gelb, und das Feur iſt roth, ſo dieſe zwey Element herüber diſtillirt oder ſublimirt, ſo bleibet die Erde ſchwarz im Grunde ligen. Nimm die Lufft ſamt dem Feur, geuß wieder darauf, das thue ſo lange, biß du die Eſſentiam dem Golde, das iſt ſeine Seele gar außgezogen haſt, und die Erden im Grunde liegt wie ein Dinten-Pulver, darnach theile die Lufft durch die Philoſophiſche Sublimation von dem Feur, und alſo, daß du ein jeglich Element inſonderheit ſiebenmahl auf in ihm ſelber rein gemacht, und rectificirt, ſo ſie nun rein ſeynd, ſo ſetze dem ſchwarzen Erdreich zu ſeinem gebührlichen Gewicht einzutränken, das ſchwarz Erdreich mit ſeinem Theil von dem Element des Waſſers, ſo ſchwer als das ſchwarze Erdreich gewogen hat, welches geſchicht in zwanzig Tagen und Nächten, ſo wird das Erdreich grau: nun tränke ein die Lufft auch mit einem Theil, wie oben geſagt iſt, das Erdreich auch mit ſeinem Gewichte, wie du mit dem Element des Waſſers gethan haſt, welches in Tränkung auch geſchicht in zwanzig Tagen, ſo er-

Ch. Schr. II. Th.   D d   ſchei-

scheinet dir das Erdreich im Glaß welsh, welche Weisse, wann du die siehest, so ist das Werk halb vollbracht. Nun nimm solche Weisse und theile sie in zwey Theil, das eine Theil behalt und verwahre es wohl, den andern Theil thue in einen Kolben, halt es in einem Ofen mit starkem Feuer siebentzig Tage lang, so wird solches Theil, so weiß ist gewesen, Gelbroth oder Citrin-Farbe, welches ist der Saamen des Mannes, und die Weisse, so du zuvorn behalten hast, ist der Saamen des Weibes. Sollen sie nun gebähren, und eine Frucht mit einander fortbringen, muß eine Conjunction unter diesen beyden Saamen geschehen, nemlich eine Vermischung. So solches nun anzufangen seyn muß, so nimm das Element des Feuers, so noch vorhanden, theils in zwey Theil, in einem Theil solvir das Rothe, in dem andern das Weisse, so sie nun wohl solviret seynd, setze solche beyde Solutiones auf die linde Aschen zu digeriren, daß sie sich wohl auflösen, setz sie darnach zusammen in ein Kolben, mit dem Sigillo Hermetis wohl vermacht und geschlossen, setz es wieder in Ofen, gib ihme, so es vierzig Tage in der Putrefaction gestanden, ein wenig Grad seines Feurs, doch daß die Wärme ein wenig höher sey dann in der Weisse, dann durch ein stark Feur werden die Saamen wieder von einander gezwungen; so du dein Feur wohl continuirest, wie gesagt, so steigt der Leichnam nach vierzig Tagen auf, und wird geistlich, und wann die Erden also gestiegen ist, giebt sie sich letzlichen in Grund, wie eine weisse

Mas-

Maſſa, beſtändig und fir, ſo du ſolches ſieheſt, daß er nicht mehr ſteigen will, ſo danke GOtt, dann dieſer Geiſt iſt der Philoſophiſche Stein auf das Weiſſe.

Wilt du aber haben die rothe Medicin und Tinctur, ſo ſtärke das Feuer um ein halben Grad höher, ſo lange biß zur vollkommenen Röthe des Philoſophiſchen Steins. Aber merke von Anfang, wann du das Glaß mit Sigillo Hermetis beſchloſſen haſt, ſoll die Vermiſchung beyder Saamen, durch vierzig Tage und Nacht ſeiner Putrefaction in dem Ofen, in ſtäter Wärme ſeyn hundert und dreyſſig Tage, welches iſt das Ende der vollkommenen Röthe des gebenedeyten Philoſophiſchein Steins, dann in dieſer Zeit der hundert und dreyſſig Tage wird das leibliche unleiblich, und das unleiblich leiblich, das iſt das glückliche Ende. Und du wirſt haben nach deinem Begehren mehr dann du außſprechen kanſt. Darum ſey der Schöpffer, der da erſchaffen hat alle Creaturen, einem jeden fortzubringen ſeine Natur, gelobet und gedankt von nun an biß in Ewigkeit, Amen.

Die Zeit mit der Arbeit solch Werk zu vollbringen.

42. Tage die Putrefaction samt der Solution.

20. Tage die Schwärtze.

20. Tage die Weisse.

In solcher e 2 ꜩ ſ α ω und Schwärtze geschicht die Philosophische Sublimation und die Theilung der Element, auch derselbigen Element werden der Erden wiederum zugefügt, biß auf das Element des Feurs siebentzig Tage des Mannes Saamen zubereiten roth Citrinfarbe, mit einem starken Feuer fortzubringen und zu machen. Uber die Helffte der Weisse magst du dieweil wohl verwahren hundert und dreyssig Tage, wann Mann und Weibes Saamen zusammen gethan und vermischt werden, und mit Sigillo Hermetis beschlossen, und das wird nicht mehr aufgethan biß zur Vollendung des Werks der gebenedeyten Medicin oder Tincturen, welche vollkömmlich bereit ist, weiter mag man sie durch die Multiplication augmentiren oder mehren ohne Ende.

Als GOtt der Allmächtige im Anfang alle Dinge aus Truckne und Feuchtigkeit geschaffen, also ward auch unsere Kunst durch die Göttliche Gnade gebohren. Wer nun den Anfang und lauff

der

der Natur weiß, der hat den Verstand unserer Kunst, wer aber das nicht hat, dem dünkt die Kunst unmüglich zu seyn, wiewohl es ja so leicht ist, als Backen und Brauen, also ist es in dem Anfang gewesen nach Außweisung der Schrifft, dann da GOTT durch seine Vorsehung Himmel und Erden nach seiner Weißheit zu Werk gehende und werden lassen wolte, da war nichts vorhanden das einen Namen hätte, dann eine Materia die war nicht trucken, auch nicht feucht, es war nicht Erde auch nicht Wasser, es war nicht liecht auch nicht finster, es war nicht Lufft auch nicht Feur, sondern es war eine Materia wie eine dünne Mist, oder Nebel, das man nicht sehen noch fühlen könte, desselbigen Nahmen war geheißen Jyle oder Hyle, das ist prima Materia, ein Anfang aller Dinge, dann wo ein Ding von Nichts aus Nichts werden soll, da muß das Nichts zusammen tretten, und muß werden ein Ding, und aus dem Ding muß werden eine begreiffliche Materia, und aus der begreifflichen Materia muß werden ein Cörper, deme eine lebendige Seele eingeben wird, darvon es seine Gestalt, durch die Gnade GOttes nach seiner Art gewinnet. Also ist auch hier zu merken, und also hat GOTT die Materia lassen zusammen tretten, da war das Trucken und Feuchte zusammen geflossen, dann solte die Feuchte wachsen, so muß das Feuchte von dem Trucken geschieden werden, als das Wasser vor sich, und die Erde vor sich, die mit Wasser besprengt muß werden, so da anders Früchte wachsen sollen, dann ohne die

Dd 3 Feuch-

Feuchtigkeit kan nichts wachsen, wiederum so kan in dem Waſſer nichts wachſen, es muß dann Erden haben, darinnen es ſich enthält. Soll nun das Waſſer auf die Erden geſprengt werden, ſo muß da eine Materia ſeyn, die das Waſſer verträgt, als der Wind der giebt den Creaturen das Waſſer. Dann wäre der Wind nicht, ſo möchte ihm das Waſſer nicht zu Hülffe kommen, auch lieffe es einmahl hinüber in die See, da alle Waſſer ihren Fluß hin haben, und käme nicht wieder, ſo müſten auch alle die auf Erden wohnen von Truckenheit vergehen, derhalben kan ſich ein Element ohne das ander nicht behelffen, oder Frucht bringen, da auch kein Ding vorhanden, daß den Wind zwinge oder treibe daß er arbeiten müſte, ſo wäre er allezeit ſtille, darum iſt das Feur, das treibt den Wind, als du ſieheſt, wann du Waſſer ob dem Feur kocheſt, ſo gehet ein Rauch darvon, der iſt die Lufft, dann das Waſſer iſt eine coagulirte Lufft, und die Lufft kömmt von dem Waſſer, durch die Wärme der Sonnen, dann die Sonne giebt ihren Schein durch das Waſſer, und wärmet das Waſſer, alſo, daß ſein Dunſt davon gehen muß, der ward Wind, von Weichheit des Lufftes ward Feuchtigkeit und Regen, alſo, daß ſich die Dunſt und Lufft, und Regen oder Waſſer coaguliret, und fället durch den Regen auf das Erdreich, darvon kommen alle Früchte ihre Wachſung, und alle Spring-Börne und Rivier, auch andere Waſſer haben und bekommen ihren Einfluß darvon, und lauffen in die See oder Meer, gleich wie mit ei-

nem

nem Menschen oder Creatur vor eine kleine Welt gerechnet, als alle andere durch einen Dunst, durch die Warnůß gefůgt werden, und fliessen in die Blossen, gleich verfolgt sich das eine nach dem andern. In gleicher Weise ist es auch mit unserm Stein, der wird alle Tage von der Lufft durch einen Dunst getheilet von der Sonnen und Mond, und kömmt durch des Wassers Fluß in das rechte Meer, und aus dem Meer in den rechten Spring-Brunnen der Natur in India, da wir ihn haben müssen, und wann wir ihn haben gefangen, so hauen wir ihm Hände und Füsse abe, zum letzten auch das Haupt, und darnach bringen wir ihn zu dem Babe und waschen ihn rein, und was wir Schwarz an ihme finden, das werffen wir von ihme samt dem Eingewelde mit dem Stanke, wann er nun so rein gemacht ist, so nehmen wir die Stücke und setzen sie wiederum zusammen, so wird unser König wieder lebendig und stirbt nimmerl, und ist also clarificiret und subtiel, daß er alle grobe harte Corpora durchgehet, und macht sie behend und subtiel wie er solvirt ist, ꝛc.

Weiter solt du wissen, daß GOtt der Allmächtige Adam geschaffen hat, und in das Paradieß gesetzt, da weist Er ihm zwey Dinge, das eine ist fix, das ander ist flüchtig, was darinn gebohren ist, das halt verborgen vor allen deinen Söhnen. Liebes Kind, das Erdreich ist fix, das Wasser ist flüchtig, wie du siehest, wann ein Ding verbrandt wird, so fleucht das unbeständige hinweg, und das beständige bleibet ligen, als die Asche, wann du Waſſer darauf geuſt, ſo wird ein Lauge darvon, das macht die Krafft der Aſchen, die zeucht in das Waſſer. Wann du nun die Laugen abklåreſt, und thuſt die in einen Keſſel, und låſt ſie auf dem Feuer abrauchen, ſo findeſt du die Materia auf dem Grunde, die in der Laugen geweſen iſt, und aus der Aſchen ins Waſſer gezogen, und die Materia die auf dem Grunde blieben, das iſt ein Saltz der Materien, darvon die Aſchen geweſen oder gebrandt worden, und daß ſolches möchte billich Lapis Philoſophorum genannt werden, nach dem es ſich gleich wie unſer Stein verurſacht, aber er dienet zu unſer Kunſt nicht, ꝛc.

Darum habe ichs geſchrieben, daß du unſern Stein kennen kanſt, dann die Materia, darinn unſer Stein ſteckt, das iſt eine Laugen, aber nicht von Menſchen-Händen zuſammen geſetzt als Aſche und Waſſer, beſondern iſt durch die Ordnung und Schöpffung des Allmächtigen GOTTES durch die Natur zuſammen geſetzt, und in den Elementen gleich getemperiret, und es hat alles was es haben ſoll, man darff ihm nichts geben oder nehmen, beſonder als es iſt, und als es ſich gehöret, und darum, daß es ſich gleich ordnet wie die Laugen, derhalben hab ich die Laugen geſchrieben, auf daß du zu dem rechten Verſtand kommen mögeſt, und wann du die Materia, darinnen unſer Stein iſt, nimmſt in einen Retorten, und ein Vorlag darvor, und eingeſetzt und diſtilliret, ſo ſteigt das

Waſ-

Waſſer über ſich in die Vorlage, und der Salpeter der für die Erden gerechnet wird, bleibet im Grunde und wird trucken, ſo haſt du das Feuchte vom Trucken geſchieden, ſo reibe den Cörper klein und ſetze ihn in B. und laß ihn in der Wärme ſtehen biß er ſolviret, ſo gib ihm ſein Waſſer wieder zu trinken, all einzeln von Zeit zu Zeiten, ſo lange daß er reine und klar wird: Dann es ſolviret und coaguliret ſich ſelbſt, dann das diſtillirt Waſſer iſt ſein Spiritus, das giebt dem Cörper ſein Leben, dann es iſt ſeine eigne Seele, die ihm wieder gegeben wird, und daß es wahr iſt, ſo merke, das Waſſer iſt Wind, und der Wind iſt das Leben, als du ſieheſt, daß der Wind lebet, und das Leben iſt die Seele, darum findeſt du Waſſer und Oel in dieſem Arbeiten, aber das Oleum bleibet allezeit bey dem Cörper, und ſtehet wie gebrandt Blut, und wird mit dem Cörper durch das Waſſer in der Wärmnüß nach der Länge gereiniget, wie du auch hiebevorn allenthalben gelernet biſt.

Darum will ich dir die vorgeſchriebenen ganzen Summen biß zu dem Ende dieſes Tractats vor ein Teſtament geben haben, und darben einen jeglichen fleiſſig gewarnet und gebeten haben, daß er ſich hüte und verwahre, daß er nichts in dieſer Kunſt vornehme, er habe dann erſtlich gründlichen Verſtand, und verſtehe dann gar eben, was ich geſchrieben habe, dann kein Ding iſt in der ganzen Welt mehr, da man dieſe Kunſt ausarbeite. Allein das einiges einige Ding, wer das nicht weiß

weiß oder kennet, der kommet nimmermehr zu der Kunst, dann es ist ein Ding das man nicht aus Bergen oder Gruben der Erden krieget, das ☉ ☽ Schweffel, Salpeter und dergleichen, wie es GOtt geschaffen hat. Es ist alle und alle nicht, sondern es ist ein Ding, das aus einem heimlichen finstern Ort kömmt offenbahr nicht leichtlich, und so bald er von seiner Erden, so bald läst er sich öffentlich beschauen, und so bald er das Erdreich rühret, wird er gefangen und gearbeitet, als ich dir allenthalben vorgeschrieben hab, und wiewohl ich im Anfang des, mancherley Weiß genannt, und so heist er doch also, und auf daß du ja den rechten Grund verstehest, so will ich die Nahmen einmahl schreiben, und sein Nahm ist zum ersten geheissen Hyle, das ist ein Anfang aller Ding, er heist auch prima Materia, das ist das erste Wesen aller Ding, er heist auch Sancta Unitas, das ist die Heilige Einigkeit, er heist Lapis Philosophorum, er heist Sperma Metallorum, servus fugitivus, Magnesia, Lapis Corporalis, Lapis Mineralis, Lapis Spiritualis, Lapis Margaritarum, Lapis Foliorum, Lapis Aureus, er ist auch geheissen ein Ursprung der Welt, er heist auch Phœnix. Und wie mancherley Nahmen er hat, so ist es doch nur ein Ding, ist ein gemein Ding, so will ich einen jeglichen gewarnet haben, daß er sich hüte, vor den allgemeinen schlimmen Stücken, das wohl billich Allgemischunge genannt werden mag, dann sie haben alle gefehlet und nicht getroffen oder gefunden, und das ist die Ursach gewest, sie haben unsern Stein nicht er-

erkannt. Darum Sohn gedencke an diß mein Testament, das ich dir mit grosser Treue und Liebe will geschrieben und gegeben haben, wiewohl ich es von rechts wegen an mir halten und verbergen solte, aber die Treue so ich zu den Discipeln dieser Kunst habe, zwinget mich, daß ich nichts verberge, und will fleissig gebeten haben, man wolle diß Testament vor die unwissenden und unweisen Menschen nicht bringen noch kommen lassen, auf daß wir von GOtt nicht darum grösslich gestrafft werden. Hiermit GOTT in Ewigkeit, durch JESUM CHRISTUM unsern einigen Heyland befohlen, Amen.

Drey Principal Mercurii der Philosophen.

Erstlichen in Mineralibus, des Goldes oder des Silbers.

Der andere in Vegetabilibus, in Weinstöcken oder Kolben.

Der dritte in den Animalibus und Lebenden.

Und es seynd ihr drey im Nahmen und eins im Wesen.

Einer aus diesen dreyen Mercurien mit ein ☿ gezogen, welchen die Philosophi suchen, darinnen suchen sie die vier Elemente, und die vier schöne Farben.

Iesus summa sapientia.

EPI-

EPISTOLA IOHANNIS TRITHEMII,
Abt von Spanheim.

Ein Send-Brieff Johannis Trithemii, Abts, zu Spanheim, an den Herrn Johann von Westenburg geschrieben: Von den dreyen Anfängen aller natürlichen Künsten der Philosophix, ohne welche Anfäng niemand in derselbigen etwas ausrichten oder Nutz schaffen kan.

Johann Trithemius, Abt von Spanheim, wünscht Johann von Westenburg viel Glücks.

Nachdem wir die lange Reise, so du zu uns gethan, überlegt haben, bin ich endlich in meinem Gemüth beweget worden, deiner Begierde gnug zu thun, und auf deine Frage zu antworten.

Unserer tieffen und verborgenen Geheimnüß ist die Wurtzel und das Fundament aller Creaturen, die erste natürliche Theilung bringt herfür den Zweig der vollbrachten Kunst und Weißheit der Wissenschafft, welches Anmerkung ist diese: Es seynd vier Mütter, derer welche in der letzten Ordnung, und es seynd vier Vätter, derer welche in dem Anfang, dieser aller Knüpffung ist, und das erste in die Zusammenknüpffung, und das letzte einfältig, rein, einig, allein färbend oder tingirend. Die einfältige Erden ist ein rein Element, und das erste von einem herkommend, wird nicht zusammen gesetzt, wird nicht verwandelt, leidet keine Zusammenvermischung, sondern bleibt, welches ist unzerstörlich, und ist in einem begriffen. Eins und nicht Eins, es ist keine Zahl und ist eine Zahl, es wird nit gezehlet und wird gezehlet, zwischen ihm und einem ist kein Gezahl, in der Einigkeit bleibt es Eins, und das dann umgreiff, macht es den drenfaltigen Zahl, welchen achtmahl umgreiffend, bringet es alle Ding mit einer wunderbarlichen Natur wiederum zu Einem, seine Tugend mag von keinem Meister durch alles außgeleget werden. Es ist nicht das welches wir ehren, (GOtt.) Es ist die Creatur oder das Geschöpff des Gemüths oder Menschen Bildnüß, weder lebendig noch todt, durch welches in aller Kunst ein wunderbarlicher Fortgang geschicht. Und ich sage dir, O Freund, in der höchsten Warheit GOttes, daß, welcher mit der einfältigen Erkändtnüß dieser reinen Einfältigkeit erhöhet ist, derselbige wird in allen natürlichen verborgenen Künsten vollkommen seyn, und wird verbringen wunderbarliche Werke, und wird empfinden einen Fortgang dessen sich das Volk verwundern und darob er-

schrecken

schrecken wird. Das einfaltige Gut ist einig, und durch dasselbige nicht allein gleiche Ding, sondern auch viel ungleiche Ding geschehen.

Die zusammen gesetzte Erde ist ein Element von Natur, rein, einfältig und einig, aber weil das zusammen gesetzte durch den Zusatz mannichfaltig wird, so ist es mancherley und unrein, aber dannoch mag es wieder gebracht werden durch das Feur ins Wasser, von dem Wasser ins Feur, von dem Feur in ein Einfältiges, und ist ein Gezahl, und wird gezehlet, und es ist kein Gezahl, und wird nicht gezehlet, dann die einfältige Natur ist durch den Zusatz ein zusammen gesetzt Ding worden, und derohalben kan es nicht gezehlet werden, dann für dem einen ist kein Gezahl. Es wird aber gezehlet von der Einigkeit, eines nicht vollkommenen, besondern, eingeschlossenen, und wird genennet unum exclusum, unum inclusum, und eins durch eins von einem, als nemlich von der Seelen der Welt, und wird der dreyfaltige Zahl, es will natürlich seyn mit dem einem, eins durch sich mächtig in einem unmächtig, in dem andern unmächtig in einer Sphær, das ist, in einem Zirkel oder Glob gehet es allezeit herum, und bleibet in einem Feur, eins, aber also imaginiret man nicht, id est, quasi dicerem. Wer es nicht zuvor bericht wird, der denkt ihm also nicht nach: So es durchs Feur gereiniget, wesentlich zu seiner Einfältigkeit, vermittelst zugehöriger Waschung wieder gebracht wird, kan es Göttliche Geheimnüß würcken, der tieffen Wissenheit der Kunst.

Terra

Terra decomposita, das ist die Erden, welche von der zusammen gesetzten Erden zusammen gesetzt und gemacht ist, dieselbige ist ein Element und ist kein Element, durch welches der zweyfaltige Zahl in den dreyfaltigen wiederum gebracht wird, welcher dreyfaltiger Zahl vier Gradus weit von dem Einen ist. Er hält wunderbarliche Ding in sich, ist mancherley, vielfältig, zerstörlich, und gehet dannoch ausser dem Kreiß der Einigkeit nicht herum. Dieses mit dem dreyfaltigen Zahl durch den zweyfaltigen, in Einem, ist die Meisterschafft aller Geheimnüß. Und alle Menschliche Erfindung, welche wunderbarlich zu heben, seynd alle seinem Gewalt unterworffen, und mögen geschehen mit einer vollkommenen Würkung. Es observirt und behält den Gezahl, den Grad und die Ordnung, vermittelst welcher alle Würkung der wunderbarlichen Dingen der Natur geschehen. Es seynd wunderbarliche Dinge, die es mächtig zu thun ist, mehr dann geglaubet wird, viel wunderbarliche Ding kan es zuwege bringen, welche weder GOTT dem HERREN zugegen, noch einige Bemackelung der Seelen einbringen. Durch dieses ist die vollkommene Erkändtnüß aller Menschlichen Erfindung, und fortgängliche Würkung in einem jeden finstern oder verdunkelten Dinge, dann seine Krafft oder Tugend aus dem Verstand herkommende, lässet nicht daß man irre, wann man durch die drey Gradus arbeitet. Es unterscheidet alles, was die Menschen sagen, und die Würkung, welche durch dasselbige angefangen wird, mag nit in

eini-

einige Irrung geführet werden. Alles was die Sternseher, alles was die Mathematici, alles was die Philosophi nnd Meister der Kunst Magiæ, alles was die abgünstigen Verfolger der Naturen die Alchimisten, was auch die Schwartzkünstler und Zauberer, welche ärger seynd dann der Teufel selbst, sich vermessen und geloben, das alles weiß er zu unterscheiden, zu verstehen, recht zu machen oder zu rectificiren, zu erfinden, und dasselbige seinen Anfängen zuzufügende zu verbringen, ohne einige Boßheit.

Dasselbige Element ist kein Element, durch den, von sich abgewegten oder abgesonderten, oder weit abgelegten Gezahl mit dem, welcher ihm ist zugefüget, in die Einigkeit einfaltiglich wieder gebracht. Ohne dieses Mittels, Endes und Anfanges Erkändtnuß durch die Gezahlen, Grade und Ordnung, kan weder der Magus, denen durch solche Kunst zugerichten Bildnissen ohne Sünde, (ja so er auch der Sünden nicht achten wolte,) einige Krafft, einige Tugend eingeben, noch auch der Alchimist der Natur folgen, noch der Mensch die Geister bezwingen, noch der Wahrsager zukünfftige Dinge weissagen, noch jemand wie Sinnreich oder Curiosus auch der sey, die Ursachen der Würkungen oder Experimenten begreiffen. Derhalben so steiget herab alle Würkung der wunderbarlichen Dingen, welche auf den Wegen der Natur beschehen, von der Einigkeit oder einfaltigen Zahl durch den zweyfaltigen in den dreyfaltigen nicht eher aber, biß er von dem vierfaltigen, durch die Ordnung der Regierungen der Graden in die Einfältigkeit erstehe. Dann so du wolltest vierzehlen, ist dir wohl wissend, daß man nicht anders dann an dem einen kan anheben und sprichst 1. 2. 3. 4. Welche zusammen gesetzt, machen 10. Diese ist alles Gezahls eine vollkömmliche Vollbringung, dann es geschicht dann ein Wiedergang zu dem Einem, dann über den zehenfaltigen ist kein einfaltige Zahl, dann 1. 2. 3. 4 seynd 10. Und ohne wieder zurück zu der Einigkeit der einfaltigen Gezahl gehet der Gezahl weiter nicht fort. Es verwundern sich der tieffen Geheimnüssen dieser Zusammenknüpffung diejenigen, welche nicht wissen was für Anfänge wir in der Würkung derer wunderlichen Dingen uns gebrauchen, fälschlich meinende, daß wir entweder mit Hülff der bösen Geister, oder mit einen andern wider den heiligen Christlichen Glauben, aberglaubigen Ubungen umgehende, solches würken, wie aber haben dieses unserthalben angezeiget, um derselbigen Leut Unwissenheit willen, und wir verwundern uns solches gar nicht, dann wie die heilige Schrifft anzeiget, daß von dem innerlichen Erkändtnüß GOttes, welche da niemandes verstehet, dann der sie durchs Wort und Sacrament vom Heiligen Geist empfähet, herfleusset, das äusserliche und öffentliche Bekändtnuß und gute Werk, solch Erkändtnüß GOTTES im Glauben bezeugende, also kan auch niemand diese gemeldte Ding lernen, oder derselbigen gebrauchen, es sey dann, daß er von Göttlicher Gnade ein besonderliches empfangen habe, die Ding zu verstehen

hen aus der Natur in die Natur, und daß in ihm sey mit dem Lichte das Feur, mit dem Feur der Wind, mit dem Winde die Gewalt, mit der Gewalt die Wissenschafft oder Kunst, und mit der Kunst des gesunden Gemüths Vollkommenheit. Dann O mein Freund, der du auch die Gelegenheit unsers Lebens gesehen hast, und die Ursach unsers Werks vernommen, wollest doch unser Gericht und Unsträfflichkeit von dem gifftigen Geschoß der Affter und Kloffter, und derer die mich hassen, beschützen und beschirmen, dann du solches mit Göttlicher Hülff wohl thun kanst in der Warheit, so es gefällig ist und gelegen. Solches aber begehre ich von dir nicht derohalber, daß ich die falschen Urtheil der Menschen fürchte, sondern darum, auf daß nicht vielleicht jemand zu sehr glaube den Worten meiner Widerpart, und durch seine Unwissenheit ohne uns ein Aergernuß empfahen möchte. Dann alle Ding, die ich mich die Tage meines Lebens jemahls habe hören lassen, zu können, dieselbigen ich mit GOTT und ohne Unrecht und Verbrechung des Christlichen Glaubens weiß und gethan habe, wiewohl aus soviel Menschen wenig erfunden werden, welche die Geheimnuß der natürlichen, verborgenen Erfindung verstehen können. Ich bin ein sterblicher Mensch das weiß ich, ein Christ in Standhafftigkeit des Glaubens, ein getreuer Münch, meiner Profession oder Kloster-Gelübde nicht uneingedenk, ein Sünder, aber die Bürden der heilsamen Busse fleissiglich tragende, ich bin nicht unwissend, was mir zu thun geziemet, und bin auch nicht so plumb und unverständig, daß ich der zukünfftigen Ding nach dem Tod nicht könt gedenken: noch dennoch, wie ich oben gemeldt habe, seynd mancherley Meynung der Leute von mir bey nahe in allen Landen, von der Kunst, etliche um Neuigkeit willen meiner erfundenen Kunst, Lob und Preiß, die andern aber Schand und Laster von mir sagende.

Alß ich aber die Kunst der natürlichen Magiæ nicht wisse, kan ich nicht sprechen, dann ich weiß sie, durch welche alles was Wunderns geschicht, das geschicht natürlich, über die natürliche Erkändtnuß und Wissenschafft ist nichts in mir, dann der Christliche Glaube, welchen nicht die Natur, sondern die Gnade GOTTES mir verliehen hat; der gelehrteste unter den Heiligen, warlich ein sehr heiliger Mann Albertus, von wegen seines sehr tieffen Verstandes, mit dem Zunahmen der Grosse genannt, welcher auch einer ewigen Gedächtnuß wohl würdig, durchgründend die rieffsten Geheimnuß der natürlichen Weißheit oder Philosophiæ, hat gar wunderbarliche und unter andern unerhörte Dinge übern itz seine Lehre erfahren, und erkennet also sehr, daß er auch bey den unerfahrnen und Leyhen vor einen Zauberer und Schwartzkünstler, auch biß auf den heutigen Tag, doch unbillich und unrecht ist gehalten worden, die Magia oder Philosophia ist ihm nicht unbekandt gewesen, hat auch viel zauberische und aberglaubische Bücher der bösen Leute, unverhinderlich und ohne Sünde gelesen
und

und verstanden, ist derohalben nicht böse oder abergläubisch gewesen, dann die Wissenheit des Bösen ist nicht böse, aber der sie gebraucht derselbige ist böse.

Derohalben will ich auch gedultig leiden und tragen, was ein solcher Mann hat getragen ohne Schuld, ich läugne auch nicht, daß ich heimliche Dinge wisse, wiewohl ich mit der Erudition und Gelegenheit gar weit unter dem Alberto bin, und ihm auch mit der Heimligkeit keines weges zu vergleichen, ich hab viel Bücher, das muß ich bekennen, der Magiæ gelesen, habe auch nicht wenig Experimenta der Gauckeley durchsichtiget, und auch dieselbigen Bücher, welche die Beschwerunge oder Bande der Geister lehren von unser Lection verwerffen, und bin dannoch in diesen Dingen allezeit standhafftiger und stärker im Christlichen Glauben worden, dann ich durch Göttliche Hülff, alles was ich böse verstanden habe, und am meisten Theil sehr klärlichen. O gütiger GOTT, wie viel eytel erdichte und lächerliche, ich schweig lünenhafftige Dinge, auch greuliche und lästerliche seynds, welche da verborgen und verdeckt werden in den Büchern der Schwartzkünsten, und in denen die da von der Beschwerung der Teuffel beschrieben worden, welche Schrifften niemandes besser straffen, unterscheiden noch verschmähen kan, dann der da verstehet die Kunst der natürlichen Magiæ, welche vor Zeiten auf den Anfängen der Natur lehrende, in ihrer reinen Einfältigkeit stund, jetzt aber mit so viel Uneinigkeiten und Betriegnüssen zerstreuet ist, daß niemand ist, er sey dann in beyben, so wohl in den natürlichen, als den übernatürlichen, der allererfahrneste, die eine von der andern möge unterscheiden, auch wie viel irrende in der natürlichen Kunst der Magiæ mir allein bekand seynd, die doch sonsten gar gelehrte Männer seynd, unter welchen etliche ihr Zeit und Gut der Alchimey angehangende, vergeblich zubringen, und nach langem Arbeiten nichts finden, etliche auch das Leben mit dem Guth verstehren. Etliche begehren aus derselbigen Kunst Alchimia zu locken die Medicin, und nach grosser Mühe und Schweiß ist alle Arbeit umsonst: etliche suchen und durchgründen die Geheimnüs der wunderbarlichen Würkung, kommen aber nicht zur Bestetigung oder Experientz, die andern frolocken, daß sie möchten erlangen die Kunst der Weissagung, aber zum letzten so reden sie doch eitel erlogene Dinge vor die Warhafftigen. Die letzte aber, dieweil sie die eitele, und in den Wind geschöpffte Meynung ihres eignen Haupts nachfolgen, machen sie aus den probierten und versuchten Künsten, welche von guten gelehrten Leuten vor Zeiten seynd beschrieben worden, die sie auch gar nicht verstehen können, durch ihren Unverstand, böse und falsche Experimenta. Merk aber, es seynd in dieser natürlichen spagirischen und verborgenen Philosophia, diese drey Principia oder Anfänge, ohne welcher vollkommene Erkändtnuß dem würkenden kein fruchtbahrer Fortgang erfolgen möge.

Der erste Anfang ist in einem gelegen, nicht von welchem, sondern durch welchen alle Krafft

oder

oder Tugend aller wunderbarlichen, natürlichen Dingen in eine endliche Würkung fortgebracht wird, von welchem wir gesagt haben; dann das eine von dem Einen herkommende, wird nicht zusammen gefaßt noch verwandelt. Zu ihme geschicht von dem dreyfaltigen und vierfaltigen Zahlen ein Fortgang zu dem einfaltigen Gezahl, auf daß die zehnfaltige Zahl erfüllet werde, dann durch dieselbige ist die Widerkehrung des Gezahls zu dem einem, und zugleich die Niedersteigung in die Viere, und die Viere, und die Aufsteigung in dem einfaltigen Zahl. Es ist unmüglich den zehenden Zahl zu erfüllen anderst dann durch ihnen, dann der einfaltige Zahl wird in der frölichen Drensaltigkeit umgekehret. Alle welche diesen Anfang nach dem Anfang des einfaltigen Gezahls nicht wissen, richten nichts aus in dem dreyfaltigen Gezahl, und erreichen nicht den heiligen vierfaltigen Gezahl. Dann ob sie gleich alle, deren Bücher, welche in der Magia geschrieben hätten, den Lauff des Gestirns, die Tugend, Mächtigkeit, Würkungen und Eigenschafften derselbigen vollkömlich erkenneten, und ihre Bilder, Ringe, Siegeln, Caractern, und alle ihre heimliche Dinge oder der Kunst zugehörige Instrumenta, zum völligsten erkenneten, und deren sich verstünden, können sie dannoch keinen Fortgang in ihren Würkungen der wunderbarlichen Dingen erlangen, ohne dieses Anfangs von Anfang in den Anfang, Erkändtnuß, daher haben noch alle diejenigen, die ich in der Kunst der natürlichen Magiæ arbeiten gesehen habe, entweder ihre Begehrde nicht gar erlanget, oder aber zu ei-

E e 4

tein und abergläubigen Dingen nach langer unmü-
ßer Arbeit, aus Verzweiffelung sich gewendet.

Der ander Anfang aber ist übernitz, (das ist
vermittelst,) die Ordnung nicht aber mit der Würdigkeit abgesondert von dem ersten, welcher eines
Wesende, macht den dreyfaltigen Zahl, welcher
würkt wunderbarliche Ding, durch den zwiefalti-
gen Gezahl. Dann in dem Einen ist Ein und
nicht Ein, er ist einfaltig, und wird in den vierfaltigen zusammen gesetzt, welcher so er gereiniget
ist durch das Feur der Sonnen, gehet rein Wasser heraus, und derselbige, wann er zu seiner Einfaltigkeit wieder kommen ist, wird er dem würkenden eine Vollbringung derer verborgenen Dingen
in die Hand reichen. Diß ist das Centrum oder
Mittel der natürlichen Magiæ, welches Umkreiß
mit sich vereiniget, stellet vor Augen einen Zirkel
oder runden Kreiß, eine sehr grosse Ordnung ins
unendliche, seine Tugend gehet über alle Ding gereiniget und einfaltig, kleiner dann alle Ding, mit
dem vierfaltigen Gezahl auf dem Grad zusammen
gesetzt.

Der vierfaltige Zahl aber ist ein Pythagorisch
Gezahl, mit Zuthun des dreyfaltigen Gezahls, so
er die Ordnung und den Grad observirt, rein gemacht, rein in dem Einem zu dem Einem, zu dem
zweyfaltigen in dem dreyfaltigen, kan wunderbarliche und verborgene Dinge thun und würken. Diß
ist der vierfaltige Gezahl, welcher durch den dreyfaltigen zugefüget, indem einem alle Ding thut,
welche er wunderbarlich thut, dann der dreyfaltige
Ge-

Gezahl zu der Einigkeit wiedergebracht, durch den Anblick alle Ding in ihm begreiffet, und was er will kan er thun.

Der dritte Anfang ist durch sich kein Anfang, sondern zwischen ihm und dem zweyfaltigen Gezahl, ist das Ende aller Wissenheit und heimliche Künste, und das unbetriegliche Centrum des Mittels, und es mag in keinem andern leichter, als in diesem gefehlet werden, dann es leben gar wenig Menschen auf Erden, so diese Geheimnüß desselbigen verstehen mögen. Es ist mancherley zusammen gesetzt, und durch den siebenfaltigen Gezahl in dem dreyfaltigen achtmal gemannigfaltigt oder multipliciret, auferstehende, bleibt er standhafftig. In ihm ist die Vollbringung des Gezahls, der Graden und der Ordnung, durch welchen alle Philosophi, und der verborgenen Dingen der Natur ergründet, der wunderbarlichen Fortgang ihrer Würkung erlanget haben, durch denselbigen, zu dem einfaltigen Element in dem dreyfaltigen Gezahl wiedergebracht, geschehen schnelliglich die miraculosæ Gesundmachung der Kranken, und die natürliche Gesundmachung aller Krankheiten, und ein jeglich Werk desjenigen, welcher da in der natürlichen Kunst der Magiæ würket, dadurch einen fruchtbahren Fortgang erkrieget. Es fliehen die Teuffel und kommen herfür wann sie geruffen werden, nach der Schickung des vierfaltigen Gezahls, die Weissagung der zukünfftigen Dinge wird durch ihne wahr gemacht, und die Eingebung der verborgenen Dingen wird niemahls anders wahr dann durch

Ee 5   den-

denselbigen von Natur vernommen. Mit diesem einigen Mittel wird eröffnet das Geheimnüß der Natur den Alchimisten, ohne welches weder Verstand der Kunst erlanget, noch der Fortgang der Würkung erfunden wird. Es fehlet denselbigen weit, glaube mir, O mein Freund, sie fehlen weit, welche ohne dieser dreyer Anfang Erkändtnuß etwas zu würken in den verborgenen Künsten der Naturen sich unterstehen, oder etwas darin ausrichten, oder zu können oder vertrauen. Die meiste Ursach aber ihrer Irrung ist, daß die Weisen, welche vor Zeiten die Geheimnüß der Naturen wohl gewust, diese Dinge, entweder gänzlich und gar verschwiegen haben, oder aber mit zu sehr grosser Dunkelheit verwickelt, also daß sie auch nicht, dann nur allein von ihres gleichen, in keinem wege warhafftiglich verstanden werden möchten.

Die himmlische Philosophia oder Weißheit dieser Unterrichtung ist gar heimlich, in welcher so jemand warhafftig Erfahrung und Verstand zu überkommen begehret, demselbigen ist vonnöthen, daß er das Getümmel der Menschen scheue, die Welt verlasse, den Himmel nicht allein mit den Augen, sondern auch mit dem Sinne oder Gemüth beschaue.

Der Geist Gottes bläst, wohin er will, denselbigen erleucht er, welchen er mit seiner Göttlichen Gnaden bescheinet, den leitet er in alle Erkändtnüß der Warheit. Der solches empfahen wird, der sey dankbar, und befleissige sich mit gleichmäsigen Fruchtbarkeiten der guten Werken, dem Verleiher

ſelber um ſolche ſeine verliehene Gaben und Weißheit Wibergeltung zu thun, und wolle bekennen und
immer eingedenk ſeyn, daß er es auch empfangen
habe, und ſo wird er nichts finden, damit er hoffärtig ſeyn kan, ſo er ſolches thut.

Dieſe aber welchen zu wiſſen alle ſolche hohe Ding
von GOtt dem HErrn nicht gegeben wird, dieſelben wollen entweder ihre Faulheit oder Trägheit
darin beſchuldigen, daß ſie nicht fleiſſig darnach gearbeitet haben, daß es ihnen zu wiſſen würde, oder
aber die Barmhertzigkeit des Schöpffers loben, mit
welcher er denſelben zu gut, und vielleicht um ihrer
SeelenHeil gewolt, daß ihnen ihrer SeelenHinder-
nüß nicht kundt würde, oder auch, ſo ſie nichts erlangen, ſollen erwegen, betrachten und bekennen,
daß GOtt der HERR ihnen etwas zu geben nicht
ſchuldig iſt geweſen, und alſo auf keinerley Weiſe
auf den HErrn murren. Amicus es, Amicum tibi conſulentem audi, & factum intelliges.

Propinquorum victor, ignem invidiæ, non
acrem calca mortalium, DEI immortalis odio:
Periculum minatur levitas.

Fuge Synodum omnium per hominem, non
hominum etiam cœleſtium.

In nidulo Hirundinum ſalus tua, periculum gal-
linarum.

Velum raptum à vento perſequeris, fatigaberis
in ſeptenario, ſed per ternarium in unitate con-
ſurges iterum & fœlicem te reperies.

Si operationes tuas à Sole, quem tibi Natura
videtur abſcondere, ut à cunctis ad verum Solem,

qui

qui DEUS est per studium cognitionis, purificata ab inferioribus mente, in desideria animæ fervore sanctissimi amoris converteris & alium ostendet. Quia divini amoris ars longa, tempus verò breve est. Und ist in der Warheit allezeit besser den Schöpffer, dann das Geschöpff zu lieben.

Daß du in deinen Sinnen allzeit gesund, in deinem Leichnam starck, und im Beten wohlgeschickt in unserm HErrn JESU CHRISTO seyn mögest, bitte und begehre ich von demselbigen ohn Unterlaß, welchen wollest deßgleichen hinwiederum mit deinem emsigen Gebete mir auch gnädig und barmhertzig zu machen, dich allezeit unterstehen.

Geben aus Spanheim meinem armen Kloster, welches du gesehen hast, mit meiner armen Hand, durch dein ernstlich Begehren, geschrieben den 10. May, im Jahr unsers HErrn und Heylandes JESU CHRISTI Anno 1503.

Johannes Trithemius,
Abt zu Spanheim.

EPI-

EPISTOLA

JOHANNIS TEUTZSCHE-SCHENI, DOCTORIS.

De

LAPIDE PHILOSOPHORVM.

Opus Philosophorum facillimo labore perficitur, & absolvitur absque magnis sumptibus, idque omni loco, quacumque tempore & ab omnibus, si modo veram, & sufficientem habeant materiam.

Ehrwürdiger in GOTT Vatter. Ich füge die zu wissen, daß die Materia und Sperma, oder der Saame aller Metallen, ist Argentum vivum geinspissiret, das ist, hart gemacht in dem Leichnam der Erden, vermittels der schweffelischen Art, so werden mancherley minera und Corpora in der Erden, gewürket in ihrer Materien. Aber die ist ja allen von Natur durch die Würkung der Hitz, darum allein geschicht der Unterscheid unter den

Me-

Metallen von der vollkommenen oder unvollkommenen Kochung wegen, die verbrennlich oder unverbrennlich ist, und wohl temperirt, und in diesem Punct kommen überein uud concordiren alle Philosophi, und ich will es bewehren durch nachfolgende Ursach.

Zum ersten ist es offenbahr, daß ein jegliches natürliches Geschöpff aus den Dingen, davon es zusammen gesetzt und worden ist, daß es endlich wieder darzu gekehret und verwandelt wird.

Exemplum.

Eyß das ist anfänglich ▽ gewesen, durch die Kälte coaguliret, und Eyß worden, und so wird es vermittelst der Wärme wiederum solviret, und wird also wieder in seine erste Gestalt und Wesen, das ist ▽ verkehrt und verwandelt, dann es zuvor ▽ gewesen.

Zum andern, das Menschliche Geschlecht ist anfänglich von Erden, und Einblasung des Geistes von GOTT eingeblasen, geschaffen, das ist vom Leichnam, Geist oder Seel, dann aus zweyen stehet das Wesen des Menschen, darum vermittels des natürlichen Todes wird der Leichnam des Menschen wiederum zur Erden oder Aschen verwandelt, dann er vor der Erden seinen Anfang hat und herkommen ist, aber der Geist oder die Seel wird auch wiederum, (wofern der Mensch durch sündigen Leben das nicht verhindert oder abgewendet,) in ihren Ursprung, das ist, zu GOTT wiederum wan-

wandeln und einkehren thun. Weil dann alle Metall durch Meisterschafft in ein Argentum vivum sichtiglich verwandelt werden, so ist ein genüglich und gewißlich Zeichen, das alle Metalla argentum vivum gewesen seynd, das ist mein Anfang dieses Büchleins.

Das Argument das die Abgünstigen, und wider diese Kunst fürwenden, den Spruch Aristo: Es sollen wissen die Werkmeister der Alchimey, daß die Gestalten oder Wesen der Metallen nicht mögen verwandelt werden. Es folget aber bald hernach: Es sey dann daß sie in ihre erste Materia gebracht werden. Nun ist die reductio oder Verwandelung der Metallen in ihre erste Materien gar leicht und müglich, darum beschließ ich, die Verwandelung ist auch leicht und müglich, vieweil alle wachsende Ding sich aus der Erden natürlich mehren, als offenbahr ist, an Bäumen und Thieren, und auch Saamen, da aus einem Körnlein wohl hundert tausend werden, und aus einem Baum unzehliche Aeste und Zweige, und andere Bäume wachsen, das da alles geschicht aus Würkung der Natur aus der Erden, darum ist das müglich, daß die Wechselung thierlicher und ertzlicher Dinge sich mehren mögen ohne Zahl.

Aus dieser Bewährung, so mag ein jeder Verständiger erkennen, daß die Philosophi in ihren verdeckten Worten, Sprüchen und Reden, wohl und recht geredet, und an keinem geirret haben, wiewohl daß sie sprechen und reden, daß unser Stein sey aus den vier Elementen, und sein Leichnam sey
der

der Geist, und haben daran wahr geredet, dann sie haben ihre Erden einem vollkommenen Corpus, einem Leichnam verglichet, das ist ☽, und ▽ haben sie dem Geiste verglichen, und es einen Geist genennet, dann es vereinigt den Leichnam mit der Seele, und behält die in ihrem Wesen, aber das Ferment das ist △, und Lufft haben sie die Seele genannt, dann sie gibt dem unvollkommenen Cörper sein Leben, das der unvollkommene vor nicht gehabt hat. Darum sprechen die Philosophi: Es sey dann daß ihr machet die Leichnam oder Leibe unleiblich, und das unleibliche leiblich, so habt ihr den Weg zu unserm Werk noch nicht funden und ist wahr.

Dann zum Ersten wird das Corpus zu ▽, das ist argentum vivum, und also wird es geistlich oder unleiblich, darnach so wird dasselbige ▽ in der Vereinigung wiederum ein Corpus und leiblich, und wann das nit geschiehet, so hast du nicht gefunden was du suchest, dann unser Meisterschafft vermag dasselbige, und zum ersten machet sie das Grobe subtiel, das ist, von einem Leichnam machet sie einen Geist, und darnach machet sie das Feuchte trucken, das ist das Wasser zu Erden, und so fort an wird die Natur verwandelt, eins in das ander, und wann wir das leibliche das ist Erden, geistlich das ist Wasser machen, so heissen wir es Solutionem, nicht dermassen, wie es die Unweisen verstehen, das Corpus zu solviren per aquas corrosivas: oder sonst in ein fliessend Wasser, sondern daß es verändert werde in warhafftig Argentum vivum; und al-

also ist offenbahr, daß unser Stein ist aus den vier Elementen, dann die Seel, der Geist und der Leichnam, als die Philosophi sagen, ist unser Stein, und der wird und kömmt, und ist aus einem Dinge, daran reden sie wahr, dann die ganze Meisterschafft wird und ist aus unserm ▽ und unser ▽ lölviet alle Corpora und calcinirt die wiederum zu Erden. Es verwandelt auch die Corpora in die Aschen, unser ▽ inceriret, dealbirt, und machet rein das man heisset mundificiret, wie es Morienes beweiset, und spricht: Das Azoth und das △ waschen und reinigen unsern Latonem: Laton ist nichts anders, dann der reine Leichnam oder unser Erde, Azoth ist Argentum vivum, und das △ ist das Ferment, welches Azoth oder Argentum vivum die zugerichten und präparirten Leichnam vereiniget, in solcher Verbindung, daß sie weder durch die Gewalt des △ noch durch keiner Hand-Zerstörung nimmermehr von einander geschieden werden mögen, in derselbigen Vereinigung wird vollbracht unser sublimatio, nicht als die Thoren vermeinen, die da Sublimiren heissen, wann ein Ding von unten auf steiget, darum so nehmen sie calcinirte Corpora, und mengen sie mit Spiritibus Subl. als mit ☿ oder Arsenico, und machen ein starck △, damit sie die calces Corporum aufheben und treiben, und sprechen dann, es seyn die sublimata corpora. Aber sie seynd in dem betrogen worden, dann sie haben auch nachmahls die Corpora unreiner gefunden, dann sie zuvor gewesen seynd; unser Sublimation ist nicht ein Ding vom Boden in die Höhe zu brin-

bringen, oder auffsteigen lassen. Sondern unsere Sublimation ist von einem niedrigen, geringen und untauglichem Dinge ein höhers und grössers machen, und in eine pure und edle Natur mit Meisterschafft zu verwandeln. Darum ist unsere Sublimation nichts anders dann Subtiel machen, das thut alles unser ▽, also solt du vernehmen unsere Sublimation, dann gar viel seynd in dem betrogen worden. Dann unser ▽ das tödtet und machet offenbahret Erscheinung, zum Ersten eine schwartze Farbe, und das geschicht, so dasjenige das lebendig gewesen ist, stirbet, und das jenige so ein Wasser gewest ist, in eine Erde verwandelt wird. Darnach erscheinen viel seltsamer Farben, das geschicht vor der Weißmachung, und das Ende und Beschluß aller Farben in unser Arbeit, und in unserm Stein ist die weisse Farbe, welche Weisse geschicht in der liechten Vermischung des präparirten Leichnams mit seinem Ferment, welchem die Philosophi unzehliche Nahmen gegeben, auf daß die Kunst den Unweisen verborgen bleibe, und wiewohl die Philosophi dem man cherley Nahmen gegeben haben, so ist doch unser Stein ein Ding und ein Wesen. Es spricht Morienes in Turba: Daß die Würkung unser Meisterschafft wird vergleichet der Empfahung und Geburt des Menschen, dann in der Formirung des Menschen geschichts also: 1. Wird erweckt und gegeben das Sperma oder Saamen. Zum andern geschicht die Empfahung. Zum dritten wird das Weib schwanger. Zum vierdten geschicht die Geburt.

burt. Zum fünfften, das Nutriment und Nahrung des Kindes.

Also ist ihm auch allhier, dann unser Sperma und Saamen ist Argentum vivum, so daßselbige vermischt wird mit der Erden unsers unvollkommenen Leichnams, der da die Mutter und unser Erde genannt wird, dann dieselbige Erde ist eine Mutter aller Metall, so geschicht coitus, das ist Vermischung des Mannes und Weibes, so nun unsere Erde anhebet etwas bey ihr zu behalten von dem argento vivo, so wird es conceptio genannt. Wann dann der Mann in das Weib also würket und arbeitet, also daß das Erdreich gemehret, zunimmt, und etlicher masse beginnet weiß zu werden, das nennen die Philosophi Imprægnatio, darnach so das Ferment mit dem unvollkommenen und præparirten Leichnam vereiniget ist, daß sie eins werden, im Gesicht und Farbe, so wird es genannt ortus sive nativitas, so ist das Kind gebohren. Das Kind ist unser Stein, der von den Philosophis ein König genannt wird, in dem daß sie sprechen in turba: Ehret unsern König, der aus dem Feur kömmt, gekrönet mit seiner Diadema oder Kronen und ernehret ihn biß er zu seiner Vollkommenheit kommt. Der Vatter ist ☉ und die Mutter ☽. Luna wird hie genommen vor unser unvollkommenen Corpus oder Ferment, so nun das Kind gebohren ist, folget von nothwegen darnach das Nutrimentum, das ist die Ernährung, biß es vollkommentliche Stund und Alter bekommt, unser Stein wird genähret mit seiner Milch

Milch oder Sperma, aus dem Er von Anbegin seiner Schöpffung gewesen ist, darum soll man ihm seine Milch zu trincken geben, biß er ihr genug hat getruncken. Ich will mit dir gehen und niedersetzen zu der Practicken. Ich habe dir zum Ersten gesagt, es sey noth daß die Cörper in ihre erste Materien geführet werden, soll anders durch sie die Transmutation geschehen, auf daß du dem also nachgehen mögest, so nimm eine Untz ☉ und ☽, die darein seyn, und vermische sie mit zehen Untzen arg. vivo, reibe die zwey wohl unter einander auf einem Marmelstein, oder in einem Marmel-Mörser cum Salarmoniaco, daß darauß ein amalgama werde, wann es nun wohl amalgamirt ist, so thue es in ein Glaß, und geuß darauf aquam vitæ ein gut Theil, und setze es einen Tag lang in eine warme Sonne, darnach laß die Materia erkalten, und trucks durch ein zweyfach leinen Tuch, so viel dardurch gehen mag, dasselbige behalt, das aber im Tuche bleibt, das verwahre mit neuem gebrandtem Wasser, setze es aber in linde warme Aschen, darnach truck es aber durch ein leinen Tuch, und das thue so lang, biß die Limatur mit den argento vivo gar durchgangen ist, also ist dann das Corpus gebracht in seine erste Materi, dann thue das alles in ein Glaß, und setze es in linde Wärm, so lange biß die Materia schwartz wird, dann thue also wie du weist.

Merke was Mercurius spricht: Ich bin kalt und feucht in dem vierdten Grad, was ist der Mittel-Grad der Feuchtigkeit und der Kälte, die Truckenheit

heit verbringet mich, und wendet von mir die Feuchtigkeit, fürwahr ich war vollkommener Mercur. In allen Proben, dann ich bin besser, als wär ich ☉ oder ☽. Und wann mich die Menschen binden in ein leinen Tuch, sollen sie mich mit Künsten der Weißheit binden, dann ich bin ein Vatter der Mineralischen Dinge, als des Auri und Mercurii und aller Metall, dann ich bin Vatter deß und deß, und die Sulphurische Erde, die keinen Außgang haben kan zu den außwendigen Erden, so bin ich zu hauffen gebacken, darvon seynd unterschiedlich geschieden alle andere Metall, nach der Kochung der Erden, die da gefunden wird, und wisset, so ich lebe, so thue ich wurken, und wann ich gestorben bin, das ist, wann ich gesublimirt bin, so thue ich manche wunderliche Dinge würcklich, als obgeschrieben stehet. Wann ich gesolvirt werde in ein ▽, so thue ich grosse wunderbarliche Werk, und wer mich zusammen füget oder vereiniget mit meinem Bruder, aufgelöset in ein ▽, gleich als mit ☉ oder seinem Sulphur oder mit meiner Schwester ☽, der freuet sich und mag leben, dann ich tödte mich selber, und mache mich selber wieder lebendig, und alle Metall in einer Stunde. Ich bin eine Schlange, und bin der flüchtige Knecht, der rothe Knecht und habe vertrauet die schwartze Haußfrau, als das ♄, beyde seynd sie gestellt in ein lehres Hauß, in die Gruben, und seynd geführet in die Hölle, als in das Salpeter zu sublimiren, und also brachten sie herfür einen gelben Saamen, gleich wie das vollkommen ☉ und weiset das die Philosophi sagen,

und dem Volk die Kunst verborgen haben, daß ich
sey der weisse und rothe warhafftige Stein, von
dem lebendigen Wasser, Lac virginis und die ganze Verborgenheit, und wer mich lebendig machet
dreymal in einem Jahr, der mag das Ende meiner
Tugend nicht außsprechen, dann ich bin gleich als
der Käß in der Milch, als das Feur in dem Dinge, als der gute Geruch in dem Blesem, und verwahre dich, daß du mich aller Ding rein habest,
wie ich aus der gezielet und gezogen bin, ist es anders daß du ein guten Saamen von mir kriegen und
ziehen wilt.

Mercurius spricht zum Meister:

Wann einer wäre der mich versperren oder verbergen mag, daß ich bey meinem Bruder möge
ligen auf einem Bette, ohne Widersage, Arm zu
Arm, Mund in Mund, also sterben in derselben
Stund, so solt du haben dein Begehren, und daselbst also lernen, wie man möchte genesen aller
Stechheit, die da möchte wesen. Erstlich ist in
dem ♄, von Melancholey, Darnach in ♀ von
Phrenesen, und auch ♃ Grämigkeit, soll man vertreiben mit Bescheid, und zwinget Martis Härtig-
keit, und bringen in sanffte Schönigkeit, solt du
also haben gereid, und ist es daß du mich zwingest
mit Bescheid, damit ich dir nicht mag entgehen.
Mercurius guter Freund, seynd daß du mir hast
lang gedient, mit steter Falschheit und Un-
treuen, ich hoff es soll mich nicht gereuen, dann

ich

ich will dir nach Schencken, Mercurius mein guter Freund, und geben dir zu trinken. Als nun Mercurius hat getrunken, begunte er zu schlaffen und zu ruhen, und fiel in grosse Sorgen, da begunte er zu sprechen, so laut, mich haben gefangen fürwahr alle Sünden, widerstehen und sperren meinen Vatter, und mögen mich schleiffen, binden und hänken, Mercurius guter Freund, laß mich verstehen, auf daß du sollest bleiben gefangen. Ja ich Mercurius sage, es sey dann daß die Element hinweg fliehen in das Salpeter, fliehet es, ich fliehe auch, das wärest du gewiß, daß ich nachfolge, und so heimlich ich dann dahin fahr, daß man meiner nicht mehr gewahr, dann wir seynd beyde von einer Natur, hat er die Seel, ich hab das Feur darzu man ihn kan bringen, zu demselben mag man mich wohl zwingen. Mercurius laß mich an dir erwerben, wie du mit deinem Bruder sollest sterben, ich und der Bruder mein, müssen in dem Safft versoffen seyn, also daß unser Fleisch und Bein, von einander versiehen groß und klein, und schwere das bey meinem GOtt, wann wir also versotten seyn, so bleibet unser Leben ewiglich, so werde ich dann nach meinem Todt, daß ich zuvor nicht war. Da begunte der Meister zuhören und sprach: Mercurius laß mich wissen die Ding die ich höre, so mag ichs verbringen. Mercurius schwur bey seinem Gott: Man muß nehmen den Safft, darin wir seynd versotten, das muß man dann setzen, daß ich leide und sterbe in ☉. Es herrschen bey oder darinne, die es hat macht, da soll dann ☉ mit seiner

ner Krafft uns bringen zu einer jrrdischen, da sollen wir dann so lange innen stehen, daß wir sicherlich solviren, darnach soll man es conguliren, wiederum ☉ mit seiner Krafft, wann also tödtet man sicherlich mein Kind mit heissem Bade, und verscheiden, daß sie schwerlich stehet zu leyden, daraus kommt so köstliche Medicin, damit man kan vertreiben mannichfaltig Pein. Also hab ich von allen meinen Kindern, zween seynd gesund, vier seynd dahinden, als ♄, ♃, ♂ und ♀, darnach folget ☿. Inmassen diese zween zu dem Elixier, so begehre anders kein Ding, als ich mit ihm sterbe, das ist grosser Schatz und ewig Erbe, wir seynd einer Natur geschaffen, darum heissen wir ein Ding, so wisse, als man in den Büchern lieset: Nehmet ein Ding, sonder ander zuthun, das machet wohl und schön, verstehe es wohl kommt es alle, (kennet ihr es alle,) oder anderst ist es Schade und grosse Unfälle, dann fremde Dinge würken es, in dem Salz man Elixier setzt. Also stund es geschrieben, ob es der Autor selbst so undeutsch gesetzt, oder aber von Alters wegen verkürzt, stelle ichs dem Leser anheim selbsten nachzudenken, von mir wolle es der Leser im besten aufnehmen. GOTT der Allmächtige wolle allen Kunstliebenden die Augen öffnen, Verständnuß und Gnade des Heiligen Geistes geben, um JESU CHRISTI willen, Amen.

Iesus Summa Sapientia.

Epist. Jacob. 1.

Alle gute Gaben, und alle vollkommene Gabe kommet von Oben herab, von dem Vatter des Lichts.

Des Hochgelehrten Herrn Doctoris Valentii Antiprassi Sileriani Prologus über die Bücher Theophrasti Paracelsi.

Nachdem ich durchlesen hab die lateinischen Bücher des treuen grossen Philosophi und Medici Theophrasti in der Artzney, und in der Philosophen, desgleichen die Arabischen und Chaldeischen Doctores, auch die Griechischen, erfindet sich die Schrifft Theophrasti, gründlicher und gewahrsamlicher Außlegung, dann die Schrifft Avicennæ, Hippocratis oder Galeni, auch seynd seine

Recept schärffer ergründ und bewährt, dann die Recepten Rasis, Mesue und anderer der Alten, gleich wie ein Silber durch ein Feur probiert, also seynd diese Schrifften Theophrasti hundert mahl gründlicher durchfahren, seine Meynung in allen seinen Büchern von der Artzeney, concordirt nicht mit den Alten, noch die Alten mit ihme, sondern alle seine Practick und Theorick hat einen sonderlichen Verstand, alsdann in ihnen erlesen wird. Er ist ein Erneurer und rechter Erfinder der Artzeney, so nicht aus den Büchern der Alten schreibt, sondern aus einem gantz besondern Philosophischen Grund, als weiß und schwartz, und wann sein Schreiben seiner Bücher nicht bewährt wären alleweg, und warhafftig erfunden, mit mehrem Freuden und Nutz dann die andern, so hätten ihnen die Athenischen nicht für einen Destructorem aller Irrungen, und einen rechten Wegweiser des Grundes Medicinæ, darum ihne auch die Hebräischen den andern Rabbi Moysen nennen, erkennen, ihnen schärffer geschrieben habe, dann Rabbi Moyses. Die Pessularischen nannten ihnen den Teutschen Hippocratem und neuen Æsculapium. Darum dieweil und wir solch Lob diesem Teutschen Philosopho und Medico sehen geben, ja demnach wie die grosse Nutzbarkeit für den gemeinen Nutzen der Welt in seinen Büchern funden, bezwingt das Göttliche Gebot die Liebe in unserm Nächsten zu erfüllen, und sie zu verteutschen, damit daß der gemeine Mann, dem unbekandt ist das Latein, seiner Schrifft geniessen mög, wiewohl ich zum vierdten

ten mahl hinderhalten, und durch andere Doctores auß grossem Neid gehindert worden, und mir erst das vierdte Fürnehmen gerathen. Doctor Cyparinus Flaenus hat ihne in Welscher und Französischer Zungen transferiret, Bebeus Kandus hat alle seine Bücher der Artznen zu Griechischer Zungen verwandelt, damit daß der gemeine Mann darauß ein Verstand hab. Darum daß kein treffentlicher Artzt unsers Gedenkens jetzt nicht sey, als Alexander Perseus von diesem Theophrasto in einer Epistel schreibt, vermeinet, daß seines gleichen nie gebohren sey, und in ihm der rechte Grund geruhiglich erfunden werd, zu verstehen seine alle klügste Sentenz und Declarationes, so ist er doch nicht der Sinnen dieser Theophrastus, daß er seine Werk mit seiner Verwilligung an den Tag hab lassen kommen und dargeben wollen. Dann sie seynd ihme aus einer vermaurten Mauer in seinem Abwesen verstohlen worden, durch Anzeigung seiner Diener, darnach seynd sie mir in die Hand worden, und Calcajo Neapolitano, und Michaeli Greiffsteiner, haben wir sein Latein unverfehrt lassen trucken, und darnach von dem Truck in vier Sprachen verwandelt. Als ihnen die Griechischen erfahren, haben sie ihn geheissen Monarcham perpetuum, aus kluger Art seines trefflichen, nahmhafftigen, bewehrten Schreibens, dann er hat im minsten Wort kein Macul. Und wiewohl die alten Doctores seines wegs nicht gehen, auch er dem ihren nicht folget, seynd etliche die achtens als sey es verstehend. Dann Puteus Pensenol vermeint, das seine Lehr natürliche Evangelia, seynd ihnen gleich zu halten, nicht allein in der Artzney, darin er drey und funfftzig Bücher geschrieben, und sie also mit einander vermauret hat, sondern auch in der Philosophia hat er geschrieben zwey hundert und fünff und dreyssig Bücher. Dergleichen, (als Sabeus Dacus redet,) nie erhört sey worden, und schätzet die Schrifft Aristotelis mit allen seinen Werken dem Theophrasto gleich, wie Tabuetes Aristotelem achtet gegen ihme, als gülden gegen blinden Buchstaben, ein Liecht gegen abgeleschten Kohlen. Dann in seiner Philosophey werden alle Aristotelische auch Platonische Lehr verworffen. Dann so seine Schriffte ermessen werden gegen der andern Scribenten, als Relischten und Modernen, welche zwo Secten Cyperinus Flaenus Claudicantes, und Ramdus Miferantes nennet. Er hat auch viel de Republica geschrieben von grossen Ubermuth des Gewalts, und von der Verführung des Volks, darum er in der Theologia etliche Werk geschrieben hat aus Mißfallung der Abgötterey und Pfennig-Heiligen, und auch des grossen Geitzes der Hypocriten, darum wir nicht unbillich ihnen zu Teutsch geordnet, damit der gemeine Nutz, den er zu fördern am höchsten geacht hat, und geheissen den gemeinen Nutz, Summum bonum, als er de Republica wunderbarlich schreibet.

Valentinus de Rhetiis, schreibet von deß Theophrasti Schrifften.

Philippus Theophrastus von Hohenheim, zu Einsiedeln im Schweitzerland gebohren, ist von den Atheniensibus der grosse Paracelsus genennet worden, dann er hat 230. Bücher in der Philosophen geschrieben, 40. Bücher in der Artzeney, 12. de Republica, 7. in Mathematica oder Astronomey, 66. von verborgenen und heimlichen Künsten. Mehr hat er drey Opera in ein Buch gesetzt, welches er Theophrastiam genennet. Das erste heist Archidoxa, in dem er lehret das Reine vom Unreinen zu scheiden. Das andere Parasarchum, in welchem er de summa bono in æternitate tractirt. Das dritte Carboantes, in dem er die transmutationes in forma & esse beschreibet. Der Gellius Zemeus hat von diesem teutschen Theophrasto Philosopho, zum Passephallo Ceveo mit den Worten geschrieben: In Teutschland ist jetzt ein junger Mann, deßgleichen in der gantzen Welt nicht gefunden wird, der so fürtrefflich und köstlich in der Artzeney, Philosophen, Astronomey, und vom gemeinen Nutz und den Rechten geschrieben hat, daß ich nicht anders glaub, er habe entweder aus einer wunderlichen angebohrnen Influentz, oder aus unaussprechlicher Gnad des Heiligen Geistes. Oder aber aus der bösen Geister Eingebung. Dann was er für gering und schlecht nur hält, das ist in keinem Menschen wohl müglich zu erfahren und zu ergründen. Ich kan mich nicht erinnern, daß ich eines Gelehrten Schrifften gelesen hät. Hiermit wolle der günstige Leser vor gut nehmen, und künfftig mehr gewarten.

1. Epist. an die Thessal. 5.

Prüfet aber alles, und das Gute behalter.

www.ingramcontent.com/pod-product-compliance
Lightning Source LLC
Chambersburg PA
CBHW051240300426
44114CB00011B/820